21 世纪教育科学系列教材

现代教育技术

——信息技术走进新课程

主　编　冯玲玉
副主编　谢　斌　甄宗武
参　编　谢小虎　曹晶瑜

北京大学出版社
PEKING UNIVERSITY PRESS

图书在版编目(CIP)数据

现代教育技术：信息技术走进新课程/冯玲玉主编. —北京：北京大学出版社，2011.8
(21 世纪教育科学系列教材)
ISBN 978-7-301-18708-1

Ⅰ. ①现… Ⅱ. ①冯… Ⅲ. ①教育技术学—师范大学—教材 Ⅳ. ①G40-057

中国版本图书馆 CIP 数据核字(2011)第 055844 号

书　　　名：现代教育技术——信息技术走进新课程
著作责任者：冯玲玉　主编
责 任 编 辑：唐知涵
标 准 书 号：ISBN 978-7-301-18708-1/G·3098
出 版 发 行：北京大学出版社
地　　　址：北京市海淀区成府路 205 号　100871
网　　　址：http://www.jycb.org　http://www.pup.cn
电 子 信 箱：zyl@pup.pku.edu.cn
电　　　话：邮购部 62752015　发行部 62750672　编辑部 62767346　出版部 62754962
印　刷　者：三河市欣欣印刷有限公司
经　销　者：新华书店
787 毫米×1092 毫米　16 开本　19.5 印张　450 千字
2011 年 8 月第 1 版　2012 年11月第 3 次印刷
定　　　价：39.00 元

前　言

在全球教育信息化、基础教育课程改革的大背景下，现代教育技术已经成为教师必须掌握的基本知识和技能。信息素养和新课程理念这两者在教师教育体系中必然地融合在一起。负责为基础教育培养师资的师范院校，在对师范生进行从师教育时应该将两者贯穿综合。目前，高等师范院校普遍将现代教育技术课作为师范生的必修课。显而易见的是教育技术的运用和发展极大地依赖于当地的经济状况和社会信息化的环境及氛围，极大地依赖于当地教育资源建设现状和教育思想与观念，以及教师的素质和能力等各个方面的因素。教育资源现状具有鲜明的地域性特点，尽管现代教育技术课程的教材很多，但是普遍适合于所有地区、所有学校实际状况的教材相对较少。本书是我校教育技术教研室的专业教师根据本地信息化教育资源现状，以及学生的现有学习水平，在结合多年的教学实践经验基础上编写的，本书的主要特点如下：

1. 系统、新颖

本书继承教育技术学科稳定成熟的理论框架体系和实践范畴，系统反映教育技术的基本概念、基本理论、技术和方法，同时结合当前的教学改革现状与趋势以及校本资源、地域实践特点进行大胆的创新，力求对教育技术的学科内容做出新颖、简要的阐释。本书突出介绍与基础教育改革结合紧密的内容，如在第10章介绍了新课程改革的理念和要求，以及信息技术对新课程的支持作用，这是本教材的创新之处。

2. 简明、实用

本书对理论介绍力求简洁，通过案例分析，深入浅出。技能讲解精细，结合实例操作，突出实践性和示范性。本书运用了大量的图片、表格、实例，增强了趣味性、可操作性。本书在考虑全面的同时，对内容也进行了一定的取舍，比如考虑到本地的网络课程资源比较薄弱，学生的信息技术水平有限，对于网络课程资源开发的内容没有做详细的介绍。

3. 地域特色明显

本书注重本地教育资源的分析和利用，突出地方特色，许多案例取材于本地，便于操作和学习。另外，情感教育是计算机和网络环境教育的难点，注重在枯燥、冰冷的技术中渗透情感教育，重视学生的生活体验，也是本书的一个特点。例如，在第3章关于数字媒体技术的示范讲解中，许多图片、视频素材选择“陇上江南——天水”、“宝宝档案”等学生熟悉的情景，第8章现代远程教育中的教学案例选自天水——全国农村现代远程教育示范基地，学生学习时会感到亲切、真实，既提高学习兴趣，又培养热爱家乡的情怀。

4. 教学适应性强

本书全面地介绍了现代教育技术的基本理论、技术和教学应用，内容充实、案例丰富。每章既相对独立，又相互照应，可以满足不同人群的不同需要，满足不同的教学和学习模式。例如，第

2篇信息技术能力包含了目前常用的数字化媒体技术，从素材制备到合成软件，内容丰富，教师在教学中可以根据教学时间、教学条件、学生的学习兴趣有选择地进行教学。同时，学生也能根据兴趣和需要进行课外自学。

全书包含10章内容，分为3篇：基础知识篇、信息技术能力篇、教学应用篇。具体知识内容框架如下：

第1篇，基础知识篇，包含第1、2章，主要介绍教育技术的概念和内涵，主要的理论基础和现代教学媒体的基本理论，以及常见的现代化的教学环境。第2篇，信息技术能力篇，包含第3、4、5、6、7章，重点内容是培养学习者从事信息化学习和教学所需要的信息技术能力，涉及多媒体素材（文本、图像、声音、视频、动画）的获取技术，多媒体课件的制作、设计、评价技术，网络资源的下载和利用技术。第3篇，教学应用篇，包含第8、9、10章，分别介绍了现代远程教育、信息技术对新课程改革的支持作用、信息技术支持下的教与学模式、教学策略及教学方法。这部分着重培养学习者利用现代教学环境和教学资源进行教学的综合应用能力。

各章的执笔人分别是：前言，附录，第1、7章，冯玲玉；第3、4章，谢斌；第2、5、9章，甄宗武；第6章，谢小虎(6.1)、甄宗武(6.2)；第8章，曹晶瑜；第10章，冯玲玉、甄宗武。

本书可作为高等师范院校现代教育技术公共课的教材，也可以作为高等师范院校教育类专业的相关专业课的教材，还可以作为中小学教师继续教育教材和广大教育工作者的参考资料。

本书参考、引用了大量国内外教材、著作、文献资料，在此向作者深致谢意！

本书的编写、出版、发行得到了天水师范学院教务处、教育学院领导及同事的大力支持和帮助，在此深表感谢！

本书是本教研室全体成员的创作成果，凝聚了集体智慧和各位编写者的教学经验。但是由于我们水平及能力有限，疏漏、错误在所难免，恳切希望各位专家、同行和广大读者朋友不吝赐教，多提宝贵意见，便于我们修订和改进。

冯玲玉

2011年3月

陇上江南·天水

目　录

第1篇　基础知识篇

第2篇 信息技术能力篇

第 3 篇 教学应用篇

第1篇　基础知识篇

第1章　现代教育技术概述

学习目标

1. 了解教育技术的产生和发展过程,能够正确理解教育技术学科的基本概念和内涵。

2. 了解现代教育技术的主要理论基础,能够概括视听理论、传播理论、多元智能理论、建构主义理论的基本要点,能够体会这些理论对于现代教育技术学科的指导意义,并能对其中感受较深的一种理论进行介绍,发表自己看法。

3. 理解现代教育技术的教育革新作用,了解其教育应用领域。

知识框架

- 现代教育技术概论
  - 现代教育技术的基本概念
    - 定义
    - 内涵
  - 现代教育技术的发展历程及趋势
    - 教育史上的四次革命
    - 美国教育技术的产生与发展
    - 我国教育技术的产生与发展
    - 现代教育技术的发展趋势
  - 现代教育技术的理论基础
    - 视听理论
    - 学习理论
    - 传播理论
    - 教学理论
    - 系统科学理论
  - 现代教育技术的教学应用
    - 现代教育技术与教学变革
    - 现代教育技术的主要应用领域

1.1　现代教育技术的概念

“现代教育技术”是我国教育学科领域特有的一个概念,国际上普遍使用“教育技术”(Educational Technology)这个术语。“现代教育技术”这个称谓是在美国的“教育技术”的概念基础上结合我国的教育实际情形产生的。

1.1.1 教育技术的定义

1. 国外教育技术的定义

美国是教育技术产生最早、发展较快的国家。教育技术作为一个专业和领域出现，最早可以追溯到20世纪20年代美国的视听教育运动。视听教育运动的主要内容是提倡克服教学中的“形式主义”和“言语主义”，重视直观教学。

从1963年到1994年，美国教育技术界对教育技术进行了多次定义。其中以AECT组织1994年的定义最为著名。AECT(美国教育传播与技术协会)是Association for Educational Communications and Technology的简称，它的前身是全美教育协会的视听教学部。1994年AECT出版了《教学技术：领域的定义和范畴》一书，给出的教育技术学的定义即通常所说的AECT’94定义，定义的英文原文如下：

Instructional Technology is the theory and practice of design, development, utilization, management and evaluation of processes and resources for learning.

——教育技术是对学习过程和学习资源的设计、开发、利用、管理、评价的理论和实践。

AECT’94定义明确指出了教育技术的研究形态(理论与实践)、研究对象(学习过程和学习资源)以及研究内容(设计、开发、利用、管理和评价)。

2005年AECT又对教育技术的定义做了重新修改，简称AECT’05定义，定义的英文原文如下：

Educational technology is the study and ethical practice of facilitating learning and improving performance by creating, using, and managing appropriate technological processes and resources.

——教育技术是通过创造、使用、管理适当的技术性的过程和资源，以促进学习和提高绩效的研究与合乎伦理道德的实践。

以上两个定义的变化体现了从重视“学”转变为“促进学习”，既强调“学”，也重视“教”，既重视学习的过程，也重视学习的结果。

2. 我国对教育技术的理解

美国的教育技术自20世纪二三十年代以“视听教育运动”的形态引入我国，随着社会的发展，媒体技术的革新，教育改革观念的不断演变，名称几经变化，在我国使用最早最长的名称是“电化教育”，到20世纪90年代后称“现代教育技术”，21世纪后又出现“信息化教育”的称谓。当前形成教育技术、现代教育技术、信息化教育这三个名称共存的局面。这种现象反映了教育技术这一外来事物在本土化过程中，不同学者在不同阶段对其内涵的不同理解。以下是这三个名称最具代表性的定义：

电化教育：“电化教育，就是在现代教育思想、理论的指导下，主要运用现代教育技术进行教育活动，以实现教育过程最优化”。①

现代教育技术：“现代教育技术就是运用现代教育理论和现代信息技术，通过对教与学过程

---

① 南国农，李运林.电化教育学[M].第二版.北京：高等教育出版社，1998.

和教学资源的设计、开发、利用、评价和管理，以实现教学优化的理论和实践”。①

信息化教育：“信息化教育，就是在现代教育思想、理论的指导下，主要运用现代信息技术，开发教育资源，优化教育过程，以培养和提高学生信息素养为重要目标的一种新的教育方式”。②

教育技术在我国还有“教育信息技术”、“网络教育”等其他别称。

比较美国和我国对教育技术的定义发现，国外重视“学”，立足于学习过程和资源，目标是提高学习绩效，这反映了欧美国家“以学生为中心”的教学思想模式。我们在引进这个定义时，应该正确理解这种思想，不应该照搬，如果一味地照搬国外的理解，在实践中可能导致弱化“教”。在我国教师的“教”依然是当前教育理论和实践的重要内容，因此，既要学习他们重视“学”的思想，也要重视我国传统的“教”的思想。根据国情，将教育技术的目标朝向于教学，既重视“学”，也重视“教”，目标是优化教学过程和结果。

无论是国外还是国内，不同的学者对教育技术的理解不完全相同，但是从以上所列举的定义中不难说明教育技术的实质有以下三点：

(1) 教育技术离不开现代教学媒体、信息技术的运用。

(2) 教育技术支持学习，目标是优化教学过程，提高学习绩效。

(3) 教育技术重视教育思想、理论的指导，是在先进的各种教学、学习理论指导下的实践和研究。

1.1.2　现代教育技术的内涵

在认识教育技术的基础上，结合我国实际现状，本书将“教育技术”统一称作“现代教育技术”，并认为，现代教育技术就是在现代教育思想和理论的指导下，主要运用现代信息技术，对教与学的过程和资源进行设计、开发、利用、管理和评价，以实现教学优化的理论和实践。

如何恰当理解和把握这个定义，有以下几个方面需要明确：

1. 对“技术”的理解

“技术，就是把理论应用于实践的手段和方法的体系”。③ 技术既包括有形的物化技术（硬件技术和软件技术），也包括无形的智能技术。在教育情形中，有形的技术主要是指教育教学活动中所运用的物质工具，既包括现代工具，也包括传统工具，如各种媒体、教具、实验器材等，它往往通过黑板、粉笔等传统教具，或者通过计算机、网络等新型教学媒体表现出来。无形的技术包括在解决教育教学问题的过程中所运用的技巧、策略、方法，又包括其中所蕴涵的教学思想、理论等。有形技术是现代教育技术的依托，无形技术是现代教育技术的灵魂。

在教育中应用的“现代信息技术”主要是指三种技术，一是指现代媒体技术，即媒体手段技术，是一种物化形态的技术。二是指现代媒传技术，也就是运用现代教育媒体进行教育教学活动的方法，即媒传教学法，是一种智能形态的技术。三是指教学系统设计技术，是一种应用广泛的智能形态的技术。④

① 李克东. 新编现代教育技术基础[M]. 上海：华东师范大学出版社，2002.

② 南国农. 信息化教育概论[M]. 北京：高等教育出版社，2004.

③ 同上书。

④ 同上书。

2. 现代教育技术的学科性质

现代教育技术的学科性质在我国曾引起人们的争论，争论的核心在“技术”与“教育”之间，即现代教育技术是教育学科，还是技术学科，现在人们对这个问题的认识已经明朗，它属于教育科学范畴，国务院学位委员会把它列为教育学中的二级学科，是教育学的分支学科。它与其他教育分支学科的主要区别在于研究对象和研究方法的不同。现代教育技术是一门综合的应用性学科，在教育科学的三大层次（哲学层次、科学层次、方法论层次）中属于方法论层次。①

现代教育技术既是一个理论领域，又是一个实践领域。作为理论，就是“现代教育技术学”，是一种理论体系。作为实践，就是一门事业，是大家所熟知的“电教”或“信息化教育”。无论从哪个方面，现代教育技术的本质属性都是在各种符合时代精神的先进教育思想理念的指导下，运用各种现代信息技术，来改进教育教学，优化教学过程，提高教育教学的质量、效果和效益。

3. 现代教育技术的研究对象和实践范围

与当前教师教学活动直接相关的现代教育技术的理论和实践内容主要有以下几个方面：

(1) 现代教学媒体理论。教学活动可以看作是一个教学信息传递、反馈和控制的过程，教学媒体在教学中的应用已成为影响教学效果的一个重要因素。熟悉和掌握现代教学媒体的教学特性、功能、适用范围等理论，在教学中恰当选择教学媒体是教学的出发点，现代教学媒体理论是现代教育技术学科的基础理论。

(2) 各种现代教学媒体的技术与教学应用。教学过程中信息的传递离不开现代教学媒体、环境，包括硬件，也包括软件。各种现代信息技术环境中硬件的建设与管理，各种教学媒体软件的开发、利用、评价，如视觉媒体、听觉媒体、视听媒体、多媒体组合教学系统的应用技术是现代教育技术研究和实践的主要内容。

(3) 各种现代教学模式的应用。现代教育技术在教育领域中的应用既包括学校课堂教学领域，也包括现代远程教育领域、企业员工培训等领域。

(4) 信息化教学环境下的教学系统化设计。教学过程是一个复杂的多因素共同作用的动态系统，现代教师必须重视并掌握系统化教学设计的原理和方法。各种现代媒传教学法，现代信息技术环境下的教学模式、策略、方法的研究与实践是现代教育技术的核心。

(5) 信息技术与新课程的整合。全面推进新一轮课程改革是当前我国基础教育的主要任务，现代教育技术如何为新课程的学和教提供最大的支持是自然而然的使命。目前，研究和实践最经济、最有效服务于中小学学科教学的教学策略、手段、方式等是现代教育技术学科最迫切的任务。

以上内容同时也构成本书的知识体系框架。

1.2 现代教育技术的发展过程

1.2.1 教育史上的四次革命

教育史家认为，教育上曾经有过三次革命，现在正在进行着以现代教育技术为代表的第四次

① 尹俊华，庄榕霞，戴正南. 教育技术导论[M]. 北京：高等教育出版社，2002.

革命。

第一次革命，是专业教师的出现，这次革命把对年青一代的教育责任，从家族手中转移到专业教师手中，引起了教育方式的重大变革。从此，那种随着家族在劳动和日常生活中学习的形式，变成学生跟随专业教师的学习形式。与人类早期的任何社会分工所达到的必然结果一样，教师的职业化大大提高了教育活动的效率，为后来的"教师中心"的教学模式奠定了基础。

第二次革命，是人类文字体系的出现和印刷术的发明，这次革命把书写作为与口语同样重要的教育工具，改变了口耳相传的单一信息传播方式，引起了教育方式的重大变革。教科书的普遍使用给教师的教和学生的学，特别是自学都带来了极大的便利和条件，教育活动的效率又大大提高了一步。这次革命为后来的"书本中心"模式创造了条件。

第三次革命，是班级授课制的完善。班级授课制是指对大量学生进行编班分级教学。此次革命开创了人类社会对年青一代进行系统地传授科学文化知识和技能的新天地。其特征是：有规定的学习年限和课程表；班级学生的年龄和学力基本相同；教材统一，学习进度一致；教师面对学生集体授课，授课方法多种多样。这种"工业化大生产"的教育形式使教师和教科书的作用得到了充分的发挥，从人类教育整体上看，教育活动的效率又上了一个台阶。这次教育革命为后来的"课堂中心"奠定了基础。

第四次革命，是现代教育技术学科的形成与快速发展。前三次教育革命形成了近现代的"三中心（教师中心、书本中心和课堂中心）"学校教育工作模式，为人类社会培养和造就了大量的人才。信息技术（如通信技术、同步卫星技术、电视技术、计算机技术等）和系统科学方法等现代科学技术的迅速发展及在教育领域的渗透参与，引发和推动了教育理念、方式、结构等的又一次重大的变革。现代教育技术所追求的目标就是利用现代信息技术和系统科学方法，在继承和发扬传统教学优势的同时，革新传统教学的弊端，既充分发挥教师主导作用，同时又开拓更多的教育信息来源，使学生发挥更大的学习自主性，采取更加灵活多样的教学形式和方法，使教学体制符合教育大众化和终身化，以及学习自主化和创新化的需要，增强教育对信息社会发展的适应性。

1.2.2 国外教育技术的产生与发展

一般意义上的教育技术是指为了更快更好地达到教育目标而在教育活动中有效应用的各种技术的总和。在这个意义上，教育技术从教育产生的那一天起就存在。但是作为一个独立的研究领域或学科，教育技术的形成经历了怎样的过程？美国教育技术著名专家伊利（Donald P. Ely）认为，教育技术的形成存在以下三条线索。

第一条线索：视听教学的发展，推动了各种视听设备在教学中的应用，形成了应用各种各样学习资源以促进学习的有效发生，揭示了技术蕴涵的不单单是静态的物质技术，也是动态的实践活动或过程。从20世纪初到20世纪70年代末，幻灯、无声电影、唱片、录音、电视、激光视盘机等视听媒体被逐渐运用于教学领域。

第二条线索：程序教学的发展，形成了强调个别化的学习模式。其合理意义是指向一种人本主义哲学或心理学理论背景，并指出技术是科学知识或经验在解决实践问题时的创造性应用。这是对技术更为本质的认识，因为对于教育而言，如果没有教学理论知识和经验的指导，很难开发出适合教学需要的教学工具。而且，即使使用了教学工具也可能不符合教学规律，或者形成为了用（先进的工具）而用的局面，无法实现教育技术促进学生发展的目的。

第三条线索：系统化设计教学的发展，形成了“运用系统方法的模式”。“运用系统方法”是指教育技术研究并解决教学实践问题的过程和方法，是教育技术追求优质教学效果的核心和灵魂。在解决教育、教学实践中的问题时，需要利用哪些科学理论或经验，如何开发符合教学规律和需要的教学资源，如何应用各种资源达到促进学生发展的目的等，都需要利用系统方法来分析问题、确定问题，最终制定、试行并修改解决问题的方案。具体如表 1.2.1 所示。

表 1.2.1　国外教育技术的发展历程

发展阶段	时间	新媒体的介入	新理论的引入或产生	名称
萌芽阶段	19 世纪末	幻灯	夸美纽斯《大教学论》	直观教育
起步阶段	20 世纪 20 年代	无声电影、播音	《学校中的视觉教育》	视觉教育
初期发展阶段	20 世纪 30 至 40 年代	有声电影、录音、电视	戴尔的“经验之塔”	视听教育
迅速发展阶段	20 世纪 50 至 60 年代	电视、程序教学机、电子计算机	斯金纳的操作条件反射说、信息理论	教育技术、教育传播学、教育工艺学
系统发展阶段	20 世纪 70 至 80 年代	计算机教学系统、闭路电视系统、卫星电视教学系统	系统论、信息论、控制论	教育传播与技术
网络发展阶段	20 世纪 80 年代以后	多媒体系统、计算机网络	建构主义学习理论	多媒体网络教育

从以上对美国教育技术历史发展线索的阐述和分析中可以看出，美国教育技术的发展过程其实是对用于教育中的“技术”的含义不断进行反思、修正、综合的过程。技术绝不仅仅是手段或工具，教育技术也绝不仅仅是教育或教学中应用的教育工具，教育工具开发和使用的理念、理论和经验的创造性应用更为根本和重要，教育技术具有比教学手段或媒体更为广泛的意义和研究内容。如何正确理解“技术”的含义，是正确定位教育技术及其学科的关键，同时也是证明教育技术学科是否应当存在并且健康发展的关键。从表 1.2.1 可以看出，以美国为代表，国外教育技术的发展过程有这样的特点：

第一，各个发展阶段都以教学中运用的媒体技术的革新为标志，从幻灯到广播电视，到计算机多媒体，再到网络。

第二，各个发展阶段以相应的教育思想和理论的指导为标志。媒体技术教育理论从夸美纽斯《大教学论》到当代的建构主义学习理论。

第三，各个发展阶段，根据教学媒体的特征和教育理论的不同，名称也几经演变：直觉教育→视觉教育→视听教育→教育传播→教育技术等。

1.2.3　我国现代教育技术的产生与发展阶段

1. 我国现代教育技术的发展阶段

我国的现代教育技术，萌芽于 20 世纪 20 年代，起步于 20 世纪 30 年代，至今已有近百年的历史。1923 年我国著名的教育家陶行知先生在长沙、烟台等地用幻灯进行“千家课”教学实验。1936 年，教育部在南京成立了电影教育委员会和播音教育委员会，这是我国最早的电教机构，至今在国家教育委员会仍设电化教育司。同年教育界人士讨论确定了“电化教育”名称，并且沿用至今。我国现代教育技术学科体系的形成基于三个原因：国外教育技术学的介绍与借鉴；我国在20世纪80年代中期对教育技术学有关理论方面的系统探讨;1986年教育技术学学科在我国的正式确定。国家教委在1987年发布了“高师本科专业目录”,正式确定了“电化教育”的名称,1986年,国家学位委员会批准设立教育技术硕士专业,教育技术学也就正式在我国建立起来了。

我国现代教育技术的发展阶段如表1.2.2所示。

表1.2.2 我国现代教育技术的发展历程

发展阶段	时间	发展阶段	时间
萌芽阶段	20世纪20年代	停滞阶段	20世纪60年代后期至70年代前期
起步阶段	20世纪30至40年代	迅速发展阶段	20世纪70年代后期至80年代
初期发展阶段	20世纪50至60年代前期	信息化教育发展阶段	20世纪90年代至今

2. 我国信息化教育建设的现状

当前我国的现代教育技术呈现出信息化的特征。自20世纪90年代以来,信息化浪潮席卷全球,世界各国高度重视信息技术对社会和教育的影响,在国家政策、教育观念、教育目标和教育方法的改革方面制定一系列的新举措。20世纪90年代中期,欧盟发布的题为《信息社会中的学习:欧洲教育创议行动计划(1996~1998)》旨在加速学校的信息化进程,同时推出多项有关教育信息化和教育改革的开发计划。以美国为例,美国一直走在信息化教育的前列,1996年,克林顿政府提出了“教育技术行动”,指出到2000年,美国全国每间教室和每个图书馆都将联上信息高速公路,让每个孩子们都能在21世纪的技术文化中受到教育。美国在2000年颁布了《面向学生的国家教育技术标准——课程与技术整合》和《面向教师的国家教育技术标准》(第3版)。学生的标准包括六大能力范畴:基本操作与概念;社会、道德与人文方面的要求;技术作为提高学习效率的工具;技术作为交流的工具;技术作为研究的工具;技术作为解决问题与决策的工具。美国教师的教育技术标准经历了三次修改和发展(1993年,1997年,2000年),它定义了教师在教育环境中应用研究技术需要具备的基本概念、知识、技能和态度。教师标准包括六大能力范畴:技术的操作和概念;策划、设计学习环境和过程;教学、学习与过程;测试与评估;工作实效和职业实践;社会、道德、法律、人性方面的问题。2008年6月美国又更新了针对教师的教育技术标准,详见本书附录2。

面对全球信息化的形势,我国高度重视教育信息化工作。2000年10月教育部主持召开了全国中小学信息技术教育工作会议,决定从2001年开始用5至10年的时间,在中小学(包括中等职业技术学校)普及信息技术教育,以信息化带动教育的现代化,努力实现我国基础教育的跨越式发展。此次会议颁发了三个通知:“关于中小学普及信息技术教育的通知”、“关于在中小学实施校校通工程的通知”和新的“中小学信息技术课程指导纲要(试行)”。具体分三个层面推进:一是在中小学普及信息技术教育,并推进以计算机为核心的信息技术在学校的普及与运用;二是网络的普及和应用,使学生学会充分利用网上资源;三是大力发展现代远程教育,建设并通过提供大量的经过信息化加工的教育软件和课程资源,通过卫星地面接收站及互联网等多种手段,用较低的成本将课程送到广大农村地区,实现资源共享,培训教师,扩大学生受教育的机会,切实提高教育质量。

2001年教育部颁布的《基础教育课程改革纲要(试行)》中第11条明确规定:大力推进信息技术在教学过程中的普遍应用,促进信息技术与学科课程的整合,逐步实现教学内容的呈现方式、学生的学习方式、教师的教学方式和师生互动方式的变革，充分发挥信息技术的优势，为学生的学习和发展提供丰富多彩的教育环境和有力的学习工具。

我国于 2004 年 12 月制定印发了《中小学教师教育技术标准》，从意识与态度、知识与技能、应用与创新、社会责任四个方面作了要求，具体可参见本书附录 1。

2010 年 7 月，中共中央、国务院颁布实施《国家中长期教育改革和发展规划纲要（2010—2020 年）》，第十九章提出"加快教育信息化进程"，一是"加快教育信息基础设施建设"，"信息技术对教育发展具有革命性影响，必须予以高度重视，把教育信息化纳入国家信息化发展整体战略，超前部署教育信息网络"；二是"加强优质教育资源开发与应用"；三是"构建国家教育管理信息系统"。

当前我国的信息化教育在基础设施建设、教育资源建设、信息化教育教学、教育电子政务与标准化等诸方面皆取得了令人瞩目的成就。请参阅以下网站：

中国教育技术研究网：http://www.cetr.com.cn/e21web/；

中国教育部网站：http://www.moe.edu.cn；

中国教育和科研计算机网站：http://www.edu.cn；

中小学信息技术教育网：http://www.nrcce.com；

K12 中国中小学教育教学资源网：http://www.k12.com.cn/。

我国的信息化教育在取得重大成绩的同时，也存在以下诸多问题：

(1) 区域发展不平衡问题。教育信息化建设在城乡之间、区域之间、学校之间发展不平衡的问题依然存在。

(2) 可持续发展的机制建设问题。教育信息化的体制机制不够健全现象依然存在，存在部门职责不清，条块分割、统筹协调困难，信息沟通不畅等现象。教育系统信息安全体系、信息安全保密制度还需要进一步完善。

(3) 教育资源标准与共享机制问题。教育信息资源极度丰富和相对贫乏问题同时存在，信息资源标准与实际应用存在差异，公司开发的教育信息资源在课堂使用有难度。特别是对不同地区不同学校，涉及边远少数民族地区问题更加明显。

(4) 公共服务水平问题。已经启动的重大工程，存在"重建设、轻应用"的倾向，可持续性发展问题被忽视，公共服务的总体水平未能很好地满足广大教育工作者对教育信息服务的需求。

(5) 教育资源与应用问题。优质教育资源缺乏、信息化人才队伍的短缺，影响了信息化水平的提高，使得基础设施的使用效率较低。教育信息化应用的检查、监督和评价制度不健全不完善。

1.2.4 现代教育技术的发展趋势

1. 现代教育技术与相关学科的融合性越来越突出

现代教育技术属于综合性的应用性学科，学科的交叉特性特别突出，它是一门连接教育学、心理学、信息技术等学科的桥梁学科。作为交叉学科，现代教育技术需要技术的支持，特别是信息技术的支持。综观教育技术的发展历程，它与技术的进步密不可分，也与教育学、心理学理论的不断丰富密不可分，这些学科之间密切联系，共同关注和解决人类的学习过程和学习绩效，关注如何更有效地使用和利用技术来促进学习。现代教育技术的学科特性决定了其研究和实践主体的多元化，各领域人员，包括教育、学习心理、系统教学设计、信息技术、传播理论等不同学科背景的专家和学者可以从不同的角度，采用不同的方法共同研究和实践现代教育技术，不断地关注和利用以上相关学科的最新动态和研究成果，丰富自身的理论和实践。

2. 更加重视现代教育技术的学习支持性研究

首先，现代教育技术越来越关注人的可持续的全面发展，从终身学习的高度，以构建学习化的社会为目标研究其对学习的支持性，既关注学校教育，又关注社会教育，既关注学生的阶段性学习，也关注学生的终身学习。在这个前提下，应培养学生的问题解决能力、创新思维、协作技能、信息素养以及如何消除数字鸿沟，以使所有的学习者应用技术进行有效学习。其次，技术环境下人的学习行为特征和心理过程特征，人与技术环境如何实现交互，什么因素影响学习者的心理(比如动机)是现代教育技术的重要研究课题。随着技术的进步以及技术环境下学习心理研究的深入，教育技术领域的研究将不再只满足于技术的简单应用，自主性学习和协作学习环境的创建必将成为前沿研究的焦点。技术所支持的学习环境将真正体现出开放、共享、交互、协作等特点，在这种学习环境中，将更注重学习者内部情感等非智力因素，更注重社会交互在学习中的作用。

3. 教学资源建设朝着更加精细化、智能化发展

当前应用教学软件遇到的比较突出的问题有：存在科学性错误、适用性较差、交互性不强、制作欠精细、智能性欠佳等。随着网络技术、智能技术、代理技术、虚拟现实技术等的不断发展，新一代以网络为核心的智能教育软件将在教育软件市场占据越来越重要的地位。如何开发出适合学习者特点和需求的网络教学资源，将成为资源建设中重要的研究任务。

4. 更加注重各种教学媒体应用实效的全面研究

从现代教育技术的发展过程来看，每当一种新的媒体出现，都会产生相应的应用热潮，近年来，对于计算机、网络等新型媒体的应用经过了热切的追捧，其应用于教学，学习的实际效果究竟如何，正面和负面作用各有哪些，对于这些问题现在到了冷静思考、全面总结的发展阶段。对媒体的应用实效性研究主要针对以下几个方面：

(1) 内容目标的针对性。实践证明，在教学过程中应用计算机并不是对所有学科和对象都会起到同样效果，特别是在涉及人文类素养或者培养个人情感方面教学内容时，与传统媒体相比并不具备优势，如网络电子阅读与传统文本背诵方式相比并不优越，网络虚拟现实与真正的社会现实对人的教育及影响效果则更加引起人们的思考和关注。生物、物理学科教学在对学生进行实验技能的培养时，不能完全以计算机的虚拟实验代替传统实验室里进行的实验。因此，在进行教学时，需要根据不同学科的特点有选择性地使用计算机辅助教学。

(2) 媒体应用条件的可能性。某种媒体应用于教育，不是单纯的运用问题。思想观念的转变、规章制度的建立、环境设施的配套、使用者的技能和心理准备等都会影响媒体应用。而且，各个条件之间存在紧密联系，对不同地区、不同学校而言，条件的标准和组合也各不相同。

(3) 应用的有效性。应用的有效性包含了两层含义。一层含义是利用媒体教育教学的效果如何，通常以教育教学评价的结果作为主要参考。另一层含义是投入产出的比例如何，也就是效益问题。对于前者人们已经作了大量的工作，对于后者人们也越来越重视。但由于目前对计算机以及其他技术在教育上投入的效益问题还没有实际的研究成果，这会造成人们投入的盲目性，而且还会阻碍教育技术的进一步发展。全面研究媒体教育应用的有效性将是教育技术研究的重

要内容。

5. 更加重视教学的系统化设计

由于信息技术的参与，学习目标的多维化，教学情形的繁杂化，对教学过程与效果的优化追求，现代教育技术在运用过程中更加重视系统化设计。

当前网络教育开展得如火如荼，但是对于网络课程和网络教学结构还需要进行不断的研究、探索、实践才能适应其迅速发展。网络课程建设更加需要注重学习过程、学习活动、学习组织和评价，尤其是形成性评价的设计。网络教学平台作为承载网络课程的工具，应该支持更加多样化的学习活动。随着网络教学理论的深入研究，学习活动将更加个性化、情境化、多样化、综合化。

6. 进一步完善教育技术学科建设

教育技术学科发端于美国，仅有百年历史。与其他教育学科，如教育学、心理学相比教育技术学是一门年轻的学科，传至我国才是半个多世纪。从 20 世纪 80 年代以来迅速发展的 30 年左右的历史中，各种媒体出现风起云涌，令人应接不暇的现象。在学科本身的本土化过程中因为各地发展的不平衡、东西部数字鸿沟等因素，学科的建设发展也极不平衡。学科的理论基础传播学、视听理论、教学理论、学习理论、信息技术没有形成一个有机的整体，理论和技术只是呈条块状各自生硬地存在，理论对实践的指导作用一定程度上还只停留在具体的应用层次，而没有达到真正整合或融合的程度。因此，学科基础理论建设亟待加强。

我国的教育技术工作者主要包括三类人群：第一类是电化教育和教育技术理论研究者，他们主要来自各大学的教育技术系或教育技术研究中心等；第二类是全国电教系统的专业人员，包括中央及省、市、自治区的电教馆人员以及各学校的电教人员；第三类是计算机学科中从事计算机教育应用研究的相关人员（如从事网络关键技术的研究、人工智能的研究）和相关学科的教师，这类人员以全国高等学校教育技术协作委员会为纽带。各学科的教师是教育技术实践领域的生力军。

国际上的情况也是如此，除了 AECT 被认为是专门从事教育技术研究的群体以外，许多国际学术会议如 CSCL（Computer Supported Cooperative Learning，计算机支持协作学习，每两年召开一次）、ICCE（International Conference on Computers in Education，计算机教育应用国际会议，每年召开一次）、CAA（Computer Aided Assessment，计算机辅助评价，每年召开一次）等汇集了来自于教育、心理、计算机等各学科领域的专家和学者参加，共同致力于教育技术的研究。

1.3　教育技术的理论基础

现代教育技术是一门综合性的应用学科，它涉及很多学科，这些学科的理论相互交叉、相互渗透，形成了自己特有的学科体系。现代教育技术的理论基础是多方面的，对其发展影响较大的理论主要有视听教学理论、学习理论、教学理论、传播理论、系统科学理论等。本节将扼要介绍上述理论以及这些理论对教育技术的影响。

1.3.1　视听教学理论

视听教学理论指出了各种视听教学媒体在教学中的地位与作用，也是教育技术必须遵循的重要规律与所依据的基础理论。

1. 经验之塔理论

20世纪30年代后半叶，在幻灯片、无声电影的基础上，无线电广播、有声电影、录音机先后在教育中获得运用，由此便开始了视听教育运动。

在诸多关于视听教育的研究中，堪称代表的是美国教育家戴尔(E. Dale)于1946年所著的《教学中的视听方法》一书。书中戴尔将人们获得的经验分为三大类：做的经验、观察的经验和抽象的经验，并将获得这三类经验的方法分为十种，如图1.3.1所示。

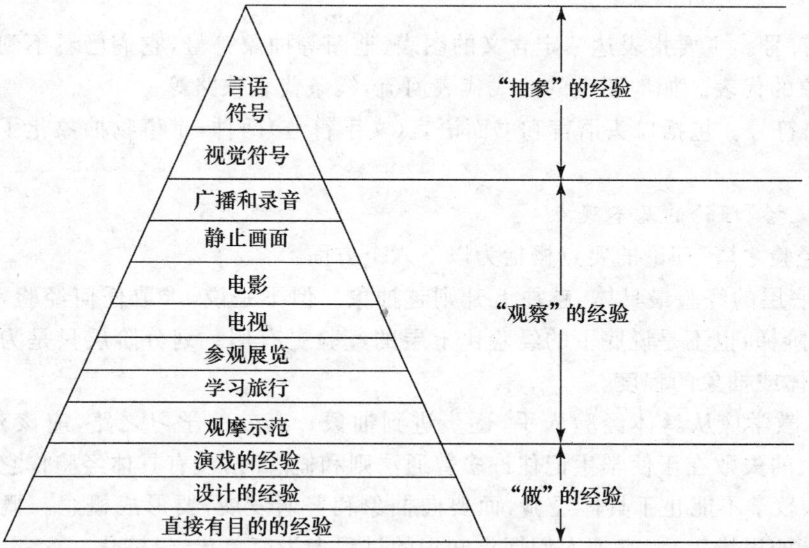

图1.3.1 戴尔的“经验之塔”

从图1.3.1可以看出，“经验之塔”分为三大类十个层次。

第一类：“做”的经验，位于塔基的三个层次中，都含有亲自的活动，在这三种方式中，学习者都不仅仅是活动的旁观者，更是活动的参与者，故称为“做”的经验，所以说获得的是直接做的经验，主要包括以下三种层次：

(1) 直接有目的的经验。直接与真实事物本身接触而获取的经验，是通过对真实事物的直接感知(即看、听、尝、嗅、触、做)取得的最丰富的具体经验。

(2) 设计的经验。指通过模型、标本等间接材料的学习获取的经验。模型、标本是通过人工设计、仿造的事物，多与真实事物的大小和复杂程度有所不同，它是“真实的改编”，这种改编，可以使人们对真实事物更容易理解和领会。

(3) 演戏的经验。指让学生在戏剧中扮演某一角色，使他们在尽可能真实的情境中获得经验。通过演戏、表演、感受那些在正常情形下无法获得的感情上和观念上的体验。

第二类：“观察”的经验，位于塔中间位置，均有观察的成分，因此称为“观察”的经验，依次排列时越往上抽象程度越高，主要包括以下五种层次：

(4) 观摩示范。通过看别人怎么做，使学生知道一件事是怎样做成的，以后他自己就可以动手模仿着去做。

(5) 学习旅行。指通过野外的学习旅行，看到真实事物和各种景象，获得经验。

(6) 参观展览。指通过参观展览,使学生通过观察来获得经验。

(7) 电影和电视。指通过观看电影、电视获得经验,屏幕上的事物是实际事物的代表,不是它本身。通过看电影和电视,得到的是替代的经验。

(8) 广播、录音、静止的画面。指通过听觉或视觉的方式来获得经验,与电影和电视相比,抽象层次要高一些。

第三类:“抽象”的经验,位于塔的顶部,其抽象的层次最高,是抽象化了的东西,包括以下两种层次:

(9) 视觉符号。主要指表达一定含义的图表、地图等抽象符号,它们已看不到事物的实在形态,是一种抽象的代表。如地图上的曲线代表河流,线条代表铁路等。

(10) 言语符号。包括口头语言和书面语言(文字符号)两种,是事物抽象化了的代表或观念的符号。

2. “经验之塔”理论的基本观点

戴尔把“经验之塔”理论的要点概括为以下六个方面:

(1) 塔最底层的经验最具体,越往上升则越抽象。但不是说,求取任何经验,都必须经过从底层到顶层的阶梯,也不是说底下的经验比上层的经验更有用。划分阶层只是为了有利于说明各种经验的具体或抽象的程度。

(2) 教育、教学应从具体经验入手,逐步进到抽象。有效的学习之路,应该充满具体经验。教育、教学最大的失败在于使学生记住许多普通法则和概念时,没有具体经验作它们的支柱。

(3) 教育、教学不能止于具体经验,而要向抽象和普遍发展,要形成概念。概念可以供推理之用,是最经济的思维工具,它把人们探求知识的过程大为简单化、经济化。

(4) 在学校教学中应使用各种教学媒体,可以使得学习更为具体,也能为抽象概括创造条件。

(5) 位于“塔”的中间部位的那些视听教材和视听经验,比上层的言语和视觉符号具体、形象,又能突破时间和空间的限制,弥补下层各种直接经验方式的不足。

(6) 如果教学太过于具体化,那就是没有达到更普遍的充分了解,但现在这种危险只是理论的,因为人们还没有做到教学应有的具体程度。

“经验之塔”理论所阐述的是经验抽象程度的关系,符合人们认识事物由具体到抽象、由感性到理性、由个别到一般的认识规律;而位于塔的中部的广播、录音、静止的画面、电影、电视等介于做的经验与抽象经验之间,既能为学生学习提供必要的感性材料,又便于借助解说或教师的提示、概括、总结,从具体的画面上升到抽象的概念、定理,形成规律,是有效的学习手段。因此,经验之塔不仅是视听教育的心理学基础,也是现代教育技术的重要理论基础之一。

1.3.2 学习理论

学习理论是揭示人类学习活动的本质和规律,解释和说明学习过程的心理机制,指导人类如何有效学习,特别是指导学生如何学习和教师如何进行课堂教学的学科。教育技术学的目的是为了优化学习过程,提高学习的效果和效率,因此教育技术学必须要广泛了解学习及人类行为,以学习理论作为其理论基础。影响教育技术的学习理论主要有行为主义学习理论、认知主义学习理论、建构主义学习理论和人本主义学习理论四种。

1. 行为主义理论

行为主义理论的主要代表有：巴甫洛夫的经典条件反射学说、华生的行为主义、桑代克的联结主义、斯金纳的操作性条件反射学说等。

以斯金纳为代表的新行为主义学习理论可以用“刺激—反应—强化”来概括，其公式是：S—R—S。该理论认为学习是刺激与反应的联结，是反映概率的变化。如果一种反应之后伴随一种强化物，那么，在类似环境里发生这种反应的概率就增加。反应有两种，即应答性反应（由刺激引发的反应）和操作性反应（由机体发出的反应）。前者是有机体被动地对环境做出反应；后者是有机体主动地作用于环境。

行为主义理论的特点是强调知识、技能的掌握，重视外显行为的研究。代表理论是斯金纳的程序教学法，它的基本思想是：一是把学习内容分成具有联系的小步子；二是要求学生做出积极的反应；三是对学生的反应要给予及时反馈与强化；四是学生在学习中可自定步调，进度不必一致；五是学生应尽可能作出正确反应，降低错误率。这一程序教学原理已在计算机辅助教学及CAI课件制作当中得到广泛应用，曾是教学软件开发的主导思想。用计算机不仅可以提供重复的适当刺激和及时的反馈刺激，还可以提供因人而异的个别化刺激，改善学生的行为，达到教学目标。

2. 认知主义理论

认知学习理论的主要代表有：格式塔学习理论、托尔曼符号学习论、布鲁纳的认知结构学习理论、奥苏贝尔的认知结构同化学习理论、加涅的认知学习理论、信息加工理论等。认知派的主要观点：第一，学习是认知结构的组织与再组织，其公式是 S—AT—R（S 代表客体刺激，A 代表同化，T 代表主体的认知结构，R 代表行为反应），客体刺激只有被主体同化于认知结构之中，才能引起对刺激的行为反应。第二，学习过程是信息加工过程。学习是凭智力与理解，绝非盲目的尝试。这一学派的特点是重智能的培养，重内部心理机制的研究。

在认知学习理论中对现代教育技术影响最大的是以加涅为代表的信息加工理论，这种理论把人看做是信息加工的机制，把认知看作是对信息的加工。按照信息加工理论，学习过程可以分成注意刺激、刺激编码、信息的贮存和提取三个阶段。如图 1.3.2 所示。

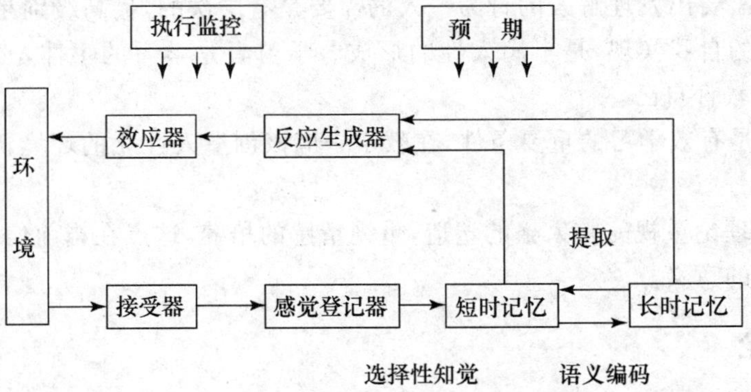

图 1.3.2　学习的信息加工模型

这个模式描述了信息从一个假设的结构流到另一个假设结构的经过：首先，感受器从环境中接受刺激或输入信息，输入的信息在感觉登记器中保留非常短暂的时间。其次，进入短时记忆，最长大约可持续30秒，学习者的复述能把信息在这里保持稍长的时间。再次，把信息加以编码以便储存，并转移到长时记忆里。人们假定长时记忆是一个永久的贮藏仓库。然后，信息经过寻找以后，得以恢复。信息恢复以后，又转移到短时记忆（在某种意义上说，又回到了记忆的“前沿”）。在此，信息的适当性得到进一步地考虑，结果是作进一步地寻找，或者利用反应发生器的活动，产生持久地反应。加涅强调指出，在这个模式中，重要的组成部分是执行控制过程。各种信息的转移都利用这些过程而被激化和改变。为了准备学习的行为而建立的预期事项也可以用相似的作用加以说明。

3. 建构主义学习理论

建构主义学习理论是学习理论发展到认知主义以后的进一步发展。代表人物是皮亚杰和维果斯基。建构主义学习理论的基本观点有以下几点：

(1) 学习是一种主动建构的过程。知识不是通过教师传授得到的，而是学习者在一定的情境即社会文化背景下，借助其他人（包括教师和学习伙伴）的帮助，利用必要的学习资料，通过意义建构的方式而获得的。“情境”、“协作”、“会话”和“意义建构”是学习环境中的四大要素或四大属性。多媒体和网络技术的普及为建构主义学习环境提供了理想的学习环境。

(2) 学习从属于发展。儿童学习到什么，取决于他的发展水平，即“最近发展区”。在教学中，新的教学应该按照儿童的心理结构和他们的不同发展阶段，将潜在的发展变成现实的发展、并不断创造新的最近发展区。

(3) 学生掌握解决问题的程序和方法，比掌握知识更加重要。这一学派的特点是强调对学生的主动性、自主性的学习能力的培养，关注学生的创造性，教学环境、教师都是为学生建构知识服务的。

4. 人本主义学习理论

人本主义心理学是20世纪五六十年代在美国兴起的一种心理学思潮，主要代表人物有马斯洛(A. Maslow)和罗杰斯(C. R. Rogers)。人本主义学习理论的主要观点有以下几点：

(1) 要从人的需要出发理解人的行为。人的需要是有层次的，最高级别是“自我实现”。

(2) 学习是人的自我实现，是丰满人性的形成。学习者是学习的主体，必须受到尊重，任何正常的学习者都能教育自己。

(3) 人际关系是有效学习的重要条件，在教学中应该创造人性化的环境，给学生以安全和轻松的学习氛围。

人本主义学习理论重视完整人格的塑造，重视情感的培养，这点在当前信息技术服务新课程的实施中有着重要的意义。

1.3.3 教学理论

现代教育技术既重视学，也重视教，除了学习理论以外，教学理论也成为其重要理论基础。现代教育技术的核心是对各种教学媒体的系统设计和利用，从其指导思想、教学目标、教学内容的确定和学习者的分析，从教学方法、教学活动程序、教学组织形式等一系列具体教学策略的选择和制定，一直到教学评价，都从各种教学理论中吸取精华，综合运用，寻求科学依据。尤其是近半个世纪发展起来的现代教学理论，对教育技术的影响更为显著。其中影响最为广泛的教学理论有：布鲁姆的目标分类理论、掌握学习理论和评价理论，布鲁纳的以认知结构为中心的课程理论，奥苏伯尔的有意义学习观点和先行组织者的教学程序，加涅"九大教学活动（事件）"的教学活动程序，赞可夫的发展教学理论，巴班斯基的教学过程最优化理论、多元智能理论、四大支柱教育理论、素质教育理论。下面简要介绍其中的几种理论。

1. 赞可夫的发展教学理论

赞可夫认为，首先，要把一般发展作为教学的出发点和归宿，"以最好的教学效果，来促进学生的一般发展"。其次，要把教学目标确定在学生的"最近发展区"之内，也就是教学要有一定的难度，让学生"跳一跳"才能摘到"桃子"，认为"只有当教学走在发展前面的时候，这才是最好的教学"。基于此，赞可夫提出了发展教学理论的教学原则：以高难度进行教学、以高速度进行教学、理论知识起主导作用、使学生理解学习过程、使全班学生包括后进生都得到发展。

2. 巴班斯基的教学过程最优化理论

苏联巴班斯基曾提出"教学过程最优化"理论。他认为应该把教学看成一个系统，从系统的整体与部分、部分与部分以及系统与环境之间的相互关系、相互作用中考察教学，以便能最优地处理问题，设计优化的教学程序，求得最大的教学效果。并着力研究在特定的教学时间、教学任务、教学条件下，教学过程各种成分——教学内容、教学方法等的最佳组合，追求教学的整体功能和效益。

3. 加涅"九大教学活动"的教学活动程序理论

加涅根据学习者在学习过程中所发生的心理活动为依据，将学生学习的内部过程划分为九个步骤，分别是接受、期望、工作记忆检索、选择性知觉、语义编码、反应、强化、检索与强化、检索与归纳。相对于学生学习的内部过程的每一步骤，可以设计出促进学习的教学活动过程的九个环节，即教学活动程序。划分九类教学活动的目的是为了使教师的教学活动符合学生的学习规律，更好地指导学生，从而使学习活动更加有效。它将学生的学习过程视为信息处理的过程，规定了教师在此过程中的各个阶段里的主要工作。教师可以通过研究和掌握九类教学活动，确定教学活动的一般过程，明确自己的教学任务。

4. 多元智能理论

多元智能理论是由美国哈佛大学教育研究院的心理发展学家加德纳（Howard Gardner）在1983年提出的。加德纳通过对脑部受创伤的病人、"神童"、有特殊技能而心智不全者、各领域专家、正常人等多领域人员的智能的对比研究，发现他们在学习能力上的差异，从而提出本理论。他提出人的智能分为八类：言语-语言智能、音乐-节奏智能、逻辑-数理智能、视觉-空间智能、身体-动觉智能、自知-自省智能、交往-交流智能、自然观察智能。

运用多元智能理论分析我国的教育问题，对于促进我国的教育改革和学生全面素质的提高有着重要的积极意义，表现如下：

(1) 新的学生观。每个学生都有自己的优势智能，有自己的学习风格和方法。不能以一种标准、一个方面来看待不同的学生。

(2) 新的教学观。传统上，学校一直强调学生在逻辑—数学和语文（主要是读和写）两方面的发展。在新的学生观的基础上，采取因材施教，个别化的教学内容和策略是非常重要的。

(3) 新的评价观。素质教育的推行，科学的评价标准、方式和制度是关键。多元智能理论为革新传统单一的纸笔测验方式，推行多元化、发展性评价提供了理论基础。

5. “四大支柱”教育理论

国际21世纪教育委员会向联合国教科文组织（UNIESCO）提交的报告《教育——财富蕴藏其中》中指出：面向21世纪，教育的四大支柱，就是要培养学生学会四种本领：学会认知（Learning to know）、学会做事（Learning to do）、学会合作（Learning to together）、学会生存（Learning to be）。

6. 素质教育理论

素质教育是我国当前和今后较长时期内的教育宗旨和方向，素质教育是以培养创新型人才为主要目标的教育，创新精神和解决问题的能力是其核心。素质教育理论可以概括为“三个发展”，即学生的全面发展、全体发展和个性发展。现代教育技术在实践和研究中应该着力贯彻和体现素质教育的理念。

1.3.4 传播理论

传播理论是一门研究人类传播行为的科学，现代教学中随着传播学和教育学不断的结合，常把教学看成信息的传播过程，形成了综合运用传播学和教育学的理论和方法来研究和揭示教育信息传播活动的过程与规律，以求得最优化的教育效果。在现代教育技术的研究中，传播理论可以说明教育传播过程中各个要素、要素之间的相互关系，信息传播的规律。因此，传播理论成为现代教育技术的一个重要理论基础。

1. 传播

传播（Communication）是人们通过符号、信号，传递、接收与反馈信息的活动；是人们彼此交换意见、思想、情感，以达到互相了解和影响的过程。传播一般分为四大类：自然的传播、动物的传播、人的传播、机器的传播。人的传播又进一步分为人际传播、组织传播、大众传播和教育传播。[1]

2. 几种传播模型

（1）拉斯韦尔模型。美国拉斯韦尔（Harold Lasswell）把传播过程分解为传者、受者、信息、媒介、效果，即“5W”模式，如图1.3.3所示。

图1.3.3 拉斯韦尔“5W”传播模式

拉斯韦尔的模式说明了传播过程的五大内容：控制分析、内容分析、媒体分析、受众分析、效果分析。后来，布雷多克（Braddock）在此基础上发展了“7W”模型，另外加了两个要素：Why（为什么）和Where（在什么情况下）。

（2）香农-韦弗（Shannon-Weaver）的传播模式。香农-韦弗把传播过程分为七个基本要素：信息源、编码、信道、解码、信宿、干扰和反馈，如图1.3.4所示。传播的过程是“信息源”即传者，把要提供的信息经过“编码”，即转变为某种符号，如声音、文字、图片、图像等，通过一种或多种媒体传出。“信宿”即受者，对经过“编码”的信息进行“解码”，即解释符号的意义。

① 南国农，李运林. 教育传播学[M]. 北京：高等教育出版社，2005.

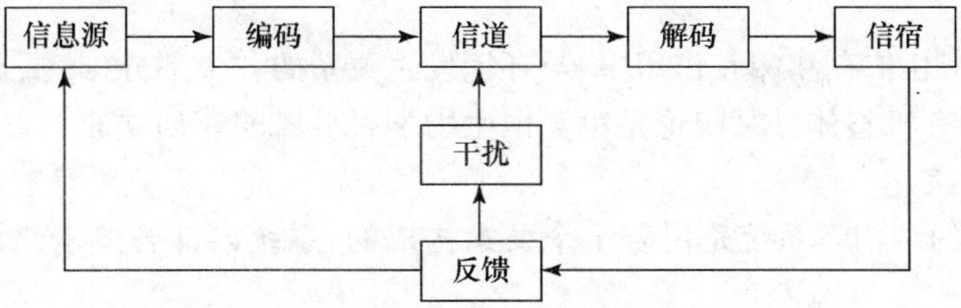

图 1.3.4　香农-韦弗传播模式

(3) 贝罗的传播模式。贝罗(David K. Belo)的传播模式，综合了哲学、心理学、语言学、人类学、大众传播学、行为科学等新理论，来解释在传播过程中的各个不同要素。这一模式把传播过程分解为四个基本要素：信源、信息、通道和接收者，如图 1.3.5 所示。

从信息源和接受者来说，影响传播效果的因素有：传播技术(对信源部分是指说话和写作，对受播者部分是指收听和阅读)、态度、知识水平、他们所处的社会背景及文化背景等。

从信息这个要素来看，影响信息的因素有如下几项：

符号：传播过程中采用的符号，包括语言、文字、图像与音乐等。

内容：传播者为达到传播目的而选取的材料，它包括信息的成分及信息的结构。

处理：是传播者对信息选择及安排的符号所做的各种决定。

即传播效果受信息内容、要素、信息的处理、结构安排、表达方式等诸要素的制约。

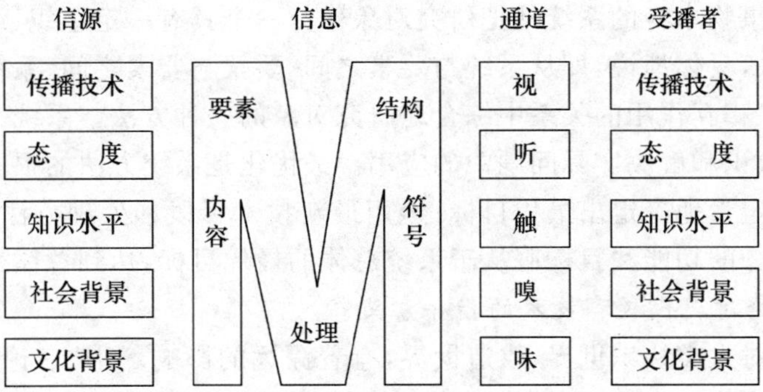

图 1.3.5　贝罗模式

通道就是传播信息的各种手段和工具，如包括视觉媒体、听觉媒体、触觉媒体、嗅觉媒体、味觉媒体。例如：书籍、报纸杂志、播音、电影、电视、电话、唱片、图画、图表等，以及人的各种感觉器官。在传播过程中，选择不同的媒体，就是选择不同的通道，产生的传播效果也不同。贝罗模型给教育传播研究提供了一些结构性因素的考虑，对研究变量的设计和决定具有一定的指导意义。

1.3.5　系统科学理论

系统科学是"三论"(系统论、信息论和控制论)和"新三论"(耗散结构理论、协同论和突变论)的总称，它既是现代自然科学、社会科学、思维科学发展综合的结果，又是现代科学研究共同的一般方法论，也是教育技术的重要理论基础。

1. 系统

系统，指处于相互依存和相互作用中，与环境发生关系的各个部分(或要素)构成的一个完整的具有一定功能的有机整体。系统论是由美国生物学家贝塔朗菲创立的。

系统有三层含义。

(1) 具有一定的结构。系统是由若干个要素构成的，系统内部各要素之间的关系构成了系统的结构。

(2) 具有特定的功能。系统总是处在相应的环境之中，系统的功能是系统和外部环境之间关系的反应，是通过对环境的作用而表现出来的。

(3) 系统的类型多样。系统可按组成要素的性质和生成方法，分为自然系统和人工系统；按系统组成内容不同，可分为实体系统和观念性系统；按系统的状态与时间的关系，又可分为静态系统和动态系统；按系统与环境的关系来划分，可分为封闭系统和开放系统。

从系统科学角度来认识现代教育，教育系统是一个多因素、多层次和多功能的复杂系统。教学系统是教育系统的子系统，是一种人工系统、动态系统、开放系统。是一个由教师、学生、教学信息、媒体等要素组成的系统。教育要优化，不仅仅是从教师或学生一方来考虑，而是从整个系统来考虑，协调好各教学要素之间的关系，使之相互支持、相互理解、相互协调和齐心协力。教育系统的功能，不仅决定于构成教育系统诸要素所具有的功能，而且决定于诸要素相互之间的关系，即系统的结构。

2. 系统方法

系统方法，是按事物本身的系统性把研究对象作为一个具有一定组织、结构和功能的整体来加以考察的一种方法，具体地说，即从系统与要素之间、要素与要素之间、系统与外部环境之间的相互联系、相互制约、相互作用的关系中综合地研究对象的一种方法。系统方法是系统科学基本原理和基本观念在认识和解决实际问题中的应用。最优化是系统方法的根本目的。它可以根据需要和可能，为系统定量地确定出最优目标；运用最新技术手段和处理方法，在动态中协调整体与部分的关系，使部分的功能和目标服从于系统总体的最优目标，达到总体最优化。

3. 系统科学理论对现代教育技术的指导意义

系统科学理论，对人类认识世界、改造世界，有着深远的影响。用“三论”的理论和方法指导教育科学，特别是从中提炼和抽象出来的系统科学的基本原理(反馈原理、有序原理和整体原理)，对研究现代教育技术和指导其实践具有重要的意义。

(1) 反馈原理。任何系统只有通过信息反馈，才能实现控制一个系统，其信息通道是一个闭合回路。在教育系统中，教育者是否达到一定的教育目的，教育效果如何，必须不断地从反馈信息中获得控制与调整的依据。在教学实践中主要强调信息传递必须具有双向性。反馈的作用在于：使教师及时地获得学生学习态度和学习成效的反馈信息，调整教学程序、教学信息传递速度和教学方法，从而保证教学按照预定的教学目标和教学计划，高效率、高质量地有序进行。

(2) 有序原理。系统内部各要素有其排列和组合的顺序、层次，其组织形式构成系统的结构。一种事物总是存在于某种系统之中，从而作为该系统中的一个要素。一切事物又自成系统，都有其内部结构。任何一个系统都是较高一级系统的要素(或子系统)，同时任何一个系统的要素又自成系统，它又包含自己的要素，对于一个特定系统来说，其他系统则是该系统存在的外部环境，所以，系统、要素和环境三者是有机统一的关系，是彼此相互联系和相互制约的。

在教育中强调要处理好教学系统内部的要素之间，以及与外部环境之间的关系，使它们之间的信息交换处于开放、有序的状态。因此，有序是最有效的学习方法。

(3) 整体原理。整体性是系统的根本属性。任何系统都是一个有结构的整体，系统是由若干相互联系、相互作用的要素构成的整体。系统的整体功能不仅包括各孤立部分的功能之和，还应加上各部分相互作用而形成的新结构产生的功能。任何系统的整体功能 ET，等于各部分功能的总和 EI 加上各部分相互联系形成结构产生的功能 ER，即：ET＝EI＋E，R 即整体大于各孤立部分的总和。整体原理要求人们在研究问题时，要牢固树立全局、整体的观念，不仅要注意发挥系统中各部分的功能，更重要的是注意发挥各部分相互联系形成结构的功能。

优化的课堂教学，应重视从教学整体进行系统分析，综合考虑课堂教学过程中的各个要素，注意各要素之间的配合、协调，发挥系统的整体功能才能达到优化的目标。

另外，系统科学还提供了动态原理、开放原理。主要强调以变化的观点、开放的观点看待事物。

系统科学理论的这些原理建立了一个比较完整的理论体系，对研究现代教育技术和指导其实践有着重要的意义。

1.4　现代教育技术的教学应用

1.4.1　现代教育技术与教育变革

20 世纪 40 年代计算机的产生给世界带来一场革命，20 世纪 90 年代，人类社会由工业时代跨入信息时代，如果说机械化是工业时代的主要特征，那么计算机化、网络化则是信息时代的显著特征。信息技术已广泛运用于社会、政治、经济、教育各个方面，电子政府、地球村、无纸办公、虚拟现实、数字化生存等新生事物层出不穷。知识经济、全球化趋势特征日益加快。各行各业，信息化改造如火如荼地开展。信息技术极大地改变着人们的生活方式、生产方式、工作方式、学习方式等。

教育信息化是国家信息化的重要组成部分，是要在教育领域全面深入地利用信息技术，开发利用教育资源，促进技术创新、知识创新和创新成果的共享，提高教育教学质量和效益，推动教育改革与发展的历史进程。教育信息化是教育现代化的重要标志，以教育信息化带动教育现代化，已成为我国教育事业发展的战略要求。

现代教育技术是顺应信息时代发展潮流而产生和发展的，它的根本使命是革新传统教育弊端，为信息化社会培养需要的人才。现代教育技术在教育领域引起了教学系统内部诸要素的变化。

1. 信息技术对教育教学的冲击

信息技术对教育教学的冲击是前所未有的，教育必须积极地面对挑战，才能适应信息化社会的要求。

树立现代教育观。教育必须走向民主化、终身化、个性化、多样化和国际化。民主化提倡教育机会均等，面向所有需要接受教育的对象。终身化是指教育要走向学习化社会，为每个人提供终身教育的机会，重视学习者学习能力的培养，以应对终身学习的需求。个性化则是为不同天赋个性的学习者创造相应的条件，使每个人得到相应的最大的发展。多样化是为终身教育及个性化教育提供机会和条件。国际化是指全球化的交流和合作，拓展教育空间，实现本土化和全球化教育的交融。

树立现代教学观。不仅传授学生知识，而且教会学生学习。

树立现代人才观。教育应该培养出智能型、创造型人才，而不是知识型、模仿型人才。

树立现代师生观。学生不再是被动地接受知识，而是认知的主体，意义的主动建构者。教师应该是学生意义建构的指导者、帮助者、激励者和设计者，师生之间是民主、平等的关系。

树立现代学习时空观：学习不再受时间和空间的限制，可以随时随地地学习，实时或非实时地学习。

2. 现代教育技术促进教育变革

(1) 促进学习方式的变革。现代教育技术对学习方式的革新作用主要表现在促使传统文化三大基石的裂变。在印刷时代，阅读、写作和计算机被公认为文化之鼎的三足，也被视为传统教育的三大基石。以计算机为代表的电子信息技术改变了传统印刷时代的"3R"——读(Reading)、写(Writing)、算(Arithmetic) 方式，从纸质文本阅读改变为电子文本阅读，从纸笔手写方式改变为键盘鼠标方式，计算机数字技术取代了传统数学计算方式，取代图像、声音、影视媒体的模拟技术。超文本、多媒体、高效率检索成为现代人学习的基本方式。

(2) 促进学习资源的变化。现代数字信息技术的运用，使学习资源载体多样化、显示方式多媒体化、内容组织结构的非线性化、传输网络化和共享化，因此，信息时代的学习资源具有高度的开放性和交互性，为学生学习方式的自主化、个性化、民主化提供了保障。数字教育教学资源库在世界范围内共享成为越来越显著的特征。

(3) 促进师生角色的变革。在信息技术和有关教学理论(如建构主义理论)的指导下，教师和学生的角色正在发生变化。

教师的变化：从过去单纯的知识传授者与灌输者，从教学的中心地位改变成为学生的导师、意义建构的促进者、信息咨询者、团队协作者、课程开发者、学术顾问、研究者、学习者。

学生的变化：从传统的知识接收者的角色，从一个接受的、复述的和指令性的学习者变成具有建构的、交流的、阐释的、协作的和反思的学习者。

(4) 促进教学模式的变革。

① 课堂教学的革新。学习资源的多样性、开放性和共享性，为教学革新提供了坚实的基础条件。各级各类学校普遍采用信息技术改进传统教学方式，在信息技术支撑下，教学手段多媒化，教学方法多样化，研究性课程、网络探究式教学成为教学创新的亮点。

② 教育模式的变革。传统教育主要是在学校、课堂教学里的面对面、同步式的教学，网络信息技术资源的共享性、开放性改变了原有教育过程的结构，形成了多种人—机—人的教育模式，使教育的时空发生变化，教育、教学不再受限于特定狭小的空间。个别化学习和交互式远距离的异地授课成为可能，远程教育成为一种重要的教育方式。在我国，中国教育科研计算机网(CERNET)与中国教育卫星宽带传输网(CEBsat)覆盖全国，互联互通，初步形成了"天地合一"的现代远程教育传输网络。为继续教育、终身教育，职业教育、构建学习型社会提供了强有力的技术和资源支撑。

1.4.2　现代教育技术的主要应用领域

1. 学校课堂教学领域

学校教育是最重要的教育形态，而学校教育中的课堂教学是主要的教学活动形式，是一种非常有效的培养人才的渠道，也是现代教育技术最重要的应用领域之一。现代教育技术为课堂教学提供了丰富的现代化的教学媒体、教学信息、教学环境和教学资源。各种形式的现代教学媒体，如多媒体光盘、音像教材，改变了以书本为主的传统教学媒体的单一化状态；语言实验室、微格教室、计算机网络教室、多媒体综合教室、数字图书馆等现代化教学环境极大地改善了传统以粉笔、黑板为主的教室的教学条件。教学媒体的多样、教学信息的丰富、教学环境的优化，为教学活动的开展提供了各种技术、手段的支持，为革新传统教学方法，改善教学过程提供了保障。现代教育技术在课堂教学领域的主要模式有以下几种：

(1) 以视听媒体演示为主的集体教学模式。这种模式主要是将视听媒体(如图像、声音、动画、视频)作为演示工具、辅助工具，配合教师的语言讲授，克服传统教学媒体的缺陷，将传统教学媒体难以展现的教学内容(如难以通过肉眼观察的宏观的宇宙、微观的电子，难以再现的历史事件，难以到达的异域风情等)，呈现在课堂里，直观、生动、快捷地表现教学内容。这种模式以教师为中心，在传统教学的基础上增加了现代教学媒体这一新的要素，按照课程教学目标结合学生的学习特征设计教学过程，媒体作为信息呈现工具、教学辅助工具，配合教师突破难点、突出重点，从而起到优化教学过程，提高教学效率的作用。

(2) 以网络为主的自主探究学习模式。自主性探究式学习是信息时代特别提倡的一种学习方式，这种学习方式能够满足学生个体学习的需要和个性化发展的需要，同时也是培养学生学习能力的最重要方式。以人为本，尊重差异，是教育观念的进步，而学习能力的培养更是满足终身教育要求的重要方面。集体教学难以照顾学生的个别差异和不同的学习风格，而计算机网络的应用为学生自主探究式学习提供了广阔的天地。计算机网络信息的浩瀚与海量，信息检索的高效性、交互性、开放性使学生能够以计算机为老师，以计算机上的所有人为老师，对于不明白的问题进行网络提问、讨论、查询。

以网络研究性学习模式——Webquest——“网络专题调查”为例，该模式是美国圣地亚哥州立大学的道奇(Bernie Dodge)等人于 1995 年开发的一种课程设计模式(详见第 10 章10.3节)。该模式以学生为中心，教师设计探究学习方案，将教案转化为学案，教师充当教学的设计者、管理者，学生学习的促进者、学术顾问的角色，为学生提供指导。现在这种设计模式风靡全球，适合于各个学科、各个年级的教学。既适合于长周期(两三个月的)课外探究式学习，也适合于短周期(两三个课时)的课内教学。

(3) 个别化教学模式。各种计算机、网络教育软件的蓬勃发展，使计算机辅助教学的个别化学习模式成为与传统班级授课制并驾齐驱的一种教育形式。学习者在课堂内外都可以向教学媒体学习，自定步调，满足个性化学习需要。

(4) 以培养特殊技能为主的微型教学模式。在涉及某些特殊技能，如教师基本技能、体育运动技能、实验技能、语言能力等的培养教学内容方面，现代教育媒体能够进行声音、影像、过程的记录，可以在现场进行直播，事后也可以重放，为培养者和受训者提供了反馈资料，以便进行观察研究、发现问题、及时纠正、反复训练，从而提高技能。如微格教学系统、语言学习机的运用就是这类例子。

2. 远程教育领域

除了学校教育领域以外，现代教育技术的一个重要应用就是现代远程教育。现代远程教育是指师生在时空上处于相对分离的状态下，运用现代信息技术（主要是电子通信技术和计算机技术）和资源进行教育教学活动的一种教育方式。现代远程教育能够满足在信息社会中人类终身学习的多元化需求，因此成为大众教育和终身教育的主力军，是当前消除地区之间、城乡之间教育失衡，消除数字差距，促进教育公平的一条有效途径。我国的农村现代远程教育取得了巨大的成绩，《国家中长期教育改革纲要》指出："继续推进农村中小学远程教育，使农村和边远地区师生能够享受优质教育资源"。现代远程教育模式主要有网络教学系统、卫星远程教学系统、远程视频会议系统等（详见第8章）。

3. 社会培训领域

现代教育技术除了学校教育和远程教育领域之外，也广泛应用于工业、农业、商业各类人员的职业教育和培训工作，如所处企业的文化理念、从业素质的教育培训。随着社会的快速发展，知识创新加快，各行各业竞争日益激烈，这就要求人们必须不断地更新知识，提高从业能力水平。利用现代教育技术是企业对员工进行职业技能培训的一种经济、有效的途径，通过现代教学资源进行教学培训，便于职工立足于本职岗位，根据实际情况采取针对性的学习。

学习建议

1. 阅读有关世界各国教育信息化进程方面的文献，做读书笔记或摘要，说明我国发展信息化教育的重要性和必要性。

2. 在查阅相关文献的基础上分小组进行讨论对教育技术概念的理解。例如，在实践层面可以阐述教育技术能够"做什么"和"如何做"的问题，在理论层面则可以回答教育技术"研究什么"，它是一门"什么学科"等问题。

3. 我国中小学信息技术教育的内容和任务是什么？

4. 阅读有关建构主义、多元智能的理论、资料，分析现代信息技术媒体和环境如何为新课程改革服务。

教学建议

本章内容是本书的首章，具有序言、概论的性质，建议采取讲授法和阅读指导法。通过较大量的信息接触让学生体会教育技术革新传统教育的功能特点，感受到新时代的教师学习教育技术，掌握现代教育技术知识和技能的重要性。

推荐阅读

1. 中国教育技术研究网：http://www.cetr.com.cn/e21web.

2. 中国教育部网站：http://www.moe.edu.cn.

3. 中国教育和科研计算机网站：http://www.edu.cn.

4. 中小学信息技术教育网：http://www.nrcce.com.

5. K12中国中小学教育教学资源网：http://www.k12.com.cn.

6. 黄荣怀. 信息技术与教育[M]. 北京：北京师范大学出版社，2006.

7. 郭绍青，王卫军. 教师信息技术能力教程[M]. 北京：高等教育出版社，2010.

第2章　现代教育媒体理论

学习目标

1. 理解媒体、教育媒体和现代教育媒体的定义。
2. 了解现代教育媒体的分类。
3. 理解教学媒体的特性、教学媒体选择的基本依据和教学媒体编制的效果原理。
4. 掌握常用的现代教育媒体应用系统的构成及功能。
5. 理解数字化教学资源的概念，了解数字化教学资源的基本类型。

知识结构

- 现代教育媒体理论
  - 教育媒体概述
    - 媒体与教育媒体
    - 现代教育媒体的分类
    - 教学媒体的特性
    - 教学媒体选择的基本依据
    - 教学媒体编制的效果原理
  - 现代教育媒体系统及教学应用
    - 多媒体教室
    - 多媒体网络教室
    - 多媒体语音实验室
    - 微格教学系统
    - 多媒体阅览室
    - 学习资源中心
    - 校园网及教学应用
  - 数字化教学资源
    - 数字化教学资源的概念
    - 数字化教学资源的类型

2.1　教育媒体概述

2.1.1　媒体与教育媒体

从传播学的角度来看，教学是向学生传递各种知识和能力的过程，它是一个有目的、有组织的传播活动。在传播过程中，教学媒体是一个很重要的因素，传播是通过媒体进行的，因而有必要对媒体、教育媒体及现代教育媒体的概念进行必要的阐述。

1. 媒体

媒体一词来源于拉丁语“Media”的音译，意为两者之间。它是指信息在传递过程中，从信息源到受信者之间承载并传递信息的载体或工具。也可以把媒体看作实现信息从信息源传递到受信者的一切技术手段。媒体有两种含义，一是承载信息的载体；二是指存储和传递信息的实体。

2. 教育媒体

媒体以教育信息的传递为最终目的时称为教育媒体，教育媒体用于教育信息从信息源到学习者之间的传递。例如，专门用于教学的录像、录音，称为教学录像片、教学录音带，这就是教育媒体。

一般的媒体发展成教育媒体应具备以下两个基本要素：

(1) 媒体在用于存储与传递教育信息时，才可称为教育媒体。教育媒体区别于一般的媒体，它存储和传递的是教育、教学信息，是为达到特定的教育、教学目标而服务的，是为特定的对象——教师或学生所使用的。

(2) 媒体能用于教与学活动的过程时，才能发展为教育媒体。任何媒体都能用来存储和传递教学信息，如电影、电视，以及计算机等媒体，但这些媒体诞生的初期，并没有在教学活动中派上用场。因此，它们只是一般的传播媒体，不是教学媒体，只有当它们经过改进，符合教学要求，用于教学活动时，才能成为真正的教学媒体。

3. 现代教育媒体

19世纪至今是科学技术迅速发展的年代，其中尤以电子科学技术的发展最为突出，以电子技术新成果为主发展起来的新传播媒体，人们称之为电子媒体。电子媒体用于教育活动时，则被称为现代教育媒体，例如，幻灯、投影、录音、广播、电视、计算机等。电子媒体的发展大大增进了人类的传播能力和传播效率。现代教育媒体的开发与利用，以及对促进教育发展与变革所产生的重大作用，是当前教育媒体的研究、开发与利用的重点课题。

2.1.2 现代教育媒体的分类

现代教育媒体作为一种教育信息传递的工具，是由两个相互联系的要素所构成的。一是硬件，即用以传递教育信息的各种教学机器，如，幻灯机、投影仪、电影放映机、扩音机、录音机、电视机、录像机、影碟机、电子计算机等；二是软件，即各种教学片、带，如，幻灯片、投影片、录音带、录像带、光盘、影碟、计算机课件等。媒体的两个要素配合运用，才能发挥现代教育媒体的教学功能。

随着科学技术的进步，现代教育媒体越来越多，为了方便研究、开发与利用，人们通常将它分为几种类型。常见的分类方法有下面几种：

1. 按作用于人的感官分类

(1) 听觉型媒体：如收音机、广播、录音等。

(2) 视觉型媒体：如教科书、板书、板画、挂图、标本、模型、幻灯、投影等。

(3) 视听型媒体：如电影、电视等及相应软件。

(4) 相互作用型媒体：如微格教学系统、语言实验室系统、多媒体综合教学系统、多媒体计算机系统等及相应的软件教材。

2. 按媒体的物理性能分类

(1) 光学投影类媒体。光学投影类媒体包括幻灯机和幻灯片、投影机和投影片、电影机和电影片。这类媒体主要通过光学投影，把小的透明的或不透明的图片、标本、实物投射到银幕上，呈现所需的教学信息，包括静止图像与活动图像。

(2) 电声类媒体。电声类媒体包括电唱机、扩音机、收音机、录音机、语言实验室以及唱片、录音带等。它将教学信息以声音形式储存和播放传送。

(3) 电视类媒体。电视类媒体主要有电视机、录像机、影碟机以及录像带、视盘等。它的主要特点是储存与传送活动的图像与声音信息。

(4) 计算机类媒体。计算机类媒体包括计算机辅助教学系统与计算机管理教学系统以及其相应软件。

(5) 综合类媒体。综合类媒体包括微格教学系统、语言实验室系统、多媒体综合教学系统、多媒体计算机系统以及相应的软件教材。

3. 按媒体的发展先后分类

按媒体的发展先后，通常把过去传统教学中常用的媒体称为传统教学媒体，而将近一个世纪以来利用科技成果发展起来的电子传播媒体称为现代教学媒体。

(1) 传统教学媒体。传统教学媒体通常指教学中常用的教科书、黑板、粉笔、挂图、标本、模型、实验演示装置等教学媒体。扩大一点范围，教师本人，包括教师的语言、表情、手势、体态、板书、板画等也是传统教学中常用的教学媒体。

(2) 现代教学媒体。现代教学媒体是指近一个世纪以来利用科技成果发展起来并引入教学领域的电子传播媒体，主要包括幻灯、投影、录音、电影、电视、录像、计算机等教学媒体，以及由它们组合成的教学媒体系统，如语言实验室、多媒体综合教室、计算机网络教室、视听阅览室、微格教学训练系统、闭路电视系统、校园计算机网络系统等。

4. 按媒体的印刷与否分类

教学媒体按印刷与否可分为印刷媒体与非印刷媒体。

(1) 印刷媒体。印刷型教学媒体指各种印刷的教学材料。例如，教科书、挂图，以及辞典、杂志、报纸和教学指导书等。

(2) 非印刷媒体。非印刷媒体泛指各类非印刷的电子传播媒体和部分非印刷的传统教学媒体。

2.1.3　教学媒体的特性[①]

各类媒体运用了不同的符号去运载信息，去刺激接受者不同的感官，使其所表现的教学功能与特性各不相同。因此，我们在编制与运用各类教学媒体时，应分析每种媒体的教学功能与特性，根据需要取长补短、综合运用。

1. 呈现力

呈现力表明媒体呈现事物信息的能力。我们知道，信息是事物运动状态与规律的表征。信息不是事物本身而是事物的表征或描述，它是用不同的符号去表征或描述的，从而决定了媒体有

① 南国农.信息化教育概论[M].北京：高等教育出版社，2004.

不同的呈现能力。呈现力由以下诸要素决定：

(1) 空间特征：指事物的形状、大小、距离、方位等。

(2) 时间特征：指事物出现的先后顺序、持续时间、出现频率、节奏快慢等。

(3) 运动特征：指事物的运动形式、空间位移、形状变换等。

(4) 颜色特征：指事物的颜色与色调属性。

(5) 声音特征：指事物的声音与音效属性。

各类媒体呈现事物的空间、时间、运动、颜色、声音等特征的能力是不同的。这也表明了各类媒体表征事物运动状态与规律的能力是不同的。

电影与电视能够以活动的、彩色的图像和同步的声音去呈现事物的运动状态与规律，它能全面呈现事物的空间、时间、运动、颜色与声音特征，因此，它具有极强的信息呈现力。但由于它瞬时即逝，不利于学生细心观察与思考。

幻灯、投影类媒体，在呈现事物空间与颜色特征方面有较强的能力，而且能放映出更大和清晰的彩色图像。但在呈现时间、运动特征方面就比不上电影与电视。然而正因为它是静止的图像，因此，能够让学生详细地分析和观察事物的细微部分。

无线电广播与录音是借助语言、音乐对事物实际音响来呈现事物运动状态与规律的。它具有声音和时间的特征。对用语言描述的空间与颜色特性，则是不具体的、抽象的。

2. 重现力

媒体的另一重要特性是对信息的重现能力。现场的无线电广播与电视广播是瞬时即逝，难以重现的；录音、录像与电影媒体能将信息记录存储，反复播放；幻灯、投影也能按教学需要反复重放；计算机课件储存的信息也能按学习者需求重现。

3. 传送能力

传送能力是指媒体把信息同时传送到接受者的空间范围。无线电与电视广播能将信息传送到无限广阔的范围；计算机网络系统和有线电视播放系统，也能把信息传至所有终端，有很强的传送能力；而幻灯、投影、电影、录音、录像等只能在有限的教室与教学场所进行传送。

4. 可控性

可控性是指使用者对媒体操纵控制的难易程度。幻灯、投影、录音、录像、电子计算机都比较容易操纵，并适合用于个别化学习；电影放映则必须接受专门训练，才能操作使用；无线电和电视广播，使用者只能按电台播出的时间去收听、收看，难以控制。

5. 参与性

参与性是指利用媒体开展教学活动时，学习者参与活动的机会。它可分为行为参与和感情参与。

交互式的计算机媒体，学习者能根据本人的需要与程度去控制学习的内容，是一种从行为到情感上来说参与程度都很高的媒体。

电影、电视、广播有较强的表现力与感染力，容易引起学生情感上的反应，引起兴趣、注意，激发学生感情上的参与。

小组放映影片时，师生能以面对面方式呈现材料，进行学习、讨论，可使学生在行为上积极参与。教师可以一边了解学生的反应，及时得到反馈信息，一边适应学生的学习进程，逐步呈现材料，组织教学活动。

学生独立选择各类教学媒体进行自学时，是行为参与程度较高的一种学习活动。

由此可见，各类媒体具有不同的教学特性，因此，在教学活动中应根据教学内容、教学对象选择合适的媒体，充分发挥媒体的长处，才能取得良好的教学效果。

2.1.4　教学媒体选择的基本依据

为了达到预期的教学目标，在丰富多彩、功能各异的教学媒体中选择哪一种或哪几种的组合才最为合适、最为有效呢？这是日常教学工作中的一项基本考虑，也是教学设计的策略要素之一，以下介绍在选择教学媒体时所要考虑的几个基本依据。

1. 依据教学目标

每门课程、每个单元、每节课都有一定的教学目标，比如要使学生知道某个概念、理解某种原理、掌握某项技能等。为达到不同的教学目标常常需要使用不同的媒体去传递教学信息。以外语教学为例，知道各种语法规则和能就某个题材进行会话是两种不同的教学目标，对于各种语法规则的学习，可以以教师的板书讲解为主，结合各种语法练习进行学习。就某个题材进行会话的练习，可以借助于各种视听设备，采用角色扮演的方法，让学习者练习会话。另外，如果是要纠正学习者的读音，那么录音机就是一个非常好的媒体。

2. 依据教学内容

不同学科的教学内容性质不同，对教学媒体也会提出不同的要求。如在语文课的散文教学中，可以借助于录像等视听媒体向学习者提供一定的情境，使学习者有身临其境的感受，以加深他们对课文的理解和体会。又如数学的运算法则可以通过教师的严密推导来进行教学。而化学的物质结构可以借助于模型来加以理解。

3. 依据教学对象

不同年龄阶段的学习者对事物的接受能力不一样，他们的经验背景也不一样，选用教学媒体时必须顾及他们的年龄和心理特征及知识背景。另外，在两种效果接近的媒体中进行选择时也可适当考虑学生的习惯和爱好。

4. 依据媒体特性

恰当地选择教学媒体的前提条件就是要充分了解各种媒体的特性。只有充分了解各个媒体的优点和局限性，才能在使用中扬之长、避之短，对它们进行综合应用。

5. 依据教学条件

教学中能否选用某种媒体，还要看当时当地的具体条件，其中包括资源状况、经济能力、师生技能、使用环境、管理水平等因素。

除了以上五个要素外，还要从整个教学过程出发，综合考虑教学组织形式、教学活动等要素。

2.1.5　教学媒体编制的效果原理[①]

教学媒体作为用于教学传播活动的媒体，是否能取得好的教学效果，取决于在编制时是否依据下面的几条传播效果原理。

---

① 南国农.信息化教育概论[M].北京：高等教育出版社，2004.

1. 共同经验原理

根据教育传播理论，教学过程是一种信息传播活动。老师和学生同一时间进入一种共同的传递关系，大家为了一个双方都有兴趣的信息或符号进行沟通活动。但是要使双方能互相沟通思想，则必须把沟通建立在双方共同经验范围内，通常是以图2.1.1所示的模式来表达。

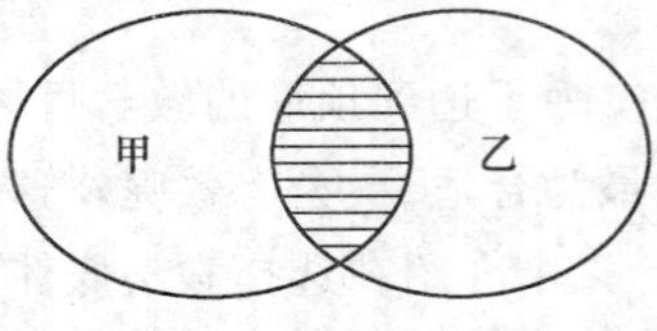

图2.1.1　共同经验原理模式

在这两个圆圈内各代表甲与乙的生活经验，其重叠的地方就是他们可以互相沟通的地方。因此，视听媒体的设计就是要以提供这种情境，展示共同的经验为目的。教师在选择和编制媒体材料时，必须充分运用这一共同经验。这里所说的共同经验包含两层意思：一是教育者和受教育者在学习环境中互相作用的共同经验；二是受教育者彼此之间，通过媒体来获得的共同经验，即一种经验为多数人所共有。这样不仅可使教育者与受教育者之间能有效地进行思想交流，也有助于小组集体学习，班级共同学习。

2. 抽象层次原理

抽象是把事物的个别特征去掉，取其共同点，去代表或说明同一类的事物。学生的学习必须从具体到抽象，只有形象，没有抽象，不能把学生获取的信息加工为知识与能力。因此，编制教学媒体时选取的素材必须在学生能明白的抽象范围上进行，并且在这个范围内的各个抽象层次上下移动。例如，用文字或语言解说把形象、现象上升为概念与原理，得出抽象的要点，再用具体的事物来支持。

3. 重复作用原理

重复作用是将一个概念在不同的场合或用不同的方式去重复呈现，以达到好的传播效果。这里讲的重复作用有两层含义。第一层含义是将一个概念在不同的场合重复呈现；第二层含义是将一个概念用不同的方式去重复呈现。例如，同时或先后由文字、声音或图像去呈现某一概念，用媒体中的不同符号去重复事物的特性，以加强学生的理解，加深符号之间的联系，从而获得好的传播效果。

4. 信息来源原理

传播学研究证明了有信誉的和可靠的信息来源对人们有较佳的传播效果。因此在教学媒体编制中，选用的信息来源应该是有权威、有信誉、真实可靠的。例如，录音教材用权威人士或优秀教师的原音录制；幻灯教材选用典型的真实事物现场拍摄制作；电影、电视教材用著名优秀教师任编导和电视教师，素材尽可能用历史资料素材等。

5. 最小代价原理

研究人类的语言，有一个法则叫"最小代价律"，即"最常用的字笔画最少，最常用的文字，能用最少字数去构成词组表达更多的意义，这就是以最小的努力去达到最大的收获"。教学媒体的编制，同样遵守这一原理。

根据"最小代价律"，可以得出一条教学媒体编制的选择率法则，用公式表示为：

$$\frac{\text{可以得到的教学效果}}{\text{需要付出的代价}}=\text{媒体编制利用选择。}$$

上述公式表示，若多种媒体都能达到同样的教学效果，要选择编制和使用成本低、付出努力少的媒体。例如，投影片能胜任的教学内容和开展的教学活动，却使用多媒体计算机去实施，显然是一种浪费。

2.2 现代教育媒体系统及教学应用

2.2.1 多媒体教室

多媒体教室也称为多媒体综合电教室，是由多种媒体设备组合而成的综合教学系统，能够清晰地显示计算机或其他媒体设备（如录像机、DVD）传输的文字、图形、图像、动画、视频等多媒体信息，同时具有高质量的声音放大系统，能够满足多媒体组合教学的需要。

1. 系统构成

多媒体教室一般由中央控制器集中控制计算机、数字投影仪、视频展示台、影碟机、录像机、音响设备、大屏幕等多种教学设备，系统构成如图 2.2.1 所示。

由图 2.2.1 可以看出，它的主要设备连接成图像和声音两个系统。图像系统共用一个数字投影仪，多媒体计算机的文字与图像数据信号可以直接输入；录像机、影碟机、视频展示台等的视频信号经过视频切换后也可以分别输入，能显示面积大而清晰度高的图像。声音系统是将所有音频信号输入到共用的功率放大器，再输出高保真的声音。下面详细介绍几种典型的多媒体设备。

(1) 多媒体中央控制器。整个多媒体教室中的全部设备都由中央控制器集中管理控制。多媒体中央控制器通常集成了多路电源管理，6～8 路的视频/音频切换矩阵、6～8 路红外遥控、2 路计算机 VGA 信号切换、全数码声音控制等功能。利用多媒体中央控制器，教师可以简单地通过控制面板来实现对录像机、投影机、视频展示台、影碟机、电动银幕、窗帘、照明系统等设施的控制。

(2) 多媒体计算机。多媒体计算机一般使用台式计算机，通常与校园网连接，为教师调用校园网等网络资源提供方便。另外，在多媒体教室中还需要提供笔记本电脑连接线，这样教师可以用自己的笔记本电脑上课。在软件配置上，要兼顾到不同课程的需求。

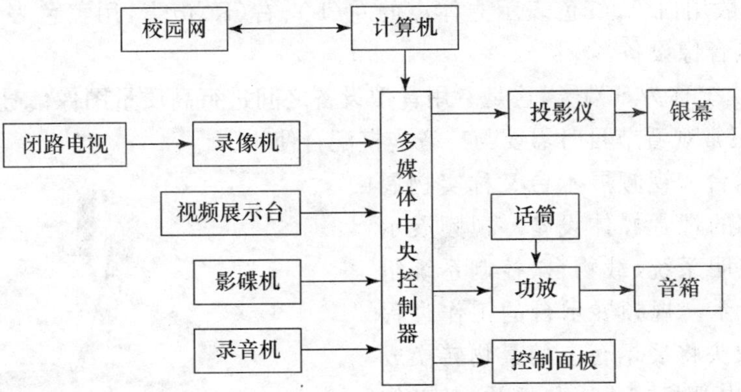

图 2.2.1 多媒体教室系统结构图

(3) 数字投影仪。数字投影仪是多媒体教室中计算机、视频展示台、VCD、录像机等视频的再现设备。数字投影仪从技术角度上分为阴极射线管投影仪(CRT)、液晶投影仪(LCD)和数字光路投影仪(DLP)，图 2.2.2 所示的为 LCD 液晶投影仪。

图 2.2.2　LCD 液晶投影仪

① 数字投影仪的主要技术指标有亮度和分辨率。

亮度：投影仪的亮度输出以流明(lumen)为单位，流明度越高，影像就越清晰。

分辨率：分辨率通常有两种表示方法，一是以点阵(pixels)来表示，清晰度与整个图像行、列的像素数有关。二是以电视行数(lines)来表示，分辨率与行频有关，行频为 15～48 KHz 可接视频和计算机，分辨率为 640×480；行频为 15～64 KHz 可接视频、计算机、图形卡和部分工作站，分辨率为 800×600；行频为 15～135 KHz 可接视频、计算机、图形卡和工作站，分辨率为 1280×1024。视频投影的分辨率主要取决于投影仪的 RGB 带宽、扫描频率、信号源带宽。

一般情况下可以根据教室面积的大小来确定投影仪的亮度。50 m^2 以下的小会议室选用 1000～1200ANSI 流明的投影仪；50～300 m^2 的中型教室、会议室选用 1200～3000ANSI 流明的投影仪；300 m^2 以上的大型会议室、教室选用 3000ANSI 流明的投影仪。

② 数字投影仪的接口主要有 RGB 输入输出接口、AV 接口和 S-VHS 接口。

RGB 输入输出接口：CRT 三管投影仪采用的是单独的 R、G、B 三个 BNC 接头，液晶投影仪采用 5 针孔 RGB 接口，另一头与所要投影的计算机显卡接口相连。

AV 接口：音像设备之间进行音频和视频信号连接的接口简称 AV 接口，这类接口是通用的标准莲花插头，一般用白色、红色表示立体声的左(L)、右(R)声道，用黄色表示图像视频通道，AV 接口用于连接音像设备。

S-VHS 接口：统称为 S 端子，这是专用音像设备之间进行高质量图像信号传输的接口，为圆形的插头、插座，正常观看节目时需要与声音连接配合使用。

(4) 视频展示台。视频展示台又称实物展示台，是一种新型的视觉媒体设备。视频展示台是由摄像头、照明系统、载物台、控制系统组成，如图 2.2.3 所示。视频展示台的工作过程是：利用一个摄像头将展示台上的景物转换成视频信号，再通过电视机或投影仪播放，其工作原理实际上和摄像机相同，是一种图像信号采集设备。利用视频展示台不但可以将文字、图片、实物等转换成视频信号，还可以将透明投影胶片、幻灯片，甚至活动的图像等转换成视频信号。

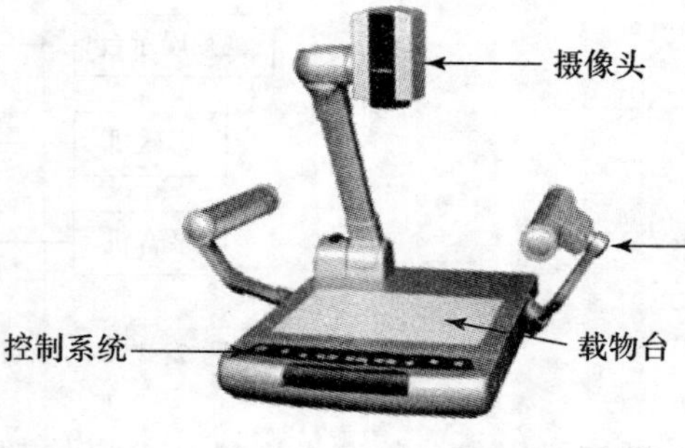

图 2.2.3　视频展示台

视频展示台上摄像头的作用是将被展示物体的图像光信号转化为电信号，并通过输出端口输送给显像设备显示出来；照明系统由摄像镜头两侧的臂灯和载物板下的底灯作为照明光源；载物台用来承载被摄实物、图片或透明胶片等；控制系统用于各种工作状态的调整控制。

视频展示台与显像设备配接时，常见的有 VIDEO OUT、S-VIDEO OUT 等，甚至有 RGB OUT、VGA OUT 等接口，可根据需要与显像设备（电视、数字投影仪等）对应的输入接口连接，将摄像头所摄取的信号显示出来；与录像设备配接时，将视频展示台的音频、视频的输出端口（VIDEO OUT/AUDIO OUT）与录像机等设备的视频、音频输入端口（VIDEO IN /AUDIO IN）连接起来，可以进行实时录像。

（5）影碟机。影碟机是还原记录在碟片上的图像和伴音信号的视听设备。常用的影碟机有 LD (Laser Disc) 又称大影碟机、VCD（Video Compact Disc）又称小影碟和 DVD（Digital Video Disc）又称数码影碟机。

影碟机有不同的图像信号输出方式，特别是 DVD 影碟机，通常具有 VIDEO OUT、S-VIDEO、Y /Cb /Cr、RGB、VGA 等多种图像接口，与电视或投影机等显像设备连接时，在匹配的前提下选择最好的图像输出。不同类型的影碟机有不同的音频处理系统，音频输出的方式也不同，LD 和 VCD 是双声道，DVD 则通常具有双声道输出、5.1 声道输出、数字同轴输出、数字光输出等，可根据实际情况与其他音响设备合理连接，以获得最佳的音响效果。

（6）录像机。录像机是能把景物的图像和声音信息同时记录在磁带上，又能从磁带上把景物信号重放出来的设备。录像机也是利用磁记录原理对教育电视信号进行记录和重放的。磁头系统是进行电磁转换的关键部件，它承担着记录或消去视频信号、音频信号，以及控制录像机伺服系统工作的控制信号。

（7）扩音系统。多媒体教室的扩音系统主要是让每个座位都能听清楚教师讲课的声音以及录音、录像等其他媒体的声音。扩音系统包括无线话筒、功放、音箱等。在选择扩音系统时，应选择频响宽、保真度高的系统，同时应具有话筒混响功能，使教师能在播放媒体内容的同时进行点评和讲解。

（8）教学银幕。教学银幕按显示方式分可分为反射银幕、透射银幕；按银幕式样分可分为有板框幕、软片幕和卷筒幕等；按银幕材料分可分为白布幕、木板幕、玻璃微珠幕、布基白塑幕、玻璃微珠定向幕、透射式银幕、金属银幕等。

① 各种教学银幕的性能和特点具体如下：

白布幕：用白布制成，它属于漫散射反射式银幕，散射角在 40°左右，这种银幕价格便宜，使用方便，但投影效果反光度不高。

木板幕：用三合板或五合板制成，上面刷上白漆，为了防止反光，可在白漆中加入一定数量的大白粉，这种银幕制作简单，价格便宜，但效果一般。

玻璃微珠幕：以布做底，在布基上喷涂一层白胶漆，然后再均匀地喷上一层透明的玻璃微珠，最后用胶水固定，这种银幕亮度高，为白布幕的 4 倍，银幕中心亮度可达到 420E，玻璃微珠直径越大，散射角越小，亮度系数越大，属于方向性漫散射反射式银幕。

布基白塑幕：这种银幕用布做底，采用高反射系数的塑料涂料喷涂制成。银幕中心亮度 80E，散射角度在 140°左右，银幕洁白均匀，光线反射柔和，视觉不易疲劳，价格低廉。

玻璃微珠定向幕：这种银幕的玻璃微珠颗粒较大，光线直射方向同于光轴方向为最亮，偏移5°左右亮度就会大幅度下降。银幕中心亮度可达到580E。这种银幕固定在框子上，不能卷折，属于漫散射反射式银幕。

透射式银幕：这种银幕用玻璃材料或透明材料制成，透光系数高，属于方向性漫散射银幕，特点是亮度系数高、散射角小、抗杂光干扰能力强。

金属银幕：金属银幕有两种，一种是用铝板经过处理后制成；一种是在布基上喷涂一层含有增塑剂的白色聚氯乙烯，再喷涂一层含铝粉的清漆，干燥后在专门的机器中加热到200℃并压出光栅网格，这种银幕光效高、均匀性好，属于方向性漫散射反射式银幕。

② 教学银幕的使用。银幕距第一排学生的距离应为银幕宽度的1.3～1.5倍，太近会使观察者感觉画面不清晰，不稳定，容易产生疲劳。银幕距最后一排学生的距离应为银幕宽度的5倍，否则观察者不容易观察分析图像的细部，也容易产生疲劳。第一排最边缘的学生至银幕远边的视线与幕面的视角不应小于45°。幻灯投影设备之光轴与银幕中垂线的夹角应小于12度，否则图像会产生明显的梯形失真。银幕使用过程中要注意爱护，防止灰尘，污物，防止高温和受潮，防止暴晒，防止碰伤划伤。

(9) 窗帘。窗帘的作用是用来遮挡光线的。虽然现在多媒体投影机的亮度很高，但外界光线较强时图像可能不够清晰，在门窗上安装遮光窗帘是必需的。窗帘布料应选颜色较深、较厚的面料。窗帘有电动和手动两种。

2. 教学功能

(1) 利用多媒体教学课件，开展计算机辅助教学。多媒体课件是指利用文本、图形、图像、动画、影像和视频等多种媒体组合起来呈现教学内容的软件，多媒体课件不仅能吸引学生的注意力，而且可以从视听觉上刺激学生感官。另外，利用多媒体技术可以模拟宏观世界的现实场景和微观世界的事物运动，通过大屏幕把课件画面投出去，可以帮助学生学习和理解一些抽象的原理和概念，增强学生观察问题、理解问题和分析问题的能力，极大地提高学生的学习兴趣，从而提高教学质量和教学效率。例如，物理教学中的布朗运动、电子运动、天体运动、机械工作原理等；化学教学中的原子分子结构、晶体结构、有害的化学反应过程等；地理教学中的地震、火山爆发、地质地貌等都可以利用多媒体教室进行展示，提高教学效率。

(2) 直接讲解多媒体计算机上安装的各种程序软件。目前，许多计算机软件都是图形化界面，如Windows操作系统软件、Office办公软件、VB程序设计软件等，用传统黑板加粉笔的方式很难想象如何对这些软件进行讲解。有了多媒体教室，教师可以把每一步操作和结果，通过投影仪在大屏幕上直观形象地展示出来，这是传统的板书、口述的教学方式无论如何也无法实现的。

(3) 利用视频展示台进行实物展示教学。利用视频展示台，可以将书本图文、电子元件和实物图片以及生物标本、小型家用电器、机器零件、机器结构等通过大屏幕展示在学生的面前，进行实物投影教学。

(4) 播放录像、VCD、DVD等视频节目进行教学。录像、VCD、DVD等视频节目图文并茂、视听兼备，能够产生良好的教学效果。在多媒体教室中，可以利用录像机、VCD、DVD把教师选好的录像带、VCD、DVD碟片的教学内容，通过投影仪投在大屏幕上，利用扩音系统把声音清晰洪亮地播放出来。教师还可以通过录像机、影碟播放机的播放键、快速搜索键、暂停键等对录像带、影碟片的节目进行控制播放,实现边播放边讲解的效果。

(5) 利用网络资源进行教学。一般的多媒体教室都能与校园网或互联网连接,教师在上课过程中可以很方便地调用网络信息资源,实现网络联机教学。

3. 多媒体教室的维护

多媒体教室的维护应主要注意以下几点:

(1) 用多媒体设备时,尽量不用粉笔,避免粉笔灰对多媒体设备的直接影响。

(2) 不要在视频展示台上直接书写。

(3) 数字投影仪使用时灯泡发热,使用后若立即切断电源,会缩短灯泡寿命,又会使液晶板破裂,应该让投影仪散热片刻,尤其是夏季更要注意。

(4) 投影仪的灯泡寿命通常约为2000小时,且价格昂贵,不用时应及时关闭投影仪。

(5) 投影仪关闭电源后,在散热期间无法再启动投影仪电源。因此应注意不要频繁开关投影仪,也不要使投影仪长时间工作。

4. 常见故障的处理方法

(1) 话筒没有声音。在确保话筒开关和功放电源已打开的情况下,应连续按控制面板上"音量控制键"中的"加大音量"按钮。如果还没有声音,应检查功放上的话筒(MIC)音量按钮,把音量旋钮旋转到适当位置。如果还不行,应检查话筒的电池是否正常。

(2) 计算机没有声音。在确保功放电源已打开的情况下,确保计算机信号通道被选中,连续按控制面板上"音量控制键"中的"加大音量"按钮。如果还没有声音,应检查计算机操作系统的声音设置是否"静音"或者音量是否调得太小了。查看系统控制面板上计算机的声音通道是否选中。如果还没有声音,应与管理员联系。

(3) 视频展示台没有信号。在确保视频展示台电源已打开的情况下,确保视频展示台信号通道被选中,检查视频展示台面板上"输入信号"的选择是否选择了"摄像"按键。

(4) 数字投影仪没有信号。在确保数字投影仪电源打开的情况下,在控制面板的信号选择功能区选择相应的设备,如果选择计算机媒体时,要先选择"电脑(VGA或RGB)"按钮,再选择"台式电脑"或"手提电脑"按钮,如果选择录像机、视频展示台、影碟机等其他设备时,要先选择"视频(Video)"按钮,再选择相应的设备按键。如果还没有信号,应重新启动集成控制系统再试或与管理员联系。

2.2.2 多媒体网络教室

多媒体网络教室简称网络教室,是在计算机机房的基础上,通过安装教学控制系统来实现教师机与学生机之间的连接控制和对各计算机屏幕的交互切换,开展合作学习和探究性学习的重要场所。

1. 多媒体网络教室的组成

多媒体网络教室的主要设备有:服务器、多媒体学生机(带耳机/话筒)、多媒体教师机(带耳机/话筒)、交换机、网卡等,它们共同组成一个网络系统。机房中的服务器可用高性能的PC机承担,也可用普通的PC服务器承担。由于教师机经常处于多任务工作状态,所以教师机在CPU、内存等方面的配置应高些。有条件的教室可以加上录像机、影碟机、摄像机、多媒体控制系统和大银幕投影及音响系统，连上校园网络或互联网，形成一套功能齐全的多媒体网络教室。

学生机和教师机的操作系统一般选用 Windows，服务器的操作系统可选择 Windows 2000 Server 或更高，它除存放本地的一些教学资源外，还应提供简单的 WWW、FTP、E-Mail 等常见的互联网服务。此外，服务器还应安装代理软件，使学生机可以通过服务器访问校园网或互联网，这样既可增强网络的安全性能，同时还可以进行数据流监控、过滤、记录和报告等网络管理功能。

2. 多媒体网络教室的控制方式①

(1) 基于硬件方式的多媒体控制。该方式需要给每台计算机安装多媒体传输卡，且教师机与学生机的多媒体传输卡是不同的。在各计算机之间直接铺设多媒体线路(非计算机网络)传输音、视频信息，另外还需配置专用的控制面板，用于教学控制。基于硬件方式的多媒体控制成本较高，存在安装繁杂、不可升级等缺点。

(2) 基于软件方式的多媒体控制。它是在计算机局域网的基础上，利用专用软件进行教学控制和数据传输，是目前多媒体网络教室控制方式的发展方向。常见的产品有 HiClass、LanStar、四海多媒体网络教室、红蜘蛛多媒体网络教室、赛思多媒体网络教室等。该方式无需额外的硬件设备，成本较低、容易升级。由于系统太依赖于操作系统及网络性能，因此在稳定性及系统维护上比较麻烦。

3. 多媒体网络教室的功能②

(1) 广播教学。广播教学包括实时广播、屏幕广播和声音广播。实时广播是指教师可以将自己的计算机屏幕内容、讲话的声音传给全部学生、指定的部分学生或单个学生。屏幕广播使得教师可以进行各种教学演示，开展示范教学；屏幕具有传统教室中黑板的作用，不仅可以“板书”，还可以插入各种精美的图片，甚至视频动画，使“黑板”有了多媒体功能。声音广播具有语音室的功能，实时广播过程中可以动态增删播出的内容，以满足教学的需要。

① 教师广播：可将教师的电脑屏幕画面及语音同步播送给全体、群组或单个学生机。屏幕广播和语音广播可分别独立执行。

② 电子白板功能：电子白板可模拟传统的黑板，教师在电子白板上可以实现在普通黑板上的全部功能。

③ 转播示范：将任意指定的学生机的屏幕画面及语音同步播送给全体、群组或单个学生机及教师机。

④ 语音教学功能：数字音频通道同时传输，通过自动或手动方式将全班学生同时分为多组进行自由交谈，每组人数任选，教师可随时加入其中一组交谈。

⑤ 答题示范：在多媒体广播教学状态下，可将指定的学生机键盘、鼠标操作切入到教师机上，可以直接操作教师机进行答题。此过程中，教师机的鼠标、键盘同时有效。

(2) 交互功能。通过在线交互功能，师生之间、学生之间可以相互交流信息，交互的方式既可以是实时语音交流，也可以是基于文本的交谈。

---

① 张剑平. 现代教育技术——理论与应用[M]. 第 2 版. 北京：高等教育出版社，2006.

② 黄荣怀. 信息技术与教育[M]. 第 2 版. 北京：北京师范大学出版社，2008.

① 单独对讲：教师可以与任意指定的单个学生进行双向对讲，而此时其他学生听不到他们的对话，不会受干扰。

② 讨论发言：教师可以与任意指定的学生进行讨论，全体学生通过耳机均可听到对话声，参加的学生可随时增减。

③ 消息发送：模仿电子邮件功能，教师可选择单一、指定群体或全体学生发送信息，也可设定学生发送消息给教师或其他学生，教师收到学生消息后，可以立即对所发信息的学生进行监控。

④ 电子举手：学生可通过本机键盘上的"热键"随时呼叫老师，控制台上对应的学生机指示灯闪亮并伴有呼叫音。

⑤ 遥控辅导：教师在监看任意指定的学生机上的电脑画面的同时，可随时控制指定的学生机，并用教师的键盘和鼠标来进行"手把手"交互辅导教学。

(3) 远程控制。远程控制是指教师根据教学活动的实际需要，远程要求学生执行某种命令，达到相应的控制效果。

① 黑屏功能：为了保证教师讲课时让学生集中精力听讲，而不因看自己的电脑屏幕画面分心，可强制学生机屏幕黑屏。

② 远端复位：教师可随时对单个、群组或全体学生机执行远端复位操作。

③ 锁定或解锁：必要时，教师可随时锁定或解锁单个、群组或全体学生机键盘、鼠标。

(4) 学习观察功能。通过学习观察功能，教师可以通过教师机屏幕观看和检查网络上的全体学生、某个小组的学生或指定个别学生的屏幕信息。

① 监视监听：教师可在教师机上监看监听任意指定的学生的电脑屏幕画面及声音，也可自动对指定群组或全体学生进行轮流监视监听，轮流时间可以自己设定。屏幕监视和语音监视可分别独立执行。

② 课堂点名：教师通过控制台可随时检查并登记学生机的开/关状态。

(5) 学生管理。学生可以按实际班级进行编排，学生的姓名、用户口令都可设定；还可调度多媒体网络教室的使用，使得多教师、多班级同时上课，防止"串班"现象。

(6) 网络功能。多媒体教室能够实现信息的网络化处理，便于信息的双向交流。

① 发布文件：教师可以发送文件到学生的电脑中。

② 收取文件：可以把学生电脑中的文件传输到教师机上。

③ 提交文件：学生可把文件发送到教师机上。

④ 网上影院功能：让教师或某个学生对某组或全体学生进行影音文件广播。

(7) 电子考场功能。多媒体网络教室不仅具备教学功能，还具备无纸化电子考试功能，如试题录入、试卷生成、在线考试、自动判卷、成绩统计分析等。

4. 多媒体网络教室的应用方式①

(1) 课堂教学。课堂教学一般可分为教师讲授和指导学生练习两大方面。

教师讲授多是强制性的，要求学生必须听讲，可以通过计算机网络环境一对多广播操作来实现。在广播教学模式下，所有学生的键盘被封锁，学生操作被强制性地中断，然后教师通过多媒

① 黄荣怀.信息技术与教育[M].第2版.北京：北京师范大学出版社，2008.

体网络教学软件将自己屏幕上的教学信息实时地传递到每个学生机上，学生机屏幕上的显示内容与教师机同步，使用这种实时传递屏幕的方法，可同时满足实时性和强制性的要求，方便教师授课。

教师指导学生练习则是一对一的过程，这不仅要求学生在练习过程中能向教师提出问题，而且要求教师能对不同程度的学生布置难度不同的学习内容，及时提供指导意见。这种一对一的过程在网络中可通过点对点的操作来实现。在个别指导的教学模式下，教师可以选择需要指导的学生机进行查看和辅导。进行指导操作时，不仅要求学生屏幕上的内容能在教师机上显示，还要求教师机能实时地将指导信息传递给学生，使学生机屏幕上的内容发生相应的变化。利用多媒体网络教学系统提供的键盘与鼠标交互功能，提供的师生在文字、语音等方面的交谈功能，可以方便教师指导学生。

(2) 多媒体辅助教学。常用的教学媒体使用方法有以下几种：

① 积累资料法：平时将教学有关的资料以多媒体形式存入电脑，教学时根据需要选择其中的片段在课堂上播放。

② 再现过程法：把教材中复杂的过程通过多媒体形象地展示出来，以帮助学生理解。

③ 控速展示法：把漫长的过程快速地展示出来，或是将稍纵即逝的过程慢速地播放出来，其中可以使用定格技巧。

④ 创设情景法：借助多媒体技术，创设教学情景，引导学生进入意境，将教学引向深入。

⑤ 激发兴趣法：利用多媒体直观、形象、丰富多彩的特点，进行多感官的学习，激发学生的兴趣，启迪学生的智慧。

(3) 网络环境教学。多媒体网络教室在实施网络化教学中的主要功能由提出任务、创设情景、自主学习、协作学习、意义建构五个环节组成。

① 提出任务：分析教学目标，确定学习内容，提出本课或本单元要完成的任务，以任务为中心组织课堂教学，学生通过学习操作实践完成任务。教师提出的任务的难度以大多数学生能通过为宜，并应具有层次性，以适应能力不同的学生。

② 创设情景：情景是指使学生进行意义建构所需要的外部学习环境。在该环节中，教师要创设与当前学习主题相关的情景，并提供相应的网上资源和支持，营造学生主动学习的良好氛围。

③ 自主学习：学生可根据自身的水平，寻找适合自己能力的学习起点、学习任务难度、学习资源及学习目标，扩大学习活动的自由空间，解决个体差异的需求问题，使每个学生的潜能得到最有效的开发。在这一环节中，学生学习主体的作用得以充分发挥，学生有多种机会在可控制的情景中去应用他们所学的知识，并能根据自身行动的反馈来形成对学习内容的认识和实施完成任务的方案。在自学过程中学生如有困难和问题，教师要有意识地让学生利用在线帮助去寻求解决问题的方法，或通过网络功能控制学生屏幕，实现师生的双向交流和辅导。

④ 协作学习：教师根据需要将学生分组，组内多个学生针对同一学习内容彼此交流合作与相互支援，对问题解决方案进行探索，共同完成学习任务，达到对教学内容比较深刻的理解和掌握。在这一环节中，教师可以利用网络的群组功能，组织学生使用互联网及学习资源中心的网络资源，开展小组合作探索、协商讨论、模拟通信等学习。也可以安排各个小组在网上搜集资料，讨论分析完成任务的可行方案，共同协作完成学习任务。

⑤ 意义建构：意义建构是学习过程的终极目标，所要建构的意义是指知识或学习主题的意义，即事物的性质，规律以及事物之间的内在联系。在这个环节中，学生根据教学目标的要求，汇报学习成果并进行总结评价。在教师指导下，学生归纳总结正反经验和知识的规律性，把所学知识同已有知识结构重构，促进知识的迁移。

2.2.3　多媒体语音实验室

多媒体语音实验室是在应用多媒体存储、传递教学信息的基础上，充分利用多媒体计算机技术对文本、图形、声音、动画、视频等多媒体信息进行集成处理的能力，为学习者进行知识学习提供了一个现代化的、高效的学习场所。

1. 多媒体语音实验室的构成

多媒体语音实验室的构成可分为教师控制部分、信息处理部分、学生使用部分三个部分。

(1) 教师控制部分。这是多媒体语音实验室的决策与控制中心，集成了各种多媒体信息控制与处理媒体的功能，在多媒体计算机控制协调下传递教学信息。教师控制部分使用的媒体一般包括四大类，即音频控制类(如主录音机设备、对讲、监听设备)，静止图像类(如投影仪)，活动图像类(如电视机、摄录像机、激光视盘机)，信息处理类(如课堂信息处理器)。其中，信息处理类媒体可由计算机代替。教师控制部分针对教师操作的角度而言应具有简单易操作的特性，目前一般通过如下两种途径实现：一是利用光笔，这种方法利用特制的光笔工具，教师只需将它点向所需操作的功能即可控制多媒体语音实验室的运行；第二种方法是利用触摸屏进行控制，教师只需用手指点触触摸屏上的菜单即可实现控制。

(2) 信息处理部分。信息处理部分包括多媒体语音实验室各种信息的处理与传递，构成了多媒体语音实验室的躯体，同时也是多媒体语音实验室强大功能的体现。信息处理模块可分为媒体信息处理和教学信息处理两个部分。媒体处理部分的功能是在控制中心(教师控制部分)的指挥下，将音频、视频或控制信息传递给每一位学习者，包括音频、视频与控制指令等。教学信息处理则利用一些类似心理测量类媒体从学习者中采集信息，以对教学过程进行量化控制，如学生学习的注意度、对问题的反应时间、问题的理解度、教学的难易程度等。

(3) 学生使用部分。学生使用部分由耳机话筒组、视频显示器、录放音设备等组成。

2. 多媒体语音实验室的应用方式

多媒体语音实验室在教学中的应用主要有以下几种模式：

(1) 个别化学习模式。多媒体语音实验室为学生提供了个别化学习的优越环境，学生桌上的学生录音机、耳机话筒组、计算机都是进行个别化学习的媒体。

多媒体语音实验室条件下的个别化学习不是封闭的，学生可以通过呼叫开关请求教师的帮助，教师通过对讲功能可以对学生的个别化学习给予指导。网络条件下的个别化学习资源非常丰富，可以利用教师存储于服务器上的资源，也可以获取互联网上的资源。

(2) 协作学习模式。多媒体语音实验室除具有传统语言实验室的分组功能外，还具有随机分组的功能，即根据实际教学需要，由教师指定参加学习小组的学生。进入协作学习模式后，同一组的学习者可以对同一问题提出自己的见解，并请求其他组员帮助解决自己学习中存在的问题。

多媒体语音实验室的协作学习规模可大可小，可以是二人、四人或全班共同参与讨论学习。小组与小组之间可以进行学习竞赛、问与答等形式的学习，方式非常灵活，可以取得非常好的教学效果。

(3) 课堂教学模式。多媒体语音实验室应用最多的是课堂教学模式。教学信息内容通过各种媒体手段进行传递，媒体内容多样化，因此教学信息传递的效率非常高。同传统课堂教学模式不同之处在于多媒体语音实验室条件下可以及时获得各种形式的反馈信息，并由各种信息处理设备分析得出各种量化数据，以利于教师对课堂教学过程的控制。

传统课堂教学模式下，学生的学习是被动的，而教学效果的好坏又要由学生对教学内容的掌握程度来衡量，这就需要教师重视获取学生对学习效果的反馈信息，从而变被动为主动过程。因此，教师利用好多媒体语音实验室所具有的教学信息的处理功能，可以提高教学效果与效率。

(4) 网络学习模式。这种模式是伴随网络多媒体语音实验室的出现而出现的。由于网络多媒体语音实验室具有丰富的学习资源，学习者调用这些资源非常方便，因此利用网络学习模式可加深所学知识内容的深度，扩大知识面。进行网络学习要做好以下几点：

① 准备所需要的网络资源。根据教学需要准备自己的教学资源，或接通互联网等，利用网络检索世界各地的教学、学习资源。

② 确立明确的教学目标。在网络学习条件下学习者既要即时理解、接受课堂教学内容，又要在网络的支持下，拓宽知识面。如果没有明确的教学目标，其教学过程就会失控，从而妨碍教学计划的完成。合适的教学目标对于提高网络学习的效果意义非常重大。

③ 充分利用各种导航手段。学习者进入网络知识海洋后，很容易出现迷失自己所处的位置，找不到所检索内容的现象。这时就要充分利用各种手段，如阅读帮助文件、使用导航工具或请求教师的帮助等。学习者迷航后容易耗费大量的时间，从而降低学习效率。因此应充分注意学习者使用各种导航手段的能力。

2.2.4 微格教学系统

1. 微格教学方法

微格教学又称微型教学，是以现代教育理论为基础，借助于摄、录像设备训练师范生和在职教师教学技能的一种方法。

微格教学主要应用于师范院校学生的教学实习和试讲，它将完整的教学过程分解成许多容易掌握的单项教学技能，采用微型课堂的形式进行教学实践，指导老师在主控室内对试讲人进行监控或摄像，并与试讲人一起分析其试讲过程，纠正其错误和不良习惯，以提高试讲人的授课水平和心理素质。微格教学以现代视听技术为手段，通过学生和教师的模拟教学，对学生和教师教学行为的训练起到了显著的作用。微格教学不仅作为教师教学技能训练的一种辅助手段，也可以应用于其他领域(例如服务、礼仪等)的技能培训。

微格教学是这样进行的：在一个装备有电视摄、录像设备系统的微格教室里，以很少的(五、六个)模拟学生为教学对象，实习模拟教师只用很短的(五、六分钟)时间，试教一种教学技能(如组织教学、提问、复习旧课或布置作业等)。实习时，实习教师与模拟学生的活动被录像机记录下来，指导教师与实习教师、模拟学生一起观看重放录像，共同分析、评价其教学技能的优缺点，然后再作训练直至掌握正确的教学技能为止。由于这一教学训练活动是用很少的学生、很短的时间，而且只训练掌握一种教学技能，所以称它为微格教学。

2. 微格教学的教学特征

(1) 理论与实践紧密结合。微格教学中的一系列实践活动可以使相关的教育教学理论、心理学理论得到具体的贯彻和应用，这种理论与实践紧密结合的教学方法提高了学生对教学方法课程的学习兴趣。

(2) 学习目的明确，重点突出。由于采用微型课堂的形式进行实践教学，所用时间短，学生人数少，只集中训练一两种教学技能，有利于受训者明确学习目的，把精力集中放在重点上。

(3) 信息反馈直观、形象、及时。采用现代信息技术对学生的行为进行记录，能及时准确地获取反馈信息，大大提高训练的效率。

(4) 有利于学生主体作用的发挥。微格教学坚持以学生为主体、以指导教师为主导、以训练为主线的原则，这有利于学生创造性思维的培养。

3. 微格教学的功能

(1) 训练教师技能。微格教室可以同时开展一组或多组微格教学活动，同时对一个或多个学生进行模拟教学（或其他技能）训练。教师教学的基本技能包括导入教学技能、讲解教学技能、板书板画教学技能、媒体演示操作教学技能、提问教学技能、反馈强化教学技能、归纳总结教学技能、课堂组织教学技能等，通过微格教学都能得到一定程度的训练。

(2) 示范观摩。在微格教室中，指导教师组织学生观看优秀教师课堂教学录像，分析典型课例，给受训学生或教师提供示范，以便仿效。或通过控制室转播任一模拟教学现场供其他模拟教室的师生观看。

(3) 反馈评价功能。反馈及时、准确。在微格教室中，借助摄录系统可以实时掌握每一组学生的训练状况，学生在模拟教学训练后，通过重播录像，可及时了解自己训练的实况。

评价客观、全面。在微格教学训练过程中，具有多种形成性评价方式：训练者通过重播自己训练的录像，肯定成绩，分析问题，进行自我纠正和评价。同组训练的同学通过听课、一起观看重播录像，对受训者的模拟教学情况进行讨论、分析和评价；此外，指导老师也要对模拟教学情况进行全面的分析、评价，提出改进意见。这些评价方式，能及时有效地帮助训练者提高教学技能。

3. 微格教学系统的组成①

微格教学系统包括主控室和微格教室两部分。主控室通常为一个，连接有多个微格教室。

(1) 主控室。主控室可以控制任何一个微格教室中的摄像云台和镜头，可以监视监听任一微格教室的图像和声音，并可随时受控暂停在某一个微格教室与之进行视频对话，也可以对微格教室播放教学录像与电视节目，可以把某个微格教室的情况转播给其他的微格教室，进行示范。主控室可以录制某个微格教室的教学实况供课后重放并讲评。

主控室的主要设备包括计算机、主控机、摄像头、录像机、VCD、监视器(多台)、监控台等。图2.2.4为微格教学系统的主控室。

---

① 胡小强.现代教育技术[M].北京：北京大学出版社，2007.

图 2.2.4　微格教学系统的主控室

(2) 微格教室。微格教室中的设备主要包括分控机、摄像头及其他教学设备。在微格教室中可以呼叫主控室,并与主控室对讲。微格教室中可以控制本教室的摄像系统,录制本教室的声音和图像,以便对讲课情况进行分析和评估。分控机可以遥控选择主控室内的任一台录像机、VCD 机等其他影像输出设备并能遥控自己选择的设备的播放、停止、暂停、快进、快退。一个典型的微格教学系统的设备连接情况如图 2.2.5 所示。

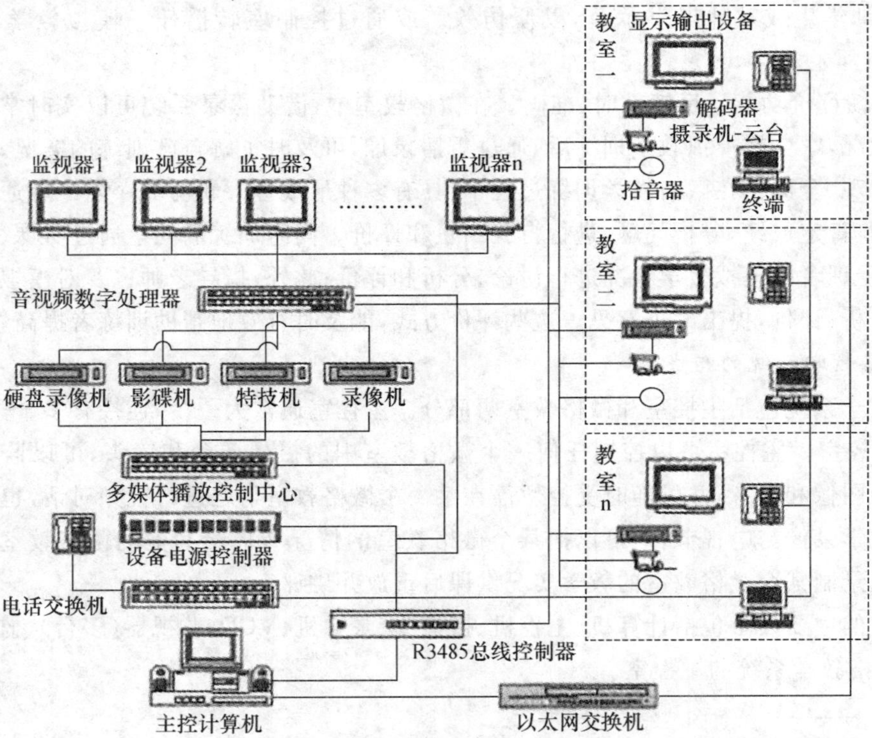

图 2.2.5　微格教学系统的设备连接

随着信息技术的发展，数字化的微格教学系统应运而生，它是一个集微格教学、多媒体编辑、影视音像制作、多媒体存储、视频点播、数字化现场直播为一体的数字化网络系统。在这里，观摩和评价系统均采用计算机设备，并通过交换机连接校园网或互联网。信息记录方式采用硬盘存储，或刻录成光盘，学生可以随时随地通过网络或光盘进行点播、测评与观摩。

4. 微格教学的实施

微格教学的实施过程是以现代教学理论、现代教育技术以及系统科学为指导的教学技能训练过程。

微格教学的实施通常包括以下基本步骤，如图2.2.6所示。

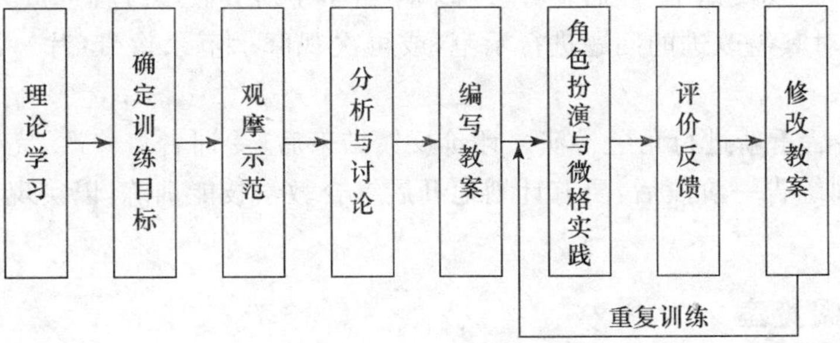

图2.2.6 微格教学的实施步骤

(1) 理论学习。微格教学是在现代教育理论指导下对教师教学技能进行模拟训练的实践活动。在实施模拟教学之前应学习微格教学、教学目标、教学技能、教学设计等相关的内容。通过理论学习形成一定的认知结构，以利于以后观察学习内容的同化与顺应，提高学习信息的可感受性及传输效率，促进学习的迁移。

(2) 确定训练目标。在进行微格教学训练之前，指导教师首先应该向受训者讲清楚本次教学技能训练的具体目标、要求，以及该教学技能的类型、作用、功能、典型事例、运用的一般原则、使用方法及注意事项。

(3) 观摩示范。为了增强受训者对所培训的技能的形象感知，需提供生动、形象和规范的微格教学示范片(带)或教师现场示范。在观摩微格教学片(带)过程中，指导教师应根据实际情况给予必要的提示与指导。示范可以是优秀的典型，也可利用反面教材，但应以正面示范为主。如若可能，应配合声像资料提供相应的文字资料，以利于对教学技能有一个理性的把握。要注意培养受训者勤于观察、善于观察的能力，吸收、消化他人的教学经验的能力。

(4) 分析与讨论。在观摩示范片(带)或教师的现场示范后，组织受训者进行课堂讨论，分析示范教学的成功之处及存在的问题，并就“假如我来教学，该如何应用此教学技能”展开讨论。通过大家相互交流、沟通，集思广益，酝酿在这一课题教学中应用该教学技能的最佳方案，为下一步编写教案作准备。

(5) 编写教案。当被训练的教学技能和教学目标确定之后，受训者就要根据教学目标、教学内容、教学对象、教学条件进行教学设计，选择合适的教学媒体，编写详细的教案。教案中要首先说明该教学技能应用的构想，还要注明教师的教学行为、时间分配及可能出现的学生学习行为及对策。

(6) 角色扮演与微格实践。角色扮演是微格教学中的重要环节，是受训者训练教学技能的具体教学实践过程，即受训者自己走上讲台讲演，扮演教师，因此被称作“角色扮演”。为营造出课堂气氛，由小组的其他学生充当学生。受训者在执教之前，要对本次课作一简短说明，以明确教学技能目标，阐明自己的教学设计意图。讲课时间视教学技能的要求而定，一般为 5～10 分钟。整个教学过程将由摄录系统全部记录下来。

(7) 评价反馈。评价反馈是微格教学中最重要的一步。在教学结束后，必须及时组织受训人员重放教学实况录像或进行视频点播，由指导教师和受训者共同观看。先由试讲人进行自我分析，检查实践过程是否达到了自己所设定的目标，是否掌握了所培训的教学技能，指出有待改进的地方，这就是“自我反馈”。然后指导教师和小组学生对其教学过程进行集体评议，找出不足之处，教师还可以对其需改进的问题进行示范，或再次观摩示范录像带(片)，以利于受训者进一步改进、提高。

(8) 修改教案后重新进行角色扮演。评价反馈结束后，受训者需修改、完善教案，再次实践。在单项教学技能训练告一阶段后，要有计划地开展综合教学技能训练，以实现各种教学技能的融会贯通。

2.2.5 多媒体阅览室

多媒体阅览室是指利用视听媒体、计算机通信和网络设备等，为师生提供电视、录像、CD、VCD、DVD 等视听阅览和多媒体网络学习资源的场所。多媒体阅览室是集电子型文献与印刷型文献检索、阅览、服务为一体的多功能、现代化阅览室；在光盘服务器、网络服务器和工作站的支持下，可扩展成远程检索系统的网络环境。多媒体阅览室在学校中既可单独建立，也可与学校图书馆建设相结合，成为信息化学习资源中心的一部分。

1. 多媒体阅览室常见的类型

(1) 开架式多媒体阅览室。学习者在这类阅览室内可以自由索取媒体进行阅读，需要外借时才登记借出。

(2) 集中管理式多媒体阅览室。这类多媒体阅览室，媒体集中在控制室内管理，学习者可以通过室内的管理系统或管理员提出需要项目，由控制中心播放传输所需的媒体信息给学习者进行视听阅读。

(3) 基于多媒体计算机的多媒体阅览室。这类多媒体阅览室以多媒体计算机为核心，与校园网、互联网连接，学习者既可以阅读单机读物，也可以通过网络浏览学习资源中心、数字图书馆及其他在互联网上的教学资源。

2. 多媒体阅览室的功能

(1) 多种媒体信息的阅览与检索。多媒体阅览室不仅提供各种电子型文献信息的阅览与检索，还为学习者提供视听教学信息的检索和浏览服务。学习者既可以通过影碟机、录像机和电视机等视听媒体观看视听教学资料，还可以通过网络观看教学电视节目，利用计算机进行视频点播(VOD)。多媒体阅览室提供了联机检索、网络检索等多种检索系统和多种资源检索方式，有效地缩短了查询时间，提高了效率。

(2) 开展多媒体教学。教师和学生可以通过资源库查询、浏览本地 Web 服务器上的各学科网络课程，也可通过 Web 服务器浏览远端站点的教学资源，还可利用多媒体阅览室大量的多媒体教学软件进行多媒体教学，如多媒体英语教学、阅读多媒体英语文学光盘、计算机登记模拟考试等。

(3) 教学资源数字化。为给学习者提供更方便的服务，在多媒体阅览室，常常将不同形式的载体存储的文献资料，如文件、图片、声像资料等，转化成计算机能够处理的数字化信息，存储于大型数据库中，或以光盘形式提供应用。

2.2.6 学习资源中心

学习资源中心又称"教学媒体中心"。随着教学媒体的蓬勃发展，媒体教材日渐丰富，对教学及其效果产生了很大的影响。为了更好地发挥媒体教材的作用，不少学校已将各种非印刷媒体资料和印刷资料统一保存和管理，形成学习资源中心。

1. 学习资源中心的组成

学习资源中心将各种学习媒体资源集中存放，加以合理编目，提供索引。配有视听设备、计算机终端、外连接口和其他支持媒体的设备，提供相互隔离的空间与设备等供个人或小组学习。一般的学习资源中心大致可分为以下一些功能区域。

(1) 使用区。

① 计算机利用区。这里放置连接网络的计算机，可以获得来自资源中心的信息或来自网络系统的资源。

② 视、听媒体利用区。这里放置幻灯机、录音机、电视机、放像机等各种视听媒体，并有线路与播出系统连接，学习者可以要求送信号或借出相应的媒体教材在这里播放学习。

③ 印刷资料利用区。放置有供阅览用的桌椅，周边放置有报纸、杂志和常用的参考书，方便学习者自由选取阅览，学习者也可以从图书库借出书籍在此阅读。

④ 资源检索区。学习者通过电脑检索，可查找出所需要的学习资源编码目录。

(2) 服务区。

① 信号播送系统。管理人员根据学习者要求，播送媒体信号至媒体学习利用区的终端。

② 管理服务区。学习者在这里向管理人员提出需服务的项目，如借出图书、硬件、软件或是提出传送某种媒体信号至某一区域终端学习等。

③ 资源开发区。提供教学资源的开发环境。

(3) 库存区。这里是图书，现代教育媒体硬件、软件集中储存的区域，由专职人员管理和维护。

2. 学习资源中心的功能

学习资源中心是学校学习信息最集中的场所，在教学中发挥多方面的作用与功能。

(1) 资源共享。通过学习资源中心，广大师生能够共享各种学习资源，真正起到资源共享的功能，充分发挥资源的作用。

(2) 个别化自学。学习资源中心有丰富的多种媒体信息资源，可为学习者的个别化学习提供充分的条件。不论通过有特色的学习软件、视听教材，还是通过网络搜寻相关信息，学习资源中心都可为学习者营造良好的自学环境，同时学生能够自己选择学习方式、学习内容，从而实现学习个别化。

(3) 促进素质教育。学习资源中心为学生提供一个开放性的学习场所，促进学生的学习积极性和主动性的提高，学生能按自己的兴趣与爱好，利用多种媒体扩充自己的知识与能力，接触社会上更新更广的信息，这对提高学生的全面素质，促进素质教育起着重要的作用。

(4) 补充与充实课堂教学。教师利用资源中心的资源进行备课，可借出资源中心的媒体到课堂中展示，这样做充实了课堂教学的内容、媒体与方法。学生在课后按教师的指导到资源中心找资料，完成某种探究性的学习与作业，使资源中心的学习成为课堂教学的重要补充。另外，教师与学生可以参与学习资源中心的建设，这是对缺少实践的课堂教学的一种重要补充。

2.2.7 校园网及教学应用

1. 校园网的组成[①]

校园网(Campus Network)是利用网络设备、通信媒体和相应的协议(如 TCP/IP 协议)以及各类系统管理软件，将校园内的计算机和各种终端设备有机地集成在一起的局域网，一般是通过防火墙与外部的互联网连接，通常由学校自己管理，用于教学、科研、学校管理、信息资源共享和远程教育等方面。校园网总体上是由硬件和软件两大系统组成，如图 2.2.7 所示。此处主要介绍校园网的硬件构成。校园网的硬件通常由服务器、工作站、网络互联设备、网络传输介质等部分组成。

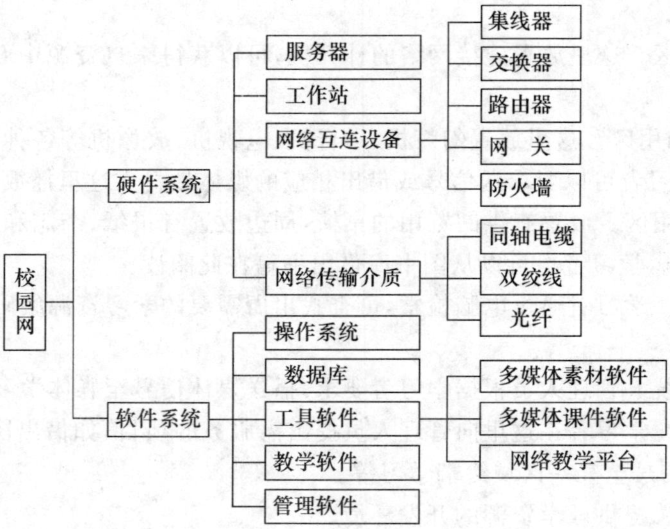

图 2.2.7　校园网的组成

(1) 服务器。校园网中的服务器根据其在网络中所执行的任务不同可分为：WEB 服务器、FTP 服务器、Mail 服务器、打印服务器、网关服务器、域名服务器等。上述服务器既可以安装在同一台物理服务器上，也可以分别安装在多台物理服务器上；对于小型的校园网络，往往把 WEB 服务器、FTP 服务器、Mail 服务器、打印服务器、网关服务器、域名服务器等集于一台服务器上。

(2) 工作站。在校园网中，工作站是一台客户机，即网络服务的一个用户。但有时也将工作站当作一台特殊应用的服务器使用，如打印机或备份磁带机的专用工作站。工作站一般通过网卡连接网络，并需安装相关的程序与协议才可以访问网络资源。

① 胡小强．现代教育技术[M]．北京：北京大学出版社，2007．

(3) 网络互联设备。校园网中常用的网络互联设备有集线器、交换机、路由器、网关和防火墙等。

① 集线器(Hub)。集线器是计算机网络中连接多个计算机或其他设备的连接设备。集线器主要提供信号放大和中转的功能,把一个端口接收的信号向所有端口分发出去,有些集线器还可以通过软件对端口进行配置和管理。通常集线器到各节点间的连接使用双绞线、光纤、同轴电缆等,端口的数量从4口到24口不等,如果网络中计算机的数目较多,可将集线器级联使用或选用可堆叠集线器。

② 交换机(Switch)。交换机的外形与集线器很接近,也是一个多端口的连接设备,它们的主要区别在于:从工作方式看,集线器采用广播模式,也就是说集线器的某个端口工作的时候,其他所有端口都能够收到信息,容易产生广播风暴,当网络规模较大时,网络性能会受到严重影响。而当交换机工作的时候,只有发出请示的端口和目的端口之间相互响应,而不影响其他端口(即点对点方式)。从带宽看,集线器不管有多少个端口,所有端口都是共享一条带宽,在同一时刻只能有两个端口传送数据,其他端口只能等待;而交换机每个端口都有一条独占的带宽,当两个端口工作时,并不影响其他端口的工作,因此,交换机的数据传送速率通常要比集线器快很多。此外,学校网络中心的核心交换机往往还具有路由功能。

③ 路由器(Router)。路由器是连接多个网络或网段的网络设备,它能将不同网络或网段之间的数据信息进行"翻译",以使它们能够相互"读"懂对方的数据,从而构成一个更大的网络。通常路由器有两大典型功能,即数据通道功能和控制功能,数据通道功能一般由硬件来完成,控制功能一般用软件来实现。

④ 网关(Gateway)。网关是网络连接设备的重要组成部分,它不仅具有路由的功能,而且能对两个网络段中使用不同传输协议的数据进行互相的翻译转换,从而使不同的网络之间能进行互联。网关一般是一台专用的计算机,该机器上配置有实现网关功能的软件,这些软件具有网络协议转换、数据格式转换等功能。

⑤ 防火墙(Firewall)。防火墙是指一种将内部网和公众访问网(如互联网)分开的硬件或软件技术。防火墙对流经它的网络通信进行扫描,这样能够过滤掉一些攻击,以免其在目标计算机上被执行。防火墙还可以关闭不使用的端口,而且它还能禁止特定端口的流出通信,封锁特洛伊木马等程序。最后,它可以禁止来自特殊站点的访问,从而防止来自不明入侵者的所有通信。防火墙有不同类型,一个防火墙可以是硬件自身的一部分,如路由器可以将互联网连接和计算机都插入其中;防火墙也可以是一个独立的机器上运行的软件,该机器作为它背后网络中所有计算机的代理和防火墙。对于直接连在互联网的PC机可以使用个人防火墙软件。

(4) 网络传输介质。在校园网中常用的传输介质有双绞线和光纤。

① 双绞线(Twisted Pair)。双绞线是应用最普遍的传输介质,原本用于电话系统。它由两条互相绝缘的铜线组成,将4对(共8根)双绞线封装在一个绝缘外套中,为了降低信号的干扰程度,电缆中的每一对双绞线一般是由两根绝缘的铜导线相互扭绕而成,每根铜导线的绝缘层上分别采用涂有不同颜色的包装胶皮以示区别,并像螺纹一样拧在一起,犹如一条DNA分子链,以减少相邻铜线之间的电气干扰,也因此把它称为双绞线。由于线缆的长度受到衰减的严重限制,所以在当前的技术下,传输数据的距离一般限定在100米范围内,双绞线是目前校园网中使用最多的传输媒质。

双绞线分为屏蔽双绞线 STP 和非屏蔽双绞线 UTP 。其中 STP 的内部与 UTP 相同,只是在其外包有一层金属铝箔,以减小电磁波向外辐射,防止信息被窃听,抗干扰能力也较强,同时具有较高的数据传输速率;但 STP 电缆的价格相对较高,安装时要比 UTP 电缆困难,必须使用特殊的连接器,技术要求也比非屏蔽双绞线电缆高。与屏蔽双绞线相比,非屏蔽双绞线电缆外面只有一层绝缘胶皮,因而重量轻、易弯曲、易安装,组网灵活,非常适用于结构化布线,所以一般在无特殊要求的计算机网络布线中,常使用非屏蔽双绞线电缆。

② 光纤(Fiber)。光纤是以光脉冲的形式来传输信号,材质以玻璃或有机玻璃为主的网络传输介质。光纤按其传输方式可分为单模光纤(直线传播)和多模光纤(折射传播)。单模光纤较多模光纤具有更高的容量和更大的传输距离,但价格比较昂贵。光纤具有极高的传输带宽,目前技术可以达到 1000Mbps 以上的速率进行传输。光纤的衰减极低,抗电磁干扰能力很强,所以传输距离可达 20 公里以上。在实际应用中,光缆的两端都应安装有光纤收发器,光纤收发器集成了光发送机和光接收机的功能,既负责光的发送也负责光的接收。

光纤由芯、封套及外套组成,芯由玻璃或塑料做成,封套是玻璃做成,外套则由塑料做成。

2. 校园网的功能

(1) 信息发布。学校的 Web 主页犹如学校的一个宣传窗口,学校可以通过这扇窗口向世界各地的人们充分展示学校的形象。一般说来,学校主页的主要内容应包括:学校概况、机构设置、教育教学、科学研究、招生就业、图书馆藏、校园文化、网络服务等。学校主页上可以发布学校的各种重大事件新闻、通知通告、会议安排等,也可以发布各种公文,这样既节省了时间和费用,又增强了公示的效果。

(2) 教学应用。校园网的主要功能就是教学应用,通常由学校教务处来组织实施。它可以由网络教学平台提供支持,以网络教学信息资源库作为信息来源,运用多种网络工具完成网络教学任务。

① 网络教学平台。网络教学平台是学校开展网络教学活动的支撑系统,它可以包括网络备课、网络授课、网上课程学习、网上练习、在线考试、虚拟实验室、网络教学评价、作业递交与批改、课程辅导答疑、师生交流、教学管理等模块。一个完整的网络教学平台应具备以下功能:

具备支持教师备课、授课、提问答疑与讨论、作业布置与批改、题库维护、组织考试与活动、试卷分析等功能。

具备支持学生选课、学习、递交作业、提问、讨论、实验、资料查阅、考试等功能。

具备支持基于流媒体的网络实时与非实时授课系统。

具备支持教务人员进行学生管理、课程管理、资料管理、教学质量分析等功能。

具备支持教师通过各种网络工具,相互之间或与外校的教师之间进行教学方法、教学技巧的交流与探讨的功能。

具备支持连接互联网,实现远程教育的功能。利用远程教学方式,使得那些受客观条件限制的学校的学生学习别的学校的课程成为可能。

② 教学信息资源库。教学信息资源库是学校进行网络教学的重要组成部分,它包括多媒体素材库、教案库、课件库、试题库、学科资料库等。同时资源库还为师生提供全文检索、属性检索,提供资源的增减与归类,还可以提供压缩打包下载等功能。

(3) 管理应用。建立在校园网络基础上的学校管理信息系统(MIS)可以为学校在人事、教务、财务、日程安排、后勤管理等方面提供一个先进的分布式管理系统，该系统将会使原有的管理模式从纵向、单通道的、主要依靠个人的经验、判断和决策的简单模式，发展成为现代的多向的、多通道的网络状的复杂模式，从而提高管理效率，达到事半功倍的效果。

基于校园网络的信息管理系统将大大提高原有人工管理或单机管理系统的效率，扩大管理系统的应用领域；能更加及时地收集、统计、分析学校的各种信息，有利于学校的行政管理和教学管理，充分发挥学校的整体功能，更好地为教育工作服务。

基于校园网络的计算机管理信息系统，在功能上具有以下一些特点：

① 共享数据库资源。可以避免同样的数据在多处重复存储的浪费现象，如全校学生、教职工的基本信息就可以为校内各个管理部门所共享。

② 共享软硬件资源。可以在本系统没有相应资源或本系统负载已满时，将新任务交给其他系统处理，避免了某些软件研制上的重复劳动。

③ 提高系统可靠性。当某个计算机系统因故障停止工作时，可由别处的计算机系统代为处理。

④ 提高办公效率。校园网络还给学校建立办公自动化提供了技术基础，通过校园网络迅速地传递、复制或保存各类信息，将大大节约人力、时间、纸张印刷或交通差旅费用。学校通过校园网络可以建立一个集中和分散相结合的分级、分布式数据库管理系统，既实现学校各部门之间大量数据的共享，同时也为管理人员及时提供数据、快速作出决策提供了帮助。利用校园网络提供的通信功能，可以为教职工和管理人员提供较完善的电子邮件服务功能，可以向各部门和管理人员发送各类通知、布告等消息；学校还可以利用校园网络召开电子会议。

(4) 科研应用。校园网络一方面可以使用户共享各类计算机软、硬件资源及学术信息资源，从而提高科研的效率；另一方面，校园网络还可以降低科研的成本。科研人员可以通过校园网络形成一个工作小组，在不同办公室里的科研人员可以很方便地通过网络与其他人交流设计思想和设计方案。同时，人们还可利用校园网络的对外联网，检索世界各地的信息资料，也可以使用电子公告栏(BBS)与世界各地的专家探讨最新的思想，发表、交流学术观点，交换论文等。

(5) 数字化图书馆。校园网络的建设对数字化图书馆的建设与应用有着巨大影响。数字图书馆以数字化格式存储海量的多媒体信息并能对这些信息资源进行高效的操作，它的资源数字化、联系网络化、获取自主化等优点是传统图书馆无法比拟的。数字图书馆对于教育的支持服务是全方位和个性化的，它可以及时响应远程用户的需求，不仅可以联机查询、借阅，还可为管理人员提供业务数据，及时分析研究，加强宏观管理。更为重要的是，每个用户都可以通过校园网络方便地对图书馆的图书、文献信息进行检索与阅读，读者可以访问图书馆的联机数据库，可以在自己家中或者办公室里通过校园网络阅读报刊或检索资料。

2.3　数字化教学资源

2.3.1　数字化教学资源的概念

教学资源是构成教学系统的基本要素，是教学系统中支持整个教学过程，达到一定教学目的，实现一定教学功能的各种资源。从广义上讲，教学资源通常包括物质资源(教学系统中运用的各种教学硬件和软件等)、人力资源(教学系统中的教师、学生、教学支持人员等)和信息资源(在教学系统中传递的各种信息,主要包括教学内容及伴随教学内容产生的其他信息)。数字化教学资源主要包括各种物质资源和多媒体软件资源,其中物质资源有计算机、网络、多媒体教室等。这些内容在前面已做了介绍,此处不再赘述。随着教育信息化进程的逐步深入,数字化教学资源在教学中的应用越来越广泛,如果只有这些硬件设施环境,而没有优秀的数字化教学资源软环境,无论多么先进的现代化硬环境只能成为摆设,不会产生应有的教学价值。在本书中,数字化教学资源主要指利用数字技术处理的,可以在多媒体计算机与网络环境下运行的软件资源。

2.3.2 数字化教学资源的类型

根据教学功能和资源本身的特点,常见的数字化资源主要有以下几类:

(1) 多媒体素材类。多媒体素材主要指数字化的文字、图片、声音、视频、动画等。教师和学生都可以利用其进行教或学。

(2) 多媒体课件。多媒体课件是指体现一定的教与学的策略,对一个或几个知识点实施相对完整教学的软件,通常由多媒体素材集合而成,有特定的教学内容、对象和目标。根据运行平台划分,可分为单机版和网络版两大类。单机版只能在一台计算机上运行,网络版可以在网络环境中运行。

(3) 网络课程。课程是指为了达到一定的培养目标所需要的全部教学内容和计划,包含授课、自学、实验、辅导、作业、考试等教学环节及相关教学资源。网络课程是基于网络技术来完成课程教与学的多媒体网络教学系统。其学习过程具有交互性、共享性、开放性、协作性和自主性等基本特征。

(4) 教育网站。随着网络的普及和流行,许多教育机构和个人建立了自己的网站并发布自己的数据资源,如教育新闻、教育专题讲座、网络课程、学生的学习作品等。根据网站建设者的不同,教育网站可分为教育行政部门网站、教育研究机构网站、学校的教育网站、企业以及教师网站、学生等个人教育网站等。

(5) 电子图书。电子图书是将传统的纸质化的各种图书以数字化技术进行处理、呈现、检索、阅读,实现了信息载体的电子化,这是信息时代的主要特征。电子图书具有占有存储空间小、信息量大、易于不同文字的转换、快速检索、成本低廉、传递便捷、移植性好等优点。除此之外,电子图书还有传统媒体无法具备的信息表达形式,例如动画、声音、视频等。电子图书的内容有电子百科全书、电子期刊、杂志、新闻、信息服务等。

(6) 其他。详见本书5.2的具体内容。

关于数字化教学资源的开发、利用、制作和评价的内容将在本书后面的章节中分别介绍。

学习建议

1. 什么是媒体、教育媒体和现代教育媒体?
2. 按作用于人的感官对媒体进行分类,可分为哪几种类型?
3. 简述教学媒体选择的基本依据和教学媒体编制的效果原理。
4. 简述多媒体教室的构成及功能。
5. 什么是多媒体网络教室?多媒体网络教室有哪些基本功能?

6. 简述多媒体语音实验室的构成及应用方式。
7. 什么是微格教学法？简述微格教学的实施步骤。
8. 简述多媒体阅览室的功能。
9. 简述学习资源中心的构成及功能。
10. 什么是数字化教学资源？数字化教学资源主要有哪几种类型？

教学建议

在学习 2.1 节内容时，可主要采用讲授、教学案例分析法和讨论法来进行学习；在学习 2.2 节内容时，在教师讲授的基础上可让学生进行多媒体教室和多媒体网络教室设备的配接实验以及利用微格教学训练系统进行试讲练习；2.3 节内容作为下一章内容的衔接，可进行简要的介绍。

推荐阅读

1. 祝智庭. 现代教育技术——走进信息化教育[M]. 北京：高等教育出版社，2001.
2. 南国农. 信息化教育概论[M]. 北京：高等教育出版社，2004.
3. 乌美娜. 现代教育技术[M]. 沈阳：辽宁大学出版社，1999.
4. 张剑平. 现代教育技术——理论与应用[M]. 北京：高等教育出版社，2003.
5. 黄荣怀. 信息技术与教育[M]. 北京：北京师范大学出版社，2006.

第2篇　信息技术能力篇

第3章　数字媒体技术——文本、图像、声音制作

学习目标

1. 理解数字媒体的概念。
2. 掌握数字媒体的基本特性。
3. 掌握数字文本的内涵和文本编辑的方法，学会电子书的制作。
4. 学会数字图像采集与加工方法，能用 Photoshop 软件美化编辑图像。
5. 理解数字音频的概念，会用 Cool Edit Pro 录制、处理声音。

知识结构

- 数字媒体技术——文本、图像、声音制作
  - 数字媒体概述
    - 数字媒体技术
    - 数字媒体技术范畴
    - 数字媒体技术优势
    - 数字媒体技术主要内容
  - 数字文本
    - 数字文本
    - 数字文本的获取
    - 数字文本的编辑
    - 数字文本输出与呈现
    - 电子书的制作
  - 数字图像
    - 数字图像
    - 数字图像采集
    - 数字图像的加工与处理
    - 图像处理软件Photoshop
    - Photoshop教学应用实例
  - 数字音频
    - 数字音频
    - 数字音频媒体
    - 数字音频文件格式
    - 数字音频的采集
    - 数字音频文件格式转换
    - 数字音频的加工与处理

3.1　数字媒体概述

3.1.1　数字媒体技术

媒体技术的发展经历了口语、印刷、电子媒体三个阶段。如今，电子媒体逐渐从模拟媒体向数字媒体转变。数字媒体技术的出现是近现代科学技术飞速发展的产物，是建立在传统媒体技

术基础上的，是传统媒体的功能扩展和性能的改进，也是媒体设备硬件和应用软件综合发展的结果。数字媒体技术融合了数字信息处理技术、计算机技术、数字通信和网络技术等交叉学科和技术领域，更易实现信息的加工和处理，为信息资源的建设和应用提供了便捷的条件。

1. 数字媒体

数字媒体是指在信息的采集、加工处理、存储、呈现、传播、管理、应用的过程中由“0”和“1”构成的数字信号表示的媒体。谈起数字信号就不能不提起模拟信号，数字信号是在模拟信号基础上发展起来的。模拟信号是信号波形模拟着信息的变化而变化，模拟信号其特点是幅度连续（连续的含义是在某一取值范围内可以取无限多个数值）。模拟信号其信号波形在时间上也是连续的，因此它又是连续信号。和模拟信号不同，数字信号其特点是幅值被限制在有限个数值之内，它不是连续的而是离散的，如图 3.1.1 所示。譬如模拟电视信号是一系列连续的电流，而数字电视信号是有一定序列的离散数据组。和模拟信号相比数字信号具有抗干扰能力强，无噪声积累，便于加密处理，便于存储、处理和交换等优点。

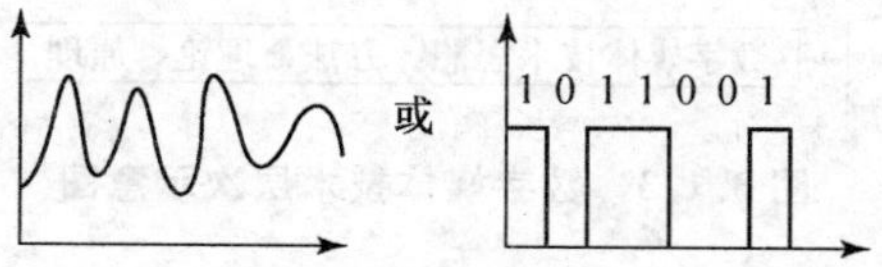

图 3.1.1 模拟信号与数字信号波形图

2. 数字媒体技术

有学者认为数字媒体技术是在多媒体技术的概念上发展起来的[①]，数字媒体的产生离不开传统媒体。数字媒体技术是利用数字信号采集、加工处理、存储、呈现、传播、管理、应用信息的媒体手段和方法的总和。数字媒体技术包括设备硬件技术和软件技术两个方面，如图 3.1.2 所示。数字媒体硬件技术是指电子书、数码相机、录音笔、数字电影、数字电视等媒体设备的技术，数字媒体软件技术是指数字文本、图像、音频、动画、视频、虚拟现实等方面的技术。

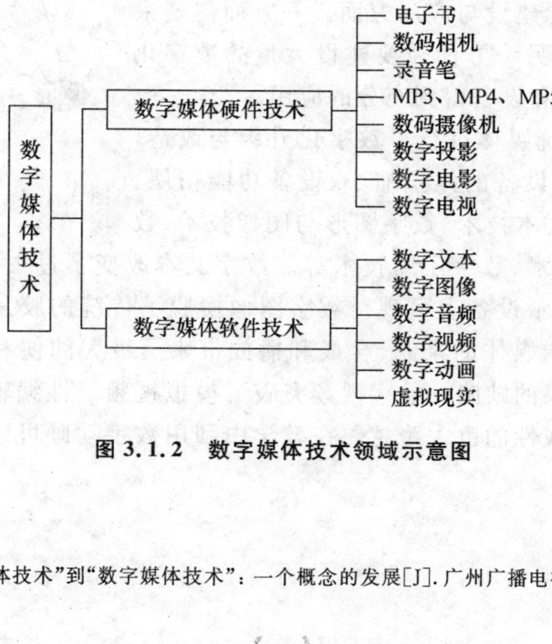

图 3.1.2 数字媒体技术领域示意图

① 莫丽敏，梁斌. 从“多媒体技术”到“数字媒体技术”：一个概念的发展[J]. 广州广播电视大学学报，2008(4)：24-27.

3.1.2 数字媒体技术范畴

1. 数字媒体技术层面

数字媒体技术是一类媒体技术的总称，从数字媒体技术本身来看可以分为理论层面、技术层面、应用层面，如图 3.1.3 所示。理论层面是数字媒体技术的基础，包括有关数字媒体技术的思想、方法、理论、原理等。技术层面是数字媒体技术的核心，包括数字文本技术、数字图像技术、数字音频技术、数字视频技术、数字动画技术、数字压缩技术等。应用层面是数字媒体技术在各行各业的应用，是数字媒体技术的最高层面。

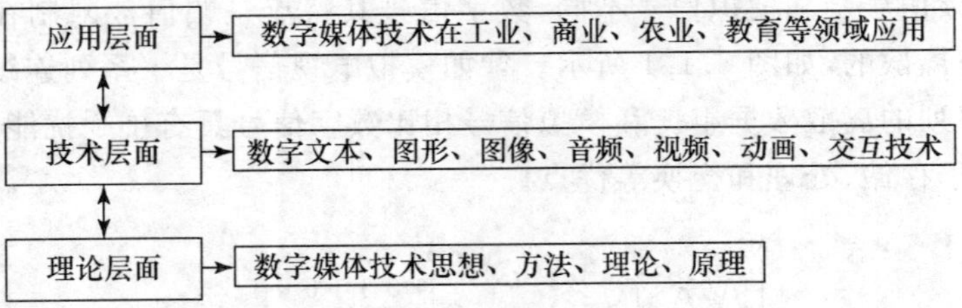

图 3.1.3 数字媒体技术层次示意图

2. 数字媒体技术范畴

数字媒体技术贯穿于采集、加工处理、存储、呈现、传播、管理以及应用的全过程，如图 3.1.4所示。不管是何种形式的信息，从客观事物到描述事物的信息都需要一个信息的采集过程，因此，采集是首要环节。存储是数字媒体技术的核心，也是下一步应用的基础。数字媒体技术的发展得益于存储技术的技术革新，存储技术使得存储设备的体积变小、容量变大，这些优点都为媒体设备数字化提供了保障。加工处理、呈现、传播、应用、管理是数字媒体技术的基本范畴。数字媒体技术在教学领域中的应用主要体现在教育信息资源建设与应用方面。一方面需要采购一些数字化媒体设备，另一方面需要建设大量的数字化资源，并在教学中把资源和设备得到充分的应用。

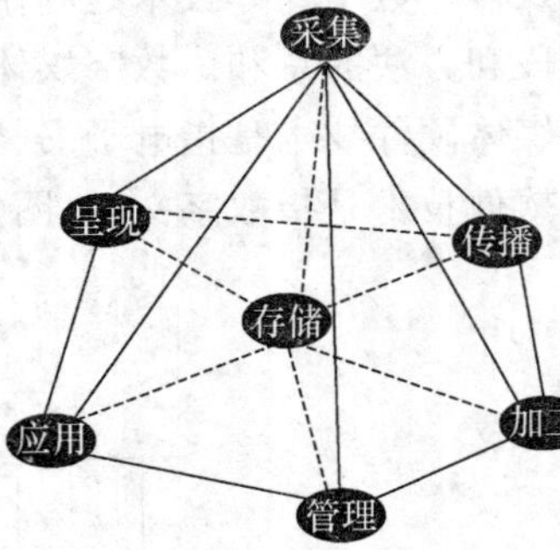

图 3.1.4 数字媒体技术范畴示意图

数字媒体技术对传统媒体进行了数字化升级与改造，使用设备操作技巧简单、设备的体积缩小、设备功能拓展。数字媒体技术包括数字文本技术、数字图形与图像技术、数字音频技术、数字视频技术、数字压缩技术等。数字文本改变了过去文本依附印刷手段的限制，可以在任何电子化显示设备上呈现。数字图像摆脱了传统的胶片，可以直接通过显示设备呈现。数字音频给声音媒体的录制、合成和播放带来了极大的便利，克服了磁带录音过程中易受噪声影响录音效果的缺陷。数字视频突破了模拟视频线性编辑的种种弊端，实现了视频编辑方式从线性到非线性的巨大跨越。在教学中利用数字动画可以突破时空限制，展现各种现实情景和梦幻场景。

3.1.3 数字媒体技术优势

1. 信号质量好

数字媒体技术能以形象直观、稳定清晰的文字、图像、图形、音频、视频、动画等多种方式呈现信息,信息呈现的质量高,信息接收者获得信息的效率高。数字媒体技术将形象媒体和抽象媒体结合起来,给人丰富的表现性。越接近它所代表的事物或概念,就越能防止传播的失真。在教学中当所讲述的东西实际不存在时,媒体呈现便是最佳的选择。数字媒体技术能根据良构或非良构的情景进行处理与改造[①],从而提高教学的效果。和模拟媒体相比,数字媒体所传递的是数字信号,信号不会得到损失,无论图像还是视频信号质量都要高得多。

2. 表现形式多

数字媒体技术具有加工的技法多、表现形式多以及采集途径广等特点。数字媒体技术有多种信息重现方式,一张数字照片可以使用在数码相机、手机、电视、投影等设备上,各种不同的设备间信息呈现方式的兼容性很强。通过这种兼容共享,节约了成本,提高了资源的利用效率。传统的胶卷照片只能通过冲洗才能使用,而且冲洗的照片不能应用在其他设备和材质上,数字照片可以在不同的材质和设备上"安营扎寨"。数字音频使得录音设备体积很小,这样录音功能就可以移植到手机、数码相机、MP3 等设备上。数字视频使得存储视频介质体积减小,它也可以在手机、掌上电脑、移动播放器等设备上观看。

3. 智能化程度高

数字媒体技术是通过计算和通信手段,综合处理文字、声音、图形、图像等信息,使抽象的信息变成可感知、可管理和可交互的一种技术。和模拟媒体相比,数字媒体设备一般都有微处理器(计算机),设备的智能化程度高。数字媒体设备可以预先设定程序,也可以自动控制程序,设备的智能化程度得到不断的提高。

4. 信息加工和处理便捷

数字媒体技术使得媒体设备操作简单,相关的信息资源制作方便。传统媒体设备操作专业性较强,操作流程复杂、操作步骤繁琐。数字媒体设备操作越来越智能化,操作简单、使用方便。相应的信息资源的制作也从专业人才垄断转向大众参与,数字文本、数字图像、数字音频、数字视频、数字动画等领域越来越多的民众加入到 DIY 的潮流当中。教学过程中学生不仅是数字媒体资源的使用者,更是资源的创造者。这样使得数字媒体成为一种能够再生信息资源的工具,学生的讨论、作品、成果成为其他师生新的学习资源。通过学生积极参与数字媒体制作和交流的过程,学生的个性和创造性都得到了发展。

5. 交互性强

数字媒体技术和模拟媒体技术相比最大的优点是信息传递过程中的互动性。模拟媒体一般由教师根据内容与进度,边讲解边演示,学生只能是跟着教师的演示参与感知活动。从教学信息传播模式来看利用传统媒体进行教学信息的传播属于单向信息传播模式,信息的接受者缺乏和信息接收者之间的有效信息反馈。往往信息的播放和控制掌握在教师手中,学生无权左右播放的内容。数字媒体技术利用各种信息设备和平台实现了信息传递的交流互动。它充分调动学习

① 武法提.网络教育应用[M].北京:高等教育出版社,2003.

者行为参与和情感参与,激发学习者获取信息的积极性和主动性。

3.1.4 数字媒体技术主要内容

1. 数字文本技术

数字文本技术是针对文字、字符进行编码,依据编码输入、编辑、输出的过程。从印刷文本变成数字文本首先需要对文字、字符进行编码,数字文本技术最关键的就是编码技术。汉字编码分为输入编码、机内编码和输出编码。汉字输入编码方式很多,有数字码、字音码、字形码、形音码等。汉字的机内编码是用于汉字信息的存储、交换、检索等操作的机内代码,一般采用两个字节表示,汉字国标码—GB2312、区位码。汉字的输出编码是用点阵表示的汉字字形编码。数字文本编辑一般使用文字处理软件来实现,常用的文字软件有 Word、WPS 等。

2. 数字图像技术

数字图像技术包括图形技术和图像技术两个方面,图形和图像从生成、显示、处理和存储的数据运算机制角度看是不同的两个概念。数字图形是指矢量图,它是用一些系列计算机指令集合的形式来描述或处理一幅图像的,描述的对象中包含各图元的位置、颜色、大小、形状、轮廓等,还可以用更为复杂的形式表示图像的曲面、光照、阴影、材质等效果。图像也称位图,它是由许许多多的像素组成的平面点阵。其中每个像素的颜色、亮度和属性是由一组二进制像素值来表示的。数字图像技术包括色彩模型、分辨率、像素深度、文件大小、真/伪色彩等方面的技术。

3. 数字音频技术

能够被人们听到的声音是模拟声音信号,要把模拟声音信号进行数字化转换才能得到数字音频信号。数字音频技术就是对音频的信号进行采样、量化、编码、处理、重现的技术。数字音频是通过采样和量化把模拟量表示的音频信号转化为由许多二进制数 0 和 1 组成的数字音频信号。由于人耳能听到的声音最高频率为 20 kHz,也就是说音频最大带宽为 20 kHz,因而根据采样定理要想不失真地重现音频信息,则要求采样频率必须高于最高频率的两倍,即采样频率要高于 40 kHz。影响数字音频质量的两个参数是采样频率和量化级。通过采样得到的音频信号数据量较大,为了减小体积降低数据码率,要对数据进行压缩处理。数字音频压缩编码方式有线性脉冲编码调制(PCM)、差分脉冲编码调制(DPCM)、自适应差分脉冲编码调制(ADPCM)三种方式。

4. 数字视频与动画技术

实验证明人眼具有“视觉暂留”的时间特性,视频和动画正是利用这样一个原理而产生的,单位时间内连续播放一定幅数的静态图像,就会产生动态效果。当每一幅图像是人工绘制或计算机生产的画面时,称为动画;当每一幅图像是由各种设备实时获取的自然界景物的画面时,称为视频。① 随着计算机技术的发展,视频中也有计算机动画场景,动画中也会使用视频提高表达效果,动画和视频的界限越来越模糊。数字视频是将模拟视频信号进行数字化处理后得到的视频信号。数字视频与模拟视频相比在存储、复制、编辑、检索和传输等方面有着不可比拟的优势。数字动画摆脱传统人工制作动画的束缚,利用计算机技术绘制的动画,按动画生成的原理不同,可以将计算机动画分为关键帧动画和算法动画;按动画视觉空间的不同,可以将计算机动画分为

① 王志军.数字媒体非线性编辑技术[M].北京:高等教育出版社,2005.

二维动画和三维动画。数字视频与动画技术虽然有所不同，但都包括采集、制作、编辑、输出等技术过程，好多动画最终是以视频的形式呈现的。

5. 数字压缩技术

模拟信号经过数字化以后往往信息量很大，特别是视频信息数字化以后数据量巨大，需要对数据进行压缩处理。采用数据压缩技术，对数据(尤其是音频、视频)进行压缩，是实现实时、快速、有效地处理、传输和存储数据的首要问题和根本方法。从信息论的角度来看，数据压缩的过程属于信息编码范畴，压缩的目的主要是减少数据冗余。从压缩的效果来看，数据压缩技术分为无损压缩和有损压缩两种。数据压缩技术可以使得信息的时间域、空间域、频率域以及能量域得到压缩，减小数据存储容量。① 数字压缩技术最终是以一定格式的数字文件实现的，如 JPG、MPG、MP3 都是压缩文件格式。

3.2 数字文本

3.2.1 数字文本

数字文本也称电子文本，纸质文本实现了数字化，文字实现信息载体的变化。与印刷文字相比较数字文本具有成本低廉，传递便捷，移植性好等优点，在现代信息社会使用非常普遍。无论在电子词典还是在掌上电脑数字文本都可应用，电子杂志、电子期刊、网页中都有大量文字信息。随着数字化技术的发展以及数字媒体技术在教育中的应用，数字出版平台、学习资源中心、数字图书馆、数字阅览室、数字博物馆中的数字文本将是这些系统的有机组成部分。

1. 数字文本

文字素材目前是数字化学习资源的主要表形形式，小到电子书大到虚拟博物馆都离不开它。文字和语言的天然联系决定了文字在信息传递中的主体地位。文字使信息得以储存并广泛流传，文字信息可以大量复制、储存并广泛传播 。文字能够传递大量的信息，体育赛事、国家大事都可以用文字的形式呈现。按照戴尔的经验之塔理论，文字是最抽象的信息符号。大量、单一的文字在视觉上会显得单调、呆板，容易给阅读者在心理上产生一种烦躁的情绪，不利于信息的有效传递。在使用文字的时候要通过文字大小、形状、颜色、立体感等形式的变化，产生画面节奏。如图 3.2.1 所示，艺术文字就是通过各种变化来实现的。

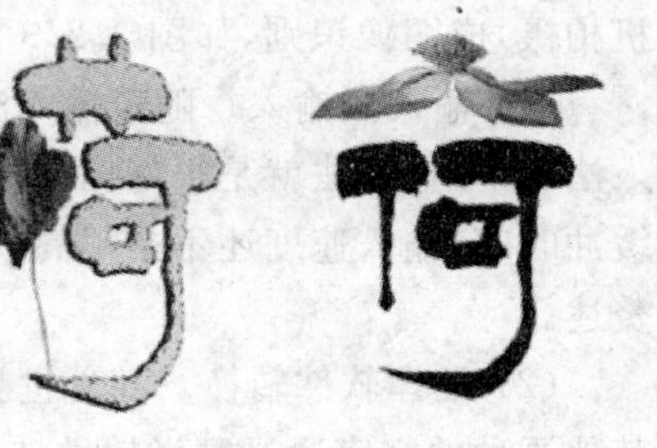

图 3.2.1　艺术文字

2. 数字文本的数据表示

汉字在计算机中的表示方法就是通过一定的编码规则使得汉字和二进制数相对应。汉字的编码分为输入编码、机内编码和输出编码。

(1) 汉字的输入编码。为了能直接使用西文标准键盘把汉字输入到计算机，就必须为汉字设计相应的输入编码方法。当前采用的方法主要有数字编码、拼音码、字形编码三类。数字编码

① 秦旭. 数字压缩技术原理及发展[J]. 现代电视技术，1999(2)：5-12.

常用的是国标区位码，用数字串代表一个汉字输入。数字编码输入的优点是无重码，且输入码与内部编码的转换比较方便，缺点是代码难以记忆。拼音码是以汉字拼音为基础的输入方法。使用简单方便，但汉字同音字太多，输入重码率很高，同音字选择影响了输入速度。字形编码是用汉字的形状来进行的编码。把汉字的笔画部件用字母或数字进行编码，按笔画的顺序依次输入，就能表示一个汉字。

(2) 汉字的机内编码。汉字的机内编码是指计算机内部存储、交换、检索、加工处理汉字时所用的代码，要求它与ASCII码兼容但又不能相同，以便实现汉字和英文的并存兼容。输入码经过键盘被接收后就由汉字操作系统的"输入码转换模块"转换为机内码。根据国标码定义机内码，通常将国标码的前两个字节的最高位置"1"作为汉字的机内码。例如汉字"啊"的机内编码为B0A1H，即10110000 10100001。

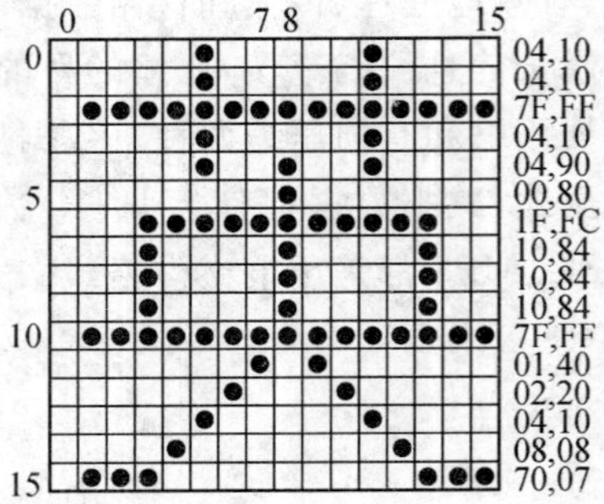

图 3.2.2　字模点阵示意图

(3) 汉字的输出编码。汉字的输出编码是指把计算机内部存储的二进制汉字代码转换为特定字形的汉字并输出到输出设备上的编码方式。字模码是主要的汉字输出编码，字模码是用点阵表示的汉字字形代码。根据汉字输出的要求不同，点阵的多少也不同，如图3.2.2所示。字模点阵的信息量很大，所占存储空间也很大。因此字模点阵只能用来构成汉字库，而不能用于机内存储。字库中存储了每个汉字的点阵代码，当显示输出或打印输出时才检索字库，输出字模点阵，得到字形。汉字的输入编码、汉字内码、字模码是计算机中用于输入、内部处理、输出三种不同用途的编码，不能混为一谈。

3.2.2　数字文本的获取

数字文本信息的采集一般通过有输入法输入、语言翻译软件转换、通过扫描仪扫描(数码相机拍摄)成图像识别，如图3.2.3所示。

(1) 输入法输入。随着输入法的升级，汉字输入向快速、简捷的方向发展，比如现在语音输入法、手写输入法就是很好用的输入方法。语音输入法和手写输入法由于输入和识别需要一定缓冲时间，输入速度还不是很高。用键盘输入法输入文字大家都很熟悉，也就是打字，这里不再赘述。

(2) 翻译软件转换。随着世界语言翻译软件的发展，各种文字信息可实现相互的翻译转换，其他语种的文字通过翻译软件转换也可以获取汉字信息。比如英语版的小说《红与黑》可以使用翻译软件翻译成汉语，但是软件翻译不会针对语境和用语习惯做智能化处理，翻译可能出现一些偏差，需要重新对文本校对和编辑。

(3) 图像识别文字。通过识别软件来获取文字信息，也是文字获得的一个重要形式。首先要找到原文字信息的印刷材料，最好是纸张质地好，字体清晰的印刷材料。然后把材料放到扫描仪上，要扫描的那一面要朝扫描仪的光探头，如图3.2.4所示。

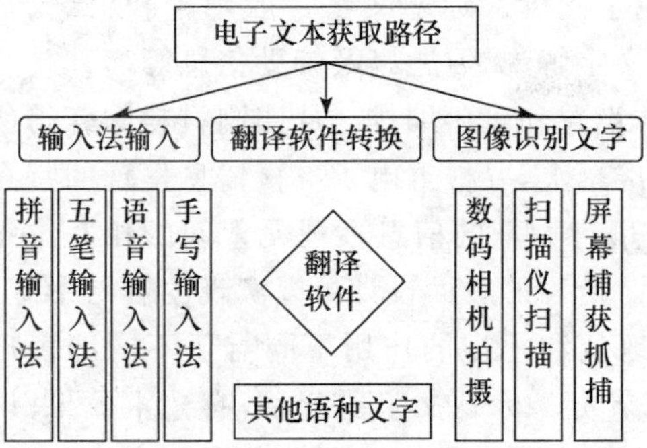

图 3.2.3　电子文本获取途径示意图

图 3.2.4　扫描书本

接着设定扫描的范围和参数，启动扫描程序扫描，最后保存扫描的图像。如果没有扫描仪，可以使用数码照相机的文字模式拍摄，拍摄时要固定照相机，防止抖动，避免拍摄的画面模糊不清。对于在电脑屏幕上呈现但不能下载、复制的文字可以使用抓屏软件或者使用Prt Scn抓屏键直接抓屏，再启动Photoshop软件新建文件然后粘贴保存。接下来开始启动OCR(Optical Character Recognition)软件即文字识别软件，OCR软件有“尚书OCR”、“汉王OCR”和“紫光OCR”等几种。如图3.2.5所示，用尚书七号软件打开图像文件，选择识别区域和参数启动识别。识别的文字一般出错率较高，一定要校对信息。

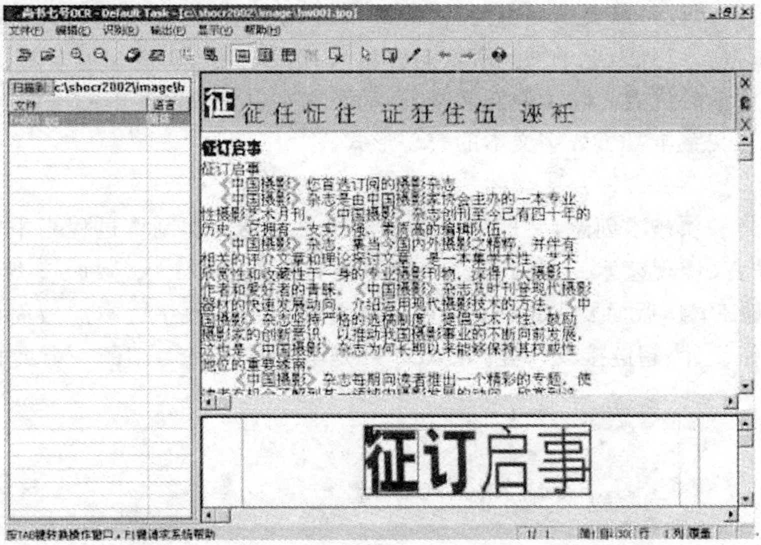

图 3.2.5　尚书识别文字

3.2.3　数字文本的编辑

不管是通过输入法输入的方式还是利用识别软件识别的方式获得的数字文本都是没有编辑的素材，一般不能直接应用到教学当中去，需要对文本进行编辑和美化处理。文字编辑是提高文本呈现效果的重要途径。常用的文字编辑软件有Windows记事本、Windows写字板、Word、WPS等。数字文本按照在屏幕上出现的位置和作用可以分为标题文字和说明文字。标题文字要求字体醒目、艺术效果好，而说明文字要求清晰、便于阅读。标题文字一般用于教材名、章节名、标题名等，说明文字用于课文、图形说明、图标名、文字解说、习题以及辅助信息等。

数字文本编辑包括演示内容写作、版面设计、字体设置和段落编排。从印刷材料中获得的文字是适合于印刷媒体表现特征的文字，不能全部搬到屏幕上，要根据电子屏幕信息呈现的特点进行二次创作。版面设计就是处理、协调有限的屏幕容量与大量的信息表现元素间的相互位置关系，以追求最好的信息传递效果和最佳的视觉表达力。恰当的版面设计可以实现内容与形式、主与此、实与虚、动与静的协调统一。字体由于所处的地位和承担的作用不同需要不同的表现形式，通过字体、色彩、风格、类型、大小的变化形成画面节奏。标题文字要醒目，有艺术效果；说明文字要美观大方，言简意赅；概念、定义等重点文字要使用与背景对比鲜明的颜色或特殊风格。段落的编排是形式美与内容美的和谐统一，排版包括版面分割，要素选择与定位两个方面。

1. 演示内容写作

印刷文本在电子化的过程中根据信息表现的特点和信息传播特征应进行二次创作，做好演示内容写作是数字文本编辑的关键一步。不同的信息展示载体对数字文本的要求不同，手机载体每次显示的文字数量有限，在创作的过程中要尽量控制篇幅。电子书应力争达到最佳的视觉效果和艺术效果。数字文本不等于印刷文本，如果数字文本和印刷文本一模一样，数字文本的优势就会得不到体现；相反，数字文本的弊端就会显现出来。纸质文本对阅读者使用的环境要求比较低，在合适的灯光下对阅读者视觉的伤害小，反复使用对资源的消耗少。数字文本的显示装置需要耗电，而且每次阅读都需要消耗电能，同等环境灯光下电子书对阅读者的视觉伤害较大，电子书没有电无法启动。当然，电子书具有信息容量大、携带方便、二次编辑方便、信息表现样式多等印刷文本无法比拟的优点。除了静态文本外，动态文本也是数字文本的重要表现形式，另外还有艺术字体和三维文字丰富了数字文本的表现形式。

2. 版面设计

版面设计既是一项艺术创意，又是一项技术操作。在设计和制作过程当中实现两者的完美结合，既传递知识，又展现艺术。版面设计一般要经历以下阶段：① 版面造型创意；② 版面分割；③ 版面要素加工；④ 版面要素定位；⑤ 版面调整与改进。数字文本的版面设计包括封面设计、目录设计、按钮设计、超链接设计等。图 3.2.6 是电子书《澜》62 期的一个页面。

图 3.2.6 《澜》电子书一页

从图3.2.6可以看出电子书将文字、图像、音频、视频有机结合在一起，突破了书籍只有文字和图像的局限性。从印刷书籍到电子书发展的过程可以看出媒体从单一的媒介向综合性媒介发展的趋势。电子书要摆脱传统书籍仅仅用文字表达的方式，以文字表达为主，其他信息表现形式为辅，多种方式综合呈现信息。

3. 字体设置

字体是文字的书写形式，不同字体具有不同的特点和应用场合。恰当选择字体，不仅会增强画面的艺术效果，还会提高信息接收者的认知效果。字体是在继承汉字的各种书写风格的基础上，进行统一整理、修改、装饰而成的书写形式，常用的字体类型有宋体、黑体、仿宋、楷体、隶书、幼圆等。字体通常分为静态字和动态字、平面字体和立体字体、普通字体和艺术字体等。字体设置包括字体选择，字号大小设置，字形设置，字间距调整，字宽调整。

设置字体应从文字内容和应用方式两个方面综合考虑，既要形象生动地体现文字表达的主题思想，又要符合特定应用场合的要求。字体、字形、字号及呈现方式的选用，要与正文的要求和屏幕显示的特点相匹配。例如，章、节标题及重点文字通常选用黑体或者加粗字体，正文一般用宋体或者楷体，菜单字体一般都是宋体，图形说明性字体大小要图形相适配。宋体是汲取古代印刷中的宋体和明刻书的精粹演变而来的，历史最为悠久，应用最为广泛。黑体的基本特征是笔画单纯，粗细一致。黑体的结构严谨，庄重有力，朴素大方，视觉效果强烈。仿宋体的字形秀美、挺拔，通常用于注解或者说明性的文字。楷书笔画富有弹性，点、横、竖、撇、捺笔锋柔和，接近于手写字体，亲切而且易读性好，常用于书籍、信函中。隶书是由篆书圆转婉通的笔演变成为方折的笔画，字形由修长变为扁方，上下收紧，左右舒展，运笔由缓慢变为短速，显示出生动活泼、风格多样的气息。隶书主要讲究的是蚕头燕尾，给人以厚实、丰盈、优美的感觉。

4. 段落编排

段落编排就是依据版面构图设计和版面风格创意合理安排整段文字在画面中的布局位置和所占空间的大小尺寸。段落编排的基本原则是整齐美观、简洁大方。数字文本在段落的编排上既要讲究画面信息传递的效率，还要追求优美的视觉艺术效果。中规中矩的段落安排激发不起阅读者的兴趣，过于花哨的构图会显得凌乱不堪。

段落编排的第一步就是调整关于段落与上下段落的间距。在处理到段落的时候，首先考虑的是段落与上下段落的关系，也就是段落间距问题。其次调整段落内部的间距。最后调整段落与页面左右边距的间距。默认段落的左边以页面左边距为界，右边则以页面右边距为界。但是段落在页面左右边距之间的位置同样可以修改。

3.2.4　数字文本输出与呈现

数字文本呈现的过程就是文本数据转换为电子信号的过程，需要经历数据译码、数模转换才能实现。不同设备支持的数字文本格式略有不同，在输出时要注意数字文本和呈现设备间的兼容性。经过采集、加工处理以及编辑的数字文本需要使用某种格式存储下来，常见的数字文本格式有txt、rtf、doc、pdf、kdh、caj、wps、epub等。

1. 常见数字文本格式

txt是纯文本格式，也是最先出现的数字文本格式。txt是包含极少格式信息的文字文件的扩展名。txt格式并没有明确的定义，它通常是指那些能够被系统终端或者简单的文本编辑器接受的格式。任何能读取文字的程序都能读取带有 txt 扩展名的文件，因此，通常认为这种文件是通用的、跨平台的。rtf 也称富文本格式(Rich Text Format，简称 RTF)，是由微软公司开发的跨平台文档格式。以纯文本描述内容，能够保存各种格式信息，可以用写字板、Word 等创建。大多数的文字处理软件都能读取和保存成 rtf 格式的文档。doc 和 wps 格式是文字处理软件微软 Word 和金山 WPS 所产生的文档格式。pdf、caj、kdh 是数字文本阅读软件支持的文件格式。epub 是一个自由的开放标准，属于一种可以“自动重新编排”的内容，也就是文字内容可以根据阅读设备的特性，以最适于阅读的方式显示。

2. 输出设备兼容格式

数字文本输出会生成特定格式的文档，数字文本输出时要考虑数字文本的去向。一般要注意文本格式与硬件设备间的兼容性、通用性。纯文本格式文件兼容的软件很多，但是输出、呈现的效果过于简单，epub 是一个自动重排文档格式的系统，但是目前支持的软硬件不多。数字文本既可以在电脑、笔记本、掌上电脑呈现，也可以在具有微型液晶显示装置的手机、MP4、数码相机等上呈现。电子书是数字文本输出、呈现的主要硬件设备。

3.2.5 电子书的制作

1. 电子书

电子书是利用计算机技术将一定的文字、图片、声音、影像等信息，通过数码方式记录在以光、电、磁为介质的设备中，借助于特定的设备来实现信息的读取、复制、传输等功能的阅读器，如图 3.2.7 所示。

通常说的电子书包括硬件和软件两个方面：硬件是指数字化的电子阅读设备，如汉王电子书、苹果的 iPad、韩国品牌 mobiBLU 等。软件是指通过电子书制作软件产生的特定格式数字化图书文件和阅读电子书的软件，如 Adobe 公司的 Acrobat Reader，Glassbook 公司的 Glassbook，微软的 Microsoft Reader，超星公司的 SSReader 等。目前很多流行移动设备都具有电子书功能，和传统印刷书比较，电子书具有以下特点：获取与携带方便，信息容量大，易于检索，便于互动，超级链接使得资源不断拓展，信息呈现手段多样化，信息的更新速度快，并能实现个性化定制。

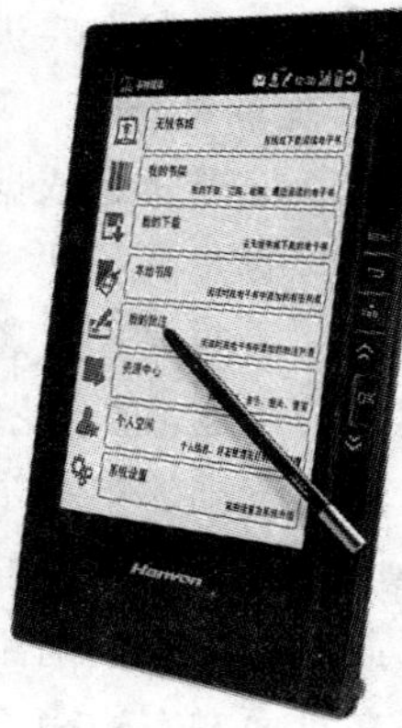

图 3.2.7 电子书

2. 电子书制作

电子杂志、电子书制作软件 iebook 超级精灵是全球第一家融入互联网终端、手机移动终端和数字电视终端三维整合传播体系的专业电子杂志(商刊、画册)制作推广系统。iebook 软件集电子书发行、派送、自动下载、分类、阅读、信息反馈等功能于一身，以影音互动的全新表现形式和广泛的硬件兼容性备受青睐。下面以《历史文化名城——天水》电子书制作为例，给大家介绍iebook 超级精灵软件的应用技巧。

案例 3.2.1　电子书《历史文化名城——天水》

图 3.2.8 所示的为电子书《历史文化名城——天水》的一页。电子书虽然表现的方式有所变化但仍然保留了印刷书籍的基本形式，如封面、目录、封底、中折、翻页等。所不同的是电子书克服了印刷书籍只用文字、图像作为主要表现方式的束缚，可以使用声音、动画、视频、图像等方式表现信息。除此以外，电子书还添加了控制按钮和交互按钮，丰富了电子书的视觉表达效果，加强了作者和读者间的信息交流与互动。电子书展现出了印刷书籍无法比拟的效果。电子书制作成本低，存储和传输便捷，越来越受年轻人的喜爱。

图 3.2.8　《历史文化名城——天水》电子书一页

【步骤 1】下载、安装 iebook 软件后，从"开始\所有程序\iebook\iebook 超级精灵 2011"启动软件，如图 3.2.9 所示。选择"电子杂志(商刊)制作"选项卡，就会列出三组选项列表，分别是：打开最近项目、创建新项目、从模板创建。打开最近项目是指打开最近编辑的项目文件，从模板创建是指利用软件原先制作好的模板创建一个电子书项目文件，只要修改模版中的内容就可以实现电子书的制作，是初学者快速制作电子书的最佳选择。创建新项目列表中列出了创建新的电子书的大小，是由水平和垂直方向像素的乘积来表示，可以通过"自定义 iebook 尺寸"选项自定义尺寸，此案例选择"800 * 600"。

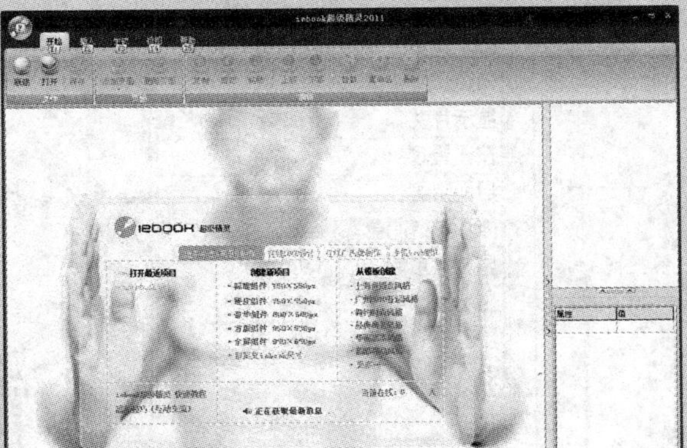

图 3.2.9　iebook 软件初始界面

【步骤 2】选择设置“封面”、“封底”和“标准组件”。如图 3.2.10 所示，该图是 iebook 超级精灵 2011 的电子书编辑界面，该软件界面包括标题栏、菜单栏、工具栏、窗口栏、组件栏以及属性栏。

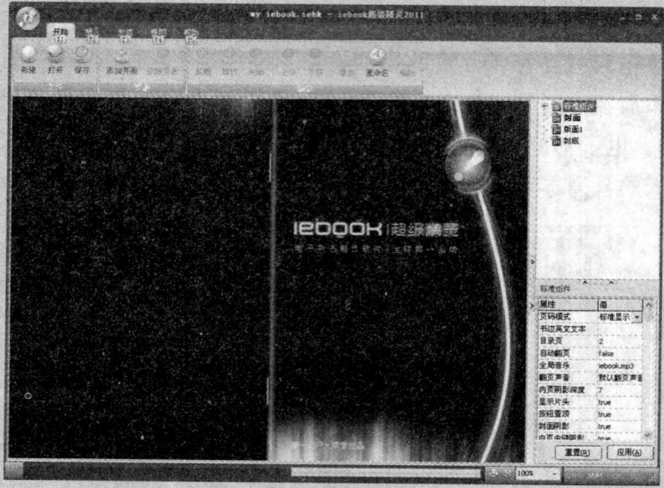

图 3.2.10　iebook 软件主界面

选择“开始”菜单会在工具栏中出现“保存”按钮，弹出“另存为”对话框，选择保存路径，系统默认的文件名为 my iebook. iebk，可以改变文件名，选择“保存”按钮保存。如图 3.2.11 所示，在组件列表中会看到“标准组件”、“封面”、“版面 1”、“封底”。

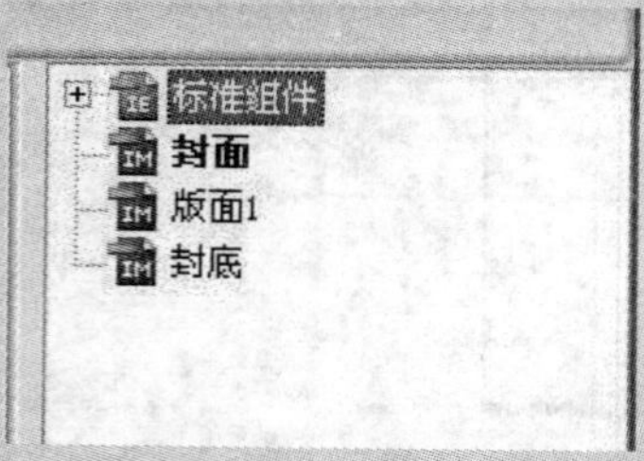

图 3.2.11　标准组件

图 3.2.12　标准组件属性栏

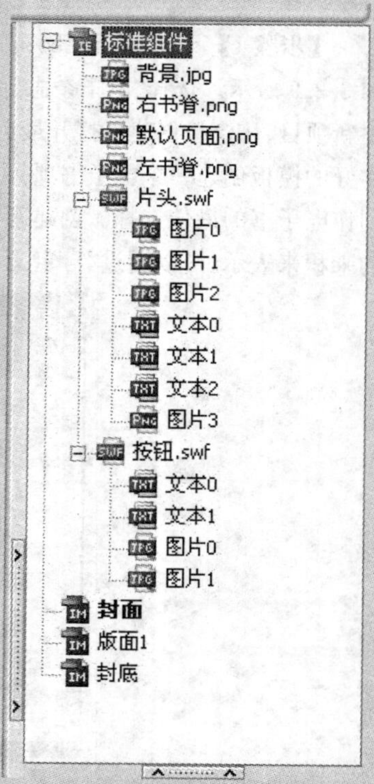

图 3.2.13　标准组件展开图

选择“标准组件”属性栏会显示出如图 3.2.12 所示的属性以及相应属性的默认值。保持属性默认值不变，将全局音乐从默认的“iebook.mp3”设置为预先下载存储的“thrt.mp3”。鼠标双击打开标准组件前的“+”，展开标准组件组件列表，如图 3.2.13 所示。双击“背景.jpg”选择工具栏“更改图片”按钮更改背景图片。调整图片有效选区，然后选择“裁切”按钮，并选择“着色/杏黄”工具，再次调整红(R)236、绿(G)106、蓝(B)45。双击“封面”和“封底”分别更改封面和封底背景图片。最终效果如图 3.2.14 所示。

图 3.2.14　《历史文化名城——天水》电子书封面

【步骤 3】添加页面和图文。选择“添加页面”工具组件列表出现“版面 1”，并将其改名为“陇上江南”，双击“陇上江南”版面，选择“插入”菜单。选择“图文”工具，并选择“三张展示”。选择“文字模板”工具在打开的列表中选择“标题\标题文字 01”，如图 3.2.15 所示。

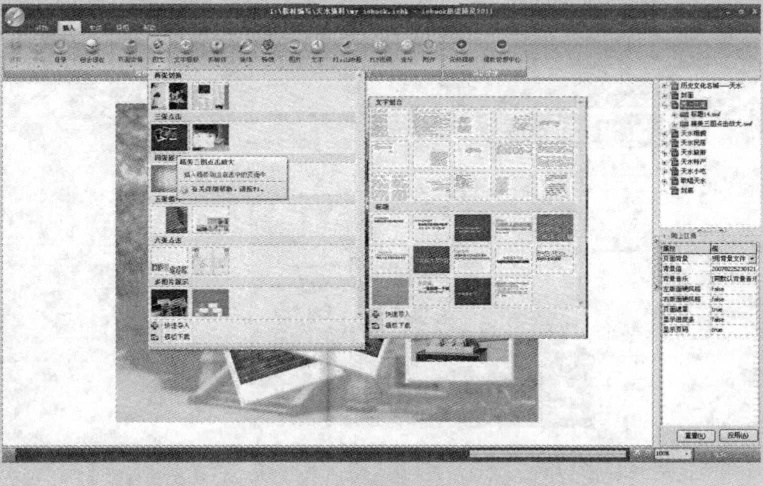

图 3.2.15　“图文”工具“三张展示”

【步骤 4】改变页面文本和图片的值。双击“陇上江南”页面下的标题 1. swf 前的“+”，双击“文本 0”和“文本 1”分别将其更改为“陇上江南”和“历史文化名城——天水”，设置字体、颜色、字体样式，如图 3.2.16 所示。双击“精美三图点击放大. swf”前的“+”号，双击“图片 1”、“图片 2”、“图片 3”，使用“更改图片”工具分别更改为预先下载的图片，裁切大小，调整位置。更改“文本 3”、“文本 4”、“文本 5”为相应的说明性文字，调整大小和颜色，如图 3.2.17 所示。

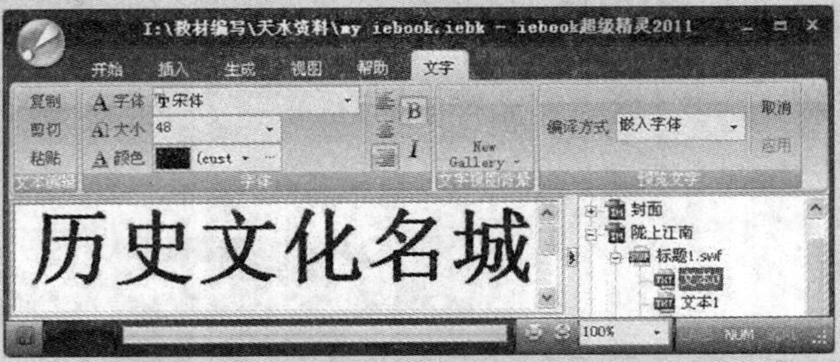

图 3.2.16 “文字”工具属性设置

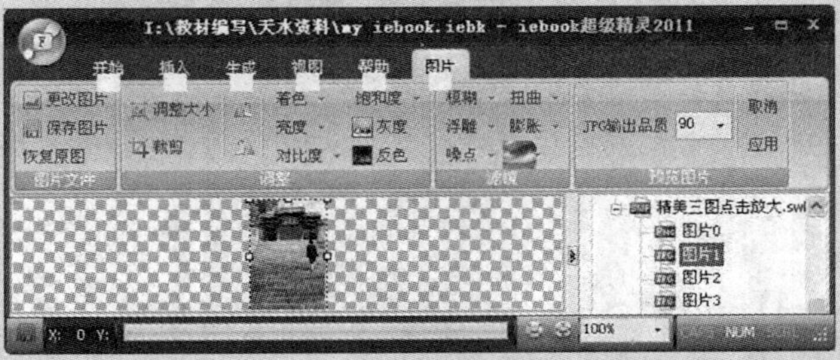

图 3.2.17 “图片”工具属性设置

【步骤 5】依次插入页面“天水概貌”、“天水民居”、“天水旅游”、“天水小吃”页面，选择不同的“图文”和“文字模板”中的项目，设置这个页面文字、图片，调整大小和位置。

【步骤 6】从“开始”菜单下的“添加页面”选项中插入页面“版面 6”，并重新命名为“天水小吃”。选择“文字模板”插入“标题文字 11”，修改“文本 0”和“文本 1”的值。从“插入”菜单下的“图片”工具中一次插入图片，调整大小和位置。选择“音乐”插入音频文件，选择“特效”插入“水珠”效果，如图 3.2.18 所示。

图 3.2.18 “特效”工具属性设置

【步骤 7】从“开始”菜单“添加页面”项添加页面“版面 7”并将其改名为“歌唱天水”，选择“插入”菜单下的“FLV 视频”在打开对话框中选择“thrt2. flv”，勾选“将选择的文件分别添加到新建页面中”选框，单击“打开”按钮，如图 3.2.19 所示。

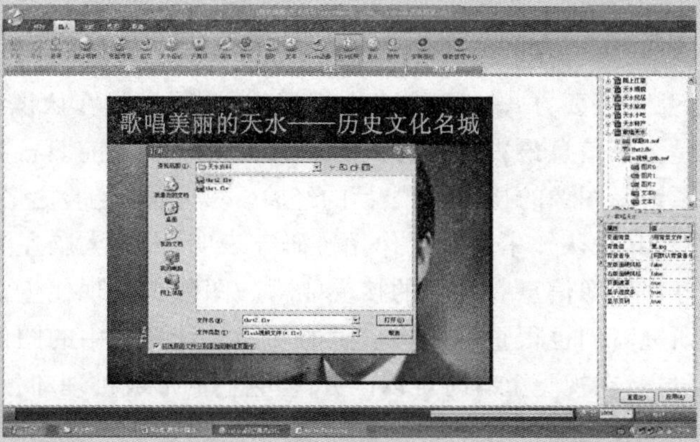

图 3.2.19　“FLV 视频”工具属性设置

【步骤 8】插入目录。在“插入”菜单“目录”选项中插入“目录 1”，并修改图片和文字，插入标题，修改字体、调整大小，如图 3.2.20 所示。

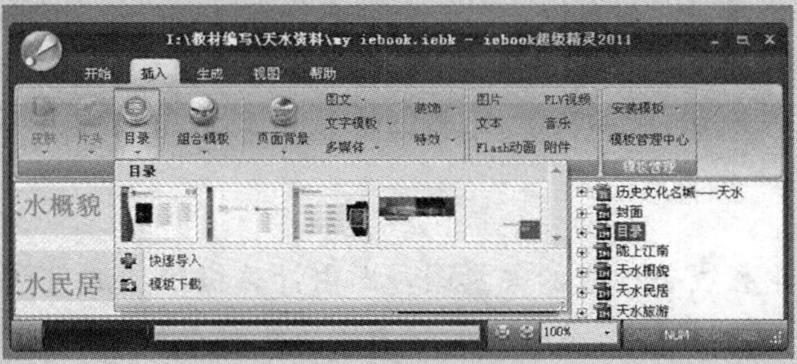

图 3.2.20　“插入”工具目录设置

【步骤 9】设置版权和生成. exe 可执行文件。选择“生成”菜单下的“杂志设置”设置“杂志选项”和“版权信息”，如图 3.2.21 所示。最后选择“生成 EXE 杂志”生成电子书。

图 3.2.21　“生成”工具生成设置对话框

3.3 数字图像

3.3.1 数字图像

视觉是人们获取信息的主要方式。“百闻不如一见”说明了视觉在认识事物中的主导作用。远古就有了绘画，图像也是记录信息最古老的方式。从大约两万多年前旧石器时代法国的拉斯科岩洞岩画开始，人类就有了记录图像的技术，即“看”的经验。戴尔的“经验之塔”理论也揭示了视觉信息的半抽象半具体特性及其在认知中的重要作用。研究表明，人的大脑左半球对语言信息有较强的接受能力，大脑右半球对图像信息有较强的接受能力。图像也是现代生活中必不可少的信息表达方式，现代有效教学研究者们也很重视图像信息的功能。计算机中的图像从处理方式上可以分为位图和矢量图两种。虽然在视觉上有时难以区分，但它们的形成机理却各不相同。

1. 图像(位图)

图像是用像素点的形式来描述事物影像的方式。它把一幅图像分成若干个像素点，用数据描述任意像素点、亮度和颜色，如图 3.3.1 所示。这种方式记录的信息文件存储量较大，为了减少所占存储体积一般需要对数据进行压缩处理。经过压缩的图像在缩放过程中会损失细节或产生锯齿。在显示方面，图像是将对象以一定的分辨率分辨以后将每个点的色彩信息以数字化方式呈现，可直接快速在屏幕上显示。分辨率和灰度是影响位图显示的主要参数。图像适用于表现含有大量细节(如明暗变化、场景复杂、轮廓色彩丰富)的对象，如：风景照、肖像照、高质量绘图等。

2. 图形(矢量图)

图形是指由外部轮廓线条构成的矢量图。即由计算机绘制的直线、圆、矩形、曲线、图表等。如图 3.3.2 所示，矢量图一般是由简单线条构成轮廓，内部填充简单的颜色形成。图形是用一组指令集合来描述其内容，如描述构成该图的各种图元位置维数、形状等，描述对象可任意缩放不会失真。在显示方面图形使用专门软件将描述图形的指令转换成屏幕上的形状和颜色。图形适用于描述轮廓不是很复杂，色彩不是很丰富的对象，如：几何图形、工程图纸、CAD、3D 造型软件等。

图 3.3.1 位图

图 3.3.2 矢量图

3. 图形与图像的区别

在计算机科学中，图形和图像这两个概念是有区别的。图形一般指用计算机绘制的画面，如直线、圆、圆弧、任意曲线和图表等；图像是指由输入设备捕捉的实际场景画面或以数字化形式存储的任意画面。图像是由一些排列的像素组成的，在计算机中的存储格式有 BMP、JPG、PCX、TIF、GIF 等，一般数据量比较大。它除了可以表达真实的照片外，也可以表现复杂绘画的某些细节，并具有灵活和富有创造力等特点。

与图像不同，图形文件中只记录生成图的算法和图上的某些特点。在计算机还原时，相邻的特点之间用特定的很多段小直线连接就形成曲线，若曲线是一条封闭的图形，也可靠着色算法来填充颜色。它最大的优点就是容易进行移动、压缩、旋转和扭曲等变换，主要用于表示线框型的图画、工程制图、美术字等。常用的矢量图形文件有 3DS(用于 3D 造型)、DXF(用于 CAD)、WNF(用于桌面出版)等。图形只保存算法和特征点，所以相对于图像(位图)的大量数据来说，它占用的存储空间也较小。但由于每次屏幕显示时都需要重新计算，故显示速度没有图像快。另外，在打印输出和放大时，图形的质量较高而点阵图(像素图像)常会发生失真。

3.3.2　数字图像采集

数字影像离不开数字影像系统，完整的数字影像系统包括数字影像的采集、加工处理、存储、呈现、传播、应用等几个方面。数字影像技术是指在数字影像采集、加工处理、存储、呈现、传播、应用的过程中所贯穿的思想理念和加工技巧的总和。

绘画是人类获得自然界事物影像最古老的方式，绘画从古到今经久不衰。除此之外获得影像的方法就是摄影。现在数字化图像信息的采集基本上通过以下几种方式：电子绘画、计算机图形程序编写、扫描仪扫描、数字影像设备捕获、数字照相机拍摄。电子绘画是用 Windows 画图、Photoshop、Freehand、Coreldraw、金山画王等软件的各种工具创作图像。

1. 扫描仪扫描图像

扫描仪是一种计算机外部仪器设备，是通过捕获图像并将之转换成计算机可以显示、编辑、储存和输出的数字化输入设备。对照片、文本页面、图纸、美术图画、照相底片、菲林软片，甚至纺织品、标牌面板、印制板样品等三维对象都可作为扫描对象，提取和将原始的线条、图形、文字、照片、平面实物转换成可以编辑及加入文件中的装置。具体使用步骤如下：

(1) 连接电脑和扫描仪。把扫描仪的电源线连到电源插线板，把扫描仪数据和电脑相连，一般 USB 连接，如图 3.3.3 所示。

(2) 启动扫描软件，设置扫描参数。启动扫描软件，在扫描仪上放好照片，通过预览设置扫描尺寸。同时设置输出图片类型、分辨率、扫描类型。

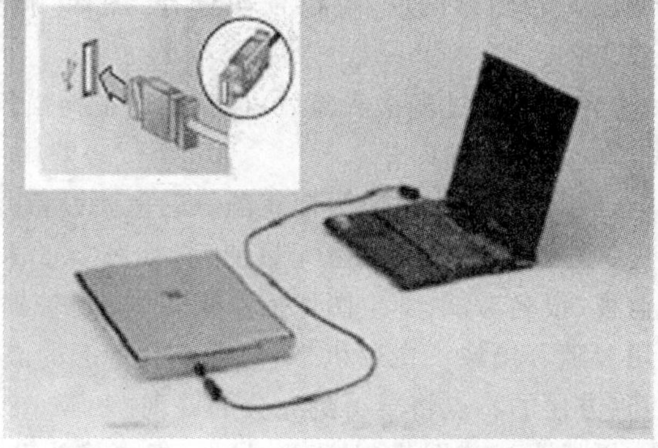

图 3.3.3　扫描仪与电脑连接示意图

(3) 选择扫描区域,执行扫描操作。调整扫描范围的八个正方形,选择好要扫描的范围,然后启动扫描,如图 3.3.4 所示。

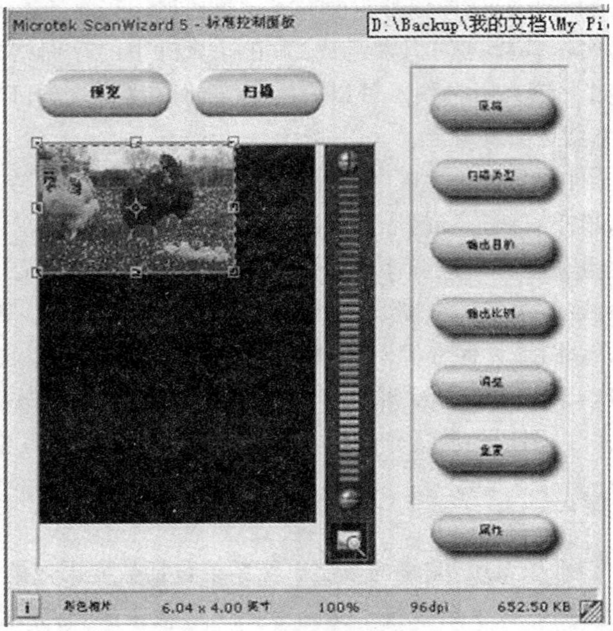

图 3.3.4 扫描预览

(4) 通过软件调整图像、保存文件。几乎所有的扫描仪都不同程度地存在四个方面的问题:整体反差失真、图像偏色、图像出现网纹(网点)、焦距不准。尽管很多扫描仪通过提供硬件或软件、在驱动程序中设置滤镜等方式来尽可能地抵消这些不利因素的影响,但为了获得最佳效果,扫描图像的后期处理必不可少。为了调整整体反差失真,可依次选择"图像/调整/色阶",在所弹出的窗口中,调节左、右两个小三角形的位置,并通过预览窗口观看调节后的效果,直到满意为止。通常是将两个小三角形向中间移动,这样经过多次扫描不同图片,反复调节,就能把该扫描仪图像的整体反差失真程度"量化",即确定左、右两个小三角形的移动方向和幅度。若图像偏色,可以依次选择"图像/调整/变化",在弹出的窗口中选择最接近原图片的效果图。

同样地,经过多次实验后,也就知道了扫描仪的偏色程度。

2. 摄像头捕获图像

近年来摄像头也成为捕获图像的重要设备,而且摄像头在图像信息采集,监视、监控、侦查等领域也大量使用,如图 3.3.5。摄像头在教育领域内的远程监视、报名考试、学生图像信息采集、校园基础设施维护等方面发挥着重要作用。随着摄像头在手机、笔记本等设备上的嵌入和 3G 通信的结合,摄像头小巧、方便的特点将会得到充分的展现。

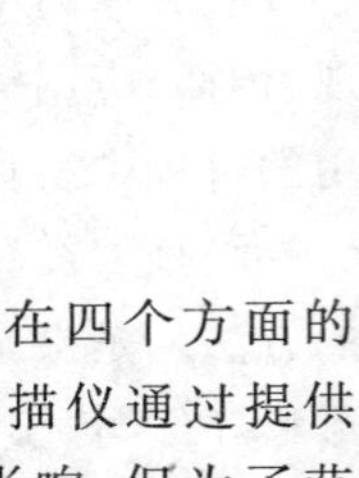

图 3.3.5 摄像头

摄像头捕获图像很方便,首先,把摄像头和电脑相连,一般用 USB 线连接,无需另外再接电源线。然后安装摄像头附带的驱动程序,安装完毕就可以在“我的电脑”里找到一个照相机图标“USB视频设备”，双击就可以看到图像了。如图3.3.6，点击左边照相机任务下面的“拍照”，就可以采集到所看到的图像了。摄像头价格低廉、携带方便、使用灵巧的优点使其成为最普遍的图像采集设备。现在又出现了红外摄像头、无线摄像头等产品，这些摄像头在好多领域都有所应用。随着CCD体积、性能的提高和价格的降低，摄像头有着广阔的前景。

图3.3.6　摄像头捕获图像

3. 数码照相机拍摄

数码摄影是指使用数字成像元件(CCD，CMOS)替代传统胶片来记录影像的技术。配备数字成像元件的相机统称为数码相机，如图3.3.7所示。对于数码摄影来说，光学影像的捕获依然运用透镜成像原理，但CCD将投射其上的光学影像转换为可被记录在存储介质(CF卡，SD卡)中的数字信息。其成像可被生成标准的位图图像格式，并借助如Photoshop等位图图像修描软件进行各种修改，并经由数字冲印或打印机输出为实物照片，还可用显示器、投影机、电子相册等展示工具直接展示，也可以直接转换为各种适用的格式用于网络发布或电子邮件传送。

图3.3.7　数码相机

(1) 影响数码摄影影像清晰度的因素。影响数码摄影影像清晰度的因素主要有对焦、曝光量、感光度、景深、光线与拍摄姿势。

① 对焦。任何距离的景物要清晰成像，都必须对焦。一般相机的对焦都是自动完成的，在半按快门时自动完成，并用颜色或声音给予提示。在光线比较暗或反差小时对焦很慢，甚至对不上焦，这时就需要对焦辅助灯(一般都自带，自动开启)或手动对焦(高级相机有手动功能)。对焦的模式一般有三种可选(多点对焦，中心对焦，点对焦)。多点对焦一般不建议用，虽说对焦快，可

是容易跑焦。一般常用中心对焦，把中心对焦框对准想要照的景物，半按快门，等有对焦成功提示后，手不要松，移动相机角度到想要的画面，再全部按下快门拍照，就可以了。注意不要前后移动，改变距离，否则就要重新对焦。点对焦更精确，主要是在景深很小，微距拍摄时用。有的相机还可以移动对焦点位置，在构图完成后，不能移动相机的情况下，可以把对焦点移动到自己需要的地方。

② 曝光量。对任一场景相机都会自动给出一个合适的曝光量（一定感光度下），曝光量是由光圈和快门决定的。比如光圈 f8 快门 1/200 秒的曝光，和光圈 f11 快门 1/100 秒的曝光量是一样的。打个比方，曝光量就好比用水桶接水。感光度高就像用小桶接水，容水量小。相同光圈下，快门肯定提高不少。低感光度就像用大桶接水，容水量大。相同光圈下，快门肯定较慢，不过画面质量要比高感光度好。光圈就相当于流水量的大小，快门就是流水的时间。流量大可以短时间接满水，流量小需要的时间长。光圈的值是镜头口径和光圈大小的比值(1.2,1.8,2.0,2.8,5.6,8.0,11,16…)，如图3.3.8 所示。数字越大，光圈越小，通光量越小，就需要较长时间的快门。数字越小，通光量越大，快门就可以更短。光圈不光是控制通光量的大小，还影响照片的效果，主要是景深。

③ 感光度。感光度是胶卷对光线的敏感程度。数码相机的感光度是通过调整感光器件的灵敏度或者合并感光点来实现的，也就是说是通过提升感光器件的光线敏感度或者合并几个相邻的感光点来达到提升感光度的目的，我国常用 ISO(International Standards Organization)作为标记单位，低感光度指 ISO 50，中感光度指 ISO 100～ISO 200，高感光度为 ISO 400 以上。图 3.3.9 是相同曝光量参数设置下用不同的感光度拍摄的同一幅图像。感光度过低画面曝光不足，画面显得阴晦；感光度过高画面曝光过度，画面则泛白无层次感。

尽管数码相机不用胶卷，但是却配备了与此相似的机能，也能够改变它的 ISO 感光度（有的机种 ISO 感光度设定不能改变，请自行在数码相机的说明书上确认）。这样在使用时，当想让拍摄效果更好的时候，可把 ISO 设置为 100，而在光线不足时可将 ISO 设置为 400。

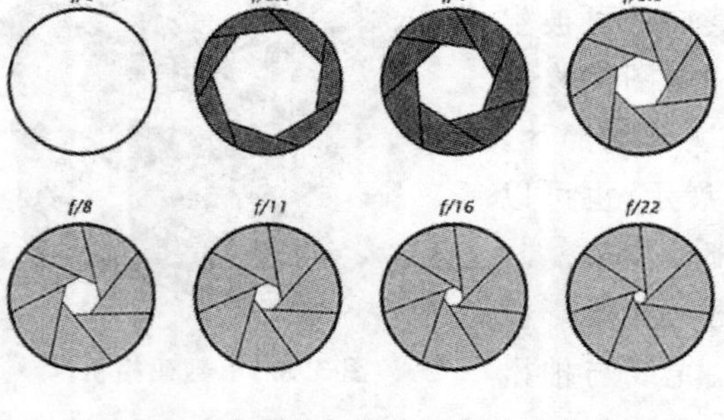

图 3.3.8　光圈值与通光口径大小示意图

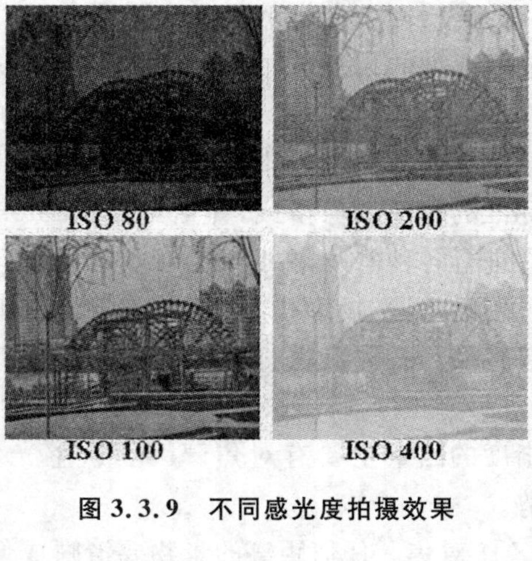

图 3.3.9　不同感光度拍摄效果

④ 景深。景深是指焦点前后的清晰范围。如图 3.3.10 所示，四个玩偶纵向排列，把焦点对在第一个玩偶上，小景深（大光圈，数字小）只能使第一个玩偶清晰，从第二个玩偶开始便变得模糊。要获得较大景深就需要使用小光圈（数字大），才能让四个玩偶都清晰。

图 3.3.10　景深

图 3.3.11　抖动拍摄效果

⑤ 光线与拍摄姿势。拍摄时光线的强弱、拍摄姿势、拍摄机位等也会影响影像的清晰度。在光线很充裕的情况下拍出来的景物还算清晰，但是光线稍暗时拍摄就很模糊，会出现很多雪花点。运用的快门速度越慢，相机的无意识震动的可能性就越大。不稳定的拍摄姿势会晃动，在快门速度较慢的情况下拍摄的物体就模糊不清，如图 3.3.11 所示。大多数人在用 1/60 秒的快门速度时能把相机拿稳。用比 1/60 秒慢的快门速度时就容易导致震动，尤其是低于 1/8 就更不易拿稳。由于相机晃动，拍摄的影像就不清晰了。要想拍好照片，特别是拍出不受抖动影响的照片，姿势非常重要。采取膝盖弯曲的方法缓冲身体晃动，利用蹲式拍摄可以减少身体晃动幅度。用身体或稳定的物体作支撑也可以提高拍摄的稳定性。操作快门时要屏住呼吸，动作轻巧利落，减少因压快门产生的晃动。

(2) 数码摄影创意与构图。摄影是一项高级的技术实践活动，也是一次艺术创作活动，是精神、技术、艺术三者的有机融合。数码拍摄创意有拍摄创意和制作创意两个阶段。前期创意是拍摄者根据表现主题通过造型、用光、构图、使用特殊附件等手段，充分利用摄影器材的技术特性展现拍摄者追求的精神主旨，一幅摄影作品是拍摄者思想和智慧的结晶。拍摄者在日常生活中积累的经验和灵感通过影像给我们展现了一个梦幻的世界。下面是两幅摄影作品：图 3.3.12a“触电系列图片”是一幅后期制作的创意作品；图 3.3.12b 是刘广辉 1989 年的作品“来自后台的歌声”，它是一幅经典的前期拍摄创意作品。

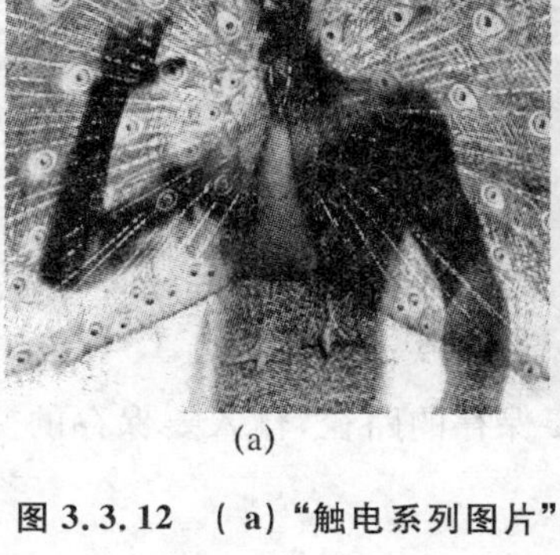

(a)

(b)

图 3.3.12　(a)“触电系列图片”图片；(b)“来自后台的歌声”摄影作品

不管是何种摄影器材，拍摄的影像是有尺寸范围的。构图就是合理取舍拍摄的对象，巧妙安排画面上这些对象的位置，选择恰当的拍摄机位。艺术源于生活，拍摄的画面要满足人们审美的要求。把握点、线、面、立体空间之间的关系，合理经营，恰当布局。既要使得画面简洁、均衡，又要使得画面有视觉冲击力和意韵。

4. 屏幕抓图

在浏览网页或者观看视频时我们经常会碰到精美的画面和难忘的视频片段，想把其中的画面保存下来就需要抓取屏幕图像。抓取屏幕图像可以直接按键盘上的 Prt Scr(PrintScreen)键抓取非视频屏幕图像，同时按下 Alt 组合键只抓取当前窗口。要抓取视频中的图像或者某个特定区域(对象)图像就需要使用屏幕抓图软件。屏幕抓图软件很多，SnagIt、红蜻蜓抓图精灵、超级屏捕、HyperSnap 都是不错的抓屏软件。此处以 SnagIt 为例进行屏幕抓图的讲解。SnagIt 的主要功能包括图像的任意区域截取、文本抓取、影片中的影像抓取；同时它还可以对抓取后的图片进行编辑和特效处理。如图 3.3.13 所示的为 SnagIt 的工作界面，具体操作步骤有以下几步：

图 3.3.13 SnagIt 软件图像捕获界面

(1) 单击工具栏中的“图像捕获”按钮，选择捕获图像。

(2) 选择“输出”菜单中的“文件”命令，将捕获的图像保存成一个图像文件。

(3) 选择“输入”菜单中的“屏幕”选项，将屏幕上所有的图像捕获。也可以在“输入”菜单下选择抓图范围，如在“输入”的下拉菜单中选定“区域”，进行局部抓图。

(4) 单击工具栏上的“捕获”或按下组合键“Ctrl＋Shift＋P”，这时屏幕上将出现一个手的形状，手上拿着一个十字坐标。

(5) 用鼠标的左键点住然后拖动它，再把选好的区域框住以后松开鼠标，图形就被抓取下来。

(6) 单击“√”，在弹出的保存对话框中，选择要保存的路径，输入要保存的文件名，即可将捕捉的图像保存成一个文件。

3.3.3 数字图像的加工与处理

1. 数字图像加工技法多

数字技术革命为影像创作者提供了广阔的创作空间。数码摄影十分灵活，可以拍摄出更有创意的图片素材。数码影像处理工具能充分发掘创作者的灵感，能够创作出更加迷人的图像。使用 Adobe Photoshop 这样功能强大的图像编辑软件，就能够随心所欲地对照片进行加工处理。比如“抠像技术”可以任意更换背景，将多个图像巧妙合成，甚至可以变换衣服和发型。

2. 数字图像加工环境好

数字影像技术是影像技术的全新变革，改变了传统胶片拍摄暗房冲洗的传统方式，它即拍即显、计算机软件加工处理的影像制作模式给创作者带来了更大创新空间。数码影像技术有着干净清洁的工作环境，液晶取景器可以直接看到拍摄的实际效果，计算机图像处理软件提供了多种多样的后期加工方法。后期制作可以完全脱离原像的种种限制，制作出超现实的作品。图3.3.14和图 3.3.15 两幅作品都是通过数字图像处理软件加工才完成的。

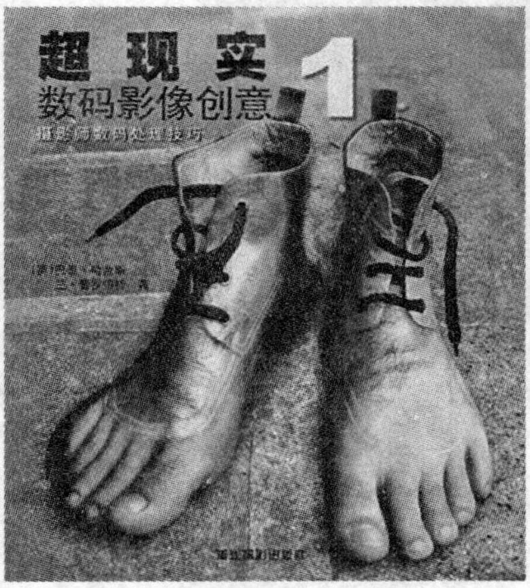

图 3.3.14 《超现实数码影像创意》封面

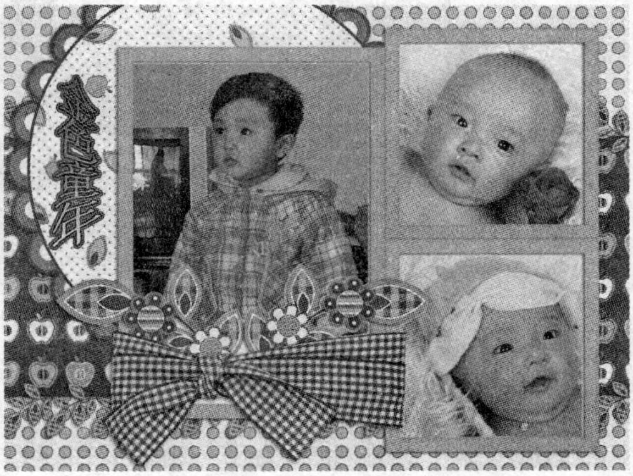

图 3.3.15 “金色童年”数码照片

3. 数字图像创意多

图像的加工和处理是二次创作活动。因此创意也就非常重要，一个好的创意可能给加工的图像带来质的变化。创意离不开丰富的想象和灵感。加工处理图像时要进一步明确图像表达的主题，在主题下选择素材、元素、技法。图像表现的主题依照源于生活又高于生活的思想，通过写实、夸张、幽默、讽刺、超现实等手法展现作品的精神追求。

3.3.4 图像处理软件 Photoshop

图像的加工处理离不开图像处理软件，它是影像加工的基础。图像加工处理的软件种类很多，总体上可分为简易型和专业型两大类。简易型就是操作方便加工简单，一般给人们提供好多模板，处理速度快。但是简易型软件的加工精度不是很高，绝大多数处理都类同。这样的软件有“我形我速”、PhotoDeluxe、Corel Paint Shop Pro X 等。专业型图像处理软件含有大量的工具、菜单、属性设置，界面复杂，功能强大，可进行高精度个性化的加工处理，代表软件有 Photoshop、Painter、Publisher、PhotoImpact、Fireworks 等。

Photoshop 在摄影、印刷、出版、美术、广告设计以及教育等领域广泛使用，被称为“图片梦工厂”。随着 Photoshop 软件版本的升级，该软件功能不断扩充，而且针对该软件的插件也逐渐增多，给图像加工处理提供无限技术空间，深受使用者喜爱。下面重点介绍 Photoshop 这个软件。

1. Photoshop 图像处理软件界面介绍

首先来认识一下 Photoshop 的界面组成，图 3.3.16 是 Photoshop 的一个典型的界面。为了方便识别，此图加上了标注。

图 3.3.16　Photoshop 图像处理软件主界面

顶部的区域是菜单栏，色彩调整之类的命令都存放在菜单栏中。

左侧区域为工具栏，也称为工具箱。修饰、绘图等工具在这里调用。

工具栏上方与菜单栏之间的区域为选项栏，主要用来显示工具栏中所选工具的一些选项。不同的工具出现的选项也不相同。

中间大块的区域是图像区，用来显示制作中的图像。

右侧区域称为面板区，用来安放制作需要的各种常用的调板。

底部区域为状态栏，其中显示着图像的缩放比例，内存的占用、目前所选工具的使用方法、处理的进度等。

除了菜单的位置不可变动外，界面内其余各部分都是可以自由移动的，可以根据自己的喜好安排界面。调板在移动过程中有自动对齐其他调板的功能，这可以让界面看上去比较整洁。界面右下角有缩放标志的调板是可伸缩调板，用鼠标拖动此处即可拉伸调板，一般可伸缩调板都有一个最小尺寸，不能无限缩小。双击面板的标题区可以折叠展开面板，也可以通过关闭工具关闭不用的面板。如果有一个圆形三角按钮，点击这个按钮后会出现相应的功能选项。如果有时调板的位置找不到，可能是因为更改屏幕分辨率等一些原因造成的，此时可通过【窗口/工作区＞复位调板位置】来将所有调板(包括工具栏)归位。

2. Photoshop 工具箱

(1) 选取工具 。用来执行选择操作的工具有选框工具、套索工具以及魔术棒等工具。选框工具共有四种,分别是矩形选框工具、椭圆选框工具、单行选框工具和单列选框工具。套索工具也是一种经常用到的制作选区的工具,可以用来制作折线轮廓的选区或者徒手绘画不规则的选区轮廓。套索工具共有三种,分别是套索工具、多边形套索工具、磁性套索工具,磁性套索工具是一种具有自动识别图像边缘功能的套索工具。魔棒工具可以制作一些轮廓复杂的选区,该工具可以把图像中连续或者不连续的颜色相近的区域作为选区的范围,以选择颜色相同或相近的色块。

(2) 裁切工具 。使用裁切工具可以对图像进行任意的裁减,重新设置图像的大小。

(3) 几何绘图及文字工具 。在 Photoshop 中,可以通过几何绘图工具方便地制作出各种各样的矢量图案。文字工具可以在图像中直接键入文本,并能够对文本进行直接编辑和操作。

(4) 笔刷工具 。笔刷工具是常用绘图和修图工具。在使用笔刷工具时只要指定一种前景色,设置好画笔的属性,然后用鼠标在图像上直接描绘即可。在笔刷工具选项栏中,我们可以选择 Photoshop 中自带的各种形状的画笔并对它们的各种属性进行设置。

(5) 仿制图章工具 、修复画笔工具 、历史画笔工具 。仿制图章工具可以依据选取点来绘制相同图像,可用 Alt 键来选取点。仿制图章工具的作用相当于"复印机",就是将图像中一个地方的像素原样搬到另外一个地方,使两个地方的内容一致。修复画笔工具包含修复画笔工具和修补工具,它们都是基于图章工具的派生工具,并弥补了图章工具的一些不足。历史记录画笔工具的好处是可以按操作者的想法去修饰,可以恢复部分细节,也可加深局部。

(6) 橡皮工具 、油漆桶工具 。橡皮工具用来擦除图像。油漆桶工具可以填充选取区域颜色。

(7) 模糊、锐化和涂抹工具 。模糊工具是一种通过笔刷绘制,使图像局部变得模糊的工具。锐化工具与模糊工具相反,它是一种可以让图像色彩变得锐利的工具,即增强像素间的反差,提高图像的对比度。涂抹工具好比人的手指,它可以模仿我们用手指在湿漉的图像中涂抹的操作,得到很有趣的变形效果。

(8) 加深、减淡和海绵工具 。这三个工具可以对图像的细节进行局部的修饰,使图像得到细腻的光影效果。减淡工具和加深工具用于改变图像的亮调与暗调细节,两者的作用刚好相反。海绵工具可以用来调整图像的色彩饱和度。通过提高或降低色彩的饱和度,可达到修正图像色彩偏差的效果。

(9) 辅助编辑工具 。辅助编辑工具有注解工具、吸管工具、抓手工具、缩放工具。注解工具可以加入注解说明。吸管工具可以拾取选取点的颜色。抓手工具可用来移动图像在屏幕上的位置。缩放工具可以放大或缩小图像区。

3.3.5 Photoshop 教学应用实例

1. 绘制按钮

在课件制作的过程中经常用到各种按钮，按钮的样式会提高画面的艺术效果，提高课件信息传递的效率。友好的交互界面中按钮的外观和样式显得尤为重要，下面就介绍几种样式按钮的制作方法。

案例 3.3.1 绘制椭圆按钮

【步骤 1】启动 Photoshop 软件，新建一个宽 200 像素、高 80 像素，颜色模式为“RGB 颜色”的文件。选择“椭圆工具/椭圆工具”，从左上角按下鼠标开始到右下角松开鼠标绘制一个椭圆，填充颜色为绿色，如图 3.3.17 所示。

图 3.3.17 绘制椭圆

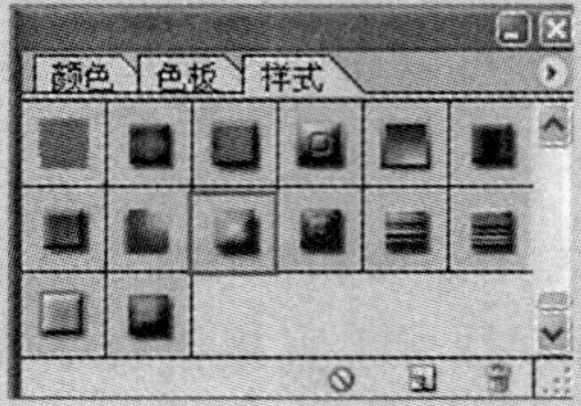

图 3.3.18 设置“样式”

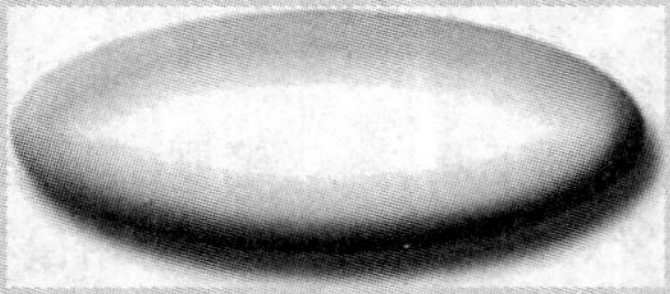

图 3.3.19 “星光”样式效果

【步骤 2】打开样式面板，如图 3.3.18 所示。选择样式面板中的“星光”选项，图像效果如图 3.3.19 所示。

【步骤 3】选择菜单“文件/存储为”在打开的对话框中选择文件格式为“JPEG”，保存路径和文件名任意设置，并按“保存”按钮，会弹出“JPEG”选项对话框，设置图像选项中的品质为“8”，并按下“好”按钮就会保存为 JPG 格式图像。

案例 3.3.2 绘制三层圆形按钮(金属镶嵌宝玉效果)

【步骤 1】新建一个宽 200 像素、高 200 像素，颜色模式为“RGB 颜色”的文件。选择“椭圆工具/椭圆工具”，按住 Shift 键绘制一个圆形，在样式面板中选择“铆钉”，双击该图层打开图层样式，取消颜色通道中的 B 选项，勾选“投影”、“内投影”、“斜面和浮雕”、“等高线”，按下“好”按钮，图像效果如图 3.3.20 所示。

【步骤 2】按住 Ctrl 键单击该图层，该图层被载入选取。选择菜单“选择/修改/收缩”收缩量为 22 像素，单击“好”按钮。在图层面板选择“新建图层”，在样式面板中选择“橙绿色玻璃”，图像效果如图 3.3.21 所示。

【步骤 3】选择文本工具，在选项栏中选择字体为幼圆、字体大小为 48 点，输入文本“确认”，在样式面板中设置为“蓝色按下状态”，调整文字，最终效果如图 3.3.22 所示。

图3.3.20　“铆钉”样式

图3.3.21　“橙绿色玻璃”样式

图3.3.22　蓝色按下状态样式

2. 图像编辑——制作课件封面

在课件制作中经常会遇到设计与制作课件封面，一个精美的课件封面会吸引学生的注意力从而激发学生学习的兴趣。下面就以设计制作小学三年级人教版《品德与社会》上册封面为例介绍一下利用Photoshop软件制作课件封面的步骤和方法，封面设计最终效果如下图3.3.23。

案例3.3.3　“品德与社会”封面设计与制作

图3.3.23　“品德与社会”课件封面

【步骤1】打开一幅背景图片，用涂抹工具抹除图片右下角文字，涂抹工具的参数为：画笔主直径55，硬度52%，强度58%，并复制该图层为“背景副本”。

【步骤2】将新建图层命名为“圆1”，选择“椭圆选框工具”，按住Shift键绘制直径为20.78的椭圆，并调整位置为右上角，并选择“编辑”菜单中的“描边”选项描边，描边“宽度”为10像素，颜色任意；最后选择“样式”中的选项，不断变换样式选择视觉效果好的样式；选中“背景副本”图层删除当前所选部分，如图3.3.24所示。

图 3.3.24 “步骤 2”最后效果图

【步骤 3】新建图层命名为“圆 2”，选择“椭圆选框工具”，按住 Shift 键绘制直径为 14.65 的椭圆，并调整位置为左下角，选择“编辑”菜单中的“描边”选项描边，描边“宽度”为 10 像素，颜色任意；最后选择“样式”中的选项，不断变换样式选择视觉效果好的样式；选中“背景副本”图层删除当前所选部分，如图 3.3.25。

【步骤 4】依次打开图片 1、图片 2、图片 3、图片 4，用“矩形选框工具”截取相应的部分，放到相应的位置并调整图层顺序，如图 3.3.26 所示。

【步骤 5】选择“直排文字工具”添加标题文字“品德与社会”，设置字号为 72 点，选择适当“样式”；然后选择“横排文字工具”添加“人教版三年级上册”，调整文字间距，最终效果如图 3.3.23。

图 3.3.25 “步骤 3”最后效果图

图 3.3.26　“步骤 4”最后效果图

3.4　数字音频

3.4.1　数字音频

听觉也是人们获得信息的重要方式。声波是在弹性媒质中传播的一种机械波，然而并非所有声波都能被人耳所感知，不同的人感知声音的能力也各不相同，听觉本身就是一个复杂的物理——生理——心理过程。听觉是由于发声音源的频谱特性和主体感受音频的生理机能共同决定的。

1. 声音的物理特性

声音本质上是一种机械振动，声音由物体振动引起，以波的形式在一定的介质（如固体、液体、气体）中进行传播。通常情况下它通过空气传播到人耳，刺激神经后使大脑产生一种感觉。在一些专业场合，声音通常被称为声波或音频。声音有乐音和噪音之分，乐音能烘托气氛、揭示主题、激发情感；噪声是由各种不同频率、不同强度的声音杂乱、无规律地组合而成，会让人烦躁。

声音有响度、音调、音色三种基本属性。响度（loudness）是指人主观上感觉声音的大小（俗称音量），由振幅（amplitude）决定，振幅越大响度越大（单位：分贝 dB）。音调（pitch）是指声音的高低（高音、低音），由频率（frequency）决定，频率越高音调越高（单位：赫兹 Hz），如女高音男低音。音色（music quality）是指声音的特性，由发声物体本身材料、结构决定。音色又称音品，由泛音多少决定，如管乐、弦乐、打击乐等。

2. 数字音频

数字音频是一种利用数字化手段对声音进行录制、存放、编辑、压缩以及播放的技术，它是随着数字信号处理技术、计算机技术、多媒体技术的发展而形成的一种全新的声音处理手段。从信号波形来看模拟音频是连续的波形，数字音频是离散的数字序列，如图 3.4.1 所示。相比而言，数字音频具有存储方便、存储成本低廉、存储和传输的过程中没有声音的失真、编辑和处理非常方便等特点。计算机只能处理数字化的信息,因此需要将以模拟信号表示的声音转化为以数字信号表示的声音。经过数字化处理(数模 A/D 转换)才能把连续的电流信号转化为有一定序列的离散数据0 和 1,播放的过程刚好相反,如图 3.4.2 所示。

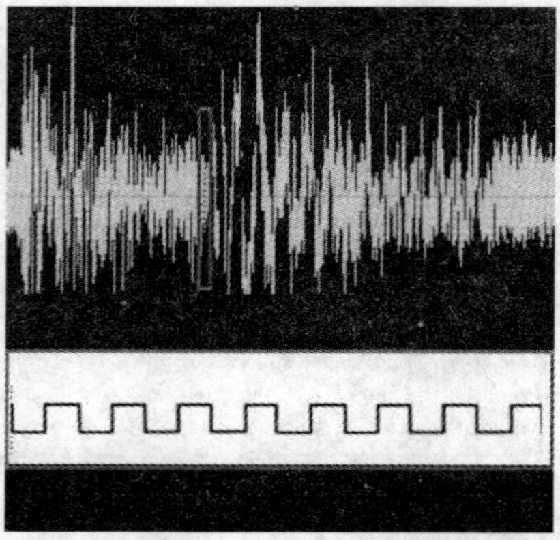

图 3.4.1　模拟音频与数字音频信号波形

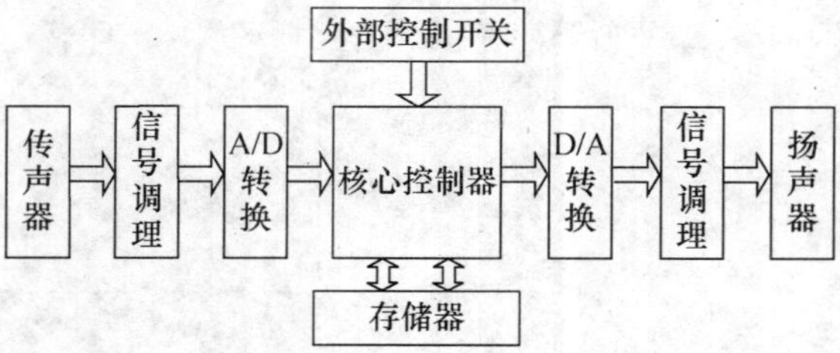

图 3.4.2　数字音频系统结构示意图

3.4.2　数字音频媒体

1. 数字录音

1877 年托马斯·爱迪生发明留声机拉开了人类录音技术的序幕,录音技术历经数次技术变革,数字录音成为当前音频处理的主流技术。在模拟时代,声音是被记录在模拟录音机磁性介质上的,在磁带上的磁畴是以模拟音频波形的图形来排列的。数字录音是把声音信号变成由离散的"0"和"1"组成的数字序列,通过把这些数字序列编码成特定格式的文件然后通过存储器对其进行存储。数字录音不会出现磁带录音造成的杂音,其音源品质非常高。

数字录音设备在日常生活中被广泛使用,嵌入了数字录音设备的录音电话可以录制电话留言,手机中的录音功能也给我们带来了诸多方便。数字录音设备由于耗电量小,录音时间长,不需另外购买磁带,存储器小巧而得到广泛使用。数字录音获得的音频文件可以使用计算机编辑处理,得到丰富效果。在语言、音乐教学中,录音笔由于设备便携、录音时间长、录音效果好等特点深受中小学老师喜爱。

图 3.4.3　录音笔

不同厂家生产的录音笔样式和功能各不相同,外观和操作界面也不尽相同,如图 3.4.3 所示。在选购录音笔时一般要考虑以下因素:

(1) 存储容量:是指录音笔存储数据能力,目前一般在 32MB 到 8GB 之间。

(2) 播放性能:是指播放声音文件的格式和音质,如 PCM、MP3、WMA。

(3) 传输接口:是指音频信号输入和输出的接口,如 USB、耳机、麦克风等。

(4) 频率范围:是指录音声音频率范围,范围越广记录的声音音质越好。

(5) 录音时间:是指 LP(最佳长度)和 SP(最佳质量)方式录音时长。

(6) 录音设备:是指麦克风、扬声器类型和相关参数。

(7) 输出功率:是指输出声音信号的功率大小。

(8) 录音功能:是指记录声音的方式和录音模式,如声控功能。

(9) 信噪比:设备的信噪比越高表明它产生的杂音越少,一般不应该低于 70dB。

(10) 其他功能：和录音相关的一些功能，如FM调频收音机、收音机内录、数码复读等。

2. 数字广播

数字广播是指将数字化了的音频信号在数字状态下进行各种编码、调制、传递等处理。数字广播也是一项有别于传统所熟知的AM、FM的广播技术，它通过地面发射站，以发射数字信号来达到广播以及数据资讯传输的目的。数字广播除了传统意义上仅传输音频信号外，还可以传送包括音频、视频、数据、文字、图形等在内的多媒体信号。数字广播听众通过手机、电脑、便携式接收终端、车载接收终端等多种接收装置，就可以收听到丰富多彩的广播节目。

数字广播具有发射功率低、发射带宽宽、音质效果好等特点，和现有的AM、FM广播相比，数字广播具有以下几个优势：

(1) 音质纯净，可与CD媲美。

(2) 抗干扰能力强，收听效果好。

(3) 适合于固定、便携和移动收听，快速移动时接收效果好。

(4) 除了音频节目，还可以提供数字多媒体广播和数据服务。

数字广播系统被应用于各个领域，车站、码头、工厂、超市、商场、校园都离不开广播系统，数字广播系统的结构如图3.4.4所示。此处以校园广播为例进行简要介绍。校园数字广播被用来播放课间音乐、音乐打铃、发布消息、新闻播报、外语教学、分区寻呼等。校园数字广播具有数字化、智能化、自动化等优点，通过自动控制不同时段播放不同的节目内容，如眼保健操、广播操、课间音乐、校园广播节目。数字广播服务器巨大的存储容量可以存储大量的音频节目，节目可以通过校园网点播，也可以无人管理自动化播放。校园广播中心可以让学生自办广播节目，音频资料中心可以将模拟的音频资源转化成数字音频素材存放于服务器供师生使用。通过调频广播可以用无线的方式在校园内方便地传播音频信息，如播放外语考试听力等。

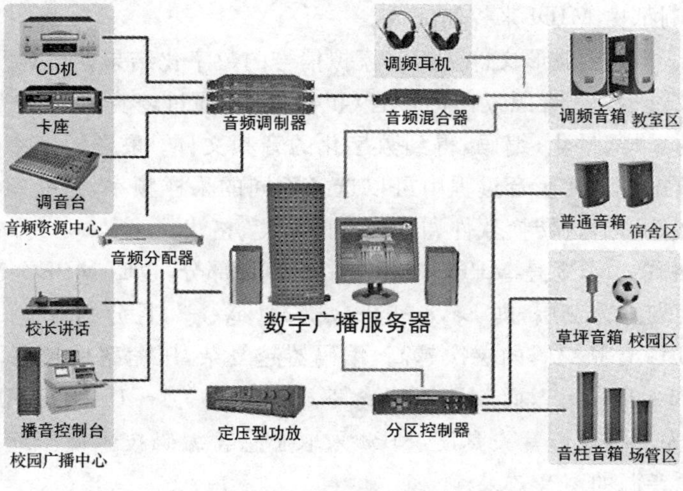

图3.4.4 数字广播系统示意图

3. 数字音频工作站

数字音频工作站(Digital Audio Workstation，简称DAW)是数字音频的作坊，是一种加工、处理以及交换音频的计算机系统，如图3.4.5所示。数字音频工作站的出现，实现了广播系统高质量节目的录制及自动化播出，同时也创造了更加良好、高效的工作环境。随着使用数字技术处理音频信号技术的出现和成熟，尤其是计算机软硬件技术和多媒体技术的日趋完善，利用数字音频工作站可以实现基本和先进的编辑及信号处理功能。

数字音频工作站具有较强的信息处理能力、非线性的音频编辑功能、多样的加工技巧等优点。数字音频工作站主要用于对声音信号的录音、剪辑、处理和混合。但细分起来，它的应用可以分为以下几个方面：声音剪辑和CD刻录，日常音乐录制，大规模音乐录音和混音，影视音乐的制作与合成，多媒体音乐制作与合成。

由于数字音频工作站是声音作坊，因此利用它来为多媒体软件配音配乐是再合适不过的了。做这种工作很简单，利用计算机音频软件将做好的视频文件调出，然后看着画面同步录入语言或音乐即可。

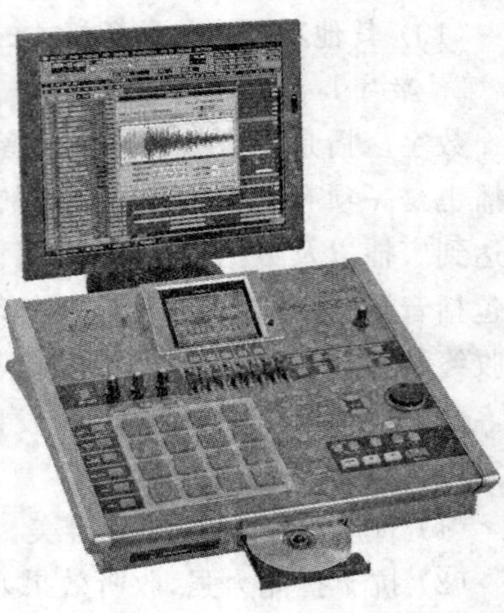

图3.4.5 数字音频工作站

3.4.3 数字音频文件格式

数字音频在计算机中是以特定格式的文件存储的，计算机中广泛应用的数字化声音文件有两类：一类是专门用于记录乐器声音的MIDI文件；另一类是采集各种声音的机械振动而得的波形文件。现有的数字音频文件格式很多，常用的数字音频格式有以下几种：

(1) MIDI音频。MIDI(Musical Instrument Digital Interface)是电子乐器数字化接口。MIDI数据不是数字的音频波形，而是音乐代码或电子乐谱。如果在计算机上装备了高级的MIDI软件库，可将音乐的创作、乐谱的打印、节目编排、音乐的调整、音响的幅度、节奏的速度、各声部之间的协调、混响都由MIDI来控制完成。

(2) WAV音频。WAV波形文件是声音模拟信号的数字化结果，可以通过录音获取波形文件。波形文件的形成过程是：音源发出的声音(机械振动)通过麦克风转换为模拟信号，模拟的声音信号经过声卡的采样、量化、编码，得到数字化的音频文件。采样的频率和量化的精度直接影响声音的质量和数据量。在录音过程中可以选择不同的采样频率、量化字长、压缩编码方法，也可以在得到数据文件后通过转换软件调整文件的精度、格式。

(3) MP3音频格式。MP3是MPEG 1标准中的声音部分，也叫MPEG音频层，它根据压缩质量和编码复杂程度划分为三层，即Layer-1、Layer-2、Layer-3，且分别对应MP1、MP2、MP3这三种声音文件。MPEG音频编码的层次越高，编码器越复杂，压缩率也越高，MP1和MP2的压缩率分别为4∶1和6∶1～8∶1，而MP3的压缩率则高达10∶1～12∶1。MP3对音频信号采用的是有损压缩方式，为了降低声音失真度，MP3采取了感官编码技术使压缩后的文件在回放时能够达到比较接近原音源的声音效果。

(4) WMA音频。WMA就是Windows Media Audio编码后的文件格式，由微软开发的针对网络的音频文件格式。WMA在只有64Kbps码率的情况下可以达到接近CD的音质。WMA支持防复制功能，支持通过Windows Media Rights Manager加入保护。WMA可以很轻松地实现在线广播，微软在Windows中加入了对WMA的支持。

(5) ACC音频。AAC(Advanced Audio Coding)高级音频编码技术，它是杜比实验室为音乐社区提供的技术。AAC最大能容纳48通道的音轨，采样率达96 KHz，并且在320Kbps的数据速率下能够制作出5.1声道的音乐节目。和MP3比起来，它的音质更好，也能够节省大约30%的储存空间与带宽。它是遵循MPEG-2的规格所开发的技术。

(6) APE音频。APE是Monkey's Audio提供的一种无损压缩格式。这种格式的压缩比远低于其他格式，但能够做到真正无损，因此获得了不少发烧用户的青睐。在现有不少无损压缩方案种，APE是一种有着突出性能的格式。

3.4.4 数字音频的采集

1. 音频素材的采集和制作

音频素材的采集和制作有以下几种方式：

(1) 利用一些光盘中提供的声音文件。在一些声卡产品的配套光盘中往往也提供许多WAV或MIDI格式的声音文件。现在软件市场也有各种数字化的音频素材，可以选购。

(2) 通过计算机中的声卡，从麦克风中采集语音生成WAV文件。如制作课件中的解说语音就可采用这种方法。把麦克风连到电脑声卡输入上，启动软件录音即可。

(3) 通过计算机中声卡的MIDI接口，从带MIDI输出的乐器中采集音乐，形成MIDI文件；或用连接在计算机上的MIDI键盘创作音乐，形成MIDI文件。

(4) 使用专门的软件抓取CD或VCD光盘中的音乐，生成声源素材。再利用声音编辑软件对声源素材进行剪辑、合成，最终生成所需的声音文件。

2. 用Windows系统中的录音机采集声音

(1) 将麦克风插入计算机声卡中标有“MIC”的接口上。将话筒线连到计算机声卡或者前面板有MIC的接口上，如图3.4.6所示。

(2) 设置录音属性。鼠标左键双击桌面右下角的声音图标，就会打开相应的声音属性对话框，如图3.4.7所示，进入音量控制属性设置对话框。鼠标选择“选项”菜单的属性选项。

图3.4.6 话筒与电脑连接示意图

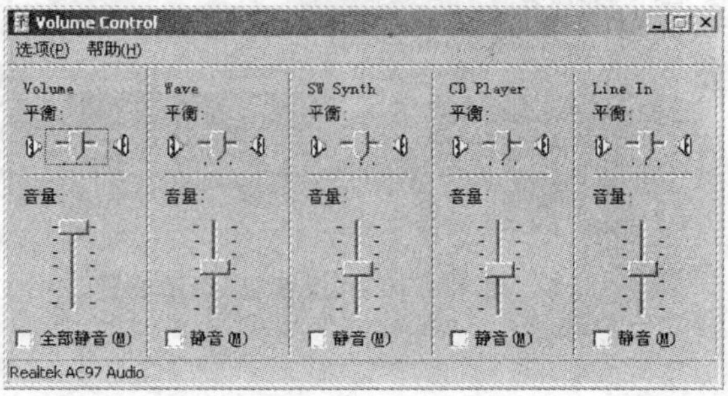

图3.4.7 “音量控制”对话框

如图3.4.8所示，选择调节音量对话框的“录音”单选按钮。在“显示下列音量控制”的列表框中把“Microphone”多选按钮前面的“√”钩选。

(3) 决定录音的通道。声卡提供了多路声音输入通道，录音前必须正确选择。不正确的录音输入选择会造成录音的错误或者不能录音。在“显示下列音量控制”的列表中将全部的选择“√”钩选，然后选择确定按钮。在“录音控制”中钩选“Microphone”调整音量，如图3.4.9所示。

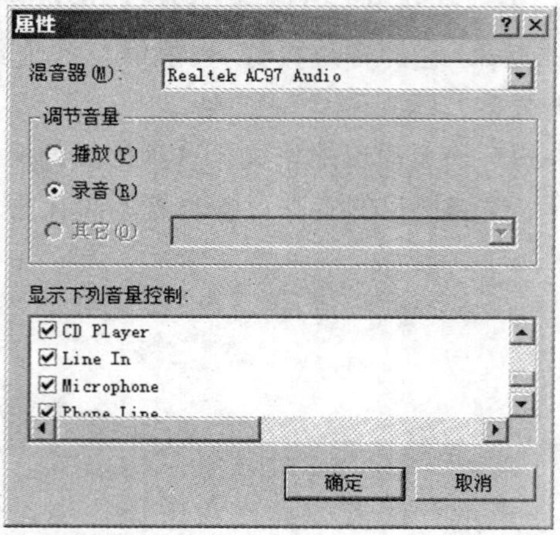

图 3.4.8 “录音”属性对话框

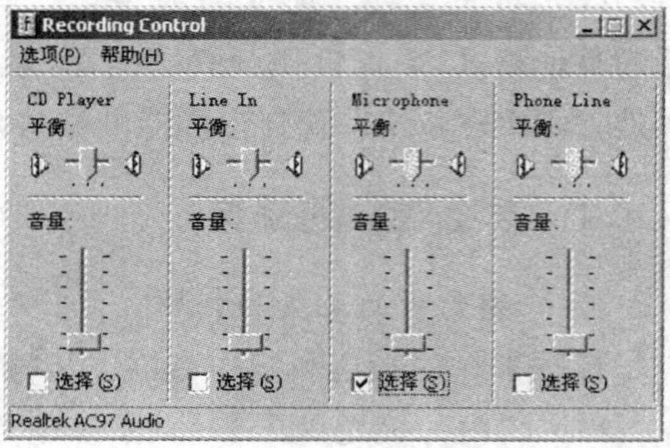

图 3.4.9 “录音控制”对话框

(4) 录音。从“开始”菜单中运行录音机程序,如图 3.4.10 所示。录音机程序的界面如图 3.4.11所示。单击红色的录音键,就能录音了。录音完成后,按停止按钮,并选择“文件”菜单中的“保存”命令,将文件命名保存。在“另存为”对话框中单击“更改……”按钮,出现选择声音格式的对话框,可从中选择合适的声音品质,其中“格式”是选择不同的编码方法。Windows 所带的录音机小巧易用,但是录音的最长时间只有 60 秒,并且对声音的编辑功能也很有限,因此在声音的制作过程中不能发挥太大的作用。

图 3.4.10 “录音机”启动位置

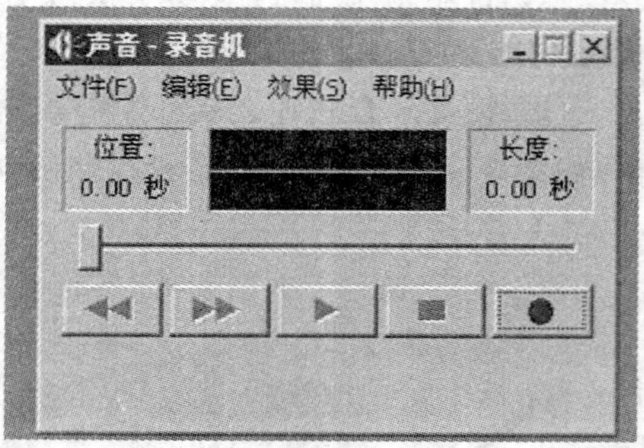

图 3.4.11 “录音机”软件界面

3.4.5 数字音频文件格式转换

在多媒体软件制作的过程中由于软硬件商家不同,支持的音频文件格式各不相同,经常会遇到音频文件格式不兼容的问题,因此需要对音频文件进行格式转换。通过格式转换可将音频移植到手机、MP4、iPod 等移动设备上播放。音频转换的主要作用是对音频进行编解码,即对数字音频进行解码,并根据数字音频编码规范保存为新音频格式。常见的转换模式包括:WAV 转 MP3、APE 转 WAV、MP3 转 AAC、OGG 转 MP3 等。但对音频进行编解码并不是音频转换的全部功能,音频转换的一个特殊功能,是将 CD 转换成其他格式。音频文件的格式转换软件有很多，常用的有超级转换秀、YouTube to MP3 Converter、全能音频转换器、音频转换精灵、MP3 格式转换器等。

1. CD 音乐转换

在多媒体软件制作中会遇到需要把 CD 唱片光碟上的音乐转换成音频文件的时候，可以使用专业的软件进行转换，也可利用 Windows Media Player 软件转换，具体步骤如下：

(1) 首先从“开始”菜单下的“程序”启动 Windows Media Player，打开光驱放入光碟。

(2) 接着在 Windows Media Player 的“工具”菜单栏中选择“选项”菜单项，单击鼠标启动“选项”对话框，单击“翻录音乐”选项卡。

(3) 单击“更改”按钮定位翻录音乐要保存的位置，单击“文件名”按钮给新的音频文件命名。在翻录设置中的格式下拉列表中选择转换音频文件的格式，在音频质量下的滑块中选择输出音频的质量，如图 3.4.12 所示。

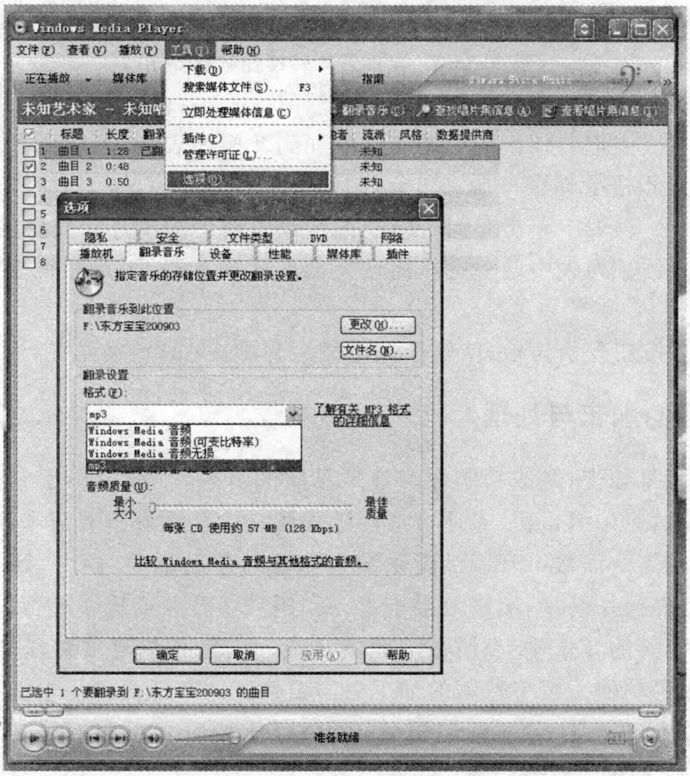

图 3.4.12 Windows Media Player “选项”对话框

(4) 单击“翻录音乐”按钮进行翻录，歌曲列表中会显示翻录进度，翻录状态显示“已翻录到媒体库中”，完成后退出 Windows Media Player。

2. 音频文件格式转换

音频转化的软件很多，下面选取了界面简单使用便捷的“全能音频转化器”向大家介绍音频文件格式转换的过程。下载安装“全能音频转换器”，并启动该软件，界面如图 3.4.13 所示。

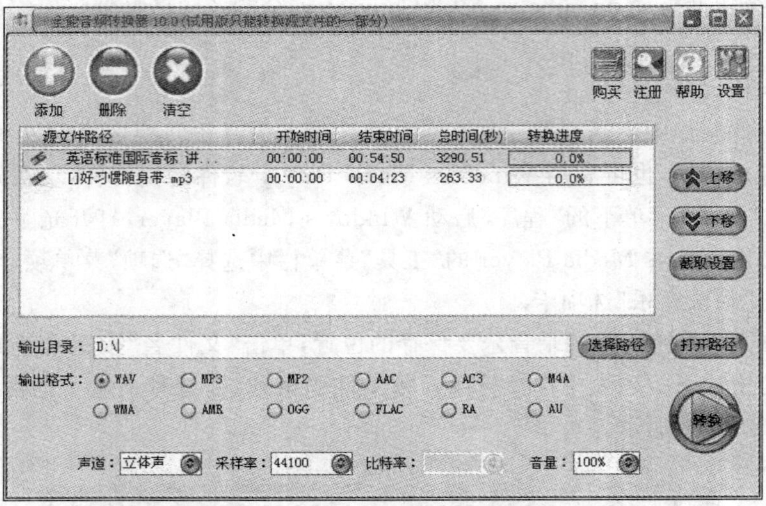

图 3.4.13　全能音频转换器软件界面

(1) 单击“添加”按钮把要转换的原始文件添加到转换列表中，可以添加若干个源文件，通过“删除”按钮可以删除不需要转换的源文件，通过“清空”按钮可以清除所有文件。

(2) 在“输出目录”列表中单击“选择路径”按钮设置输出的新音频文件的存储路径。

(3) 选择“输出格式”列表中的单选按钮选择需要转换的格式，最后调整“声道”、“比特率”、“音量”等相关参数。

(4) 单击“转换”按钮开始转换，待转换进度显示为100%时转换结束，退出程序即可。

3.4.6　数字音频的加工与处理

传统音乐制作人都知道，要成功制作一首高品质的音乐，一般少不了专业录音棚，专业录音棚要具备多轨录音机、音乐编辑机、专业合成器等设备。这些设备购置成本高，使用技巧复杂，对操作的技术要求比较高。而数字音频编辑系统只需要简单的话筒、声卡、计算机等设备，成本低廉；数字音频编辑软件操作简单，编辑效果丰富。利用数字音频编辑系统可以打造出和专业录音棚录制声音效果相媲美的音乐，能高质量地完成录音、编辑、合成等多种任务，能实现多轨录音、音乐编辑、声音合成等功能。数字音频的加工只需要购置一个话筒和一台配备声卡的电脑，硬件设备简单、价格相对低廉。数字音频编辑软件很多，比较好用的软件有 Cool Edit Pro、GoldWave、音频编辑大师、MP3 音频录音机等。

Cool Edit Pro 2.1 能记录的音源包括 CD、卡座、话筒等多种，并可以对它们进行降噪、扩音、剪接等处理，还可以给它们添加立体环绕、淡入淡出、3D 回响等奇妙音效，制成的音频文件，除了可以保存为常见的 .wav、.snd 和 .voc 等格式外，还可以直接压缩为 MP3 或 RM 文件。

1. Cool Edit Pro 2.1 软件安装

购买或者下载 Cool Edit Pro 2.1 安装程序文件包，找到 setup.exe 安装可执行文件，双击该文件执行安装，安装界面如图 3.4.14 所示。

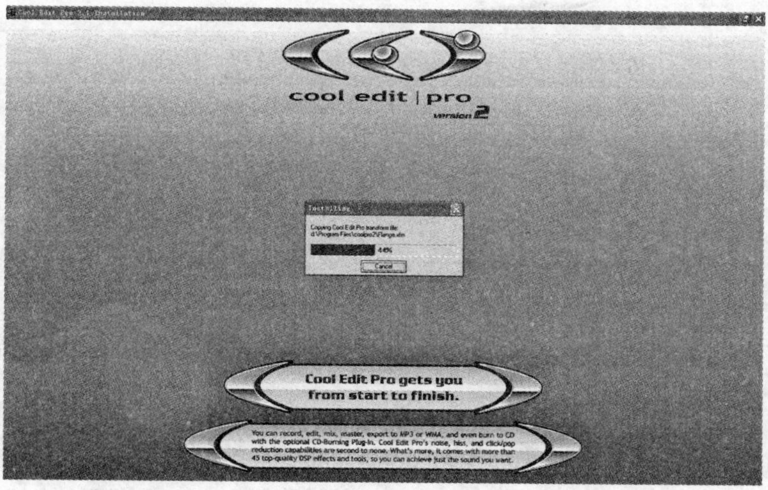

图 3.4.14 Cool Edit Pro 2.1 软件安装界面

安装后，可打开 Cool Edit Pro 2.1 软件，其基本界面如图 3.4.15 所示。该软件由标题栏、菜单栏、工具栏，资源管理窗、波形/多轨编辑窗、走带按钮和缩放按钮、信息显示视窗构成。

图 3.4.15 Cool Edit Pro 2.1 软件主界面

2. Cool Edit Pro 2.1 音频编辑效果实例

案例 3.4.1 录制朱自清的散文《荷塘月色》

【步骤 1】把话筒连到电脑声卡“MIC”插口上，双击电脑桌面右下角的声音图标，选择录制声音为“麦克风”，并调整音量，如图 3.4.16 所示。

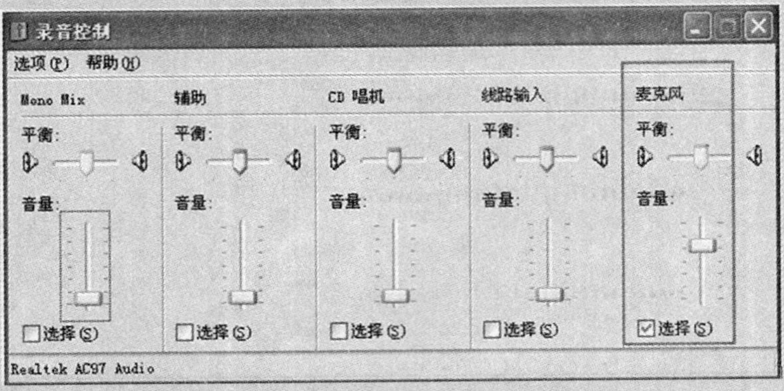

图 3.4.16 “录音控制”对话框

【步骤 2】启动 Cool Edit Pro 2.1 软件,试录音,看是否有波形,如果波形是直线,重新选择录音通道。新建文件并将其命名为“荷塘月色”,按录音按钮开始录音。如果在录音的过程中有读错的字或者段落就重读这一句或这一段,然后把多余的段落、字句的声波选中删除即可,如图 3.4.17 所示。

Cool Edit Pro 2.1 软件的非线性功能可以随机组接声音,通过声音的非线性编辑,实现声音编辑的“蒙太奇”。在声音的编辑过程中,这种非线性编辑功能经常会产生意想不到的效果。

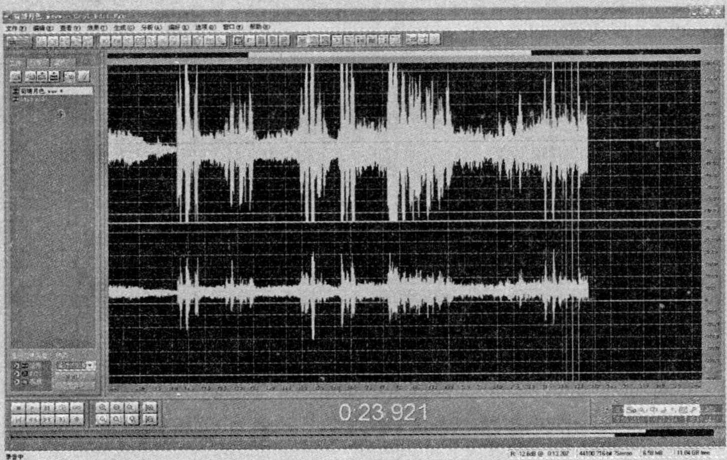

图 3.4.17 Cool Edit Pro 2.1 软件录音与编辑波形图

【步骤 3】消除录音时产生的噪声。录音时由于录音设备硬件的问题可能存在一些噪波,这些噪波对录制的声音有一定影响,去除噪声会使声音效果明显变好。选取没有声音的波形段,把这一段波形噪声采样。鼠标左键选择噪声波形段,然后选择“效果/噪音消除/降噪器”,在弹出的对话窗口中单击“噪音采样”按钮,如图 3.4.18 所示。然后,鼠标选择全部录音过程,选择“效果/噪音消除/降噪器”下的确定按钮,噪声即被消除。

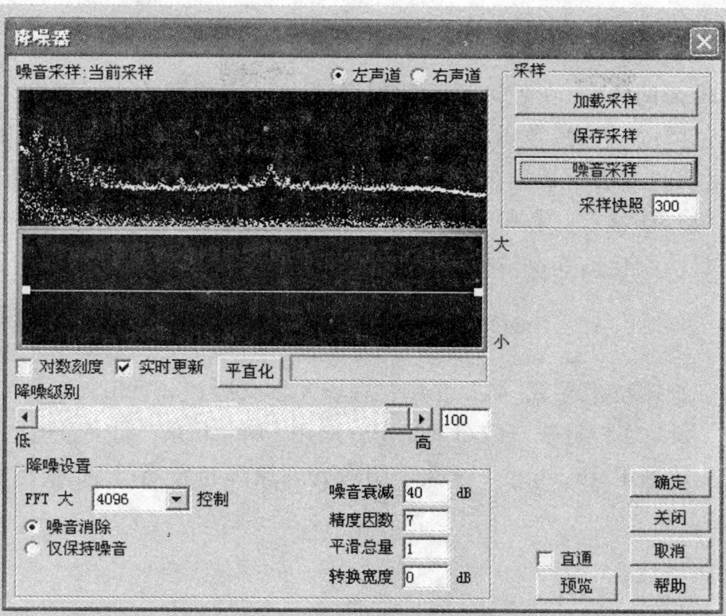

图 3.4.18　"降噪器"对话框

【步骤 4】添加音效,美化声音。大家经常有这样一种感受,在音响设备好的歌厅唱歌,经过调音师调音处理后,自己的歌声好像变得和明星一样优美。Cool Edit Pro 2.1 软件具有声音编辑和声音合成功能,会给录音增色不少。根据不同的喜好可以添加"和声"、"回声"、"混响"等效果,每一种效果都有几种预置模式,选择"预览"就可以预听效果。例如选择"效果/常用效果器/混响",选择"Large Empty Hall"会听到空旷大厅的混响效果,至于选择什么效果,大家可根据自己的喜好去选择,直到满意为止。

学习建议

1. 数字媒体与传统媒体有什么不同,它有何特点?
2. 常见的数字媒体形式都是什么?
3. 何谓数字文本,怎样获得数字文本?
4. 自选内容用 iebook 软件制作编辑电子书。
5. 数字图像有哪两种类型,说说它们的区别与联系?
6. 数字图像系统应用的过程包括哪些方面?
7. 用数码相机拍摄几幅人像和风景作品,让同学老师评价拍摄效果。
8. 用 Photoshop 软件制作一幅以"低碳环保"为主题的海报。
9. 用 Photoshop 软件制作一幅课件封面图。
10. 阐述数字音频媒体的含义和特点。
11. 用电脑录制首诗歌朗诵并对其进行美化和配乐。

教学建议

本章是实践性较强的内容，在理论学习的同时要加强实践和练习。本章对教学环境也有一定的要求，需要具备计算机机房、数码相机、扫描仪、话筒等设备。教师可以集中给学生讲解理论知识，然后以任务驱动的方法给学生布置电子书制作、音频制作以及图像处理方面的实际任务，激励学生自学和小组合作学习。教师可以展示一些优秀的作品，让师生共同分析优点与不足；教师还可以展示学生自己制作的作品，师生共同分析作品的成败之处。

推荐阅读

1. 刘清堂. 数字媒体技术导论[M]. 北京：清华大学出版社，2008.

2. 张弛. 电脑音频制作教材——Cool Edit Pro 应用 [M]. 北京：北京希望电子出版社，2002.

3. [美]哈灵顿. 精通 Photoshop——数字图像处理原理与技巧[M]. 张哲峰，译. 北京：清华大学出版社，2010.

第4章　数字媒体技术——视频、动画制作

学习目标

1. 理解数字视频的概念。
2. 掌握数字视频的基本特性。
3. 学会使用数码摄像机拍摄视频。
4. 掌握电视节目制作的基本方法，学会用非线性编辑软件会声会影编辑视频节目。
5. 理解数字动画的概念，了解动画制作方面的知识。
6. 掌握Flash动画制作的基本技巧，学会用Flash制作课件的方法。

知识结构

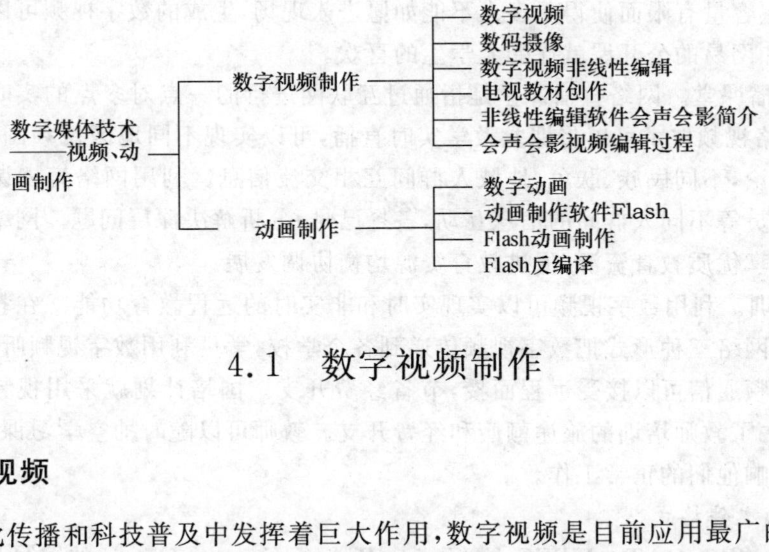

4.1　数字视频制作

4.1.1　数字视频

电视在文化传播和科技普及中发挥着巨大作用，数字视频是目前应用最广的信息资源。在学校教育、公司培训、政府视频会议等活动中都离不开数字视频。随着MP4、移动DVD等微型可视化硬件设备的升级换代，数字视频必将成为人们生活和学习的重要伙伴。数字视频技术是在电视的基础上发展起来的，是一项综合性技术，它涵盖摄像、电视编辑、计算机技术和通信技术等几个方面。

1. 数字视频(Digital Video)

数字视频是指以数字形式“0”和“1”记录的视频，与模拟视频相比，数字视频有不同的产生方式、存储方式和播出方式。数字视频一般是由数字摄像机直接产生数字视频信号，存储在数字带、存储卡、蓝光盘或者磁盘上，从而得到不同格式的数字视频文件。数字视频可以通过电脑采

集、编辑、存储、播放，数字视频更容易实现策划、编导、制作、包装等电视创作手段。数字视频非线性编辑技术的发展大大降低了电视制作的技术门槛，摄像机的智能化简化了摄像机的操作技巧。

2. 数字视频特点

和传统模拟视频相比较，数字视频具有成本低、效率高、质量好、制作技巧多、复制便捷以及易于传播等优点。数字视频一般需要数字摄像机采集影像信号，产生的数字视频文件一般由硬盘和存储卡等设备存储，这些存储设备不会像磁带录像机一样出现磁带磨损的现象，节省甚至无需购置耗材，降低了拍摄和制作成本。数字视频一般要比模拟视频画面质量好。数字视频是以“0”和“1”的方式记录信号，信号损失小；模拟视频一般使用隔行扫描，数字视频使用逐行扫描，数字视频画面更细腻。非线性编辑技术大大提高了数字视频编辑的工作效率。数字视频非线性编辑无需大量前进、后退操作搜索素材，寻找镜头方便快捷，只要一次上载素材无需反复磁带操作，节目制作完成会快速自动生成。

3. 数字视频教育应用

(1) 课堂教学视频生成。利用数字视频硬件和软件设备可以将课堂教学的过程生成视频文件，把这些视频文件存储在网络服务器上可以让更多的人共享。优质课教学视频成为教学、研讨的重要素材，利用这种生成系统可以将优秀教师的讲座或课堂实录，为更多的人提供学习机会。由于报告厅、教室容量有限而使得更多人不能如愿进入现场，生成的数字视频可以让成千上万的人共同参与，例如网易的公开课就深受大学生的喜欢。

(2) 网络直播课堂。网络直播课堂是指通过互联网进行的一点对多点的实时交互式的教学方式。① 通过网络视频技术可以将课堂教学实时直播，可以实现不同地区视频画面的切换，不同的人群间交流讨论，不同民族、肤色、地域人群间互相交流信息。利用网络直播课堂系统可以实现专家、学者、学员等不同人群间的信息互动，各抒己见，分析解决深层问题。网络直播课堂可以让更多的学校分享优质教育资源，促进教育资源均衡协调发展。

(3) 远程培训。利用数字视频可以实现实时和非实时的远程教育功能。在教师培训过程中利用光盘、卫星、网络三种形式把数字视频传递到各个学校，学员利用数字视频听取课程，接受培训。利用数字视频通信可以接受远程面授，节省经费开支。国培计划就采用视频课程为主的网络培训模式，省去了教师培训的旅途颠簸和经费开支。教师可以随时抽空学习课程，自由支配听课时间而不会影响他们的正常工作。

4. 数字视频文件格式

(1) MPEG、MPG、DAT。MPEG是Motion Picture Experts Group的缩写。这类格式包括了MPEG-1，MPEG-2和MPEG-4在内的多种视频格式。MPEG-1正在被广泛地应用在VCD的制作和一些视频片段下载的网络应用上面，可以把一部120分钟长的电影压缩到1.2 GB左右大小。MPEG-2是应用在DVD的制作和一些HDTV(高清晰电视广播)上，使用MPEG-2的压缩算法可将一部120分钟的电影压缩到5.8 GB的大小。

(2) AVI。AVI，音频视频交错(Audio Video Interleaved)的英文缩写。AVI是由微软公司开发的视频格式。AVI格式调用方便、图像质量好，但缺点是文件体积过于庞大。

---

① 王芳. 开放教育直播课堂浅议[J]. 福建广播电视大学学报，2004(3)：58-60.

(3) RM、RMVB。RM,是 Real Networks 公司所制定的音频/视频压缩规范。RM 格式是为了适应网上音视频实况转播而开发的文件格式。它适合低网速视音频播放,但是其图像质量比 VCD 差。RMVB 是一种由 RM 视频格式升级延伸出的新视频格式,它大幅地提高了运动图像的画面质量。

(4) WMV。WMV 是一种独立于编码方式的在互联网上实时传播多媒体的技术标准,WMV 的主要优点是可扩充的媒体类型、本地或网络回放、可伸缩的媒体类型、流的优先级化、多语言支持、可扩展等。

(5) FLV。FLV 是随着 Flash MX 的推出发展而来的新的视频格式,其全称为 Flash Video。由于它形成的文件极小、加载速度极快,使得网络观看视频文件成为可能,它的出现有效地解决了视频文件导入 Flash 后,使导出的 SWF 文件体积庞大,不能在网络上很好地使用等缺点。目前各在线视频网站均采用此视频格式。如新浪播客、56、优酷、土豆、酷 6、YouTuBe 等。

(6) MP4、3GP。MP4 是一种流媒体视频格式,MP4 最流行使用的压缩方式为 DivX 和 XviD。经过以 DivX 或者 XviD 为代表的 MP4 技术处理过的 DVD 节目,图像的视频、音频质量下降不大,但体积却缩小到原来的几分之一,而画面质量明显优于 VCD。3GP 是一种 3G 流媒体的视频编码格式,主要是为了配合 3G 网络的高传输速度而开发的,也是一种手机常用视频格式。3GP 是 MP4 的简化,3GP 是新的移动设备的标准格式,应用在手机、PSP 等移动设备上,优点是文件体积小,移动性强,适合移动设备使用,缺点是播放质量差,帧数低。

4.1.2 数码摄像

摄像是获得视频信号的主要方式,摄像也是视频制作的基础。拍摄视频素材的效果直接决定后期编辑的质量,拍摄地越好,后期制作的节目就越好。摄像是摄像艺术与摄像技术共同作用的产物,摄影艺术决定拍摄画面的艺术效果,拍摄技术决定拍摄画面的视觉效果。数码摄像机是数码摄像的主要设备,数码摄像机的技术指标直接决定拍摄的效果。

1. 认识数码摄像机

数码摄像机(Digital Video,简称 DV)进行工作的基本原理简单地说就是光、电数字信号的转变与传输。即通过感光元件(CCD)将光信号转变成电流,然后将模拟电信号转变成数字信号,再将转变成的数字信号存储于特定的介质上,在播放时把数字文件由专门的芯片进行读取并处理后还原出原来的动态画面。数码摄像机具有清晰度高、色彩还原性强、信号不因磁带磨损而损失、体积小便于携带等优点。图 4.1.1 是数码摄像机的原理图,数码摄像机是由镜头、光电转化器、A/D 转换器、数字信号处理系统(DSP)、寻像器、液晶显示器、存储器、D/A 转换器、中央控制器以及电源构成。镜头是一个透镜组,主要作用就是将外界的景物呈现。CCD 光电转化器件的作用是将光信号转换为电流信号,专业摄像机一般使用 3 块 CCD 分别转换红、绿、蓝三种不同颜色的光,从而提高色彩还原的效果。A/D 转换器实现模拟电流信号到离散数字信号的转换。数字视频处理系统(DSP)的作用是把数据按照一定的方式编码,存储器的作用是存储数据,现在数码摄像机有磁带存储、硬盘存储以及存储卡存储三种方式。D/A 转换器的作用是将数字信号转变为模拟信号在显示设备上或者输出接口上输出视频信号。寻像器和液晶显示器的作用是输出影像,呈现拍摄的效果。所有这些设备都受中央控制器的控制,电源则给摄像机系统提供所需的电压。

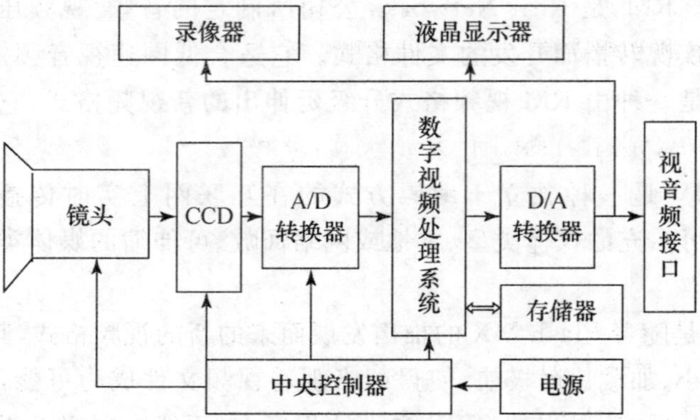

图 4.1.1　数码摄像机系统原理图

按照设备档次高低不同,数码摄像机分为广播级、专业级、家用级。广播级是影视专业电视节目制作和新闻采访摄像机,广播级摄像机又分为演播室座机和现场移动摄像机。专业摄像机是指用于工业、气象、水文、医疗、航天等行业不同用途的摄像机。

专业摄像机图像质量好,但不如广播级摄像机。家用摄像机图像清晰度较低、色彩还原性较差、对光线要求较高,但价格低廉、小巧灵活、操作简单、携带方便。

图 4.1.2 是一款介于专业级和家用级之间的摄像机,该款摄像机除了家用级的功能外还具有滤色片选择、手动聚焦、外置麦克风等功能。数码摄像机技术参数包括存储类型、光学变焦、液晶屏尺寸、元件像素、传感器尺寸、录制格式、拍摄性能、录音设备、接口类型、电池容量等。在选购摄像机时应综合衡量以上技术指标,根据实际用途选择不同价位的机型。

图 4.1.2　摄像机

2. 摄像技术操作

按照预定的操作流程实施恰当合理的操作技巧才能获得清晰高质量的影像,摄像技术是保证摄像质量和摄像艺术效果的基础。不当的操作会使影像失真,错误的操作甚至会损伤摄像机。图 4.1.3 是某型号摄像机外观结构示意图,可以看出,摄像机外观包括电源、数据接口,存储卡插槽,取景器,录制指示灯,手柄录制按钮,液晶显示器,麦克风,镜头,变焦杆,电源开关按钮和录制按钮。

拍摄之前首先要抽空仔细阅读购机时附带的说明书,说明书里详细描述了摄像机的性能、基本操作、常见故障处理以及养护方法。很多人往往忽视了对说明书的阅读,经常出错,详细阅读说明书的另一个好处就是可以充分了解摄像机的功能。其次,要熟悉摄像机的各个按键,并知道每个按键的含义。摄像机型号不同,按键多少不同,家用级按键较少,广播级按键较多。再次,尽量减少开关机次数,千万不能摔打摄像机,更不能把摄像机正对强光源(太阳)拍摄。平时要防止摄像机被弄脏,下雨天要保护摄像机不能被雨水淋湿。最后,不要随意操作各种按钮。如果某些按钮功能不能确定不要轻易操作,否则可能带来麻烦,如果有不懂的地方可以咨询专业人员。

不同型号的摄像机操作的方法不尽相同,但绝大多数摄像机操作的具体步骤如下:

（1）正确连接各种设备，准备存储介质并给电池充电。
（2）打开摄像机电源和镜头盖，进行拍摄，测试摄像机是否完好。
（3）调整摄像机系统参数，如白平衡、滤色片、记录格式等。
（4）在取景器内取景，并按下录制键开始录制，录制结束按录制键停止拍摄。
（5）利用播放功能浏览拍摄效果，检查拍摄质量。
（6）关闭电源，取下连线，取出存储介质（或导出数据），拍摄完毕。

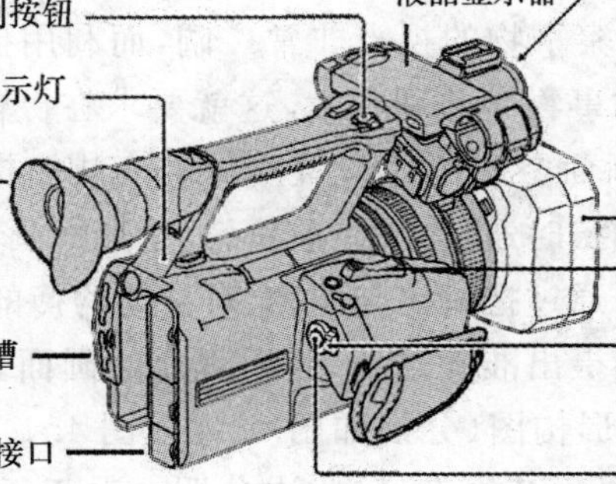

图 4.1.3　摄像机外观结构示意图

3. 摄像艺术技巧

摄像是一门艺术，它包含用光、构图、拍摄方位、拍摄技巧等艺术技巧。摄像的基本原则是画面要平、拍摄要准、画面要稳、摄速要匀。拍摄过程中要尽量保持画面水平线水平，如果水平线不平，拍摄的人或物有倾倒的感觉，会让观众极不舒服。拍摄要准是指拍摄的视觉重心和时间要选择恰当。如果抓的不准就会出现“欲拍红花拍了绿叶，欲拍马头却拍了马尾”的现象。拍摄者往往要提前做好准备，要在动作发生之前预料到下一步将要拍摄的镜头。画面要稳要求画面不能晃动。初学者往往容易把摄像机当做望远镜来使用，摇摇晃晃地拍摄，拍摄的影像让观众看起来头晕。摄速要匀是指使用推、拉、摇、移时动作要均匀，不能忽大忽小、忽左忽右、忽快忽慢，在使用变焦杆时动作更要均匀。

（1）拍摄机位。拍摄机位是指拍摄时摄像机镜头轴线与被拍摄物体之间的位置、高度和距离关系。拍摄机位是画面构图的重要方式，不同的机位表现出来的景物大小和形状各不相同。拍摄机位包括拍摄方位、拍摄高度和拍摄距离。如图 4.1.4 所示，不同拍摄机位会产生不同的画面构图。拍摄距离的远近会影响景别和景深。镜头焦距相同的情况下拍摄画面近大远小、近浓远淡、近处显局部远处看整体。

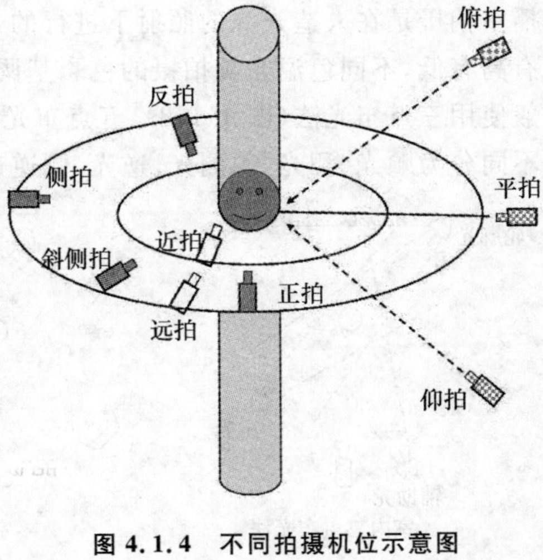

图 4.1.4　不同拍摄机位示意图

不同的拍摄方位可产生正面、斜侧面、侧面以及背面的构图变化，分别形成正拍、斜侧拍、侧拍、反拍四种拍摄方式。正拍时主体常处于画面中心，给人平稳、宽广、安静的感觉。侧拍对着拍摄物体侧面拍摄，善于表现景物的轮廓线、主体的对坐姿势。斜侧拍是对着物体的斜侧面进行拍摄，拍摄的立体感和纵深感较强。

拍摄高度不同可以产生平视、俯视、仰视的构图变化，分别形成平拍、俯拍、仰拍三种拍摄方式。平拍是与被摄物体在同一水平线上拍摄，平拍的景物不变形，具有真实感，但画面显得有些平淡。俯拍是高于被摄物体水平线向下拍摄，俯拍容易产生景物变形，善于表现广阔的景物，如拍摄河流、公路。俯拍给人以压抑、低沉的气氛。仰拍是低于被拍摄物体水平线向上拍摄，仰拍给人庄严、高大、威严的感觉，经常用于拍摄雕像、塔、碑、建筑物等。

(2) 拍摄构图。人的眼睛观察事物的视野非常广阔，而利用摄像机拍摄景物是有尺寸限制的。拍摄的景物和人们观察到的事物间差别很大，这就要求在摄像的时候合理构图。构图是指对拍摄对象的取舍以及对其在画面空间中的位置所做的安排。按照拍摄对象侧重点不同有主体、陪体、前景、背景、空白等。拍摄时通过主次、前后、大小形成画面节奏，通过点、线、面、色彩的有效应用提高画面的艺术效果。通过把对比与调和、对称与均衡的构图法则在画面布局、色彩选择、空间安排中巧妙应用，就会拍摄出准确达意、吸引观众的画面。在空间位置的安排中可以利用黄金分割构图、三角形构图、S形构图(分别如图 4.1.5、图 4.1.6、图 4.1.7 所示)等常见的构图方法。巧妙留白与补白，可让画面疏密有序、主次分明。对于运动物体的拍摄，在运动的方向前要留有一定的空白，否则运动物体有飞出画面的感觉。构图的过程是拍摄者展现智慧和创造性的过程，不能刻板地套用现成理论，要根据实际情况灵活变通。

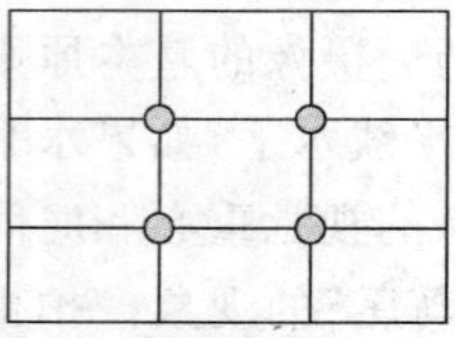

图 4.1.5　黄金分割构图

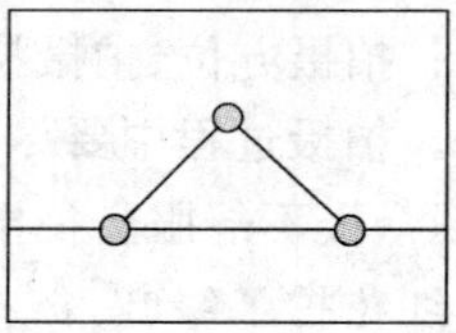

图 4.1.6　三角形构图

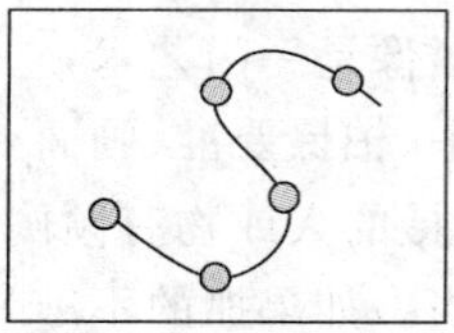

图 4.1.7　S 形构图

(3) 拍摄用光。按照拍摄环境的不同拍摄用光分为室内灯光布光和室外自然光采光。室内演播室拍摄是在人造光源的照射下进行的，可以人为地布置光源的强弱和距离远近。光源的色温有高有低，不同色温光源拍摄的色彩基调是不同的。室内拍摄一般选择冷光源照明，室内布光一般使用三点布光法(图 4.1.8)、五点布光法、环形布光法(图 4.1.9)。室外按照光源照射的方位不同分为顺光、测光、斜测光、逆光、侧逆光，如图 4.1.10 所示。

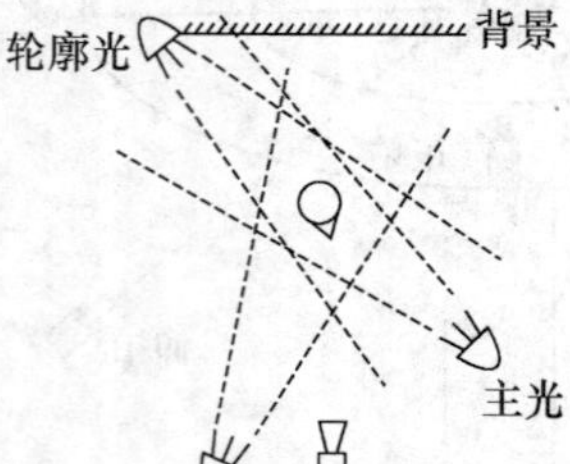

图 4.1.8　三点布光示意图

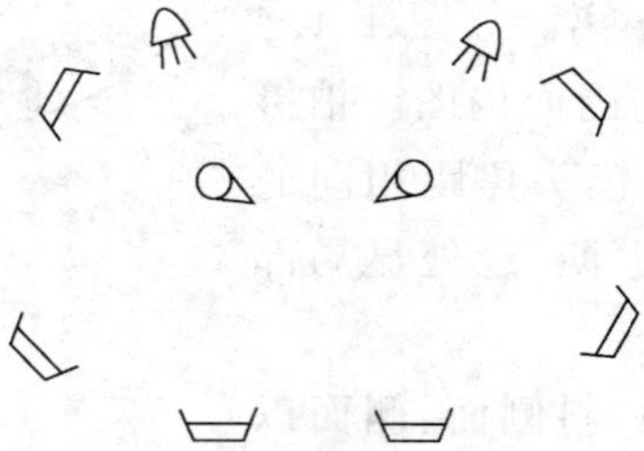

图 4.1.9　环形布光示意图

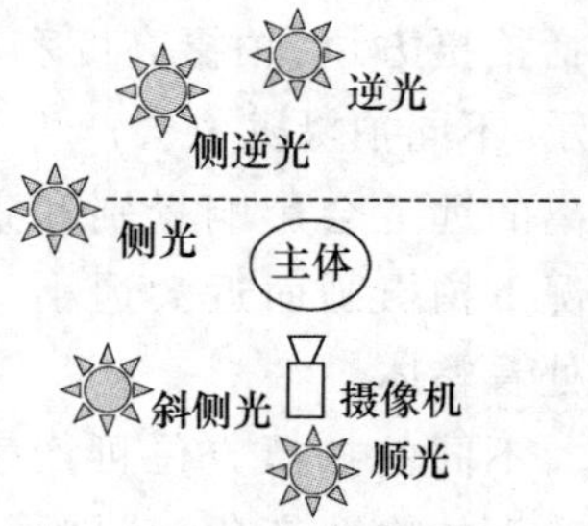

图 4.1.10　室外采光示意图

顺光又称平光，是景物面向镜头的方向得到光源照射，被拍摄面上看不到阴影和反差，所拍摄的影像缺少层次、影调平淡。顺光拍摄的人物显得丰满，肌肤光洁细腻，常用于拍摄女性和小孩。侧光是指被拍摄物体侧面受到光线照射，未照射区域处于阴影中，影像影调反差大，层次丰富，立体感、空间感明显，景物轮廓明显，纹理清晰。逆光是指拍摄方向正好与光源照射拍摄物体的方向相反，逆光又称轮廓光。逆光可以勾画出被拍摄物体的轮廓，能很好地表现透明物体的质感。例如用逆光拍摄水面就会光斑闪闪、波光粼粼。在拍摄中巧妙使用光线常常会带来意想不到的特殊构图效果。

(4) 摄像技巧。摄像技巧是由于摄像机镜头机位的运动变化产生的，推、拉、摇、移、跟、升、降、甩是常用的摄像技巧，用它进行拍摄可以突破画框边缘的局限、扩展画面视野。推是指摄像机正面拍摄时通过向前直线移动摄像机或使用变焦镜头使拍摄的景别从大景别向小景别变化的拍摄手法。反之，拉是景别从小景别向大景别变化的拍摄手法。摇是指拍摄时以摄像机为轴心从左向右或从右向左弧线型移动摄像机的拍摄手法。移是指拍摄时镜头方向与摄像机移动方向成直角而摄像机匀速移动的拍摄手法。跟是指拍摄一个运动对象时跟随拍摄对象运动的拍摄手法。升是指拍摄镜头沿着垂直方向从下往上移动拍摄的手法。反之，降是指拍摄镜头沿着垂直方向从上往下移动拍摄的手法。甩是指摄像机拍摄时以摄像机为轴心快速从一个固定场景摇到另一个固定场景的拍摄手法。

摄像技巧的应用会丰富画面视觉效果，但是摄像技巧不能滥用。恰当的摄像技巧可以锦上添花，不当的摄像技巧反倒画蛇添足。摄像技巧要根据拍摄主体、场合、情景的不同灵活应用。在表现宏大的气势和广阔的空间时可以使用摇的技巧，在快节奏的文艺节目中可以用甩的技巧拍摄。在领导讲话、专家作报告等严肃场合不能滥用推、拉、摇、移的技巧。

4.1.3　数字视频非线性编辑

影视编辑历经物理剪辑方式、电子编辑方式、时码编辑方式的变革，发展到现在的非线性编辑方式。每一次技术变革都是科学技术发展的巨大飞跃，编辑技术的发展推动了编辑理念的发展，促进了影视事业的发展和进步。非线性编辑系统克服了编辑过程中编辑定位点难以把握的技术瓶颈，利用计算机软件和硬件结合的方法解决了视频编辑的诸多问题。

1. 非线性编辑

非线性编辑是相对于传统上的以时间顺序进行线性编辑而言的。传统的录像编辑机是从素材带上搜索找到某个镜头视频片段，然后在节目带上按照时间顺序把该片段组接到确定的磁带位置上。就相当于在素材带上获取片段，然后粘贴到节目带相应的位置上，原来同等时间长度的节目带上的内容会被抹去，如图 4.1.11 所示。非线性编辑借助计算机来进行数字化制作，几乎所有的工作都在计算机里完成，不再需要太多外部设备。素材可以在素材库中瞬间调用，不用反反复复在磁带上搜寻，突破单一的时间顺序编辑限制，可以按各种顺序排列，可以覆盖节目带的片段或者后移编辑点后面的内容。非线性编辑只要上传一次就可以被多次编辑，信号质量始终不会变低，所以节省了设备、人力，提高了效率。非线性编辑系统可以任意打乱、随意调整镜头素材的顺序，完全抛弃线性编辑系统按照工作顺序和节目顺序完成相应操作的工作方式，节目素材可以随意裁剪长度和任意选择顺序，素材可以反复多次使用，产生的节目可以重新作为二次编辑的素材，如图 4.1.12 所示，A 和 A′两个镜头间可以任意插入镜头 B、镜头 C，而镜头 A′也不会被抹去，镜头 A、B、C 以及 A′间的顺序可以随意调整。

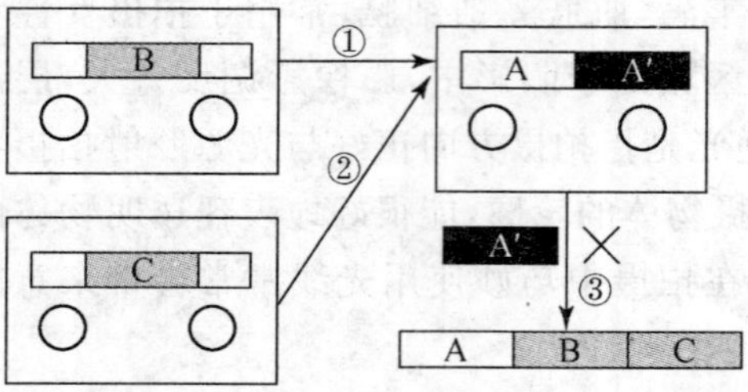

图 4.1.11　磁带线性编辑示意图

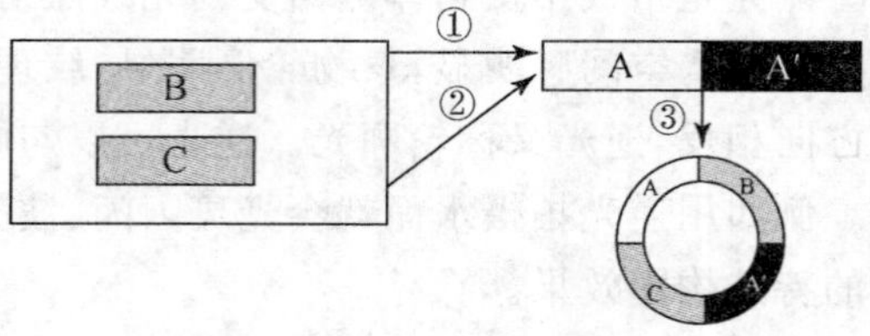

图 4.1.12　数字非线性编辑示意图

2. 非线性编辑系统

非线性编辑系统是能够对视频、音频信号进行采集、加工、存储、录放和编辑的计算机和摄录像系统。一般由数字录像机、非线性计算机工作站、录像机等设备组成，通常认为是由硬件平台和软件平台两大部分组成。一个非线性编辑系统从硬件上看，可由计算机、视频卡或 IEEE1394 卡、声卡、高速 AV 硬盘、专用板卡（如特技加卡）以及外围设备构成。

硬件平台结构如图 4.1.13 所示，由摄像机记录视频信号，用视音频处理卡把视频信号采集为素材文件存储于磁盘，然后通过计算机系统编辑处理后生成节目文件，把它存储在磁盘上或者直接录制到磁带上。计算机系统是一个安装了视频采集卡的微机系统。有的摄像机是直接带有硬盘的，摄录的素材直接保存为视音频数据文件，直接通过数据接口就可以复制到非线性编辑系统的素材库中，免除了采集的麻烦。视音频处理卡是硬件的核心部分，决定了非线性编辑系统的主要性能。现在有很多视音频处理卡具有实时功能和特技功能，不过功能越强大价格就越高。最便宜的就是 1394 采集卡，它可以便捷地采集视音频信号。加拿大 Matrox 公司研制的 DigiSuite LE 双通道视音频采集卡性能优越，集采集、压缩、实时特技为一体，索贝、大洋、新奥特等非线性编辑系统都采用此卡。

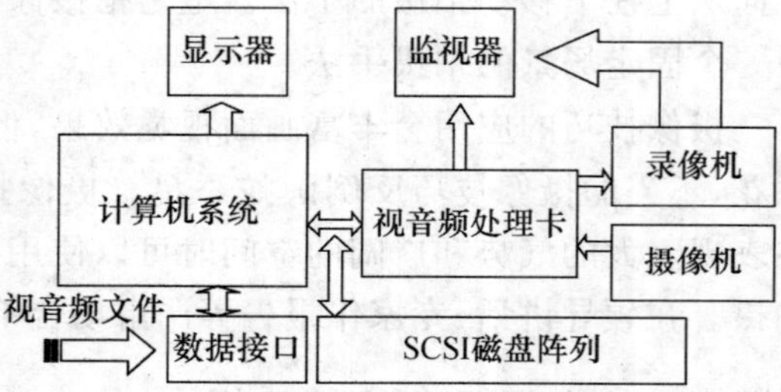

图 4.1.13　非线性编辑系统结构图

非线性编辑系统的硬件平台只能进行视音频素材的采集、存储及播放工作，要完成非线性编辑还要有软件平台的支持。国内外不同的软件厂商还制作出来三维、特技、动画等软件，丰富非线性编辑系统的编辑效果。例如 Adobe 公司的 Premiere 配合 After Effect 后期制作软件使用，可以创造出不凡的效果。非线性编辑软件有 Adobe Premiere、Vegas Video、Final Cut Pro、MediaStudio Pro7、会声会影、影音宝典、Windows Movie Maker 等。

3. 非线性编辑规则

非线性编辑的过程是一次艺术创作的过程，更是一项复杂的技术操作过程。在编辑的过程中并非是随心所欲的操作，编辑的过程中要符合生理和心理规律。在编辑的过程中要遵循一定的逻辑规律，特技的使用也要符合人类审美和视听觉的心理规律。

(1) 镜头——视频编辑的基本单位。镜头是指在视频编辑的过程中从开机到关机所拍摄下来的一段连续的画面，有时把两个剪接点之间的片段也叫一个镜头。镜头是影视造型语言中最基本的单位，一部影片一般是由若干个镜头组接而成的。镜头有长有短，长的镜头可能要几十分钟，短的镜头仅有几秒。画面和镜头也不相同，有时候一个镜头包含了好几个画面，有时一个画面使用了不同的镜头。画面侧重艺术造型，镜头侧重时间结构。

(2) 蒙太奇——镜头间的逻辑。蒙太奇(montage)在法语中是“剪接”的意思，但在电影编辑中它被发展成一种电影中镜头组合的理论。蒙太奇就是根据影片所要表达的内容和观众的心理顺序，将一部影片分别拍摄成许多镜头，然后再按照原定的构思组接起来。蒙太奇一般包括画面剪辑和画面合成两方面，画面剪辑是指由许多画面或图样并列或叠化而成的一个统一图画作品，画面合成是指制作这种组合方式的艺术或过程。电影将一系列在不同地点、从不同距离和角度、以不同方法拍摄的镜头排列组合起来，叙述情节，刻画人物。但当不同的镜头组接在一起时，往往又会产生各个镜头单独存在时所不具有的含义。例如卓别林把工人群众赶进厂门的镜头，与被驱赶的羊群的镜头衔接在一起；普多夫金把春天冰河融化的镜头，与工人示威游行的镜头衔接在一起，就使原来的镜头表现出新的含义。在视频的制作中也遵循电影蒙太奇，导演按照剧本或影片的主题思想，分别拍成许多镜头，然后再按原定的创作构思，把这些不同的镜头有机地、艺术地组织、剪辑在一起，使之产生连贯、对比、联想、衬托悬念等逻辑关系以及快慢不同的具有节奏的影片。

(3) 景别——镜头的达意方式。景别是指由于摄影机与被摄体的距离不同，而造成被摄体在电影画面中所呈现出的范围大小的区别。景别的划分一般可分为五种，由近至远分别为特写(人体肩部以上)、近景(人体胸部以上)、中景(人体膝部以上)、全景(人体的全部和周围背景)、远景(被摄体所处环境)，如图 4.1.14 所示。远景具有广阔的视野，常用来展示事件发生的时间、环境、规模和气氛。全景用来表现场景的全貌或人物的全身动作，在影片中用于表现人物之间、人与环境之间的关系。中景是叙事功能最强的一种景别，重点在于表现人物的上身动作。拍到人物胸部以上，或物体的局部称为近景，近景着重表现人物的面部表情，传达人物的内心世界。拍摄画面在人肩部以上的头像，或其他被摄对象的局部称为特写镜头，特写镜头能细微地表现人物的面部表情，主要用来描绘人物的内心活动。在电影、电视中，导演和摄影师利用复杂多变的场面调度和镜头调度，交替地使用各种不同的景别，可以使影片剧情的叙述、人物思想感情的表达、人物关系的处理更具有表现力，从而增强影片的艺术感染力。

图 4.1.14　不同景别示意图

(4) 组接——镜头的衔接方式。把两个镜头连接在一起的过程称为组接。镜头间使用切换技巧的组接方式称之为转场。镜头组接要符合生活的逻辑和思维逻辑,既要符合人类的思维习惯,又要遵循影视表现的规律。常用的组接技巧有利用动作组接、利用出入画面组接、利用物体组接、利用因果关系组接、利用声音组接、利用空镜头组接等。镜头组接时景别的变化要循序渐进,不能跨越太大。镜头组接时要动接动,静接静,两个组接镜头在影调、色彩上要统一。镜头除了直接组接外,还可以使用一定的切换技巧组接,也就是利用转场组接。

4. 非线性编辑要素

(1) 转场。转场是指两个相邻视频间的过渡方式,常用的转场有淡出、淡入、划变、3D、色键等。在平淡的镜头间添加转场,会改善视觉效果,提高影片的表达效果。转场的主要作用是展示空间的推移、时间的更迭和情节的变化。例如从夜晚的镜头到黎明的镜头间转场逐渐过渡的视觉效果要比硬切好得多,从一个 3 岁小孩的镜头到 18 岁青年的镜头使用淡出、淡入会给观众一个心理缓冲的过程,利用翻页转场效果会缩短镜头间的时空跨度,利用色键效果可以实现冰天雪地的镜头到春暖花开的镜头顺利切换。

(2) 字幕。字幕泛指出现在电影荧幕或电视荧屏上的对话文字、其他解说文字以及其他性质的文字。字幕一般叠加在视频或者图像上,它是影视表达中不可缺少的元素。字幕包括标题字幕、滚动字幕、语言字幕、说明字幕等。字幕提高了单元时间内信息传播的速度和质量,可减少听觉误差,减少不必要的解说时空,参与视觉构图,强化重要信息。①

标题字幕是影片的门面,许多优秀的影片标题字幕无论从艺术造型和技术制作上都很讲究。语言字幕是视频编辑中最常见的字幕,语言字幕是语言更准确的表达,或者是对方言、外语的翻译,它是更加准确地了解画面信息的重要元素。说明性字幕是对画面的进一步补充和说明,强化表达的主题,丰富画面视觉效果。滚动字幕是对演职部门、人员和制作部门、人员的翔实说明,一般放在视频结尾。

(3) 音效。视频是视听综合的媒体,影视是声画结合的产物。在视频信息的表达过程中声音处于同等重要的地位,声音是画面的补充、说明、深化。声音和画面是相辅相成、相互支撑、和谐统一的。缺少了音效的画面是苍白无力的,没有声音的视频会让观众捉摸不定。在视频编辑中音效包括语言、音响、音乐。语言包括同期声、解说词、对白、旁白。语言在视频中起到叙述、抒情、议论等作用,利用语言可表现画面中蕴藏的深层含义,深化主题。音响是指自然界的各种物体发出的声音,如鸟叫的声音、汽车鸣笛的声音、水流的声音等。音响会增强表达的现场感和真实感。音乐在表达的过程中起到填补画面空白、烘托气氛、激发情感、深化主题的作用。

(4) 视频滤镜。为了达到更好的视觉艺术效果,在后期视频编辑的过程中需要对视频素材添加视频滤镜。不同的软件视频滤镜效果各不相同,大致包括色彩调整滤镜、模糊与锐化滤镜、融合滤镜、扭曲滤镜、效果滤镜等,有关这些滤镜的内容在后面要详细介绍。

4.1.4 电视教材创作

与冷冰冰的文字教材相比,电视教材是“活”教材,电视教材因直观形象的表达方式和动态化的呈现方式深受中小学生喜爱。文字教材是大量的文字,需要阅读才能获取信息。电视教材是

① 张晓峰. 当代电视编辑教程[M]. 上海:复旦大学出版社,2007.

活动的影像，通过看就能理解。

1. 电视教材

教材是指载有教学信息的一切物质和信息资源。教材的发展经历了口语语言媒介、文字媒介、印刷媒介、电子媒介四个阶段。[①] 电视教材是利用视音频把教学的内容和教学过程直播、录制下来供学习和研究的信息资源，它是根据课程教学大纲(课程标准)的培养要求，利用电视手段呈现教学内容，并利用视频录像技术进行记录、存储、传播以及重放的视听教材。电视教材可以突破时空限制呈现信息，有效整合人力、设备、技术优势提高信息呈现的效果。利用视频可以将遥远国度的风土人情、地域地貌、特色动植物呈现到课堂上，拓展学生视野。视频可以加速或减慢呈现事物发展变化的过程，对于发生在瞬间的现象可以减速慢放便于观察细节，有些现象发展缓慢可以通过加速呈现变化的过程。

2. 电视教材的创作过程

电视教材的创作是一项创造性的技术与艺术的综合过程，电视教材创作人员既要有一定的艺术涵养，还要具备电视制作的专业技能。好的电视教材既有美观的画面又有高超的制作技巧。电视教材的创作是从教学过程的需求出发，提出了利用电视手段解决教学问题的摄制方案，根据摄制方案拍摄制作出电视教材，然后试用、评价，根据反馈信息修改完善的过程。图 4.1.5 是电视教材创作过程示意图，包括选题、编制摄制提纲、拍摄、后期制作、试用评价、包装发行等环节。

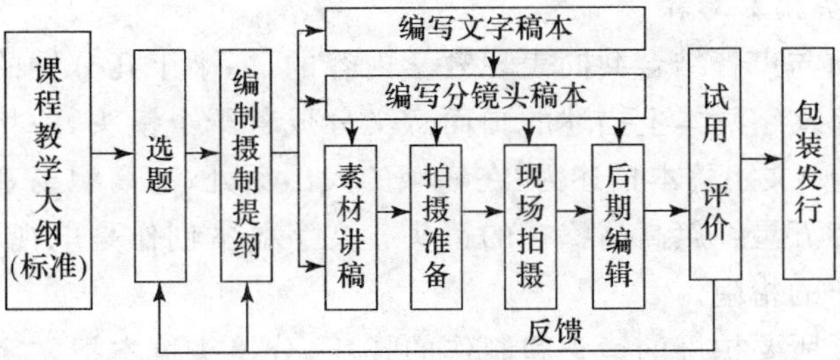

图 4.1.15 电视教材创作过程示意图

(1) 选题。选题是选择、确定电视教材的表现形式和制作方式，包括教学方式的选择、教学手段的应用、教学素材的准备、地点和道具的确定等。电视教材选题的依据是教学内容、教学对象、教学的组织形式以及当地的教学条件。在选题时首先要明确所选内容是否适合用电视手段去呈现，其次要弄清楚用怎样的教学形式组织最终的效果更好，最后要确定使用哪种方案制作出的电视教材学习效率高。选题的关键是要选择适宜于活动影像呈现的课程内容。选题恰当与否关系到电视手段的优势能否得到充分发挥，也是决定电视质量高低的关键。

(2) 编写摄制提纲。摄制提纲包括文字稿本、讲稿、分镜头稿本、摄制说明。依据课程教学大纲(标准)编写讲稿和文字稿本，讲稿和文字稿本是在文字教材的基础上深入发掘而产生的，如果没有文字教材先要编写文字教材。在讲稿和文字稿本的基础上编写分镜头稿本，分镜头稿本是电视拍摄和制作的根本依据。为了保障电视教材摄制的顺利进行还要附带摄制说明，摄制说

① 李运林，徐福荫. 电视教材编导与制作[M]. 北京：高等教育出版社，2004.

明详细描述摄制人员和演职人员的具体分工、拍摄注意事项、经费开支等。接下来的环节就是拍摄准备阶段，这个阶段演职人员和摄制人员明确各自分工、准备各自用具、调试设备、熟悉环境。拍摄准备工作要在分镜头稿本和文字稿本的指导下开展，演职人员和摄制人员不能自作主张，如果有更好的意见或建议应及时和负责人沟通。

(3) 拍摄。现场拍摄是电视教材编制的关键环节。拍摄成功与否直接关系到电视教材的优劣，摄制好坏直接关系到后期制作的难度和工作量。这一环节的工作是按分镜头稿本的要求和拟定的拍摄计划进行具体拍摄录制。拍摄一般包括外景拍摄和演播室拍摄。拍摄应尽量一次完成，避免多次重复拍摄，拍摄过程中要注意各个环节以防止拍摄出现问题。应充分检查设备，拍摄完及时观看拍摄效果，保护好拍摄的素材，有条件的话要及时对拍摄的素材进行备份，以免后期错误操作而毁坏。主讲教师要充分熟悉拍摄内容，了解拍摄的内容和要求，尽量避免因主讲教师出错而多次反复拍摄。

(4) 编辑。后期编辑是在所有拍摄完成以后利用编辑设备制作电视节目的过程。后期编辑的过程需要添加图文和声音，有时还要配音或者录制解说词。在编辑的过程中如果缺少镜头还需要补拍，编辑的过程要以文字稿本和分镜头稿本为依据。在编辑的过程中如果发现文字稿本或分镜头稿本的缺陷，应进一步完善文字稿本和分镜头稿本。在保证电视教材质量的前提下允许后期编辑人员适当的做以调整。制作完成后对做好的电视教材要做内部初步评价，然后通过相关部门评审，在试用的过程中进一步完善，最后包装发行。

3. 电视教材分镜头稿本写作

电视教材是由画面与声音结合共同表现教学内容的，一个十几分钟的电视教材是由若干个镜头构成。分镜头是将文字稿本上描述的画面意义分成若干个镜头，并将它们组成镜头组表现文字稿本的内容。[①] 例如文字稿本描述为“在巍峨的大山深处，高高飘扬着鲜红的五星红旗”，应包括远景大山的镜头和五星红旗高高飘扬的镜头。文字稿本创作是电视教材制作的基础，分镜头稿本是电视教材制作的指南。

分镜头稿本描述了所要拍摄的镜头和制作的技巧，分镜头稿本把文字描述变成了可以执行拍摄的具体镜头，是一个从主观到客观的过程。同时，分镜头稿本还描述了解说词、镜头切换技巧、拍摄时间长短、音效等。不同类型的电视教材分镜头稿本的复杂程度有所不同，讲授式的电视教材主要以拍摄主讲教师为主，分镜头稿本在文字稿本的基础上注明拍摄的类别和技巧就可以。专题片、纪录片类的电视教材分镜头稿本就非常详细，要具体描述每个镜头的内容。常见的分镜头稿本的具体格式如表 4.1.1 所示。

表 4.1.1　分镜头稿本的格式表

镜号	机号	景别	技巧	时间	画面内容	解说词	音响	音乐	备注

镜号是当前镜头在整个影片中的排位编号。一个 10 分钟的电视教材如果平均每个镜头为 8 秒钟，那么这个影片就要包含 75 个镜头。机号是指用于拍摄的所有摄像机的编号。在电

① 李运林，徐福荫. 电视教材编导与制作[M]. 北京：高等教育出版社，2004.

视教材的制作过程中很少只用一台摄像机从头至尾进行拍摄，一般要使用两台以上甚至更多台摄像机。如果拍摄过程中只用了一台摄像机，那么这一项内容就可以省略了。景别是指由于摄影机与被摄体的距离不同，而造成被摄体在电影画面中所呈现出的范围大小差异。景别主要反映拍摄对象整体、部分以及环境三者之间的位置关系。技巧包括在拍摄时所有的摄像技巧和镜头之间的切换技巧，摄像技巧包括推、拉、摇、移、跟、降、甩，镜头切换技巧包括硬切、淡出淡入、划像、叠加、分割画面、键控画面等。时间表示镜头持续的时间长短，一般以秒为单位。画面内容是用文字简述所要拍摄的画面。解说词是指和画面对应的解说语言。音响为相应的镜头标注的效果声音。音乐在特定镜头或镜头组添加的乐曲，应注明乐曲的内容以及起始位置。备注是方便在摄制的过程中还有不明事项或者附带内容填写而设置的项目。上表格项目不是所有的电视教材分镜头稿本都必须具备的，根据拍摄的实际情况可以省略部分项目和内容。

4.1.5 非线性编辑软件会声会影简介

非线性编辑软件很多，不同公司生产的软件有所不同，但绝大多数软件的功能都基本相似。会声会影(Video Studio)适合于初学者使用，是一款快速容易学会的视频编辑软件。会声会影，不仅完全符合家庭或个人所需的影片剪辑功能，还可以制作出和专业软件相媲美的影片剪辑效果。会声会影 X2 可以用于创建高质量的高清及标清影片、相册和 DVD。会声会影 X2 简单易学，功能强大，支持各种影视硬件设备，支持多种格式的视频、音频、图像文件。

1. 计算机系统配置的基本要求

(1) 操作系统：Microsoft Windows98、SE、2000、ME、XP。

(2) CPU：Intel PentiumIII 800 MHz 或以上。

(3) 内存：512MB 或以上。

(4) 硬盘：1.2GB 用于安装程序，更多可用硬盘空间。

(5) 显示器：Windows 兼容的显示器，分辨率至少为 1024×768。

(6) 显卡：VGA 显示卡 24 位真彩色或以上。

(7) 声卡：Windows 兼容的声卡。

(8) 光驱：CD-ROM、CD-R/RW 或 DVD-R/RW。

2. 软件安装

会声会影 X2 的安装和普通软件的安装方法是一样的，双击 setup.exe 安装文件，选择相应的安装路径就会成功安装软件。安装成功后桌面会显示快捷启动图标，双击该图标软件就正式启动了。

软件启动后呈现如图 4.1.16 所示的界面，该界面包括三个选项：会声会影编辑器、影片向导以及 DV 转 DVD 向导。同时界面左下角出现“16：9”和“不要再次显示此消息”两个复选框。“16：9”是将编辑的影片画面宽高比例从默认的“4：3”改为宽屏比例“16：9”。如果选择“不要再显示此消息”，下次则不显示此画面直接进入会声会影编辑器。DV 转 DVD 向导可以快速地将 DV 视频转换刻录到 DVD 光盘上。

图 4.1.16　会声会影 X2 启动选择界面

3. 使用“影片向导”制作影片

下面介绍利用“影片向导”快速制作自己的数字影片。选择“影片向导”就会出现影片向导工作界面，影片向导是简略化了的编辑器，通过这个软件就可以快速、简便地制作出自己的影片，无需具备太多专业知识便可快速上手，具体界面如图 4.1.17 所示。

图 4.1.17　会声会影 X2 影片向导界面

(1) 捕获：选择此项可以采集视频素材。单击“捕获”软件会自动搜索链接到电脑的影视硬件设备，视频窗口出现采集预览，“捕获设置”列表区域会出现区间、来源、格式、电视频道、捕获文件夹、选项、捕获视频、捕获图像。此时“捕获视频”按钮会不断闪动，单击该按钮开始捕获视频，“区间”会显示捕获视频的长度，结束单击返回。

(2) 插入视频：选择该项就可以将已经存在的视频文件直接插入到当前编辑的时间轴视频轨道上。如果要选取其中的一段插入到视频轨道上，可以单击“播放”按钮播放视频，按“【”(F3)和“】”(F4)按钮选择入点和出点，可以多次重复插入多个视频素材。

(3) 插入图像：选择该选项会在时间轴上插入各种格式的图像，可以多次反复插入图像。

(4) 插入数字媒体：选择该项可以插入光盘驱动器或文件夹中的数字媒体素材到时间轴上。

(5) 从移动设备中导入：选择该选项可以从移动设备中导入素材文件到时间轴上。

视频素材和图像素材选择结束后单击右下角“下一步”按钮会进入“主题模板”列表。选择相应的模板，添加标题、背景音乐，设置音乐的质量高低和字体大小风格。单击右下角“下一步”按钮进入新的界面，出现“创建视频文件”、“创建光盘”、“在 Corel 会声会影编辑器中编辑”三个按钮以及软件左下角出现保存选项。“创建视频文件”选项可以生成视频文件，“创建光盘”选项将制作好的影片记录到光盘上，“在 Corel 会声会影编辑器中编辑”对当前编辑的影片启动编辑器重新编辑，使用影片向导可以快速制作影片。

4.1.6　会声会影视频编辑过程

影片向导虽然可以快速制作影片，但是利用影片向导制作的影片非常简单，不能制作出复杂技巧的影片。会声会影编辑器可以制作出特技丰富、多层视频叠轨、字幕样式繁多的影片。下面详细介绍利用会声会影 X2 编辑器制作影片的过程，整个过程包括新建项目文件、时间轴上添加视音频素材、运用转场特效、添加字幕、运用视频滤镜、插入声音和音乐、输出数字影片。

1. 新建项目文件

会声会影 X2 编辑器启动后自动生成一个名称为“未命名”和扩展名为“.vsp”的项目文件，通过这个项目文件对视频剪辑的各个方面进行管理。每一个项目文件代表一个不同的编辑过程，通过“文件”菜单下的相应命令可对项目文件进行新建、打开、保存、另存为等不同操作。选择“新建”启动后界面如图 4.1.18 所示。

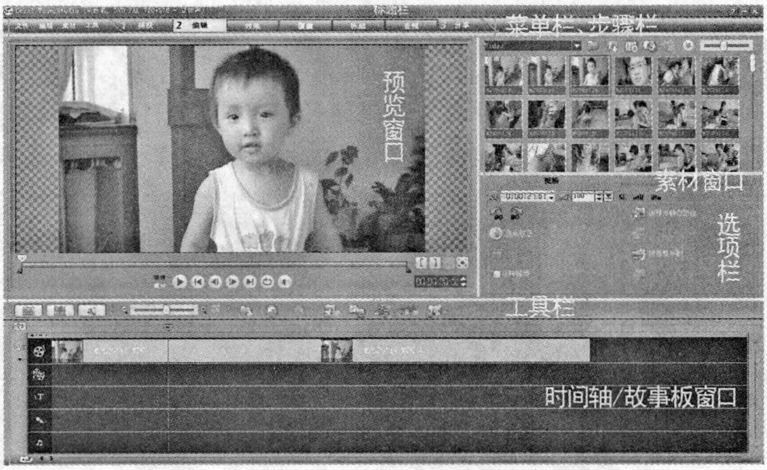

图 4.1.18　会声会影 X2 编辑器主界面

会声会影 X2 编辑器界面包括标题栏、菜单栏、步骤栏、工具栏、选项栏、预览窗口、素材窗口、时间轴/线故事板窗口。软件最上面一行是标题栏，标题栏显示软件版本和项目文件信息。

菜单栏包括文件、编辑、素材、工具。步骤栏包括捕获、编辑、效果、覆叠、标题、音频、分享。其中文件、编辑、素材、工具四个菜单是以下拉列表方式展示菜单项目，步骤栏选中后会在选项栏中列出相应的项目工具或相应的项目属性。素材窗口是显示视频、图像、音频、颜色、转场、标题、视频滤镜等不同类别项目内容的窗口，利用它可以快速浏览、选取相应的素材。工具栏包括视图工具、项目图标放缩工具、操作工具以及设置工具，主要用于系统设置和视频编辑。时间轴/故事板窗口就像导演的剧本，按照音频、视频、声音的类别不同用不同的轨道把不同的素材串在一起，默认时间轴有视频轨、覆叠轨、标题轨、声音轨、音乐轨五个轨道，还可以添加五个覆叠轨和一个标题轨。

2. 时间轴上添加视音频素材

一个项目文件新建完成后，接下来就要导入素材并且把素材添加到时间轴对应的轨道上。素材库中一般显示以前导入的素材，如果前面没有导入素材，整个素材库就是空的。在素材窗口类别选择下拉列表中的 Video，并单击后面的添加视频按钮，弹出“打开视频”对话框，选择存储有视频文件的磁盘路径，并选择相应的视频文件点击“打开”按钮，视频文件就会导入到素材库中，使用组合键 Shift 或 Ctrl 可以一次选择打开多个视频文件。

如果视频是录制在 DV 磁带上就需要通过“捕获”菜单采集视频，如果要省略录制磁带的过程直接使用 1394 线或者 USB 线连接摄像机，选择“捕获”进入采集视频界面，在选项栏中会出现“捕获视频”、“DV 快速扫描”、“导入数字媒体”、“从移动设备中导入”四个选择按钮，如图 4.1.19 所示。“捕获视频”是从外部设备上捕获视频，例如使用摄像头捕获视频。“DV 快速扫描”是扫描 DV 磁带然后捕获视频，“导入数字媒体”是从 DVD、DVD-VR、AVCHD、BDMV 数字媒体设备或文件夹中导入视频。“从移动设备中导入”是指从移动设备导入视频或图像，例如通过手机导入视频和图像。下面以 USB 摄像头为例，介绍捕获视频的详细操作过程。

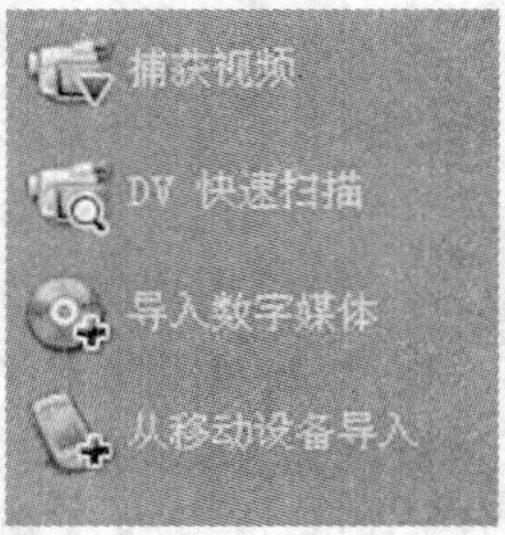

图 4.1.19　捕获视频

首先，选择“捕获视频”按钮出现如图 4.1.20 所示的界面。来源中显示 USB 视频设备，格式下拉列表中有 AVI、MPG、VCD、SVCD、DVD 选项，选择 DVD。捕获文件夹显示捕获文件夹的路径，使用“捕获文件夹”按钮可以选择更改文件夹路径。“选项”按钮可以设置捕获选项和视频属性。选择捕获视频开始采集视频，选择捕获图像开始采集图像，单击“停止捕获”捕获停止。

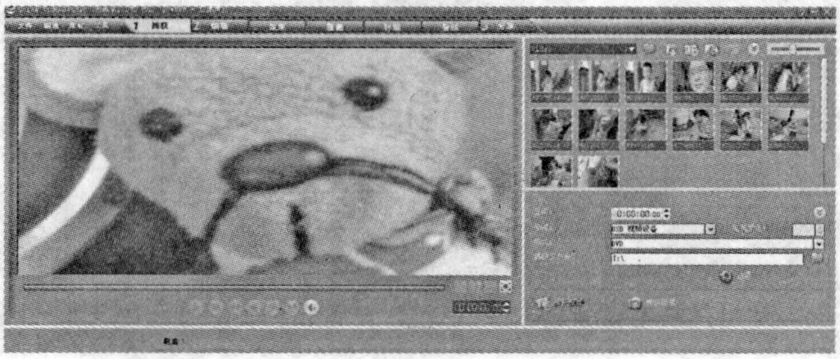

图 4.1.20　“USB 视频设备”捕获视频

其次，把素材库中要编辑的视频部分拖入时间轴相应的轨道。单击素材列表中的素材，拖动素材图标到时间轴视频轨，也可以单击右键选择“插入到/视频轨”。用以上方法不断插入多个视频素材到视频轨上。如果希望画面上出现多个场面的影像就可以在“覆叠轨”上插入视频素材，设置大小位置，如下图 4.1.21 所示。

图 4.1.21　用“覆叠轨”制作画中画效果界面

这时“覆叠轨 ♯1”出现在预览窗口，同时周围出现八个黄色正方形和四个绿色正方形，黄色正方形用来调整大小，绿色正方形用来调整角度，利用鼠标拖动可调整其位置。同时，在选项栏中出现编辑和属性两选项卡，单击不同选项卡，显示不同的内容，如图 4.1.22 和图 4.1.23 所示。

图 4.1.22　覆叠“编辑”选项卡

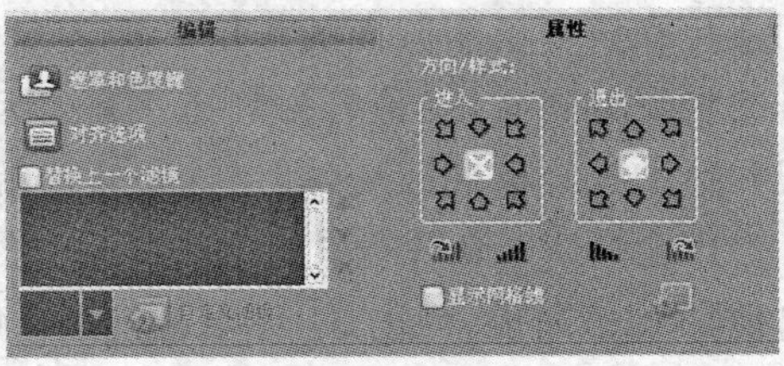

图 4.1.23　覆叠“属性”选项卡

选中编辑选项卡会有视频时间长短、声音音量、静音、声音淡出、声音淡入、将视频逆时针旋转 90 度、将视频顺时针旋转 90 度、色彩校正、回放速度、反转视频、保存为静态图像、分割音频等选项。选中“属性”选项卡会出现遮罩和色度键、对齐选项、进入、退出等选项。这些项目都非常有用，大家可以尝试应用。如果覆叠轨不够可以用轨道管理器添加。

3. 运用转场效果

为了提高两个视频在画面切换过程中的视觉效果，在两个视频素材过渡时经常使用转场效果。选择素材窗口素材类别中的“转场”，界面进入“效果”步骤，在右面的下拉列表选择任意一个选项，选择一个转场特效拖动到视频轨两个视频交界的位置，依次对时间轴上的多个视频添加转场效果，如图 4.1.24 所示。转场中共有收藏夹、My favorites、3D、Build、Clock、F/X、Film、Flashback、Mask、Peel、Push、Roll、Rotate、Slide、Stretch、Wipe 等选项，收藏夹和 My favorites 是不同的编辑者把自己喜爱的转场效果收藏起来供编辑的时候快速选择，节省了挑选、试看效果而浪费时间，提高了效率。转场效果默认的时间长度为 1 秒，如果需要调整时间，用鼠标点击时间轴两视频素材转场效果处，当出现调整按钮后向左右拖动，就会看到图标变长或变短，调整到合适的长度后松开鼠标即可。

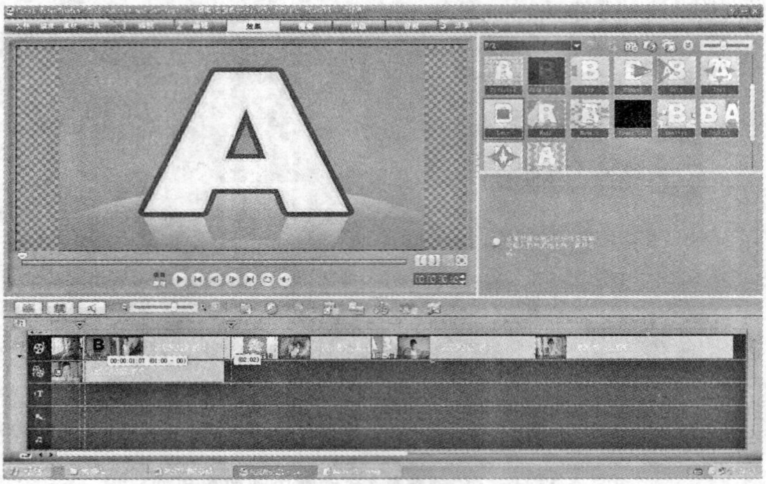

图 4.1.24 “转场”效果

4. 添加字幕

字幕是视频编辑中不可缺少的元素，它作为抽象的符号和图形(图像)的补充出现在画面中，起到强化和解释说明画面的作用。从艺术构图的角度看，字幕分为标题字幕和说明性字幕。从字幕的呈现方式看，字幕分为静态字幕和动态字幕。[①] 非线性编辑软件的发展使得字幕制作的外观和运动技巧彻底改变，利用这些软件就可以轻松地制作出高水平的字幕。

会声会影 X2 编辑器中的“标题”是专门用来制作、管理字幕的项目。单击“标题”，素材窗口会出现“Title”列表，列出 31 种字幕模板，预览窗口显示“双击这里添加标题”，只要选择相应的模板做相应的修改就可以使用了，如图 4.1.25 所示。

图 4.1.25 添加“标题”效果

① 王志军.数字媒体非线性编辑技术[M].北京：高等教育出版社，2005.

选项栏中会出现“编辑”、“动画”两个选项卡，“编辑”选项卡是对字幕的内容和外观进行设置的工具，“编辑”列表中包括时间、粗体、斜体、上对齐、居中、下对齐、将文字方向更改为水平/垂直、字体、字体大小、选取标题设置预设值等，如图 4.1.26 所示。其中保存字幕文件和打开字幕文件按钮可以保存为或者打开.utf 格式的字幕文件。选择“动画”选项卡勾选“应用动画”复选按钮出现类型选项和字幕动画模板，如图 4.1.27 所示。

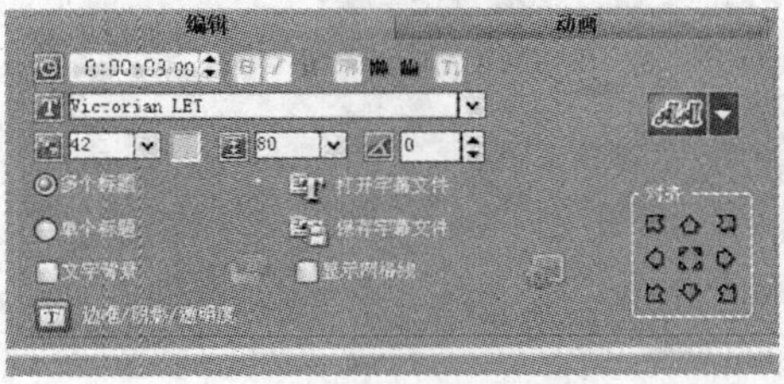

图 4.1.26　标题“编辑”选项卡

图 4.1.27　标题“属性”选项卡

5. 运用视频滤镜

前面介绍的转场特效用于两个素材之间添加过渡，并不能改变素材本身的颜色、尺寸、风格等要素。利用视频滤镜可以改变视频本身的属性，会声会影可以添加气泡、云、雨等效果。会声会影编辑器中共有 61 种视频滤镜，可以做出效果丰富的影片。在素材窗口中的类别选择中选取“视频滤镜/All”，会出现 9 大类视频滤镜。视频滤镜可以添加到视频轨和覆叠轨的图像和视频素材上。选择“覆叠轨 # 1”分别拖动“Bubble”和“Duotone”到该素材上，选择视频轨素材拖动“Lensflare”到该素材，最终效果如图 4.1.28 所示。

在视频制作过程中经常会碰到抠像效果，在会声会影 X2 编辑器中它是通过设置遮罩和色度键来实现的。选择视频素材并在选项栏中选取“属性/遮罩和色度键/应用覆叠选项”即可实现，如图 4.1.29 所示。

图 4.1.28　“Bubble”和“Duotone”视频滤镜效果

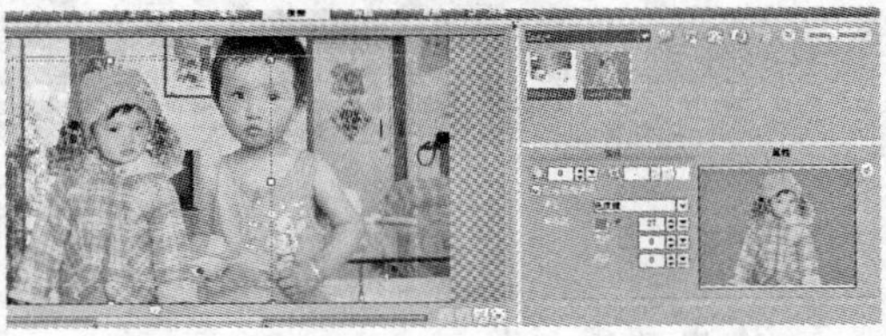

图 4.1.29　色度键“抠像”效果

6. 插入声音和音乐

配乐是选取与画面内容、节奏一致的音乐，后期配音包括解说、效果声音与音乐。解说词要求声音优美、吐字清晰。效果声音要求与画面协调一致，音乐节奏、情绪要与画面相吻合。如果在视频编辑前已经录制、搜集了音乐、声音效果、解说素材，通过“音频”就可以将其导入素材库并添加到时间轴声音轨和音乐轨上。如果在视频编辑前没有录制、搜集音乐、声音效果、解说素材等就需要制作。单击“音频”步骤在素材窗口单击“加载音频”按钮，导入指定音乐，接着选择入点和出点并拖动这个声音图标到音乐轨上。然后单击声音轨，插上话筒设置 Windows 音量声音图标“录音/麦克风”，选择选项栏中的录音，测试音量并单击“开始”按钮开始录音，要结束录音时单击选项栏“停止”按钮即可，如图 4.1.30 所示。

图 4.1.30　音频“录音/麦克风”调整音量对话框

“音频”步骤选项栏有两个选项卡，分别为“音乐和声音”、“自动音乐”。“音乐和声音”选项卡中有“时间”、“素材音量”、“淡入”、“淡出”、“录音”、“从音频 CD 导入”、“回放速度”、“音频滤镜”、“音频视图”等选项。“回放速度”可以改变音频的播放速度，速度改变的同时播放的听觉效果也改变了。“音频滤镜”选项可以给音频添加滤镜，滤镜有长回音、混响、放大、删除噪音等，选中后单击“添加”按钮并确定，音频滤镜即添加成功。单击“音频视图”按钮时间轴切换到音频视图模式，显示所有音频项目的同时还显示音频增益线，鼠标单击添加控制点，鼠标上下拖动调整音频增益高低，将其拖动到素材之外删除控点，如图 4.1.31 所示。

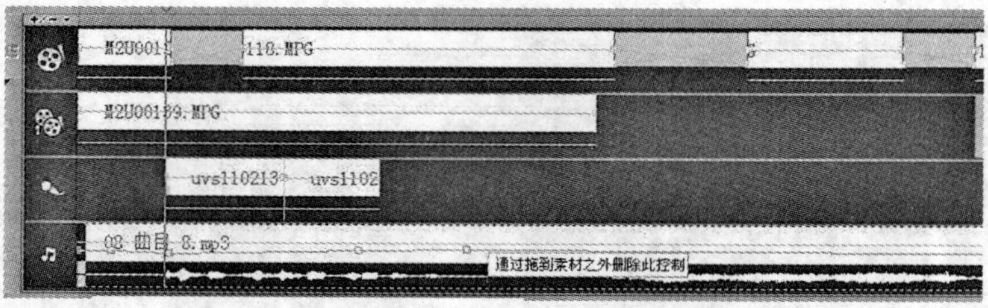

图 4.1.31　音频增益线调整画面

7. 输出数字影片

在编辑结束后就需要把编辑好的节目输出，使编辑的视频能够脱离会声会影平台而成为独立文件，让它能够在各种播放软件和硬件上被顺利播放。会声会影 X2 中通过“分享”步骤实现数字视频的输出。在介绍输出前简略介绍工具栏的项目和具体的功能。工具栏包括视图工具、项目图标放缩工具、操作工具以及设置工具。视图工具包括故事板视图、时间轴视图、音频视图。项目图标放缩工具可以修改时间轴上图标显示的时间单位。操作工具包括将媒体文件插入时间轴、撤销、重复。设置工具包括启用/禁用智能代理模式、成批转换、轨道管理器、启用/禁用 5.1 环绕声、绘图创建器。启用/禁用

智能代理模式可以启用或者禁用智能代理模式，还可以设置系统参数。成批转换可以将多个视频文件转换为 3gp、flc、flv、mp4、mpg 等格式。轨道管理器可以添加 5 个覆叠轨和一个标题轨。启用/禁用 5.1 环绕声可以启用或者禁用 5.1 环绕声。绘图创建器可以打开一个绘图工具，单击该工具进入绘图编辑器，用这些工具可以绘制静态或动态图像，如图 4.1.32 所示。

图 4.1.32 绘图创建器界面

接下来介绍影片输出的操作过程。在所有的编辑操作全部结束，并且通过预览对节目觉得满意就可以输出节目了。单击选择“分享”步骤，选项栏会出现如图 4.1.33 所示画面。“分享”步骤包含了六个具体的项目，每个项目决定节目输出为什么类型。

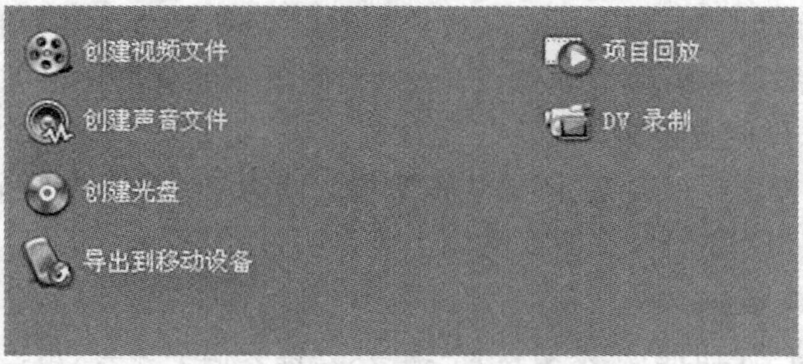

图 4.1.33 影片输出选项框

“创建视频文件”选取用于创建视频文件的模板，也可通过自定义设置不同输出格式和相应的参数。“创建声音文件”为此视频创建不同格式的音频文件。“创建光盘”打开 DVD 制作向导，帮助创建 DVD 光盘。“导出到移动设备”将视频文件导出到不同类型的移动设备上。“项目回放”将整个项目输出到录像带或者 TV 监视器上，如果没有就全屏回放整个项目，按 ESC 键停止回放。“DV 录制”是将素材库中选中的视频文件录制到 DV 摄像机上。选择“创建视频文件/PAL DVD(16∶9，Dolby Digital 5.1)”在弹出的“创建视频文件”对话框中选择路径并填写文件名，按“保存”按钮开始生成视频文件，等进度显示条为 100%生成结束，生成的新视频文件也被自动调入视频素材库。

4.2 动画制作

4.2.1 数字动画

动画是一门综合艺术，它融合了绘画、摄影、电影、音乐、文学等众多艺术门类的艺术表现形式。动画更是一门幻想艺术，通过各种技术手段创造出人类不可能看到的影像，更容易直观表现和抒发人们的感情，激发人类的想象力和创造力。数字动画是技术与艺术的融合，是动画艺术表现形式与计算机图像技术相互渗透的产物。

1. 数字动画

动画的汉语意思为活动的图像，英文是“Animation”，含义为经由创作者的安排，使原本不具生命的东西像获得生命一般的活动。数字动画是指根据故事情节把人、物的动作、表情等用计算机绘制出一系列图像，然后利用视觉暂留原理用计算机连续播放这些图像而形成的活动影像。数字动画是计算机图形学与造型艺术相结合的产物。[①]按照表现展示空间维度的不同数字动画分为二维平面动画和三维立体动画。按照制作工具不同数字动画分为手工绘制为主的传统动画和以计算机制作为主的数字动画。从播放效果来看数字动画分为顺序动画和交互式动画。在网页中动画一般为二维动画，在电视节目中的片头、建筑动画一般是三维动画。

2. 数字动画制作软件

数字动画由电脑代替了传统动画绘制工具，传统动画制作的程序也被计算机动画制作软件代替。现在数字动画制作软件很多，二维动画制作软件有 GIF Animator、Flash、Firework、GIFCON 等。三维动画制作软件有 Animator Pro、3DS MAX、Morph、Cool 3D、MAYA 等。以上软件虽然都是制作动画的，但是由于软件的侧重点不同，软件的界面和操作也各不相同。例如 Flash 和 Firework 都是网页动画软件，Firework 侧重于强大的文字艺术效果，而 Flash 的优点是交互性强。Cool 3D 侧重于简单片头三维动画制作，而 3DS MAX 功能就非常强大，可以开发各种综合性动画，但操作界面复杂、不易快速掌握。同为三维动画制作软件，MAYA 在影视动画制作上功能强大，而 3DS MAX 在游戏动画上优点明显。

3. 动画制作基本过程

动画制作过程包括动画的创意策划、剧本编写、分镜头稿本编写、角色形象创作、动作表情绘制、场景绘制、摄影、剪辑、配音、字幕、合成等环节。在创作动画前要做好筹备工作，包括剧本的创作、素材取舍、角色形象的创作。大家熟悉的喜羊羊，它的形象创作就非常成功，把温柔善良的羊的形象赋予机智聪明人的禀性，成为中国家喻户晓的动漫形象。剧本编写非常关键，一个好的角色形象需要在动人的故事中显现。动画的绘制也是保证动画质量的重要环节，没有优美的画面，动人的故事就会变得苍白无力。制作出来的动画需要剪辑、配音、字幕、合成等环节才能走向荧屏。

4. 制作动画需要哪些方面的知识

首先，需要提高制作者的文学创作能力。故事情节和角色形象的创意都需要发挥创作者的聪明才智，动画制作的方法和理念是一个人人文素养的体现。其次，多学习美学方面的知识，特别是艺术设计方面的知识。平时在欣赏影视作品时要关注造型、色彩、构图等方面的知识。再次，多了解心理学、音乐、电影方面的知识。画面要符合观众视觉生理和心理特性，需要学习视听心理方面的知识。由于做成的动画还需要配音，因此需要懂得音乐方面的知识。动画的剪辑要符合电影制作的理论，动画创作的过程要符合电影创作的要求，还要学习电影方面的知识。最后，要掌握计算机软件制作方面的知识。掌握了动画制作软件的操作技能，基本上就可以做动画了。

---

① 孙艳. 手绘动画 VS 数字动画[J]. 中国电视，2005(11)：68-71.

4.2.2 动画制作软件 Flash

Flash的前身是Future Wave公司的Future Splash,是世界上第一个商用的二维矢量动画软件,用于设计和编辑Flash文档。1996年11月,美国Macromedia公司收购了Future Wave,并将其改名为Flash。在Flash 8以后,Macromedia又被Adobe公司收购,最新版本为Adobe Flash CS5。Flash是一种交互式动画设计工具,用它可以将文字、图像、音乐、视频、动画以及富有创意的交互界面融合在一起,以制作出高品质的网页动态效果。

1. Flash动画软件特点

Flash是一种创作工具,用它可以创建演示文稿、应用程序和其他允许用户交互的内容。Flash可以包含简单的动画、视频内容、复杂演示文稿和应用程序等。使用Flash创作的内容包含图片、声音、视频和动画等多样的媒体形式,同时还具备丰富的动态性和强大的交互性,综合起来Flash软件具有以下特性:

(1) 矢量绘图和流式播放技术。与位图图形不同的是,矢量图形可以任意缩放尺寸而不影响图形的质量。矢量图形使用称作矢量的直线和曲线描述图像,矢量还包括颜色和位置属性。矢量图形与分辨率无关,这意味着它们可以显示在各种分辨率的输出设备上,而丝毫不影响品质。流式播放技术使得动画可以边播放边下载,从而节约了网页浏览者等待下载的时间。

(2) 交互性。Flash软件最先提出"交互电影"这一概念。交互是人机互动的过程。用Flash制作、生成的动画在动画播放时一改过去观众被动观看电影的方式,变为观众通过响应操作而主动选择观看电影内容。

(3) 集成性和强大的编辑功能。Flash能够把不同格式的图像、图形、音频、视频、动画、声效以及交互方式融合在一起,将多种信息表现形式集于一身,提高信息呈现的效果。最新的ActionScript 3.0编程语言可以编写出功能强大的应用程序。对不同类型视频、音频的支持以及内置的设备模板和不断更新的设备参数文件可以大大简化移动内容的创建过程。

2. Flash软件的基本界面

启动Flash 8,在弹出的对话框中选择"创建新项目/ Flash文档",图4.2.1是Flash 8文档编辑界面。最上面是软件的标题栏。下面一行是菜单栏,包括"文件"、"编辑"、"视图"、"插入"、"修改"、"文本"、"命令"、"控制"、"窗口"和"帮助"选项。菜单栏显示包含用于控制Flash功能的命令的菜单。左边的竖列为工具面板,中上为时间轴,中间为舞台,中下为属性面板。右侧是颜色、库面板。为了绘图方便和节省版面空间,Flash在动作、属性、混色器、库、组件等面板中使用了折叠/展开的显示方式,单击三角形按钮相应的面板会折叠或者展开显示。菜单栏包含所有操作命令,工具面板是绘制图形的工具集合,时间轴用于组织和控制文档内容在一定时间内播放的图层数和帧数。舞台是播放动画的主要场所,它是创建Flash文档时放置图形内容的矩形区域。各种面板是设置不同对象属性的操作命令集合。

3. Flash绘图工具

动画是由静态画面连续播放形成的,所以制作动画离不开学习绘制静态画面,下面详细介绍Flash的工具面板。如图4.2.1所示,工具面板由四个板块组成,分别是工具、查看、颜色以及选项。工具是专门用来绘制图形的,查看是用来浏览画面效果的,颜色是用来设置线条和填充效果、颜色的。选项是对其他工具的进一步补充,选取的工具不同选项中的内容也就不同。

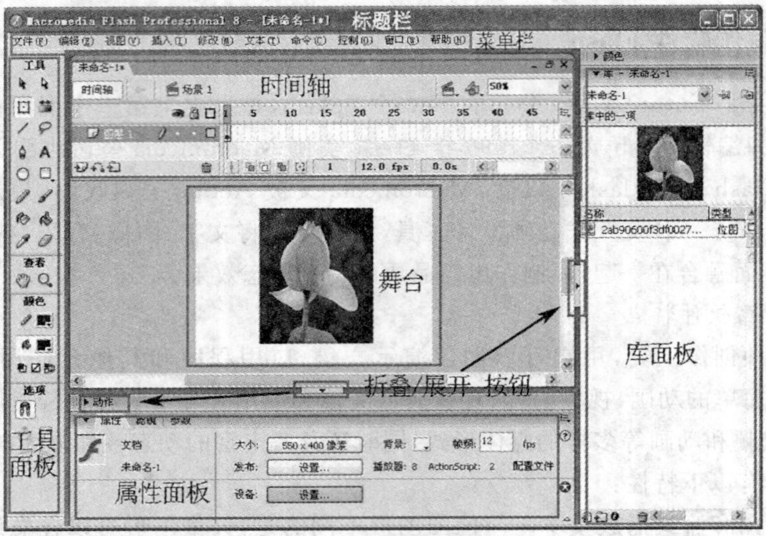

图 4.2.1　Flash 8 主界面

（1）选择工具用来选取对象。要对一个对象移动、删除、复制时首先要把这个对象选中才能执行相应的操作。选择工具的另一个作用是将直线修改为曲线，在进行该操作时不用选中一条直线，只需将鼠标移到直线中间就会出现弧线，接着拖动鼠标便可以轻松将直线变为曲线。

（2）部分选择工具用于改变被选取对象的控制点，从而改变被选取图形的形状。每一个绿色的正方形为一个控制点，单击激活这个控制点可以改变这个点的位置和这点切线的斜率，还可以改变相邻两个点的切线斜率。

（3）任意变形工具可以改变被选取图形的大小和方向。选中任意变形工具在选项中会出现贴紧至对象、旋转与倾斜、缩放、扭曲、封套，应用这些工具就会做出独特的效果。

（4）填充变形工具是通过改变渐变颜色的控制点，从而改变渐变色效果。

（5）线条工具可以绘制直线，选中该工具属性面板会出现笔触颜色、笔触高度、笔触样式等选项，通过更改这些项目可修改绘制线的外观。画线时按住 Shift 键可以绘制水平、垂直、45 度的直线。

（6）选取不规则部分的工具，按住鼠标左键不放可圈选一部分。选项中会出现魔术棒、多边形模式。魔术棒可以按照颜色选取，多边形是按照直线绘制的多边形选取其中部分。

（7）钢笔工具可以绘制贝塞尔曲线，单击一次添加一个控制点，双击左键或单击右键停止。要删除转角点，可用钢笔工具单击该点一次。要删除曲线点，可用钢笔工具单击该点两次。

（8）A文本工具用于输入中文或英文文字，通过属性面板可对文字的字体、大小、颜色等进行设置。

（9）椭圆工具可以绘制圆形或者椭圆。

（10）矩形工具用来绘制矩形，用它还可以绘制星星和多边形。绘制多边形和星星时鼠标选中并按住左键不放，然后选择多角星形工具，在属性中进行设置即可。

（11）铅笔工具可以绘制细线条、直线和曲线。选项中的伸直、平滑、墨水可以绘制折线、弧线以及自由路径的线。

(12) 刷子工具可以绘制有填充颜色的粗线条。选项中会出现不同的涂色模式、刷子的大小和形状。单击“刷子模式”功能键并选择一种涂色模式，“标准绘画”可对同一层的线条和填充涂色。“颜料填充”对填充区域和空白区域涂色，不影响线条。“后面绘画”在舞台上同一层的空白区域涂色，不影响线条和填充。“颜料选择”当在“填充”功能键或“属性”检查器的“填充”框中选择填充时，“颜料选择”会将新的填充应用到选区中。“内部绘画”对所在的填充进行涂色，但不对线条涂色。

(13) 墨水瓶工具用于修改轮廓线条的颜色。

(14) 颜料桶工具用于修改图形的填充颜色。如果要在填充形状之前手动封闭空隙，应选择“不封闭空隙”。对于复杂的图形，手动封闭空隙会更快一些。如果空隙太大，必须手动封闭它们，选择某个封闭选项，让 Flash 填充有空隙的形状。

(15) 滴管工具拾取选取点颜色，如果笔触颜色激活就拾取到其中，否则拾取到填充颜色中。

(16) 橡皮擦工具可用来擦除不想要的部分。使用橡皮擦工具进行擦除可删除笔触和填充。用它可以快速擦除舞台上的任何内容，擦除个别笔触段或填充区域，或者通过拖动进行擦除。选择“水龙头”可以删除笔触段或填充区域。“标准擦除”擦除同一层上的笔触和填充；“擦除填色”只擦除填充，不影响笔触；“擦除线条”只擦除笔触，不影响填充；“擦除所选填充”只擦除当前选定的填充，不影响笔触(不论笔触是否被选中)；“内部擦除”只擦除橡皮擦笔触开始处的填充，如果从空白点开始擦除，则不会擦除任何内容，以这种模式使用橡皮擦并不影响笔触。

(17) 手形工具用来拖动工作区，方便浏览工作区的内容。

(18) 缩放工具用来改变工作区的视图大小，单击一次放大/缩小一倍(一半)，使用 Alt 键可以快速互换缩放。

(19) 笔触颜色工具用来改变笔触的颜色，也就是线条的颜色。

(20) 填充色工具用来改变轮廓线内部的填充颜色。

(21) 这三个工具依次为黑白、没有颜色以及交换颜色工具，黑白产生笔触颜色为黑填充色为白的效果，没有颜色是当前激活的笔触颜色或填充色为没有颜色，交换颜色是交换笔触颜色和填充色。

Flash 绘图工具中凡是被选中或者激活的工具背景颜色为白色，反之背景颜色为灰色；凡是工具无法激活就说明选取的对象无法使用该工具。Flash 有“合并绘制”模型和“对象绘制”模型两种绘图模型，为绘制图形提供了极大的灵活性。

使用“合并绘制”模型绘制重叠图形时，绘制的图形会自动进行合并。如果选择的图形已与另一个图形合并，移动它则会永久地改变其下方的图形。例如，绘制一个正方形并在其上方叠加一个圆形，然后选取此圆形并进行移动，则会删除覆盖圆形的那部分正方形，如图 4.2.2 所示。

“对象绘制”模型允许将图形绘制成独立的对象，且在叠加时不会自动合并。分离或重排重叠图形时，也不会改变它们的外形。Flash 将每个图形创建为独立的对象，可以分别进行处理，如图 4.2.3 所示。

图 4.2.2 “合并绘制”模型

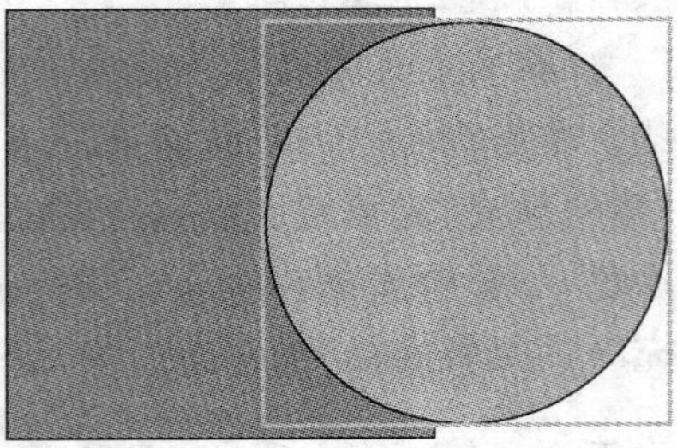

图 4.2.3 “对象绘制”模型

如果选取工具的“贴紧对象”功能键是打开的，拖动元素时指针下面会出现一个黑色的小环。当对象处于另一个对象的对齐距离内时，该小环会变大。如果“贴紧至像素”是打开的，当创建或移动一个对象时，它会被限定到该像素网格内。当选择“贴紧对齐”设置时，可以设置对象的水平或垂直边缘之间以及对象边缘和舞台边界之间的贴紧对齐容差。也可以在对象的水平和垂直中心之间打开贴紧对齐功能。所有“贴紧对齐”设置均以像素为度量单位。

4. Flash 时间轴

Flash 的时间轴用于组织和控制文档内容在一定时间内播放的图层数和帧数，如图 4.2.4 所示。与胶片一样，Flash 文档也将时长分为帧。图层就像堆叠在一起的多张幻灯胶片一样，每个图层都包含一个显示在舞台中的不同图像。时间轴的主要组件是图层、帧和播放指针。文档中的图层列表在时间轴左侧的列中。每个图层中包含的帧显示在该图层名右侧的一行中。时间轴顶部的时间轴标尺指示帧编号。播放指针指示当前在舞台中显示的帧。播放 Flash 文档时，播放头从左向右通过时间轴。时间轴状态显示在时间轴的底部，它指示所选的帧编号、当前帧频以及到当前帧为止的运行时间。

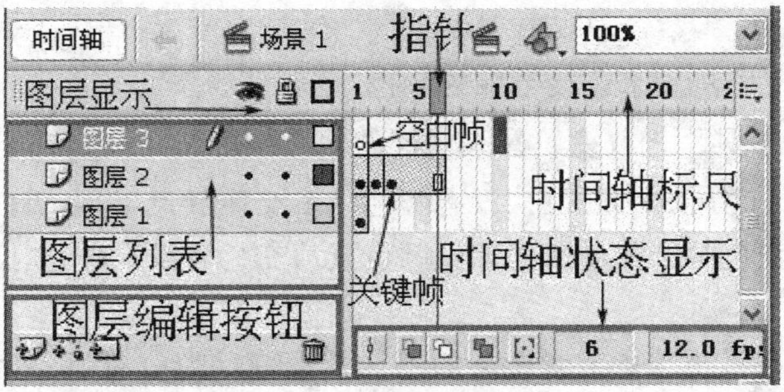

图 4.2.4 Flash 时间轴

图层编辑按钮可以添加、删除图层，添加引导层和图层文件夹，眼睛工具可以隐藏/显示图层内容，锁子工具可以解除锁定图层，正方形工具可以显示图层轮廓。单击哪个图层哪个图层就被选中，双击图层名称可以修改图层名称，单击右键可修改图层属性。时间轴右侧的黑点表示关键帧，白点表示空白关键帧。从黑点到矩形间是连续的灰色表示这些帧的内容是一样的。选定时间轴帧格后单击右键可以插入帧、插入关键帧、插入空白关键帧。插入帧表示把前面的内容延长至当前帧，插入关键帧是指从当前帧开始又是一个至关重要的画面内容，插入空白关键帧是指从当前帧为一个关键帧但还没有内容。

5. *颜色面板*

Flash 8 提供了多种应用、创建和修改颜色的方法。使用默认调色板或者自己创建的调色板，可以选择应用于要创建的对象或舞台中已有对象的笔触或填充的颜色。将笔触颜色应用于形状将会用这种颜色对形状的轮廓涂色。将填充颜色应用于形状将会用这种颜色对形状的内部涂色。

将笔触颜色应用于形状时，可以选择任意的纯色、渐变色、笔触的样式及粗细。对于形状的填充，可以用纯色、渐变色或位图。要将位图填充应用于形状，必须将位图导入到当前文件中。还可以使用“无颜色”作为填充来创建只有轮廓没有填充的形状，或者使用“无颜色”作为轮廓来创建没有轮廓的填充形状，还可以对文本应用纯色填充。使用颜料桶、墨水瓶、滴管和填充变形工具，以及刷子或颜料桶工具的“锁定填充”功能键，可以用多种方式修改笔触和填充的属性。

使用混色器，可以轻松地在 RGB 和 HSB 模式下创建和编辑纯色和渐变填充，如图 4.2.5 所示。混色器提供了更改笔触和填充颜色以及创建多色渐变的选项。可以使用渐变达到各种效果，如赋予二维对象以深度感。例如，可以用渐变将一个简单的二维圆形变为球体，从一个角度用光照射该表面并在球体对面投下阴影即可。纯色提供一种纯正的填充单色。线性渐变产生一种沿线性轨道混合的渐变。放射状渐变产生从一个中心焦点出发沿环形轨道混合的渐变。位图渐变允许用可选的位图图像平铺所选的填充区域。选择位图时，会显示一个对话框，通过该对话框可以选择本地计算机上的位图图像，并将其添加到库中。可以将此位图用作填充，其外观有点类似于形状内填充了重复的该图像的马赛克图案。RGB 允许在填充中更改红色、蓝色和绿色(RGB) 的浓度，其值从 0 到 255 之间。Alpha 将纯色填充设为不透明，或者将渐变填充的当前所选滑块设为不透明。如果 Alpha 值为 0%，则创建的填充不可见(即透明)；如果 Alpha 值为 100%，则创建的填充不透明。

使用“颜色样本”面板可以导入、导出、删除和修改文件的调色板，如图 4.2.6 所示。可以在混色器中以十六进制模式选择颜色，也可以从工具栏或“属性”检查器的“笔触和填充”弹出窗口中选择颜色。使用颜色自定义可以选择自己喜欢或者常用的颜色到自定义颜色。自定义颜色提供了 RGB 和 HSB 两种模式，可以选择颜色的色调、饱和度、亮度，也可以改变三基色 RGB 的值，如图 4.2.7 所示。

图 4.2.5 混色器

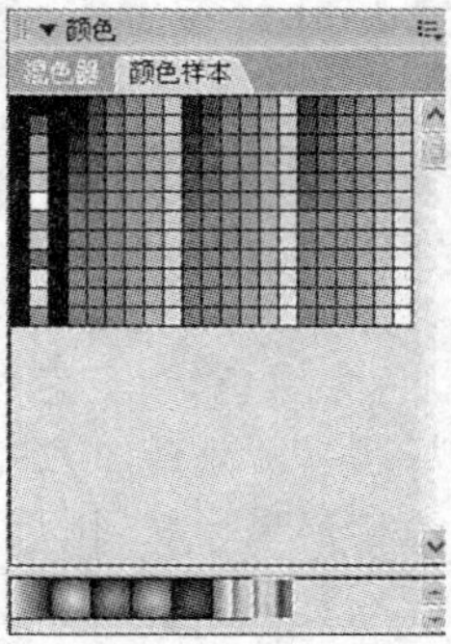

图 4.2.6 颜色样本

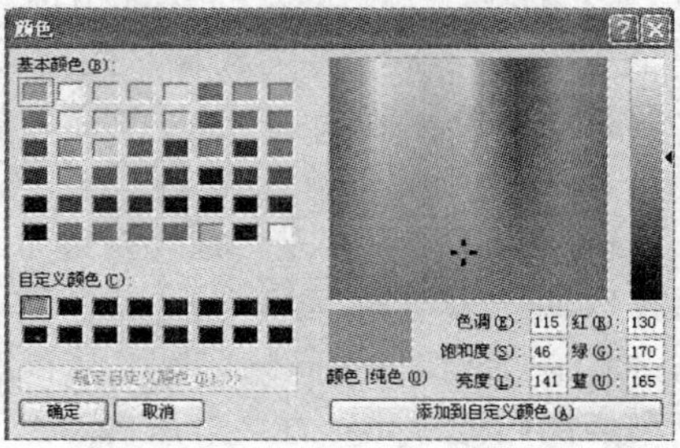

图 4.2.7 自定义颜色

4.2.3 Flash 动画制作

1. 静态画面

动画是由连续播放的静态图像形成的，因此，动画制作离不开静态图像的绘制。静态图像的绘制包括点、线绘制，对绘制的图像着色。绘制的对象一般包括两大类，一类是人物，另一类事物。静态图像绘制涉及素描、色彩等美术学知识，但是利用 Flash 软件绘图工具初学者也可以绘制出漂亮的图片来。

案例 4.2.1 绘制卡通表情

本案例的动画效果如图 4.2.8 所示。

图 4.2.8 卡通表情

【步骤 1】绘制脸蛋。选择椭圆工具，在属性中设置笔触颜色为黑色，笔触高度为1.5，填充色为放射状，左边颜色控制点为＃FCFC61，右边颜色控制点为＃FFB74D。按住 Shift 键绘制一个圆形，用填充变形工具调整高光区域。

【步骤 2】绘制眼睛。选中椭圆工具，笔触颜色为黑色，填充色为白色绘制椭圆，绘制直立的小椭圆。沿椭圆中心用线条工具绘制一条线把小椭圆分成两半。用选择工具把刚才绘制的直线向上拖动变为曲线，填充色设置为＃663300，用颜料桶填色。框选画好的眼睛，按住 Alt 键拖动复制另一个。

【步骤 3】绘制嘴巴、眉毛、红晕。用线条工具绘制直线，用选择工具将其变成曲线移动到适当位置。按照图 4.2.8 所示绘制其他部分。把绘制完成的表情框选用 Ctrl＋G 键组合。

案例 4.2.2 绘制水果

本案例的动画效果如图 4.2.9 所示。

图 4.2.9 水果

【步骤 1】绘制橙子。选择椭圆工具，笔触颜色为黑色，填充色为放射状，颜色控制点从左至右为＃F7F709、Alpha 为 60％，＃F9C806、Alpha 为 100％，＃EAA504、Alpha 为 100％，按住 Shift 键绘制半径为 115PX 的圆形，使用填充变形工具移动高光点和渐变范围。选择椭圆工具，笔触颜色为黑色，填充色为放射状，颜色控制点从左至右为＃D5EA7B、＃403904，画一个宽 10PX、高 8PX 的椭圆。把最后绘制的小椭圆移到画好的橙子上，框选这两个椭圆用 Ctrl＋G 组合键组合。

【步骤 2】绘制苹果。选择椭圆工具，笔触颜色为黑色，填充色为放射状，颜色控制点从左至右为＃F9BF86、Alpha 为 60％，＃CF3727、Alpha 为 100％，＃8F0101、Alpha 为 100％，绘制宽 125PX、高 130PX 的椭圆，用部分选择工具和钢笔工具调整苹果形状，用填充变形工具调整亮光点。在刚绘制椭圆的上部化一直线然后用选择工具将其变成弯曲的弧线，填充弧线分出的部分颜色为放射状＃F9B97D、Alpha 为 70％，＃A94401、Alpha 为 100％，＃5C0101、Alpha 为 100％。选择线条工具和椭圆工具绘制苹果柄，填充色为线性渐变＃22111A、＃B0354F、＃22111A；放射状＃DAF00F、＃1F2406。将以上图形排列好，用Ctrl＋G组合键组合。利用菜单“插入/新建原件”新建名称为高光、类型为图形的元件，用椭圆工具绘制笔触颜色为无色、填充色为放射状＃FCDDBE、Alpha为15％和＃FD3535、Alpha为50％。单击场景一从库中把高光元件拖动到苹果上，从属性面板中设置整体的Alpha为40％。利用菜单“插入/新建原件”新建名称为斑点、类型为影片剪辑的元件，选择刷子工具笔触颜色为无色、填充为放射状＃BD463C、Alpha为60％和＃C04C40、Alpha为100％，用合适的大小绘制斑点，单击场景一从库中把斑点元件拖动到苹果上，从属性面板中设置滤镜为模糊X＝3、Y＝5。最后将这些绘制苹果的图形框选用Ctrl＋G组合键组合。

【步骤3】绘制西瓜。选择椭圆工具，笔触颜色为黑色，填充色为放射状，颜色控制点从左至右为＃8EE707、＃37610E、＃63B70D、Alpha均为100％，绘制半径为335PX的圆，使用填充变形工具移动高光点和渐变范围。选择椭圆外部线条复制，粘贴并用任意变形工具把宽度缩小为60PX，然后把它移动到椭圆中心，重复上面的操作到把西瓜的经线做出来，选择颜料桶选择放射状把第一个颜色控制点明度加深交替填充。接下来绘制西瓜切开图。选择椭圆工具，笔触颜色为黑色，填充色为放射状，颜色控制点从左至右为＃FF9999、＃FD2D2D、＃FFFFFF、＃F3F9EC、＃63B70D，Alpha均为100％，绘制半径为290PX的圆形。选择椭圆工具，笔触颜色为黑色，填充色为放射状，颜色控制点从左至右为＃484848、＃000000绘制两瓜子，用任意变形工具选中两瓜子，移至其中心圆点，打开菜单“窗口/变形”工具，设定“旋转”角度为45度，旋转并复制出一圈瓜子。把瓜子移动到西瓜切开图，框选移动到已画好的西瓜上用任意变形调整宽高，删除不需要的部分，用Ctrl＋G组合键组合。

2. 逐帧动画

案例4.2.3 打开的竹扇

本案例的动画效果如图4.2.10所示。

【步骤1】绘制扇片。选择矩形工具，笔触颜色为黑色，填充色为线性＃00FF00、＃EEFFEE、＃00FF00，绘制宽40PX、高160PX的矩形作为扇片。再选择矩形工具，填充色为线性＃F4CC2D、＃FDF4D7、＃F4CC2D，绘制宽12PX、高118PX的矩形作为右扇柄，将这两个矩形排列位置用Ctrl＋G组合键组合。

图4.2.10 打开的竹扇

【步骤2】制作动画。用任意变形工具选中绘制好的图像，把中心圆点移动到扇钉位置，在时间轴第3帧格处插入关键帧，将已做好的扇片复制后旋转10度。在时间轴第6帧格处插入关键帧，在舞台空白处单击取消选择，单击右面的扇片用变形工具旋转20度复制出第三个扇片。重复以上步骤制作出多个扇片，单击菜单“控制/测试影片”可观看效果。

案例4.2.4 闪烁的烛光

本案例的动画效果如图4.2.11所示。

【步骤1】绘制蜡烛。利用菜单“修改/文档”窗口修改文档尺寸为高400PX、宽300PX，背景颜色为黑色。选择矩形工具，笔触颜色为没有颜色，填充色为线性＃FF0000、＃FE8181、＃FF0000，绘制宽50PX、高200PX的矩形。在图层显示编辑工具中把图层1加锁保护。

注意：图层就像透明的醋酸纤维薄片一样，在舞台上一层层地向上叠加。图层可以组织文档中的插图。可以在图层上绘制和编辑对象，而不会影响其他图层上的对象。如果一个图层上没有内容，那么就可以透过它看到下面的图层。要绘制、上色或者对图层或文件夹进行修改，需要在时间轴中选择该图层以激活它。时间轴中图层或文件夹名称旁边的铅笔图标表示该图层或文件夹处于活动状态。一次只能有一个图层处于活动状态(尽管一次可以选择多个图层)。

图 4.2.11　闪烁的烛光

【步骤 2】绘制蜡焰。使用图层编辑工具栏中“插入图层”插入图层 2，选择椭圆工具，笔触颜色为没有颜色，填充色为放射状＃B30000、Alpha 为 100％，＃F2F137、Alpha 为 90％，＃F0520F、Alpha 为 80％，＃F8F854、Alpha 为 60％，绘制宽 15PX、高 55PX 的椭圆。用填充变形工具调整颜色渐变的范围和中心点。移动画好的蜡焰到前面画好的蜡烛上。

【步骤 3】绘制烛光闪烁动画。选中图层 1 的时间轴 21 帧格并单击右键插入帧。在图层 2 时间轴上分别在 3、6、9、12、15、18、21 帧处插入关键帧。选中刚添加的关键帧，用任意变形工具和部分选择工具调整烛焰大小、形状，使之每帧都产生变化。按回车键测试动画效果。

3. 运动渐变

案例 4.2.5　转动的风车

本案例的动画效果如图 4.2.12 所示。

图 4.2.12　转动的风车

【步骤 1】绘制风车叶片。选择矩形工具，笔触颜色设为没有颜色，填充色为放射状＃00FF00、＃FFFFFF，绘制宽 135PX、高 220PX 的矩形。使用选择工具把鼠标移到矩形右下角，沿对角线向左上拖动变矩形为三角形，再把鼠标移到上边中间，当鼠标形状变为弧线时向外拖动上边变成圆弧形。使用填充变形工具调整中心点和渐变范围，风车的一个叶片就做好了。

【步骤 2】绘制风车。选择任意变形工具单击前面绘制的叶片，拖动中心圆点到左下角，选择菜单“窗口/变形/旋转”，旋转度数为 60 度单击复制并应用按钮复制出第二个叶片，在混色器中修改刚复制叶片的颜色(颜色可以随意设置)。接下来复制其他叶片，并边复制边修改颜色。用椭圆工具画一个小圆圈作为转轴，笔触颜色为没有颜色、填充色任意，拖动这个转轴到风车中心，全选后用 Ctrl＋G 组合键组合，风车就算画好了。

【步骤 3】制作转动的风车。选中时间轴标尺 40 帧格，单击右键插入关键帧。单击时间轴第 1 帧格的关键帧，在属性面板中设置“补间”为动画、“旋转”为顺时针。按一下回车键风车就会转动起来。

案例 4.2.6　奇妙跷跷板

本案例的动画效果如图 4.2.13 所示，大象和鼹鼠在玩跷跷板，玩得很开心！下面我们一起学习制作过程。

【步骤 1】绘制元件。新建图层 1 并将其命名为背景，利用菜单“文件/导入/导入到舞台”选项导入一幅有房子和草地的背景图片，使用任意变形工具调整图片大小，用文本工具输入文字“奇妙跷跷板”。利用菜单“文件/导入/导入到库”选项导入大象、鼹鼠两幅图像。利用菜单“插入/新建元件”选项新建名称为大象、类型为图形的元件，从库中把大象图片拖入，用 Ctrl+B 键分离，去掉背景。利用同样的方法制作鼹鼠图形元件。利用菜单“插入/新建元件”选项分别新建名称为杠杆、支点，类型为图形的元件，用绘图工具分别绘制出这两个图形并填上颜色。

图 4.2.13　奇妙跷跷板

【步骤 2】把元件放置到不同图层。从图层编辑工具栏中选择“插入图层”工具插入图层 2、3、4、5，并分别将其命名为杠杆、老鼠、大象、支点，依次把杠杆、老鼠、大象、支点这四个元件拖动到各自图层(每次只能激活一个图层，注意不要搞混了)，调整他们的位置和方向。

【步骤 3】设置动画效果。选中任意变形工具，单击杠杆出现中心圆点把其移动到支点处，单击大象把中心圆点移到低端，单击鼹鼠把中心圆点也移到低端。给杠杆、大象、鼹鼠在时间轴帧格第 15、30、45 处插入关键帧，并单击右键“创建补间动画”，如图 4.2.14 所示。单击杠杆第 15 关键帧，用任意变形工具让杠杆左端着地。单击大象第 15 关键帧，把大象移到左端杠杆上。单击鼹鼠第 15 关键帧，把鼹鼠移到右端杠杆上。用同样的方法制作出第 30 帧处杠杆水平和第 45 帧处杠杆右着地的动画，测试影片后可发现跷跷板动起来了。

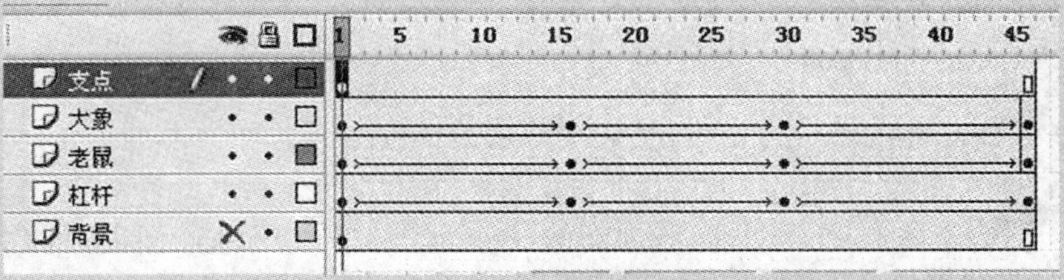

图 4.2.14　“奇妙跷跷板”的图层与时间轴

4. 形状渐变

案例 4.2.7　北京欢迎你

本案例的动画效果如图 4.2.15 所示。

【步骤 1】绘制五环。选择椭圆工具，笔触颜色为黑色，笔触高度为 8，填充色为没有颜色，按住 Shift 键绘制宽高为 85PX 的圆形。选中绘制的圆环，按住 Alt 键鼠标拖动复制其余四个圆环，把笔触颜色更改为蓝、黑、红、黄、绿五种颜色，排列好位置。

【步骤 2】添加形状补间。在时间轴标尺第 10 帧处插入关键帧，在时间轴第 30 帧处插入空白关键帧，用文本工具输入汉字“北京欢迎你”，按 Ctrl＋B 键两次把文字分离为图形。在时间轴第 40 帧处插入帧。鼠标单击选中时间轴标尺第 10 帧，打开属性面板把补间设置为形状，按回车键测试。

图 4.2.15　北京欢迎你

案例 4.2.8　折叠法验证三角形内角和定理

本案例的动画效果如图 4.2.16 所示。

【步骤 1】绘制三角形。利用菜单“视图/网格/显示网格”打开网格。选择直线工具沿着一网格线绘制一条水平的直线，再绘制两条斜线形成一个三角形，删除边沿多出来的线条。用选择工具移动三角形最上面的顶点，使其垂直的高度占有 10 格（偶数），给三角形填上蓝色的颜色。

【步骤 2】分割三角形。沿着上下各为五格的网格线绘制一水平直线 DE，过 D 点画垂直的直线 DF，过 E 点画垂直的直线 EG，删除边缘处多余的线条，并用文本工具标记出 A、B、C、D、E、F、G。

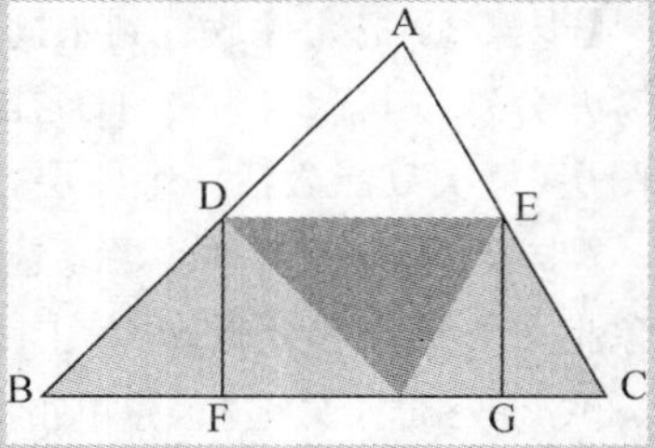

图 4.2.16　折叠法验证三角形内角和定理

【步骤 3】把分割三角形复制到各自图层。用选择工具选中分割好的三角形 ADE，单击右键选择剪贴。用插入图层工具插入图层 2 并改名为 ADE，激活图层 ADE 并按 Shift＋Ctrl＋V 组合键将三角形 ADE 粘贴到该图层。利用同样的方法新建图层 BDF 和图层 CEG，把相应的三角形分别复制到各自图层。

【步骤 4】添加形状补间。激活并选中图层 ADE 时间轴的第 10、20、40 帧格插入关键帧，选中第 20 帧格关键帧把三角形 ADE 填充颜色改为红色，用任意变形工具选中第 40 帧格，把中心圆点移到 DE 边的中间，用菜单“修改/变形/垂直翻转”翻转三角形。选中图层 ADE 时间轴的第 10、20 帧，分别在属性面板添加形状补间动画。利用菜单“修改/形状/添加形状提示”插入 ACBD 形状提示点，注意调整位置让三角形 DE 边不动，顶点 A 发生翻转。同样的方法给图层 BDF 和图层 CEG 在时间轴的第 50、60、80 帧处和第 90、100、120 帧处添加同样的动画。在 140 帧处给所有图层都插入关键帧，按回车键测试影片。

5. 运动引导层动画

案例 4.2.9　超酷飞行器

本案例的动画效果如图 4.2.17 所示。

【步骤 1】绘制飞行器。选择矩形工具中的星形工具，选中这个工具后，设置笔触颜色为黑色、填充色为蓝色，用属性面板的选项工具设置样式为多边形、边数为 3，此时即可画出一个三角形。过三角形的一个顶点画一条垂线，把多余的线条删除，拖动垂线与这个底边的交点移动做出如图 4.2.17 所示的飞行器。

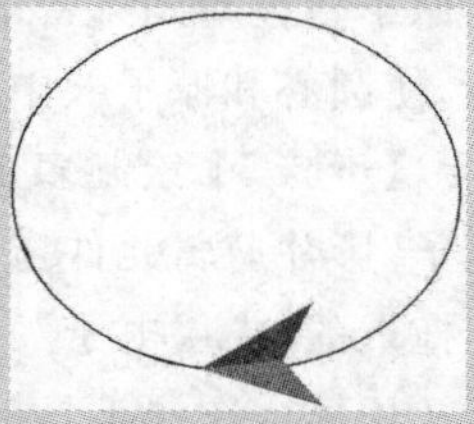

图 4.2.17　超酷飞行器

【步骤 2】绘制轨道。插入图层 2，选择椭圆工具画一个椭圆，笔触颜色为黑色，填充色为没有颜色，选中椭圆后用 Ctrl＋C 键将其复制到剪贴板。

【步骤 3】给飞行器添加运动引导层。激活选中图层 1，用图层编辑工具中的“添加运动引导层”工具插入一个“引导层：图层 1”图层，用 Ctrl＋Shift＋V 键粘贴前面绘制好的椭圆，并把椭圆的笔触颜色改为红色。选择橡皮擦工具把红色椭圆擦出一点缺口。

【步骤 4】添加补间动画。激活选中图层 1 在时间轴第 40 帧处插入关键帧，其他图层在第 40 帧处插入帧。单击图层 1 的第 1 帧，利用属性面板设置补间为动画，再单击图层 1 的第 40 帧，利用属性面板设置补间为动画。用任意变形工具选中图层 1 第 1 帧的飞行器，把中心圆点拖动到飞行器顶端，拖动飞行器吸附到引导线上，勾选属性面板的“调整到路径”选项。利用同样的方法设置图层 1 第 40 帧的飞行器，设置位置和方向并将其吸附到引导线上，按回车键测试。

案例 4.2.10　氧原子的基本结构

本案例的动画效果如图 4.2.18 所示。

【步骤 1】绘制原子核和电子元件。在图层 1 中利用菜单“插入/新建元件”，新建名称为原子核、类型为图形的元件。选择椭圆工具，笔触颜色为黑色，填充色为放射状，颜色控制点从左至右为＃B67616、＃000000，按住 Shift 键绘制半径为 110PX 的圆形，注意圆心在屏幕中心“＋”号处。利用同样的方法新建颜色控制点从左至右为＃1DA2AF、＃000000，半径为 25PX 的圆形的“电子”图形元件。

【步骤 2】绘制内层、外层各一个电子的运动元件。利用菜单“插入/新建元件”，新建名称为内层电子，类型为影片剪辑的元件。拖入“电子”图形元件，用添加运动引导层工具添加引导层，选择椭圆工具，笔触颜色为黑色、填充色为没有颜色，绘制半径为 150PX 的圆形轨道，圆心与屏幕中心“＋”号对齐，用橡皮擦工具擦除一点缺口。在图层 1 第 40 帧处插入关键帧，在引导层的第 40 帧插入帧。在图层 1 的两个关键帧上添加补间动画，调整电子吸附到轨道上。用同样的方法绘制外层电子轨道大小为 300PX 的“外层电子”影片剪辑元件。

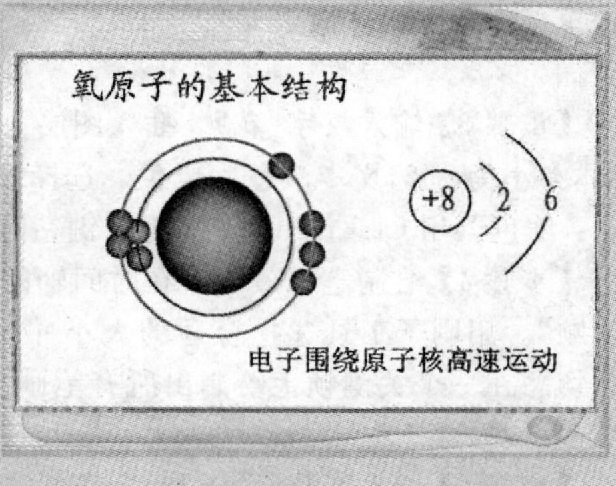

图 4.2.18　氧原子的基本结构

【步骤 3】绘制氧原子结构示意图。利用菜单“插入/新建元件”，新建名称为示意图，类型为图形的元件，用椭圆工具绘制半径为 80PX 的圆形，用线条工具绘制两条弧线，用文本工具分别输入“＋8”、“2”、“6”。

【步骤 4】绘制背景、原子核及两轨道。回到主场景，把图层 1 命名为“背景”，导入一幅背景图片。把“示意图”图形元件拖入舞台后面，用文本工具输入“氧原子的基本结构”和“电子围绕原子核高速运动”，修改颜色和大小。用插入图层工具新建一个图层 2，把图层 2 命名为原子核和轨道。把原子核拖动到舞台中偏左的位置，选择椭圆工具绘制两个大小分别为 150PX 和 300PX 的圆形轨道，使圆心和原子核中心对齐。

【步骤 5】绘制多个电子运动动画。用插入图层工具插入图层 3，将其命名为“内层”。把“内层电子”影片剪辑元件拖入该层，调整大小和位置，中心和原子核中心对齐。用任意变形工具选中刚才拖入的“内层电子”影片剪辑元件，用变形工具的旋转 180 度复制并粘贴出另外一个电子。

用插入图层工具插入图层 4，将其命名为“外层”。把“外层电子”影片剪辑元件拖入该层，调整大小和位置，中心和原子核中心对齐。用任意变形工具选中刚才拖入的“外层电子”影片剪辑元件，用变形工具的旋转 60 度复制并粘贴出另外五个电子。

在时间轴第 40 帧处给所有图层都插入帧，利用菜单“控制/测试影片”命令测试影片效果，若不合适可做适当调整，直到达到满意效果为止。

6. 遮罩动画

案例 4.2.11　看图识字

本案例的动画效果如图 4.2.19 所示。

【步骤 1】绘制背景。新建图层 1 并将其命名为背景，设置其背景颜色为＃00CCCC。选择矩形工具，绘制宽 450PX、高 300PX 的矩形，在选项中用边角半径设置设置半径为 30，笔触颜色为红色，填充色为线性颜色，控制点为＃FFFFFF 和＃595959。输入文本“看图识字”。导入三幅花的图像，选择任意变形工具锁定宽高并设置宽为 100PX，分别拖动这三幅图像并排列好位置。

【步骤 2】绘制拼音、组词以及米字格。插入图层 2 并将其命名为米字格。选择矩形和线条工具绘制米字格，并调整好位置。输入文本“huā”和“组词：花朵、开花”。

图 4.2.19　看图识字

【步骤 3】输入汉字“花”。插入图层 3 并将其命名为“花：黑色”。用文本工具输入文本，设置字体大小为 132，文本颜色为黑色。选择该文本用 Ctrl＋C 组合键复制。插入图层 4 并将其命名为“花：红色”，用 Ctrl＋Shift＋V 组合键粘贴到当前位置，修改文本颜色为红色。

【步骤 4】绘制笔顺效果。在时间轴的第 50 帧给四个图层插入帧。插入图层 5 并将其命名为“笔顺”。用刷子工具选择合适的大小并用绿色填充色绘制笔顺的逐帧动画，边描笔边插入关键帧，切忌在一个关键帧上绘制出所有笔画。选中激活这个图层后单击右键选择“遮罩层”，测试影片观看效果。

【步骤 5】插入音频(可省略)。插入图层 6 并将其命名为“读音”，在该层时间轴的第 10 帧插入关键帧，利用菜单“文件/导入/导入到库”导入预先录制好的音频文件，用选择工具把刚导入的音频文件拖动到舞台，该图层上会显示波形，属性面板“声音”中就会显示音频文件的名称。

案例 4.2.12　闪闪的红星

本案例的动画效果如图 4.2.20 所示。

图 4.2.20　闪闪的红星

【步骤 1】绘制五角星。新建图层 1 并将其命名为“五角星”。选择多角星形工具(矩形工具中)绘制五角星,用属性面板的选项工具设置样式为星形、边数为 5,笔触颜色为黑色,填充色为放射状＃F82E18、＃FC8A3F,宽高为 150PX。用线条工具从五角星中心向四周绘制线条,如图 4.2.20 所示。

【步骤 2】绘制四射光线。新建图层 2 并将其命名为“光 1”。选择矩形工具在舞台中心偏右绘制宽 240PX、高 5PX 的矩形,笔触为没有颜色,填充色为线性＃F23737、＃F3FBAE。用任意变形工具选中该矩形,把中心圆点移动到矩形左端斜下方,用变形工具旋转 10 度绘制出四射光线。

【步骤 3】绘制闪烁动画。插入图层 3 并将其命名为“光 2”,用 Ctrl＋Shift＋V 组合键粘贴“光 1”到原位置。用菜单“修改/变形/垂直翻转”翻转。在时间轴第 30 帧给所有图层都插入关键帧。单击“光 2”图层,在第 1 帧处设置补间为动画、旋转为逆时针。在图层 3 上单击右键选择“遮罩层”,把“五角星”图层拖动到最上面,用菜单“控制/测试影片”测试影片效果。

7. 动作脚本

案例 4.2.13　综合测试题

本案例的动画效果如图 4.2.21 所示。

【步骤 1】调用组件项目。利用菜单“窗口/组件”打开组件面板,在 User Interface 中分别双击 button 和 CheckBox,这两个项目就会被调入库中。

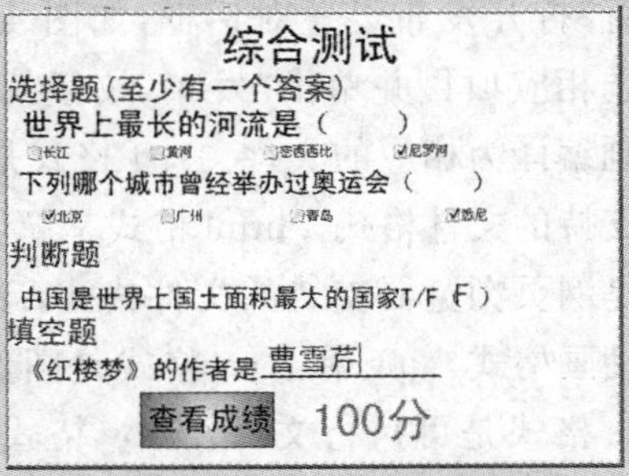

图 4.2.21　综合测试题

【步骤 2】设置题目。用文本工具输入如图 4.2.21 所示的所有文字(选项除外),设置字体大小和颜色。选择线条工具绘制填空题后面的短线。从库中拖入 CheckBox,在属性面板下的“参数”设置项目中,把 Label 的值设置为“长江”,把组件名称改为“a”。选中该组件,按住 Alt 键拖动三次得到其他三个,并修改 Label 分别为黄河、密西西比、尼罗河,修改组件名分别为 b、c、d。同样的方法制作出第二题的选项,组件名分别为 sec1、sec2、sec3、sec4。

【步骤 3】添加输入文本、动态文本。首先,选择文本工具,设置属性面板中的文本类型为输入文本。在判断题空格处单击并设置文本框大小。其次,选择该输入文本,把属性面板中的名称设置为“diyi”,变量为“pd”。再次,在填空题后的短线上单击并设置输入文本大小,设置填空题输入文本的名称为“dier”,变量为“tk”。最后,选择动态文本,在“查看成绩”按钮后单击,设置动态文本的名称为“texta”。

【步骤 4】添加动作脚本。单击选中时间轴的第 1 帧，打开动作—帧面板，输入如下代码：

```
var chengji: Number;  //定义成绩变量
var pd: String;  //定义判断题变量
var tk: String;  //定义填空题变量
pd = "";
tk = "";
chengji = 0;
diyi.text = "";
dier.text = "";
```

从库中拖入组件"button"按钮，修改按钮文字，打开动作—按钮面板，输入如下代码：

```
on (release) {
if (d.selected = = 1&&a.selected = = 0&&b.selected = = 0&&c.selected = = 0) {chengji = chengji + 25;}
if(sec1.selected = = 1&&sec4.selected = = 1&&sec2.selected = = 0&&sec3.selected = = 0){chengji =
chengji + 25;}
if (pd eq "F") {chengji = chengji + 25;}
if (tk eq "曹雪芹") {chengji = chengji + 25;}
texta.text = String(chengji) + "分";
chengji = 0;}
```

4.2.4 Flash 反编译

1. Flash 编译

用 Flash 制作的动画文档是.flv 格式的文件，这种文件只能在装有与之兼容版本 Flash 软件的计算机上观看。为了让制作的动画脱离 Flash 软件而独立运行，就要将其编译成.swf 或.exe 格式的文件，这个过程称之为编译。执行"文件/发布设置"打开发布设置对话框，如图 4.2.22 所示。钩选相应项目并单击"发布"按钮就会将制作的动画编译为相应的文件。.swf 格式是 Flash 播放器支持的文件格式，.html 格式是超文本格式，一般是网页浏览器支持的文件格式，.gif 格式是网页动画格式，.jpg 和.png 格式是图像文件格式，.exe 格式是可执行文件，.mov 格式是视频文件格式。

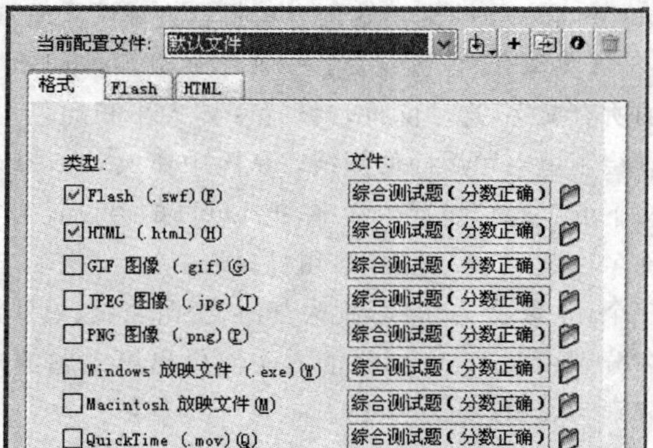

图 4.2.22 "发布设置"对话框

2. Flash 反编译

Flash 反编译就是把 Flash 导出的格式(常见的为.swf 和.exe)再编译成.fla 格式，提取出.swf或.exe 中的矢量图、声音、图片、片段、字体、文本、脚本等，尽量还原成 Flash 可编辑的.fla 格式文件。由于没有.fla 格式源文件，Flash

软件对编译的.swf、.exe 格式文件不能进行二次编辑，需要用另外的软件将其编译为.flv 格式才能重新编辑。

常用的反编译软件有 Sothink SWF Decompiler(硕思闪客精灵)、Action Script Viewer、Color7 Power Flash Decompiler、Imperator FLV、Flash Decompiler Trillix 等。硕思闪客精灵是一款能解析.swf 并能将.swf 文件还原为.fla 文件的专业工具；它可以浏览、播放、分析 Flash 动画(.swf 文件和.exe 文件)，完全解读动作脚本(Action script2.0)，并将每个.swf 元素以不同的格式导出(如动作脚本、声音、图片、矢量图、动画帧、字体、文字、按钮和动画片断)。

3. Flash 反编译实例

安装好硕思闪客精灵 6.0 软件后，启动该软件。从资源管理器中把预先下载到硬盘的“放在心里面.swf”文件打开，单击播放浏览影片，如图 4.2.23 所示。在右侧的导出中选择“单文件导出”下的“导出 FLA/FLEX”按钮，在弹出的对话框中选择导出文件的存储路径和推荐的 Flash 软件版本，单击“确定”按钮执行导出。在导出的目录下查看文件，用 Flash 软件打开编辑。如果打开无法编辑可以重新选择导出为资源，用导出的资源重新制作 Flash 动画。

通过以上内容的学习大家初步掌握了 Flash 动画制作的基本技巧，要制作出好的作品不仅靠技巧，还要具备艺术创意能力。往往复杂的动画是一个创作团队协作的结晶，需要具备艺术造型、动画制作、程序编写等各种能力的人才。Flash 制作的课件深受中小学师生的喜欢，学习 Flash 基本动画技巧是 Flash 课件的基础。只要大家认真学习教学设计和动画制作技术，并能在日常教学实践中不断实践，一定会做出高质量的课件来，从而提高教学的效率和质量。

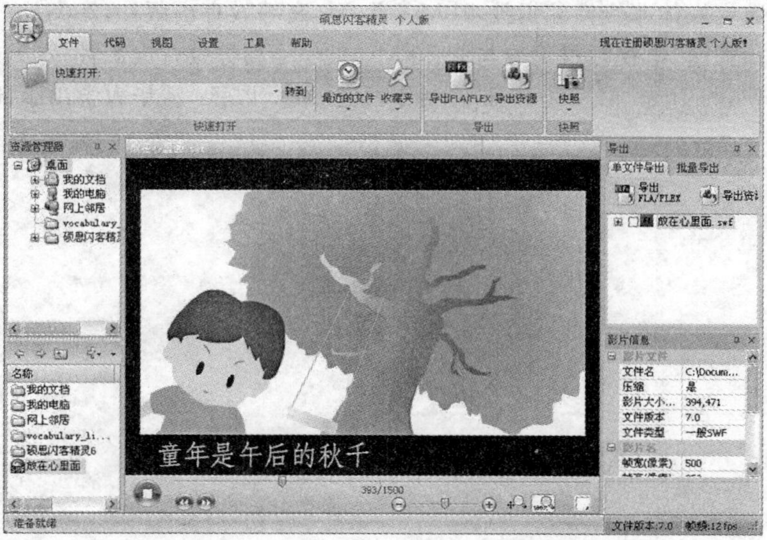

图 4.2.23　硕思闪客精灵主界面

学习建议

1. 什么是非线性编辑系统，非线性编辑系统需要哪些设备?
2. 拍摄照片并用会声会影将照片做成电子相册?
3. 编写校园题材电视剧本，拍摄 DV 视频素材，用会声会影做成电视短片。

4. 用 Flash 绘图工具绘制一幅人物或风景画。
5. 用 Flash 做一个酒精灯动画。
6. 用 Flash 做一个升中国国旗的动画。
7. 用 Flash 制作一个海面上波涛汹涌的动画。
8. 用 Flash 制作一个随意飘动的气泡。
9. 用 Flash 制作卡拉 OK 歌词效果的动画。
10. 用 Flash 制作一套电脑自动测试题,并能计算出最后得分。
11. 自选中小学教材内容,进行教学设计,用 Flash 将其制作成课件。

教学建议

数字视频、数字动画是数字媒体技术的重点部分,学习时需要投入较大精力。在理论讲解的过程中教师可以播放一些视频片段,有助于学生理解知识。如果有硬件条件可以把学生分组,让学生自编自导电视节目,并制作成视频在课堂上相互展示,师生相互点评。Flash 动画制作应作为本章教学的重点内容,在计算机教室给学生深入讲解,并以实例的形式给学生介绍 Flash 课件制作的方法的技巧。可以使用示范——模仿的策略让学生先模仿,然后随堂布置作业,让学生充分发挥积极性和创造性自己制作作品。

推荐阅读

1. 王志军. 数字媒体非线性编辑技术[M]. 北京:高等教育出版社,2005.
2. 李运林,徐福荫. 电视教材编导与制作[M]. 北京:高等教育出版社,2004.
3. 缪亮,贾朝蓉. Flash MX 2004 课件制作百例[M]. 北京:清华大学出版社,2004.

第 5 章　网络资源的检索、下载及应用

学习目标

1. 掌握网络教育资源的含义和分类。
2. 能利用电子图书和电子期刊专用软件阅读电子图书和电子期刊。
3. 能利用网络教育资源检索、下载工具检索并下载网络教育资源。
4. 能利用网络交互工具进行师生交流。
5. 了解网络环境下学习模式的特点。

知识结构

- 网络资源的检索、下载及应用
  - 网络教育资源及应用
    - 网络教育资源概述
    - 网络教育资源分类
  - 网络教育资源检索工具
    - 目录检索工具
    - 搜索引擎
    - 多元搜索引擎
    - 信息检索策略
  - 网络教育资源下载、交互工具
    - 网络教育资源下载工具
    - 网络交互工具
  - 网络环境下的学习模式
    - 网上讲授型学习模式
    - 基于互联网的自主学习模式
    - 基于互联网的协作学习模式
    - 基于互联网的远程教学模式
    - 基于互联网的资源型学习模式

5.1　网络教育资源及应用

5.1.1　网络教育资源概述

网络教育资源就是基于网络的各种教育信息资源的总称，也称之为互联网教育信息资源。

网络教育资源内容非常丰富，几乎涵盖了人文科学与自然科学的各个学科领域。同时，网络上的多媒体信息的超链接功能又把网络信息连接成一条无穷的链，这就构成了网络教育信息资源的以下基本特点：

(1) 信息显示多媒化。网络教育资源是利用多媒体计算机技术存储、传输、处理的多种媒体信息资源，如文字、声音、图像、图形、动画、视频等。使用多媒体信息进行教学，不仅可以快速、有效地传递知识内容，还能够行之有效地灵活适应各种不同类型的学生学习。

(2) 信息处理数字化。网络教育资源是将声音、文本、图形、图像、动画、视频等信息经过

A—D转换器抽样量化由模拟信号转换成数字信号，由于对数字信号可以达到对位的直接操作，便于对信息进行处理，同时对数字信号的处理只需区分“0”和“1”，不像模拟信号要求严格的波形还原，所以数字信号的可靠性远比模拟信号高，即使出错，对它的纠错处理也容易实现。

(3) 信息检索超媒体化。超媒体是由节点(node)和表达节点之间的关系的链(link)组成的非线性网络结构，是一种非线性的信息管理系统，它是搜集、存储、浏览离散信息，以及表示信息之间的关系的技术。为了便于用户对网上信息进行浏览、注释及检索等操作，网络教育资源是以节点为基本单位，一个节点就是一个信息块，通常用于表达一个相对独立的概念或思想体系；节点的信息形式可以是文本、图形、图像、音频、动画等，也可以是上述各种媒体形式的组合；链表示不同节点间的联系，每个节点指向其他节点，或从其他节点指向该节点的指针。这样检索网络教育资源，只要点击网站主页的节点，就会将节点所连接的资源调出来，即使这个节点所连接的资源在千里之外的另一台机器上。

(4) 信息来源全球性。由于互联网的网点遍布世界各地，各个网点的信息可以通过互联网进行访问，所以在一个地方可以访问分布在世界各地的资源，可以获取各种各样的信息。因此网络是全球最大的电子信息资源库，广大教育工作者，除了能够从互联网教学系统获取特定的网络教育资源外，还可在互联网这个无边无际的信息空间自由探索，获取各种与教育教学相关的信息资源，为其自身的深入学习与研究提供极为有利的信息。

(5) 信息传递即时性。网络教育资源的无纸化使知识信息被编码后能以极高的速度传递到世界的各个角落，实现教学内容的发展和更新，以适应知识更新速度大幅加快的新形势。

(6) 信息共享开放性。网络教育资源几乎可覆盖所有地区，面向所有的有学习要求和能力的人，向社会各界人士提供平等接受教育的机会，实现“有教无类”的教育理想，这样可在全球范围内实现优秀资源和教育方法的共享，使学习者能以较少的代价按照自身的需求获取全球的权威资讯、得到优秀教师的指导、受到科学的训练。另外，网络教育资源的共享性可极大地避免对教育的重复投入，节省办学经费，提高办学效益。

5.1.2 网络教育资源分类

1. 按教育资源的存在形式分类

(1) 电子图书。目前，网上的电子书籍通常是免费的。然而，随着读者越来越多地利用网络资源以及法律的不断健全，有些网站已经实行收费制度。现介绍几个比较著名的电子图书网站供参考。

① 超星数字图书馆(http://www.ssreader.com)：超星数字图书馆于2000年被列入国家“863计划”中国数字图书馆示范工程，以数字图书馆的方式对数字图书馆技术进行推广和示范。超星数字图书数据按照“中图法”分为文学、历史、法律、军事、经济、科学、医药、工程、建筑、交通、计算机、环保等22大类，目前拥有数字图书100多万种，是国内数字图书资源最丰富的数字图书馆。超星数字图书馆的电子图书既有免费图书也有收费图书，要阅读此网站上的电子图书需要在计算机上安装超星数字图书浏览器才能阅读图书。

② 网络中国电子图书网(http://book.httpcn.com/)：网络中国电子图书网是大型的免费电子图书下载网站，其内容包括文学、小说、电脑、明星、经济、科教、报纸杂志、英文经典等各类电子图书。

③ 阿帕比数字资源平台(http://ebook.lib.apabi.com)：阿帕比数字资源平台包括精品电子书库和高校教参电子书库。其内容包括马克思主义、列宁主义、毛泽东思想、邓小平理论、哲学、宗教、政治、法律、军事、经济、文化、科学、教育、体育、数理科学、化学、天文学、地球科学、航空、航天等各个方面，图书内容相当丰富。此网站上的电子图书需要使用方正 Apabi Reader 浏览器阅读。

(2) 电子百科全书。电子百科全书(http://www.yourdictionary.com)能够提供广泛、及时的信息(包括三维动画、声音和视频等)。电子百科全书的另一个优点是它的基于超文本的设计，易于浏览查询。对用户而言，友好的搜索界面是最重要的，因为它保证了用户迅速并准确地查找信息。电子百科全书有 80 多部在线词典，涉及世界上 150 多种语言。目前，我国已经有了《英汉—汉英科技大词典》的网络版(http://www.gxsti.net.cn/sh-ujuku/yhck.htm)。①

(3) 教育网站。教育网站主要是以教育为目的而开发的网站。教育网站可分为教学类、教育类、研究类、资源类、综合类等类型。

① 教学类：这类网站提供比较完整的课程教学或辅导，从一门、数门到上百门不等。目前国内有许多此类网站，大多采取商业化运作方式，通常称之为网校。

② 教育类：这类网站把目标瞄准课外、校外教育，如社区教育、教育游戏、家庭教育、亲子教育等。

③ 研究类：这类网站通常由教育研究者和学科教师创建，提供与课程教学研究相关的资源，包括课程大纲、教学法、教案、学生作品、参考资料等。有的专门针对创新教学理论和教学模式，如合作学习、建构主义学习、课程整合等设计网站。

④ 资源类：这类网站分门别类地提供各种教育资源，如课程标准、教材、案例、素材等，有的可纳入在线数据库范围。

⑤ 综合类：在一定程度上综合了以上四类网站的功能特点，中国中小学教育教学网(http://www.k12.com.cn)基本上属于此类。

(4) 电子期刊。电子期刊是以电子媒体为载体的期刊，主要有三种类型，分别是电子报纸、电子杂志和期刊、电子新闻和信息服务。电子期刊现在已经成为主要的网上信息资源，随着大量的期刊在网上发行，电子期刊的获得越来越容易，而且其内容基本上与印刷期刊的内容相同。但是由于制作和发行成本比较低，其读者人数会越来越多。教师可以鼓励学生订阅在线杂志，作为课程内容的组成部分或者补充的学习资料。

① 中国信息管理中心网站(http://www.chinafo.gov/periodical/index.htm)提供了数十种中文电子期刊。

② 龙源期刊网(http://www.qikan.com.cn/ereader/)从中国内地 8000 多种期刊中筛选出具有代表性的文化精品，目前已收录了 800 多种著名人文电子期刊，如《新华文摘》、《青年文摘》、《民主与法制》、《大众医学》、《大众电影》、《中国社会科学》、《新闻周刊》、《三联生活周刊》、《读书》、《当代》等名刊。读者可以在网上阅读期刊的电子版全文。龙源期刊网上的电子期刊需要使用龙源阅读器阅读。

(5) 新闻组和电子公告牌(BBS)。新闻组可为用户提供专题讨论的服务，其讨论主题涉及面

① 祝智庭.现代教育技术——走进信息化教育[M].北京：高等教育出版社，2001.

非常广。每一个专题讨论组都有一个反映其讨论内容的固定名称，用户可根据自己的需要参加相应的讨论组。电子公告牌可以张贴文章或进行实时讨论，其上的各种资料都按照主题内容分门别类地进行归类，查找起来非常方便。

(6) 在线数据库。在线数据库是有组织的数据集合，通常包括图书馆目录和各种专门用途的数据库，如科技论文数据库、会议文献数据库、专利文献数据库、学位论文数据库等。

① 中国知网(http://www.cnki.net)是典型的在线数据库网站。中国知网提供CNKI源数据库、外文类、工业类、农业类、医药卫生类、经济类和教育类等多种数据库。其中综合性数据库为中国期刊全文数据库、中国博士学位论文数据库、中国优秀硕士学位论文全文数据库、中国重要报纸全文数据库和中国重要会议论文全文数据库等。每个数据库都提供初级检索、高级检索和专业检索三种检索功能。中国知网上的内容需要使用CAJViewer浏览器来阅读。

② 英国的SOSIG Internet目录(http://www.sosig.ac.uk/)是一个专门提供社会科学网上资源线索的在线数据库，其中的条目是经过图书馆专家筛选的，因此具有很高的质量和信度。

③ 美国的ERIC(http://ericcir.syr.edu/Eric/)是世界上最大的教育数据库。

④ 中国万方数据库(http://isc.chinainfo.gov.cn/gcwx.htm)包括法律法规库、中文学位论文篇名等。

⑤ "世界大讲堂"(http://utexas.edu/world/lecture/)网站上存有世界各地教师提供的教案。

⑥ "全球校园"(http://www.cuulb.edu/gc/)是一个藏量丰富的多媒体教育素材库。

2. 按网站的建设单位、教学功能和对象性质进行分类

(1) 普通高校开设的学历教育类网站。早在1996年教育部就批准了清华大学、北京邮电大学、浙江大学、湖南大学等四所重点大学作为中国首批开展高等远程教育的试点院校。开展学历远程教育的高校都专门成立了网络教育学院，制定了整套的招生、教学与管理制度，所开展的都是各种层次的学历教育。

(2) 独立远程教育院校开设的学历教育类网站。建于1979年的中央广播电视大学(http://www.crtvu.edu.cn)是采用广播、电视、文字、音像教材和计算机网络等多种媒体，面向全国进行远程开放教育的中国教育部直属高等学校。中央电大和44所省、自治区、直辖市、计划单列市及独立设置的广播电视大学，841所地(市)级电大分校，1742个县级工作站，组成了统筹规划、分级办学、分级管理的现代远程开放教育教学系统。中央电大开放教育"电大在线"的网址为http://www.open.com.cn。

(3) 普通中小学校开设的同步式教育网站。该类网站主要以学校课堂同步教育为特色，是基础教育中课堂教学的延伸，其中包括教案、习题解答等，内容与学校教学同步。例如，北大附中远程教育网(http://pku school. fm365.com/index.asp)、科利华公司和北京师大附中联合开设的网上联合中学站点(http://www.cleverschool.com/)、北京101中学开设的101远程教育网(http://www.chinaedu.com)等都属于该类网站，它们只是传统课堂教学手段的一种补充。

(4) 由ICP开设的培训类网站。ICP(Internet Content Provider，即互联网内容提供商)开设的培训类网站中所提供的通常是继续教育或技术培训类的课程。例如，洪恩在线(http://www.hongen.com)、天极网(http://www.yesky.com/)等。

(5) 其他远程教育网站。例如，作为中小学教师现代远程继续教育的平台和窗口，浙江教师

远程教育网(http://www.zjtde.net)由浙江师大现代教育技术中心开发,该网站与全国中小学教师继续教育网(http://www.chinatde.net)链接,开设有继续教育新闻、学科中心、视频点播、交流园地、综合服务等栏目。

5.2　网络教育资源检索工具

网络上有多种多样的教育资源,但是在不知道所要资源的具体网址时,如何从网络上找到我们所需要的资源呢？这时我们必须借助必要的信息检索工具。一般来说,网络检索工具可分为目录检索工具和搜索引擎两大类。

5.2.1　目录检索工具

目录检索工具是由信息专业管理人员在广泛搜集网络资源,并对其进行加工整理后,按照某种主题分类编制的一种可供检索的等级结构式目录。在每个目录类下提供相应的网络资源站点地址,使用户能通过该目录体系的引导,查找有关的信息。

目录检索工具实际上是把大量的网站按类型进行分类,形成一个分类目录树,很像图书馆中的目录分类。在利用目录工具进行检索网站时,可以不使用关键词进行查询,只要找到相关目录,就可找到相关的网站。只要知道所要搜索的内容属于什么门类,就可以使用目录检索工具找到所需网站。

目录检索工具的主要优点是所收录的网络资源经过专门人员的选择与组织,可以保证质量、提高检索的准确性。但是由于人工搜集整理信息,因此得花费大量的人力和时间,难以跟上网络信息的迅速发展,除此之外,所涉及信息的范围有限,其数据库的规模也相对较小。常用的目录检索工具有 Yahoo 雅虎、搜狐、搜狗网址导航、百度、hao123 网址之家、谷歌、265 导航等。

5.2.2　搜索引擎

搜索引擎 (Search engine) 使用自动索引软件来发现、搜集并标引网页、建立数据库。以网页形式提供给用户一个检索界面,供用户输入检索关键词、词组或短语等检索项。代替用户在数据库中查找出与其提问匹配的记录并返回结果,且按其相关度排序输出。

使用搜索引擎检索时,无需判断类目、归属,使用比较方便。但是搜索引擎也存在一些缺陷,例如由于人工干预过少,其准确性较差,检索结果中可能会有很多冗余信息。

常用的搜索引擎有 AltaVista(http://www.altavista.com/)、Google(http://www.google.com.hk/)、百度(http://www.baidu.com/)、天网搜索(http://e.pku.edu.cn/)等。下面以 Google 为例介绍网络资源搜索技巧。

1. 利用 Google 高级搜索页面搜索资源

在 Google 高级检索页面中可以对搜索结果进行很多限定,包括包含全部字词、包含完整字句、包含至少一个字词、不包含字词以及各种语言、文件格式、日期、检索内容等,利用好高级搜索页面的限制项,对更有效地搜索所需的资源是很有帮助的。图 5.2.1 是 Google 高级搜索页面最常用的部分,下面来介绍每个限制项的意义及使用方法。

图 5.2.1 Google 高级搜索页面

(1)“包含完整字句”搜索。在搜索一篇文章或者某道题目的解法时,一般以一句话作为搜索关键词,这句话中可能还含有标点符号。这时用普通搜索会得到很多无关的搜索结果,在这种情况下,为了更快地搜索到所要的结果,可以利用“包含完整字句”进行搜索。该搜索也经常用于短语或词组的搜索中,要求搜索结果中精确地包含该项中的短语或词组,即精确匹配。

(2)“包含至少一个字词”搜索。该限制项表示要查找包含两个字词之一的网页。在同一概念有多种表述方式时,用该搜索限制项更容易搜索到比较全面的资料。例如,在“包含至少一个字词”栏中输入关键词“康桥 剑桥”进行搜索,可以发现搜索结果项中有些包含“剑桥”,有些包含“康桥”。

(3)“不包括字词”搜索。使用该限制项可以在查找到的网页中除去“不包含字词”栏中所输入的关键词的网页。

(4)文件格式搜索。在 Google 高级搜索页面中,有一项为“文件格式”选项,利用该选项可以查找指定格式的文件,或排除某种格式的文件。目前 Google 支持十种非 Html 文件的搜索:pdf、doc、rtf、ppt、xls、swf、ps、kml、dwf、kmz 等。

(5)Google 高级搜索综合应用。将 Google 高级搜索页面中各个搜索限制项综合起来应用才能最大限度地体现其优势,灵活组合运用这些限制项,可以在很大程度上提供资源搜索的准确性。例如,要查找《再别康桥》的 PPT 文件,可以在“包含全部字词”一栏中输入“徐志摩诗歌”;在“包含完整字句”一栏中输入“再别康桥”;在“不包含字词”一栏中输入“小说 散文”;在文件格式项中选择仅显示 PPT 文件;网域一栏中输入“edu.cn”,做完上述限制项后单击“Google 搜索”,则会过滤掉很多无关信息,节省搜索时间,使搜索结果更符合需要。

2. Google 搜索技巧[①]

(1)添加搜索词。要想缩小搜索范围,最简单的办法是添加搜索词,Google 自动使用“and”进行搜索,只会返回那些符合全部查询条件的网页,无需在关键词之间加上“and”或“+”。如果想缩小搜索范围,只需输入更多的搜索词,并在这些搜索词之间留空格就行了。因为 Google 只搜索包含全部查询内容的网页,添加词语后,查询结果的范围会比原来小得多。

(2)英文双引号强制搜索。Google 会忽略最常用的词和字符,这些词和字符称为忽略词。比如“的”,在 Google 中文搜索中,经常会被自动忽略,使用英文双引号可将这些忽略词强加于搜索项中,使搜索更加精确。

(3)减除无关资料。假如要避免搜索某个词语,可在这个词前面加上一个减号,但在减号之前必须留一空格。

① 郭绍青.教师信息技术能力教程[M].北京:高等教育出版社,2010.

(4) Site命令限制网站。当想缩小范围时,Site命令是非常有用的,它能够在指定网域内搜索。例如,想在新浪网上搜索关于"世界杯赛程"的信息,只需要用Google搜索"世界杯赛程 site: sina. com. cn"即可得到结果。

(5) 单词定义搜索。Google支持单词定义搜索,输入"define: Cambridge",即可找到Cambridge的定义。利用该关键词还可以搜索常见的名词解释、概念等。

5.2.3 多元搜索引擎

多元搜索引擎(Meta search engine)也称集成式搜索引擎,它是将多个搜索引擎集成在一起,向用户提供一个统一的检索界面,且将一个检索提问同时发送给多个搜索引擎进行多个数据库检索,再经过聚合、去除重复部分后输出检索结果。

比较著名的多元搜索引擎有Dogpile(http://www. dogpile. com)、Vivisimo(http://www. vivisimo. com)、Mamma(http://www. mamma. com)、万纬搜索(http://www. widewaysearch. com)、中搜Xooda(http://www. xooda. com)等。

5.2.4 信息检索策略

互联网中蕴含着的信息资源每时每刻都在变化和更新。为了加快获取信息的速度,避免或减少在信息检索过程中走弯路,应该掌握一定的网上信息检索策略。

1. 合理确定检索的关键词

要把最重要的概念定为检索的关键词,同时应当注意检索关键词的同义词、单复数、拼写变异、单词结尾的不同情况等。

2. 采用适当的检索方法

(1) 分类目录检索。分类目录检索是指用户通过逐层点击网络信息主题目录,直到找出需要的信息为止。该方法适用于分类明确的信息查找。

(2) 关键词检索。当需要查找一个特定的信息时,使用关键词来查询搜索引擎的数据库,通常可以得到较满意的结果。

(3) 分类目录加关键词混合检索。当用户对究竟采用分类检索还是关键词检索犹豫不定时,使用分类目录加关键词混合检索通常是最佳选择。具体做法是:先通过网络分类目录查找到所需信息所在的范围较窄的类别,再在该类别下应用关键词检索。

(4) 多元搜索引擎检索。一般情况下,多元搜索引擎检索是网上信息检索的首选方法。应用多元搜索引擎可以加快信息检索的全过程,且返回相对较少的无关站点。

3. 检索结果的处理对策

当检索返回的网页太多,而需要的网页又不在最前面的几页时,可通过改变关键词、改变搜索范围、使用逻辑符"AND"及引号等方法进一步缩小查询范围。

大多数搜索引擎都将最符合检索要求的网址排列显示在所检索结果的前面,如果时间不允许,用户只需阅读检索结果的前面几条信息即可。

当检索不成功时,应该检查关键词是否拼写错误、各个关键词之间是否自相矛盾。若仍不能成功地搜索,可换一种搜索引擎,因为每个搜索工具拥有资源的侧重点可能有所不同。

在信息检索中,当一个很长的网址连接不上时,可以试试"右切断网址"的方法,从右至左依次删除网址中斜杠后面的内容,直至链接成功。例如,当查找http://www. peopledaily. com.

cn/channel/welcome. htm 但链接不通时,可以试着依次截去"welcome. htm"和"channel/welcome. htm"。最后,http://www. peopledaily. com. cn 链接成功,然后可以从这个链接成功的网页开始,一层层往下寻找所需网页。

5.3 网络教育资源下载、交互工具

5.3.1 网络教育资源下载工具

1. 常见的下载工具

下载就是将网络上的资源保存到本地计算机上的一种网络活动,是每位网络用户经常要进行的操作,实际上每一个上网的用户都已经掌握了一些基本的信息下载方法。但是,在一般的下载过程中可能会碰到需要下载的文件太大;下载了一部分出现网络中断或断电的情况;在相同的网络连接速率下想下载得更快一些;把想要下载的任务保存下来再下载等问题。这就需要下载工具帮助解决这些问题。

用下载工具下载信息之所以快是因为它采用了"多点连接(分段下载)技术",充分利用了网络上的多余带宽。采用"断点续传"技术,随时连续上次中止部位继续下载,有效地避免了重复劳动,大大节省了下载者的连续下载时间。多点连接指的是充分利用网络多余带宽,把一个文件分成多个部分同时下载。当服务器的多余带宽和上网者的多余带宽同时存在时,上网者就可以利用下载工具向网站服务器提交多于一个的连接请求,其中每个连接被称作一个线程,每个线程负责要下载的文件的一部分。断点续传指的是在下载或上传时,将下载或上传任务(一个文件或一个压缩包)人为地划分为几个部分,每一个部分采用一个线程进行上传或下载,如果碰到网络故障,可以从已经上传或下载的部分开始继续上传或下载,而没有必要从头开始上传下载。

常用的网络下载工具有快车(Flashget)、迅雷、超级旋风、比特彗星(BitComet)、脱兔、电驴、影音传送带等。

2. 下载工具使用技巧①

下载工具有许多种,不同的下载工具会存在具体操作上的差异,但也存在许多共性,当熟练使用一个下载工具后,就能够很快地掌握其他下载工具的使用。下面以 Flashget 为例,对下载工具的使用技巧进行说明。

(1) 手动下载。在已经知道某个资源下载地址的情况下,必须手工输入,以方便 Flashget 识别并下载,这种方法称为手动下载。手动下载主要应用于已经知道下载文件的具体网址,并不是网络链接的情况。手动下载的具体方法为:获取资源下载网址;新建下载任务;将资源网址添加到下载任务窗口中,并设置文件名和保存路径即可。

(2) 拖动链接到悬浮窗口。在文件下载网址很长的时候,用手工输入下载链接的方法既不方便,又容易出错,在这种情况下,可以使用拖动链接到悬浮窗口的方法来下载文件。拖动链接下载的方法为:获取资源下载地址;将该下载地址拖入 Flashget 的悬浮窗口上;在弹出的新建下载任务窗口中,设置好文件名和保存路径即可。

(3) 批量下载。网络上经常碰到在一个页面上有很多同类文件,且链接地址规律性很好的

① 郭绍青.教师信息技术能力教程[M].北京:高等教育出版社,2010.

情况，在这种时候，就可以采用批量下载的方法进行下载。在运用批量下载方法时，应注意文件名是连续的；合理制定通配符长度；在下载工具中正确进行设置。

例如，在制作一个反应黄山的多媒体课件中，需要一些图片，在进行网络检索后发现黄山旅游网的“黄山风光”分类目录下有“黄山图片”，查看第一幅图片的属性，其网址为 http://www.huangshan168.com/hsimages/1001A.jpg，第二幅为 http://www.huangshan168.com/hsimages/1002A.jpg，……，第十六幅为 http://www.huangshan168.com/hsimages/1016A.jpg，由此可见，每一幅图片都是顺序排列的。这时可以采用批量下载的方法：选择“文件/新建批量下载任务”打开新建批量下载窗口，在 URL 栏中输入“http://www.huangshan168.com /hsimages/10(*)A.jpg”，选择“从 0 到 16”，通配符长为 2 后，下面即出现要下载的各个文件的地址，如图 5.3.1 所示，检查正确即可下载。

图 5.3.1　Flashget 批量下载设置页面

(4) 先观看再下载。先观看再下载的方法为：获取下载地址；新建下载任务，下载一部分资源后暂停下载；去掉其扩展名，在播放软件中打开预览；如果是我们所想要的，则添加扩展名继续下载，如果不是，则停止下载，重新选择资源。

(5) 利用 Flashget 下载 FTP 文件。在网络上，有很多资源分布在 FTP 站点上，各大高校基本都有自己的 FTP 站点，这些站点上有很多在教学中需要的软件、课件、视频等资源。如何有效地下载这些站点上的资源，就需要使用 Flashget 的站点资源探测器。Flashget 的站点资源探测器可以分析网页中包含的所有元素，以树状目录的形式列出，方便选择下载。可以把站点资源探测器当作 FTP 软件使用，方法为：获取资源所在的 FTP 地址，打开 Flashget 的站点资源探测器；用站点资源探测器登录 FTP 站点；选择资源进行下载。

3. 视频文件下载技巧①

在资源下载的过程中，经常会遇到一些精彩的 Flash 动画、各种视频等。在平时的使用中，经常会碰到想把它们下载下来，却发现网站没有提供下载链接的问题，下面介绍一些视频文件的下载技巧。

① 郭绍青. 教师信息技术能力教程[M]. 北京：高等教育出版社，2010.

(1) 临时文件搜索法。在给小学生讲成语故事“歧路亡羊”的时候，需要下载一个相应的动画片段，经过网络搜索，在儿童动画片(http://dh.0—6.com/)网上找到 Flash 动画《歧路亡羊》，但是网站上没有提供下载链接，右键保存也不行，使用临时文件搜索法可以解决这个问题。首先点击播放按钮，将文件完整播放一遍，接下来打开系统文件夹“Internet 临时文件”，并在该文件夹中查找扩展名为“.swf”的文件，最后复制到其他盘即可。上网时，最近上网记录会保存在电脑中的临时文件夹中，临时文件一般保存在“C:\Documents and Settings\Administrator\Local Settings\Temporary Internet Files”下(注：Administrator 是当前用户名)。在 IE 浏览器中选择“工具/Internet 选项”，点击“常规”标签，在“Internet 临时文件夹”处单击“设置”按钮，在出现的对话框中单击“查看文件”便会打开 Internet 临时文件夹。

使用该方法下载文件的缺点是需要把文件播放一遍，费时费力；使用该方法保存视频，需要及时清理 IE 临时文件，否则文件太多，查找起来比较费劲。

(2) 查看源文件法。当需要下载的文件个数较多时，用临时文件搜索法似乎不太现实，其实有些不提供下载链接的视频文件，其所在网站的源文件可能是允许查看的，网站中视频文件的存放地址往往在源文件中就可以查到，利用该地址即可将所需文件下载下来。

同样以下载动画片《歧路亡羊》为例，首先打开动画播放页面源文件，然后在其中查找“.swf”的文件，即可找到该文件的源地址，该地址一般为相对路径，将其粘贴到该网站主页网址的后面即可得到该文件的真实源地址，将地址输入地址栏即可全屏观看动画，利用该地址就可用手动下载的方法在 Flashget 中下载 Flash 文件。

(3) “迅雷”智能探测法。大多数下载软件都可以自动探测视频或动画地址，使用“迅雷”智能探测法的前提是计算机上安装迅雷下载软件并进行相应的设置，在“监视”中选中“监视浏览器”、“在 Flash 和流媒体文件上显示下载图标”和“网页智能分析”项，如图 5.3.2 所示。

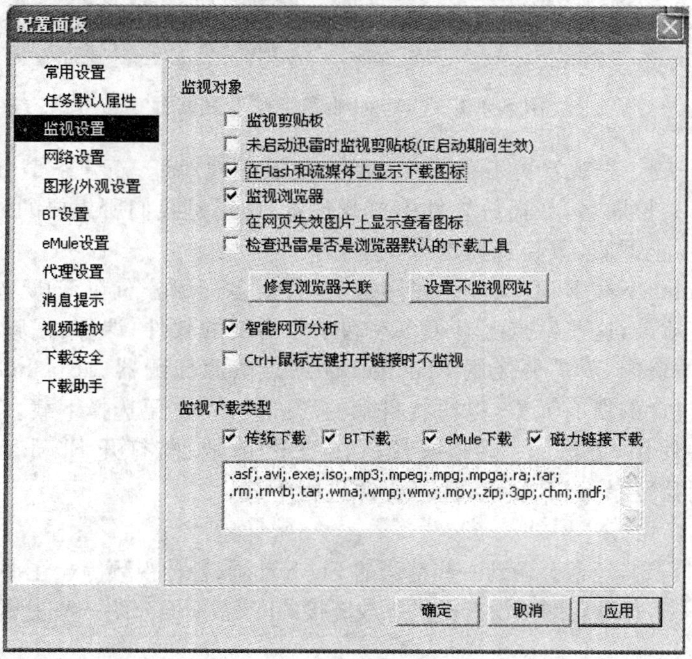

图 5.3.2 迅雷监视选项卡设置

例如，利用“迅雷智能探测法”来下载动画《汗牛充栋》，首先搜索到《汗牛充栋》动画资源，将鼠标移到该动画上，出现迅雷下载图标，点击该图标就弹出迅雷“建立新的任务”窗口，确定即可实现动画下载。用该方法下载视频文件简单方便，且方法容易掌握。

(4) 专用软件下载法。虽然有很多的下载软件，但它们都不是全能的，因此出现了很多专用的下载软件，这些软件在下载某类资源时很有优势。比如用 FLV 视频探测器下载 FLV 文件就很方便，下面以 FLV 视频探测器为例，介绍利用该软件获取 FLV 文件 URL 地址并实现视频下载的方法。

用 flv 视频探测器下载文件的方法为：打开 FLV 视频探测器，在探测器中打开该网页，点击网页上的视频播放按钮，则视频开始播放，同时，在 FLV 地址栏出现该 FLV 地址；选中探测到的 URL 地址，点击右下角“操作/下载”则开始下载该视频，操作如图 5.3.3 所示。

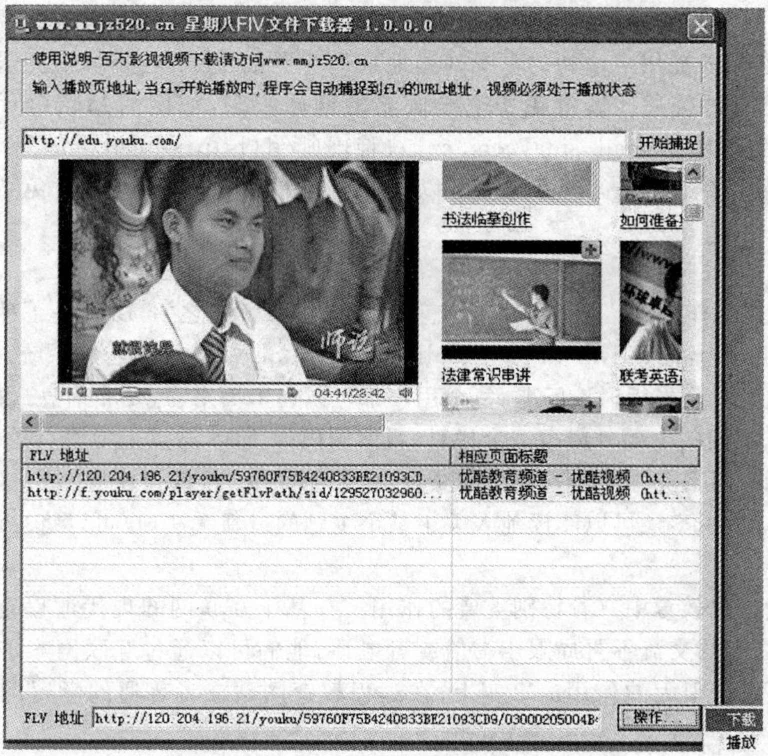

图 5.3.3　FLV 视频探测器下载文件

常见的视频下载软件还有维棠 FLV 视频下载软件、灵狐网络视频下载大师、FLV Downloader、影音嗅探器等。

5.3.2　网络交互工具

1. 电子邮件

电子邮件 (Electronic Mail，简称 E-Mail) 是互联网上非实时的通信手段，也是互联网上应用最广泛的服务之一，它可以快捷、方便、廉价地完成全球用户之间的通信。目前的电子邮件系统主要能够提供的服务有：既可以传递文本形式的邮件，也可以传递声音、图形或影像格式的信息;可以把一封电子邮件同时发送给许多接收者;可以十分方便地存储(Save)、转发(Forward to)邮件以及进行回复(Reply to),回复时还可以自动附上接收到的原信并自动填入收信人的电子邮件地址;可以订阅电子刊物。目前互联网上有数千种英文电子刊物和数十种中文电子刊物,其中很大一部分是可以通过电子邮件订阅,并且是免费的,只要订阅后就可定期从电子信箱中收到该刊物。

用户在发送电子邮件时必须要知道对方的“信箱号码”,即对方的电子邮件地址。电子邮件地址也称 E-Mail 地址,它由用户名和主机域名两部分组成,中间用代表“at”的“@”符号连接,即用户名 @ 提供电子邮件服务的主机域名,例如,zhangshan@163. com 就是一个合法的电子邮件地址。

一般来说,用户需要在互联网上的一台可提供电子邮件服务的主机上注册后,才能获得相应的电子邮件地址。用户需要按照电子邮箱注册页面的具体要求填写注册信息后,才能申请到相应的电子邮箱,然后才能用申请到的电子邮箱地址进行登陆,使用电子邮箱发送电子邮件,电子邮箱的申请过程不再赘述。提供免费电子邮箱的网站很多,如网易邮箱(http:// mail. 163. com/)、新浪邮箱(http://mail. sina. com. cn/)、雅虎邮箱(http://mail. cn. Yahoo. com/)、126邮箱(http://mail. 126. com/)等。用户可以根据自己的需要在上述网站免费申请一个电子邮箱。

2. BBS

(1) BBS 概述。作为网络用户互相交流和沟通的主要方式之一,BBS 是一种在线服务,它的英文全称是 Bulletin Board System 或者 Bulletin Board Service,即公告牌系统。使用 BBS 就像通过一块公共的电子公告板讨论问题,每个用户都可以在上面书写,发布信息或提出看法。

BBS 通常按不同的主题分成很多个栏目,目前国内的 BBS 站点上常设有数十个各具特色的分类讨论区,例如,网络资源、学术科学、人文社会、经济杂谈、软件讨论等,用户可以选择自己感兴趣的主题并参与讨论,还可以阅读他人关于某个主题的最新看法,也可以将自己的想法贴到公告栏中。

BBS 在现代远程教育中有着特别重要的作用。在基于互联网的现代远程教育中,学生与学生、教师与学生之间的交流不再局限于书信或者电话,他们可以通过互联网来进行交流,而 BBS 在这一点上可以发挥很大的作用。事实上,在远程教育网站或者普通的学习网站中,都提供了 BBS 功能。

(2) BBS 的使用。目前使用 BBS 的方式有两种:一种是利用远程登录软件 Telnet 登录到 BBS 站点上,这种方式使可以同时上站的用户数大大增加,每一个站点同时上线的人数可以达到或超过 200 人。另一种是现在许多用户更为习惯的、基于 WWW 的 BBS,用户利用网页浏览器就可以直接使用 BBS,该方式操作简单,速度快,对用户数量没有多大限制。例如,我们可以通过 WWW,用 IE 浏览器访问国内知名的 BBS 站点“水木清华”。为此,只需启动浏览器,在地址栏中输入“http://bbs. tsinghua. edu. cn”,就可以出现水木清华 BBS 站 WWW 版的欢迎界面。然后,就可以通过浏览器遨游 BBS 世界了。首次使用某网站的 BBS 论坛需要先进行注册,注册账号后,就可以浏览他人的主题,还可以就主题内容发表自己的观点和看法。

利用 BBS 平台可以开展在线讨论、网上报告会、网上答疑等教学活动。比较著名的论坛有人教论坛(http://bbs. pep. com. cn/index. php)、K12 教育论坛(http://sp. k12. com. cn/ discuz/)、新思考教育论坛(http://bbs. cersp. com/)、E度教育社区(http://bbs. eduu. com/)、中国知网学术论坛(http://kbs. cnki. net/forums/ index. aspx/)、奥鹏学习论坛(http://bbs. open. com. cn/)、电大在线BBS等。

利用BBS的资源发布与共享功能,可以建立教育教学资源的共建共享平台,用户可以将有价值的资源分类上传到论坛,其他人可以根据自己的需要下载。如诺贝尔学术资源网(http://bbs. ok6ok. com/)提供了大量化学化工、医学生物、物理材料、数学工程、人文社会、科研综合等方面的信息;IT168软件乐园(http://softbbs. it168. com/)提供了大量优秀的软件;北京大学出版社"第六事业部"(http://www. pup6. com/ebook. htm)提供了大量电子样书供师生试阅读。

3. 聊天室(Chat Room)[①]

聊天室也叫网络聊天室,它是一种基于网络的多人实时交流空间。处于不同地理位置的用户进入空间后,可以与同一个空间内的用户展开自由、实时的交流。使用者可以选定某一用户私下交流,也可公开发表言论,即实现多点对多点的交互。根据其功能不同,可分为普通聊天室、语音聊天室、视频聊天室。

聊天室的主要教学功能有以下几点:

(1) 在线讲座。利用网络聊天室,可以将身处异地的专家、教师、学习者汇聚一堂,开展在线讲座,有效利用社会教育资源。例如E-learning大讲堂(http://www. elearningforum. net/)借助北京网梯科技发展有限公司的语音聊天系统定期推出在线专家讲座,为所有对教育技术感兴趣的人士提供相互切磋、交流与学习的虚拟空间。

(2) 在线教学。新浪网推出的视频教学频道(http://chat. sina. com. cn/homepage/2007/channel/21. shtml)便是借助聊天室的功能开展各种网络交流活动的。其中的"Photoshop天空"为Photoshop爱好者提供了一个网络学习平台。在这里,每天有固定的授课时间,只要进入这个学习社区的朋友,都可以在这里享受平等的交流权利和免费的知识大餐,学习者既可以听到授课者的声音,也可以在视频窗口中同步看到授课者的操作过程,方便学习者模仿教师操作步骤进行学习。

(3) 网络会议。教师可以借助聊天室召开"班会",既可以节省时间,又可以将一些不便当面讨论的问题拿出来,鼓励学生说出实话。

(4) 在线讨论。通过网络聊天室,身处异地的学生可以轻松地跨越时空走到一起,共同分享学习经验和体会,共同探讨和解决专业学习上的困难和问题,从而培养学习者之间的协作精神,增进友谊。

4. 即时通信

即时通信又称实时传讯,是一种基于文字、语音、视频等形式的网络实时通信系统。它充分利用网络及时交流的特点,实现了处在不同物理空间的人与人之间的快速交流。只要两人同时在线,就能像多媒体电话一样,传送文字、声音、影像等给对方。目前互联网上受欢迎的即时通信软件包括百度Hi、腾讯QQ、MSN Messenger、Yahoo! Messenger、ICQ、Jabber、Fetion等。

即时通信的主要教学功能有以下几点:

① 郭绍青. 教师信息技术能力教程[M]. 北京:高等教育出版社,2010.

(1) 辅助教育教学。利用即时通信软件的同步交流、文件传输共享、远程协助等功能,可以辅助日常教育教学。特别在远程教育中,可以有效弥补师生之间、学生之间交流互动的不足,增强课堂凝聚力,提高教育教学效果。

(2) 加强班级管理。随着计算机的普及,网络接入速度的提高,越来越多的家庭将有条件使用联网计算机。基于即时聊天软件的网络聊天成为人们交流的主要渠道之一。借助 QQ 等软件的群组功能建立班级群组、学校群组、学科群组,即时发布班级和教学管理信息,不但能够实现班级管理的实效性,还能增强班级凝聚力。

(3) 促进家校互动。利用即时通信软件的群组功能可以建立家长群组,即时将学生的学习情况、出勤情况等基本信息传达给家长,还可以组织家长就特定的话题展开交流讨论、召开网上家长会、开办网上家长培训讲座、网络咨询等活动,增强了家校之间的联系。

5. 网络学习社区[①]

网络学习社区是一种基于网络的学习环境,其名称多种多样,如虚拟学习社区、网络学习社区、电子学习社区等。无论对网络学习社区如何定义,有大量志趣相投的网络学习者共同致力于社区的建设和发展是网络社区的基本特征。社区的每个成员有共同的利益,每一个人都有参与创建和维护社区的权利和责任,他们在社区内通过共享信息、资源和彼此的思想、观点、创意、劳动和经历来促进各自的学习和发展。

6. 博客

(1) 概念和特点。"博客"一词是从英文单词"Blog"翻译而来的,是一种在网上以流水形式、用简短的文章记录作者所见、所闻、所感的个人网站。博客的撰写和维护者称为 Blogger,每一篇文章被称为"网志"或"日志"。网志内容可以是 Blogger 的心情随想、个人反思,或一幅图片、一张照片、一段视频、一个网站地址等,也可以是作者对时事新闻、国家大事的个人看法。简言之,博客就是以网络作为载体,简易、迅速、便捷地发表自己的心得,及时、有效、轻松地与他人进行交流,集丰富多彩的个性化展示于一体的个人或群组网站。

博客的特点被总结为"四零条件",即零技术(不需要专业知识)、零成本(免费申请注册)、零编辑(作者就是编辑,即时写作、即时发布、自我检查)、零形式(有各种形式的模板可供选择,作者不需要为形式耗费时间和精力)。

(2) 博客的申请步骤。步骤如下:

① 选择一个比较稳定的博客平台。目前使用较多的博客网站有博客网(http://www.bokee.com)、博客大巴车(http://www.blogbus.com)、博尚网(http://www.blogcn.com)、中国教育人博客(http://blog.edu.cn)、天涯博客(http://blog.tianya.cn)等。

② 申请一个自己的免费电子邮箱。因为,目前几乎所有的博客平台在申请过程中都需要申请者填写自己的电子邮箱地址,用于激活博客、发送系统通知、日后获取密码等。因此申请人需要有一个自己的邮箱。

③ 填写注册信息。当拥有了电子邮箱地址后,就可进入博客平台注册页面填写注册信息,一般包括用户名、密码、密码确认、电子邮箱、博客类别、博客名称、用户性别、生日等信息。每处需要用户填写或选择的项目后面都有相应的要求,其中有些项目旁边标有"*",表示该项内容为

① 郭绍青.教师信息技术能力教程[M].北京:高等教育出版社,2010.

必填项，其他项目可以根据需要选填。

④ 开通博客空间。填完注册信息后，有的平台就可以直接开通自己的博客了；有的平台需要等待管理员审核通过；有的平台会提示申请者到自己的注册邮箱里激活博客，这时申请者只需登陆自己的邮箱，查看博客系统自动发出的邮件，点击其中的超链接就可以激活博客了。

⑤ 登陆博客。转到博客平台主页，在登录区使用前面注册的用户名和密码即可登录博客后台，进入博客后台后就可进行博客基本参数设置、发布文章、添加分类、添加好友等一系列操作了。

(3) 发布日志。在撰写日志的过程中，不同的博客平台的具体操作可能稍有不同，但一些重要、基本的流程却有着共通的地方。

① 登陆博客后台。登陆博客后台后点击页面上的“发布日志”链接，可进入日志撰写页面。

② 填写日志基本信息。在日志撰写页面需要填写或选择日志标题、标签、日志分类等信息，其中标题是必填项，日志分类包括系统自动分类和自定义分类两部分，系统自动分类是必须选择的，标签相当于本篇日志的关键词，可根据需要填写，多个关键词之间用一个空格隔开。

③ 撰写正文。在撰写正文过程中可以插入文本、图片、超链接、特殊符号、表情、分割线、Flash动画、视频等。

④ 其他选填信息。选填信息一般包括摘要、引用地址、验证码以及其他一些选择项，可以根据实际需要选填。

⑤ 预览日志。撰写完正文和其他选填信息后，可以点击“预览”按钮查看日志的最终显示效果，如果不满意可以返回继续修改。

⑥ 发布日志。修改满意后单击“发布日志”按钮后可以完成日志发布。如果发布后还需要对日志进行修改，可通过管理日志中的修改编辑功能实现。

(4) 分类管理。日志分类在整个博客系统中占有重要的地位，包括“系统分类”和“自定义分类”两部分，可以根据日志内容对日志类别进行简单规划，在博客日志分类管理页面中可以实现添加分类、删除分类、编辑分类、调整分类显示顺序等操作。

(5) 日志管理。如果要将发表的日志进行修改、删除，或对日志的其他信息进行调整时，可以通过日志管理来实现。

(6) 留言与评论。博客区别于一般个人网站的主要特色是博客作者与博客访问者之间通过博客的“留言”与“评论”功能展开交流互动。其中“留言”是博客访问者对整个博客的关注与评论；“评论”是博客访问者阅读完某篇日志后，针对日志本身发表的观点与思考。

(7) 留言与评论管理。对留言的管理包括回复留言、修改留言、删除留言等操作。其中回复留言是对博客访问者提到的相关问题和建议进行答复；修改留言是对值得保留的用户留言中的错误进行修改后保存；如果出现反动言论或垃圾信息，则可直接删除留言。对评论的管理与对留言的管理是基本相同的。

7. 维客[①]

维客是“Wiki”一词的音译，是指一种超文本系统，这种系统支持多人或者某个社群的协作式写作，同时也包含一组支持这种写作的辅助性工具。也就是说，每个人都可以任意修改网站上的

---

① 郭绍青. 教师信息技术能力教程[M]. 北京：高等教育出版社，2010.

资料,但它实现了原有版本保存控制,可以随时找回以前的版本,也可以和以前的版本进行对比,从而使多人协作成为可能,同时又保证内容不会丢失。另外,Wiki 使用了简化的语法代替复杂的 Html,加上 Web 页面的编辑工具,使内容维护的门槛降低。Wiki 作为一种简单的建站工具,更强调团队的合作,这就给我们提供了一个良好的协作环境。

(1) 维客平台介绍。

① 维基百科(http://www.wikipedia.org/)是一个国际性的内容开放的百科全书协作计划,是维基媒体基金会下的维基计划,由维基媒体基金会组织运作。

② 百度百科(http://baike.baidu.com/)是百度于 2008 年 4 月推出的以 Wiki 技术为支撑的一部内容开放、自由的网络百科全书,旨在创造一个涵盖所有领域知识、服务所有互联网用户的中文知识性百科全书。

③ 互动百科(http://www.hudong.com/)互动百科是互动在线科技有限公司自主开发的维客系统,作为中国第一个自主开发的维客系统,立足中国本土,建立起一个强大的维客社区,鼓励广大用户集体创作关于餐厅、酒店、景点、生活等相关条目,从而创建出一个巨大的涉及生活、休闲、娱乐和旅游等方面的知识库。

(2) 维客的教学功能。

① 利用维客建立网络百科全书。利用维客可以借助众人的力量建立专题性的网络知识库。近年来,教育者也纷纷将目光投入到维客在教育教学领域的应用中,利用它来建立学科专题百科全书,如北京师范大学搭建的教育技术百科、上海中医药大学教育技术研究室徐平教授的“针灸研究与教学”等。

② 维客作为协作写作的平台。通过基于维客的协作式写作平台,把创建、修改、删除、维护维客页面的权利下放到每个学生手中,充分调动学生的积极性和创造性,激发学生的自觉意识,促进学生之间的相互监督、互相学习,形成默认的写作准则和强大的社群力量,培养学生平等合作的精神和良好的道德修养,井然有序地进行扩展和共建。

③ 维客作为协作学习平台。通过 Wiki 协作将群体创造出来的知识和方案直接与具体的行动和解决实际问题结合起来,这对提高学生个体的学习能力和效率是非常有益的。

④ 利用维客建立专门资源库。维客可以作为研究性资源的提供和共建的平台,也可以利用维客建立教学案例库。

5.4 网络环境下的学习模式

5.4.1 网上讲授型学习模式

传统的经典教学模式是讲授型教学模式,它以教师讲授为主,学生只是被动地听,被动地接受加识,是一种单向沟通的教学模式。尽管这种模式在课堂教学中正在被各种新的教学模式所取代,但这种教学模式在网络教育方面却具有广泛的用途。在互联网上实现这种教学方式的最大优点在于它突破了传统课堂教学中人数、时间和空间的限制,在互联网上进行讲授型教学,其学习人数可以大幅度增加,而且学习空间可扩展到世界各地。它对于平衡教育资源具有重要作用,特别是对解决贫困地区的教育落后状况、发挥发达地区名师的作用,具有非常重要的意义。

当然它也存在一个很大的弊病就是缺乏在课堂上教师与学生的面对面交流，学习情景的真实性不强，这是在互联网上进行讲授型教学中应该加强和改进的方面。这种通过网络进行的传统教学模式，可分为同步讲授式和异步讲授式。

1. 同步讲授式

同步讲授式教学模式是教师和学生在不同的地点上课，教师在配有摄像机、话筒、电子白板、投影仪的授课教室中讲课，不同地点的学生可以在同一时间聆听同一教师的教学，师生之间也可以有一些简单的交流。目前这种教学模式主要运用网络视频会议等系统来实现。

同步讲授式要求教师在课前把要讲授的内容、材料(包括计算机内的文本文件、图形、动画及多媒体课件、音频素材、视频素材等信息)以超文本形式组织并存放在 Web 服务器上、教师通过多媒体电脑和 Web 服务器对这些内容进行讲解；异地学生通过 WWW 浏览器和多媒体电脑同步浏览上述内容，并可将简短的信息反馈给教师，以求得教师给予学习上的帮助。

这种基于互联网的同步讲授学习系统的最大优点是技术简单易行、容易实现、价格低廉，缺点是师生间的交互性差，缺乏感情上的交流。要解决这一问题，就要采用实时交互式远程教学系统，该系统将网络、多媒体及虚拟现实技术结合起来，达到师生双方或多方实时交互。因要传送音频、视频信号，所以需要较宽的网络带宽，而且在向本校园网之外传送时，要将视频、音频信号进行压缩转变成数字信息流。这类系统一般适用于专用高速网或局域网。

2. 异步讲授式

这一方式的实现比较简单，只要利用互联网的 WWW 主页服务和电子邮件服务即可。这种模式要求教师将准备好的教学要求、教学内容、课后作业等素材编制成 Web 网页，或者将事先在演播室录制好的上课录像，运用流媒体等技术进行加工，与讲稿一起存放在网络服务器上，学生通过网络浏览器浏览教学内容，以达到相应的教学目的。当学生遇到问题时可通过主页提供的链接阅读教师提供的参考资料予以解决，也可以发电子邮件给教师，教师再以电子邮件的形式帮助学生。

这种学习模式的特点在于：学习活动可以全天进行，每个学生都可以根据自己的实际情况确定学习时间、学习内容和学习进度，也可以随时从互联网上下载相关的学习材料或向教师提出问题。网上异步讲授式与同步讲授的不同之处主要在于时间上的自由度，但异步式要求学习者有更强的自觉性；异步式与同步讲授的共同点是它们都没有改变传统的教学模式中以教师为主体的讲授模式。目的我国在网上开设的网校，如北京国联网校、北京 101 远程教育教学网、联想网校、万恒远程教育网、北京四中网校等，都属于这种方式。这种方式缺乏即时的交互性，对学生的自觉性和主动性要求较高。因此，这种学习模式要取得较好的学习效果，必须有一套能够充分体现学生特点，并适合网上信息表达与传输的图、声、文并茂的优秀电子教材供学生学习。要为学习者提供与所学课程有关的大量辅助信息资料或索引，拓宽学生的知识面；要及时通过电子邮件解答学生的疑难问题，还要建立一套能完整地对学生的学习效果做出即时评价的反馈系统，时刻激励学习者。

5.4.2　基于互联网的自主学习模式

1. 基于网络课程的自主学习模式

网络课程是通过在网络环境下运行的软件来表现的某门学科的教学内容及实施的教学活动的总和，它包括两个组成部分：按一定的教学目标、教学策略组织起来的教学内容和网络教学支撑环境，其中网络教学支撑环境特指支持网络教学的软件工具、教学资源以及实施教学活动的网络教学平台。这里所指的网络课程不同于某些网校所提供的“书本搬家＋题库”式的网上教材，网络课程应是一个遵循自主学习“提出问题—情境创设—学生自学—协商讨论—评价—总结—练习巩固”设计模式的开放性系统。一个完整的网络课程采用教师为主导、学生为主体的教学设计思路，由课程信息、课程学习、学习工具、案例示范、资源库、在线测试等模块组成。

网络课程的设计应充分体现教师为主导、学生为主体的思想，克服强调以教为主和以学为主的片面性。一方面要根据接受学习的特点，充分发挥教师的主导作用，网络课程的组织者和设计者要确定课程目标，设计选择媒体和相关资源、设计教学内容组织策略、设计形成性练习；另一方面还要根据发现学习的特点，充分发挥学习者的主体作用，按照创设情境、提供信息资源、设计自主学习和协作学习策略、设计学习效果评价方法、设计综合实践内容的步骤进行教学设计。网络课程的设计还要注意将课程的主要模块与课程的教学内容、教学过程、教学策略、教学评价有机结合在一起。

基于网络课程的自主学习者，首先要明确课程学习目标和要求，通过浏览课程内容，理解内容并从中发现问题，提出问题并努力解决问题。在问题解决过程中，学习者要充分利用资源库中的资源来帮助和寻找解决问题的途径；要积极与教师、同学通过网络进行通信协商讨论，充分利用信息工具对所学知识进行重构，并形成相关作品供教师评阅，获取反馈信息，以提高对课程内容的理解与应用水平。

2. 基于网络课件和网络通信的自主学习模式

(1) 在公共 FTP 文件服务器中提供网络课件资料库。教师可以将各种网络课件存放于互联网的 FTP 文件服务器上。学习者可根据自己知识建构的需要，选择教学软件并下载到自己的计算机上，然后运行该程序，进行个别化学习。这种教学模式的缺点是交互性差，但学习者在学习时间上可以有很大的自主权。

(2) 在 WWW 浏览器中运行网络课件。教师将用 Java 等语言编写的各种网络课件内嵌到 WWW 网页中，当学习者访问网页时则可直接运行其中的网络课件，这样做可以大大地增强教学材料的交互性和实时性。教师可将多媒体信息引进网络课件中并与单机课件工作模式结合，从而真正地建立基于互联网的个别化学习系统。这种教学模式的最大优点，还在于它有很高的性能价格比，一次编制的网络课件可以跨越所有平台运行，成千上万的学习者几乎可以同时使用该软件。显然，这将极大地提高网络课件的利用效率。

(3) 网上个别辅导学习模式。个别辅导模式中教师对学生的个别化指导既可以通过电子邮件异步实现，也可以通过网络在线交谈工具同步实施。前者的优点在于学生可以随时通过网络向教师请教，但不能马上得到教师的辅导；而后者可以得到教师的即时辅导，就像面对面一样，但它要求师生必须同时上网，难以解决远距离的教师和学生对时间同步性的要求。

基于网络的自主学习应防止由于学习者拥有过多的“控制权”和“自主权”而导致其在知识的“迷宫”中失去方向，不知怎样才能循序渐进地学习这些知识点，从而耗费过多的精力与时间来选择自己的学习内容或学习路径，甚至出现遗漏掉重要的学习内容的情况发生。因此，学习导航的设计显得非常重要，是自主学习成功的一个重要方面。网络课程的设计者和学习网站的开发者应该按照教学规律、教学策略和具体的教学内容设计好教学信息的适应性导航策略，从而尽量减少学习者在学习过程中“迷航”的可能性，时刻为学习者着想，为学习者创造良好的条件，帮助学习者获得良好的学习效果。

5.4.3 基于互联网的协作学习模式

基于互联网的协作式学习，是指利用计算机网络及多媒体技术，由多个学习者针对同一学习内容彼此交互和合作，结成若干个协作学习小组，以达到对教学内容更深的理解与掌握的过程。与个别化学习相比较，协作学习有利于促进学生认知能力的发展，有利于学生健康情感的形成，是当今较流行的一种学习模式。协作学习模式有两种形式：一是以协作、互助学习小组身份登录网络，参与协作学习；二是以个体身份登录网络，参与协作式学习。

1. 基于网络环境的协作学习的基本要素

(1) 协作小组。协作小组是协作学习模式的基本组成部分，小组划分方式不同将直接影响到协作学习的效果。通常情况下，协作小组的人数不要大多，一般以2～4人为宜。

(2) 成员。一般按照其学习成绩、知识结构、认知能力等互补的原则，分派到各协作小组中。

(3) 辅导教师。在协作学习中辅导教师并非可有可无，由于辅导教师的存在，协作学习的组织、学习者对学习目标的实现效率、协作学习的效率等都可以得到有效的控制和保证。

(4) 协作学习环境。主要包括协作学习的组织环境、空间环境、硬件环境和资源环境。组织环境是指协作学习成员的组织结构，包括小组的划分、小组成员功能分配等；空间环境是指协作学习的场所，如班级课堂、互联网环境等；硬件环境指协作学习所使用的硬件条件，如计算机支持的协作学习、基于互联网的协作学习等；资源环境是指协作学习所利用的资源，如虚拟图书馆、互联网等。

2. 计算机支持的协作学习的特点

基于互联网的协作学习本质上是计算机支持的协作学习。计算机支持的协作学习(Computer Supported Cooperative Learning，简称CSCL)是指利用计算机技术(尤其是多媒体和网络技术)来辅助和支持协作学习的一种学习模式。

多媒体技术能为学习者提供形象直观的、界面友好的学习环境，网络技术打破了时空的限制，并为学习者提供了信息获取与传输的通道。通过计算机支持的协作学习，身处不同地域的学习者可通过计算机网络进行交流和沟通，并通过计算机组成学习小组，在共同协商和互助的气氛中完成共同的学习目标。

要实现计算机支持的协作学习，当然也要求包含协作学习实现的机制，也就是说要包含协作学习的相关理念，要体现协作学习的组成要素。因此，就要考虑计算机支持的协作学习系统如何让学习者进行充分的交互并在交互的基础上实现协作学习。所以，交互性和协作性是实现计算机支持的协作学习系统最关键的两个问题。

(1) 计算机支持的协作学习系统的交互性。人—机交互、机—机交互可以在计算机网络间实现人与人之间的信息交流，多媒体网络信息的多样性不仅为网络间的人们提供了形象生动的符号与信息，同时它还能以多种交互方式实现有效的学习协作。为了使协作学习在网络中实现得更充分有效，计算机支持的协作学习系统其交互性总体来讲应具有以下几个特点：

第一，传输信息丰富。随着传输光缆的大面积铺开。网络的运行速度得到极大提高，网络传输的信息也逐渐由原来的纯文本信息向多媒体信息转变，在计算机支持的协作学习系统中的交互信息不仅包含文字信息，还包含视频、图像、程序软件等多种形式的信息类型，这保证了学习者之间进行有效协作所需的必要交互。

第二，人与人交互方式多样。通过计算机网络进行的协作学习可进行一对一、一对多，也可以进行多对一、多对多的人—人交互方式。

第三，交互控制权灵活性高。计算机支持的协作学习环境中的交互控制权既可以均衡分配，也可以高度集中。

第四，交互时空的灵活性。对于计算机支持的协作学习系统可支持同步交互、异步交互，还可以在一个虚拟时空进行交互。

第五，交互的间接性。在网络环境中进行的交互不像面对面的交互具有直接性与全面性的特点，由于人与人之间必须要通过网络作为中介来进行信息交流，因此计算机支持下的协作学习具有间接性与片面性的缺点，但由于其间接性的交互特色，使学习者可进行匿名交互，学生在进行匿名交互时不必去顾忌他人的想法而畅所欲言，并将学习关注的焦点从内容的效果转到内容本身上。另外，利用网络环境中交互的间接性，学习者可建立公共交互中的私人通道。在共同空间下，学生可通过网络以非顺序方式发言，多位学生可在同一时间向教师和协作者提出自己的见解而互不干扰，这是网络环境中交互的间接性给协作学习带来的一个优势。

(2) 计算机支持的协作学习系统的协作性。交互性是计算机支持的协作学习实现协作学习所必要的条件，但要使学习者之间产生协作学习行为还必须提供适当的协作机制。计算机支持的协作学习系统能提供的协作学习机制主要应包含下面几个方面：

第一，支持共享信息。信息资源的丰富程度影响着协作成员及整体目标的实现，提供共享信息的功能，不仅可以使成员个体获得更广、更多、更新的信息，而且也使协作组成为信息接受的整体，加强集体的凝聚力。

第二，支持共享活动。协作学习目标的实现都是通过一系列共享活动和集体讨论、轮流发言、流线操作等来实现的。

第三，支持角色扮演。协作学习中学生各司其职，共担荣辱，即在网络环境下支持的协作学习要包含相互依赖性、个体职责等要素，而且像调停者、指导者、组织者等也是复杂协作系统成功的重要因素。

第四，支持创造行为。协作学习的最终目标是明确的，但学习过程却是多维的。协作学习过程由于形式灵活多样，因此协作学习过程本身会促进学习个体自身学习观、学习方法等知识结构、技能结构的极大丰富，所以新的观点、思路、策略等常常涌现出来，有时甚至超过预定的小组学习目标，实现“超额目标”的效果。因此，协作过程设计合理必然对学习者创造性培养具有极大帮助。

第五，支持控制管理。由于学生在学习过程中交互形式多样化而且极为复杂，各个成员的学习行为也不大一样，为使协作和谐一致，需要完善的控制管理策略。

5.4.4 基于互联网的远程教学模式

网上远程教学打破了时间、地域的限制，充分利用高校的师资力量，是一种利用公众多媒体通信网进行远距离教学的集语音、图像、数据于一体的交互式教学模式。一般来说，网上远程教学主要有以下几种形式。

1. 交互式远程授课

该模式主要应用公众多媒体通信网，对图像及语音文字信息进行编码，实现一点对多点的远程交互式教育。老师与学生虽天各一方，但借助多媒体通信网相互可视，并可交互，即在课间时由学生向老师提问，老师即时解答。

2. 点播式授课

学生利用公众多媒体通信网，在学校、单位或家里以视频点播或网上浏览的方式，随时调用以视频、语音、文字等形式存放于信息服务器中的课程进行学习。

3. 教学资料检索

该模式主要是学生通过必要的网络工具和手段从网络获取学习信息和资料的学习方式。这种学习方式一般来讲主要有以下两种：

(1) 疑难解答。学生利用公众多媒体通信网发电子邮件或通过 BBS 向指定教师进行疑难咨询解答和学习体会交流。

(2) 名师指导。教师通过多媒体通信网指导学生，也可将指导资料存放于信息服务器中供学生调用。学生可利用公众多媒体通信网的 E-Mail 提交作业供教师进行批改。

5.4.5 基于互联网的资源型学习模式[①]

1. 概念与特点

随着互联网技术的发展以及网上信息资源的迅速增加，出现了基于互联网的信息资源学习模式(基于互联网的资源型学习模式)，它是指学生主要利用互联网信息资源进行自主学习的过程，旨在伴随着学习过程使学生同时获得解决问题的基本思路与体验。在这里，学生的学习是一种积极主动的活动，教师给学生提出待学习的问题或待探索的主题，学生借助互联网、图书资料和其他多媒体信息资源，进行自主探究学习，从而实现教学目标。在基于互联网的资源型学习过程中，并不排斥其他学习资源的综合利用。

互联网向学生提供了非常丰富的学习资源和良好的学习环境，使学生在教师的指导下，通过运用各种信息搜索工具，获得相关的信息，然后加以分析、提炼、加工、综合，得出自己的结论，再利用 E-mail、BBS，或面对面地与同学们进行讨论，最后通过网上工具把自己的结果加以发布。上述整个过程的进行，十分有利于拓展学生个性空间的发展，提高学生的自学能力，其中包括获取、识别信息资源的能力、独立解决问题的能力，从而激发学生的创造性思维，达到学会学习的目标。

2. 基本过程

基于互联网的资源型学习模式的一般过程可以分成以下步骤：

(1) 确定问题与目标。进行资源型学习首先要帮助学生确定一个恰当的主题，该主题应该是有意义的并对学生具有一定的挑战性，以便激发学生的求知欲和探索精神。所选问题的答案或结论通常需要从多方面、多角度去考虑，而不能选那种一句话就可以表达清楚的问题。另外，所选问题最好与学生的知识、经验结合起来，使他们可以根据已有的知识基础，通过利用网络和其他相关资源就能够解决问题。

---

① 张剑平.现代教育技术——理论与应用[M].第2版.北京：高等教育出版社，2006.

在提出问题的同时就给出问题解决的具体目标，必须让学生一开始就明白教师的要求，所应达到的目标，以及评价的标准，然后朝着这个方向去努力。

(2) 提供资源和工具。应当给学生提供解决问题的学习资源或进行导航，其中包括相关的网络地址、参考书目、文献索引，以及其他多种媒体资源，从而减少学生查找信息资源的盲目性，少走弯路。

由于网上相关的信息很多，为了使学生能快速、有效地找到所需资源，应该向学生介绍当前有效的网上信息检索、发布的工具软件或站点，以便于学生查找信息，并有效地进行信息组织、分析、综合，最终形成结论并在网上发表。

(3) 搜集、分析、组织信息，在网上发布成果。学生在上述基础上搜集信息，进行分析、综合与组织，将获得的问题答案或结论用 Word、FrontPage、PowerPoint 等工具加以组织并在网上发布，并据此进行交流讨论、查漏补缺，形成更完善的结果。

(4) 评价、展示学习成果。对于学生个人或小组递交的问题答案或结论，教师应依照既定的标准适时进行评价、总结，并将评价结果与学生的优秀成果在网上展示。

在基于互联网的资源型学习的实施中，教师应当注意以下几个方面：

第一，基于互联网的资源型学习的中心是学生，应当发挥学生的主动性，以学生自主学习为主。要鼓励学生灵活应用已知的知识探求未知知识，教师的作用只是指导学生朝某个方向努力。

第二，基于互联网的资源型学习应当以合作学习为主要手段。在基于互联网的资源型学习中，应当根据问题和学生情况进行合理分组，学生以小组为单位进行合作学习、讨论，小组之间也可以进行相互交流。

第三，基于互联网的资源型学习应当以教学目标为导向，教师必须进行适当引导。由于在资源型学习中，教学资源的丰富性，教学手段的多样性，教学目标也呈现出多样化的特点，教师在组织教学活动时更要注意把握教学目标，教师要在发表、交流阶段进行引导，避免出现教学活动偏离轨道的现象。

学习建议

1. 按教育资源的存在形式进行分类，可将网络教育资源分成哪些类型？
2. 常用的网络资源检索策略有哪些？
3. 如何提高网络信息资源的检索效率？
4. 常用的视频文件下载方法有哪些？
5. 常用的网络交互工具有哪些？各有什么特点。
6. 常见的网络环境下的学习模式有哪些？

教学建议

在学习 5.1 节内容时，可主要采用讲授法、多媒体演示法来进行学习，学生也可在计算机网络教室查找著名的电子图书、电子期刊网站，并利用专用软件阅读电子图书和电子期刊；在学习 5.2 节和 5.3 节内容时，学生要在计算机网络教室进行实际操作来使用网络资源检索、下载工具，并利用各种网络交互工具进行师生之间、生生之间的相互交流；在学习 5.4 节内容时，教师可以分析各种成功的网络学习模式案例，让学生深入了解各种网络学习模式的特点，如果条件允许的话教师可组织学生进行各种网络学习模式的实践。

推荐阅读

1. 祝智庭.现代教育技术——走进信息化教育[M].北京：高等教育出版社，2001.
2. 武法提.网络教育应用[M].北京：高等教育出版社，2003.
3. 王以宁.网络教育应用[M].北京：高等教育出版社，2003.
4. 祝智庭.网络教育应用[M].北京：北京师范大学出版社，2000.
5. 郭绍青.教师信息技术能力教程[M].北京：高等教育出版社，2010.
6. 网络中国电子图书网：http://book.httpcn.com/
7. 阿帕比数字资源平台：http://Ebook.lib.apabi.com
8. 中国中小学教育教学网：http://www.k12.com.cn
9. 中国知网：http://www.cnki.net
10. 中国万方数据库：http://isc.chinainfo.gov.cn/gcwx.htm

第 6 章　常用课件制作平台及教学应用

学习目标

1. 了解 PowerPoint 的基本概念和功能用途。
2. 熟悉 PowerPoint 的工作环境和基本视图。
3. 熟练掌握演示文稿的创建方法和常用的编辑操作。
4. 熟练掌握对演示文稿进行修饰与美化的途径和方法。
5. 熟练掌握演示文稿的放映设置和放映过程的控制方法。
6. 理解概念图的含义、结构及理论基础。
7. 了解概念图的制作步骤，理解概念图在教学中的应用。
8. 掌握概念图制作软件 Inspiration。

知识结构

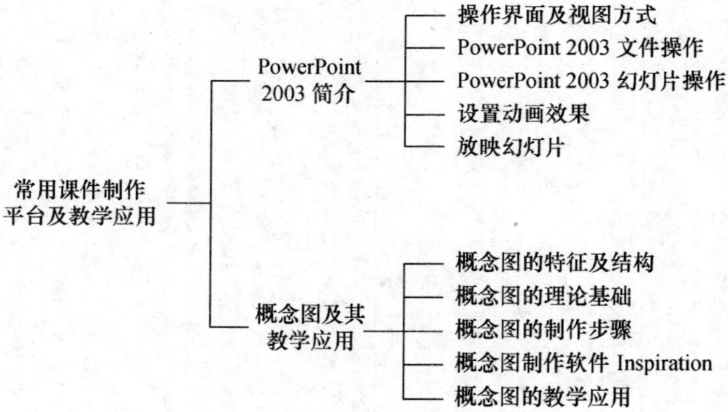

6.1　PowerPoint 2003 简介

用幻灯片进行演示教学是常用的教学手段，相对于传统的手工幻灯片，电子幻灯片更有优势。电子幻灯片又叫演示文稿，被广泛地应用在会议、教学、产品演示等场合。PowerPoint 2003 是一个专门用于制作、播放演示文稿的软件（实际上 PowerPoint 中就将每一页演示文稿称为一个幻灯片，PowerPoint 的工作原理就是模仿传统的幻灯机进行演示），是 Microsoft 公司继 PowerPoint 2002 后推出的新版本，它是 Office 2003 中文版重要的组件之一。

本节以 PowerPoint 2003 为例介绍演示文稿的使用方法。

6.1.1　操作界面及视图方式

PowerPoint 2003 的安装与启动过程跟其他应用软件一样，在此不作详细的讲述。

1. PowerPoint 界面构成

启动 PowerPoint 2003 后，屏幕上出现如图 6.1.1 所示的程序窗口。除“工具栏、菜单栏”等普通软件都具备的元素外，PowerPoint 2003 程序窗口中比较重要的是“大纲窗格”、“视图切换”、“任务窗格”这三种元素。其中大纲窗格中有两个标签，“大纲”标签中显示各幻灯片的具体文本内容，“幻灯片”标签中显示各幻灯片的缩略图。下面对每个部件做详细介绍。

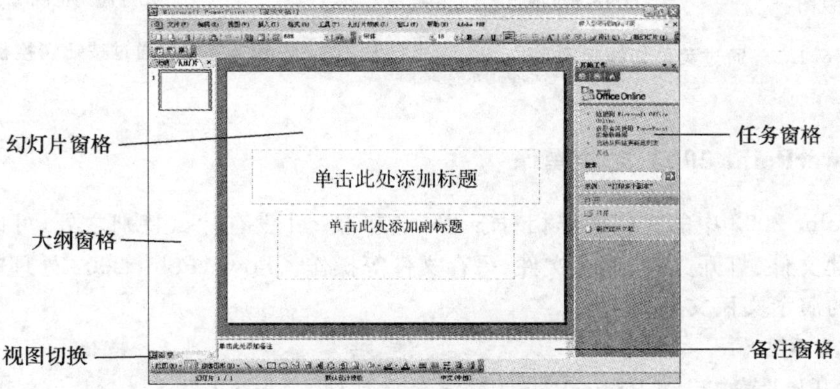

图 6.1.1　幻灯片的几种视图

幻灯片窗格：该窗格中显示的是大纲窗格中选中的幻灯片，用户可以在这里详细地查看、编辑每张幻灯片。

大纲窗格：大纲以缩略图的形式列出了演示文稿中的所有幻灯片，用于组织和开发演示文稿中的内容，可以在大纲视图中对幻灯片进行简单的编辑，如键入文字，重新排列项目符号点、段落和幻灯片等。

备注窗格：该窗格用于添加幻灯片的备注信息。

任务窗格：跟 Office 其他组件中的任务窗格功能一样，PowerPoint 2003 的任务窗格也是为了方便用户操作而设计的。PowerPoint 2003 中的任务窗格包括“开始工作”、“共享工作区”、“帮助”、“剪贴板”、“剪贴画”、“幻灯片切换”等几个组。

视图切换按钮：PowerPoint 2003 共有两种视图方式，分别是普通视图和幻灯片浏览视图。

2. PowerPoint 2003 的视图方式

启动 PowerPoint 后系统默认的是普通视图，用户可以通过以下两种方式切换视图。

方法一，执行“视图\幻灯片浏览”命令或者执行“视图\普通”命令，如图 6.1.2 所示。

方法二，单击窗口左下角的“普通视图”按钮、“幻灯片浏览视图”按钮等视图选择按钮，如图 6.1.3 所示。

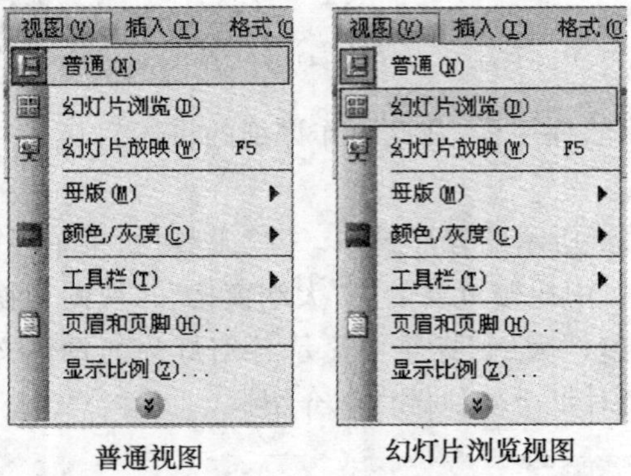

图 6.1.2 通过菜单切换视图

图 6.1.3 通过按钮切换视图

6.1.2 PowerPoint 2003 文件操作

PowerPoint 2003 中的文件操作相对于 Word 和 Excel 没有什么特别之处，可以依照类似的方法进行新建文件、打开文件、保存文件、另存文件等操作。PowerPoint 2003 处理的文件是扩展名为“.ppt”的演示文稿文件。

1. 新建演示文稿

如果从“开始”菜单启动 PowerPoint，系统会自动建立一个文件名为“演示文稿 1.ppt”的文件，除此之外，PowerPoint 还有以下两种方式新建文档。

(1) 从菜单新建演示文稿。

① 在 PowerPoint 2003 中，执行“文件\新建”命令，打开新建演示文稿任务窗格，如图 6.1.4 所示。

② 在新建任务窗格中，单击选择“空演示文稿”按钮，系统会自动建立一个新演示文稿，并将其命名为“演示文稿 2.ppt”。

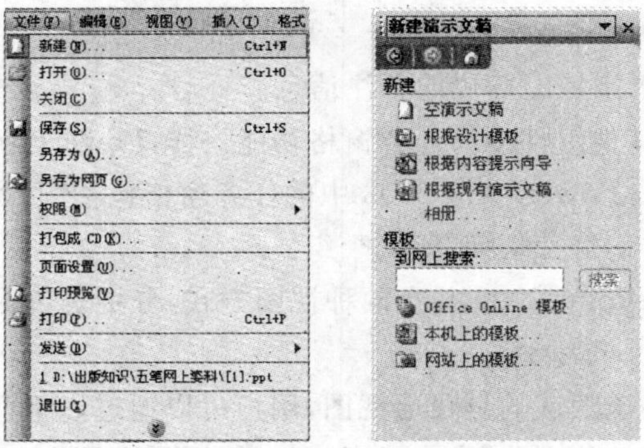

图 6.1.4 从菜单新建演示文稿文件

(2) 通过快捷方式创建演示文稿。单击常用工具栏中的创建新文档按钮，或者按快捷键 Ctrl+N 均可以快速新建文档。

2. 打开演示文稿

如果计算机中保存有一个以前编辑好的演示文稿，可以通过以下两种方式将其打开。

(1) 从菜单中打开演示文稿。

① 执行“文件\打开”命令，弹出“打开”对话框，如图 6.1.5 所示。

② 在“查找范围”中，选择文件存放的路径后，用鼠标选择要打开的文件，单击“打开”按钮即可。

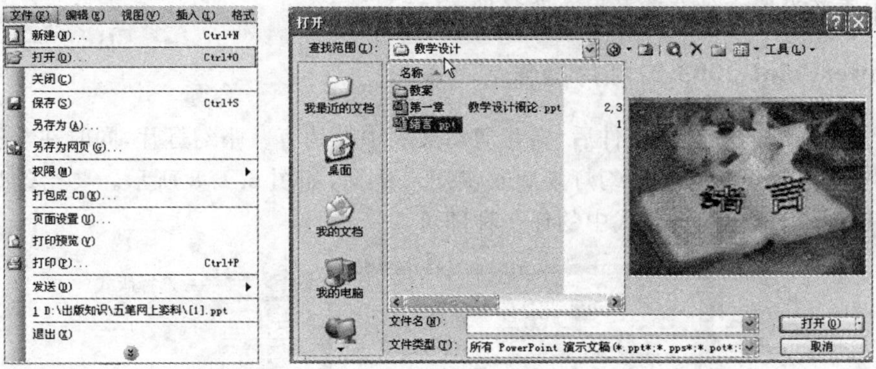

图 6.1.5　执行文件\打开命令打开文件

(2) 以快捷方式打开演示文稿。单击常用工具栏中的打开文档按钮，或者按快捷键 Ctrl+O 均可以快速打开文档。

3. 保存演示文稿

在 PowerPoint 2003 中保存文档的操作方法有两种。

(1) 通过“菜单”操作。执行“文件\保存”命令，可以将当前演示演示文稿保存，操作过程如图 6.1.6 所示。如果是第一次保存文件，则会弹出“保存”对话框，如图 6.1.7 所示，按以下步骤进行操作。

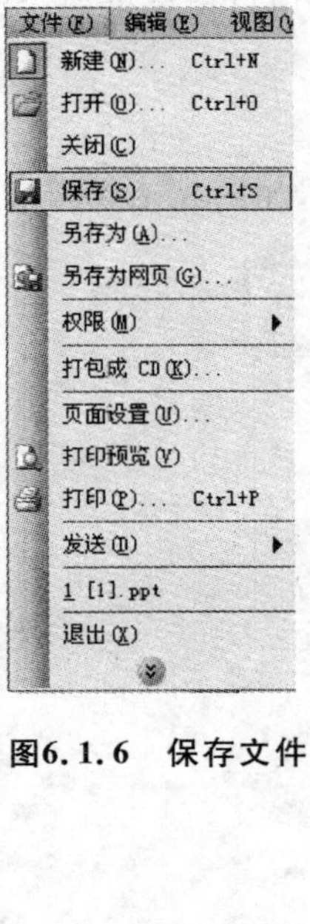

图6.1.6　保存文件

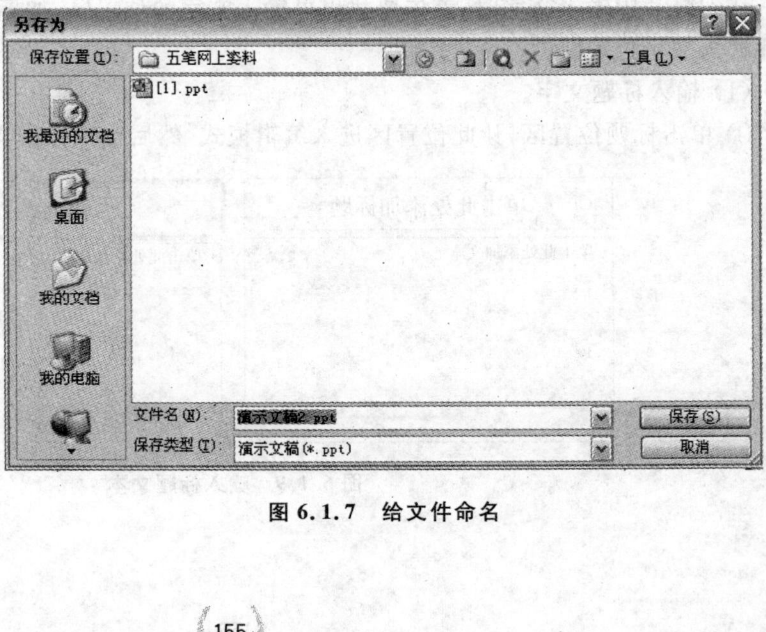

图 6.1.7　给文件命名

① 在“保存位置”下拉列表框中，选择文件要保存的位置。

② 在“文件名”栏中，输入要保存的文件名。

③ 单击“保存”按钮，将会按以上设置保存文件。

(2) 通过快捷方式保存文稿。单击常用工具栏中的保存文档按钮或者按快捷键 Ctrl＋S 均可以保存演示文稿，如果是第一次保存，也会弹出如图 6.1.7 所示的“另存为”对话框。

如果要将当前文件以另外一个文件名保存，则可以执行“文件\另存为”命令，在弹出的“另存为”对话框中重新设置文件名称及保存路径即可。

6.1.3 PowerPoint 2003 幻灯片操作

当建立一个新的演示文稿文件后，新建演示文稿中默认有一张幻灯片，同时在“任务窗格”中会自动显示一些系统设置好了的幻灯片版式供用户选择，如图 6.1.8 所示。要给幻灯片设置某种版式时，只需要用鼠标双击版式中的任一种即可。

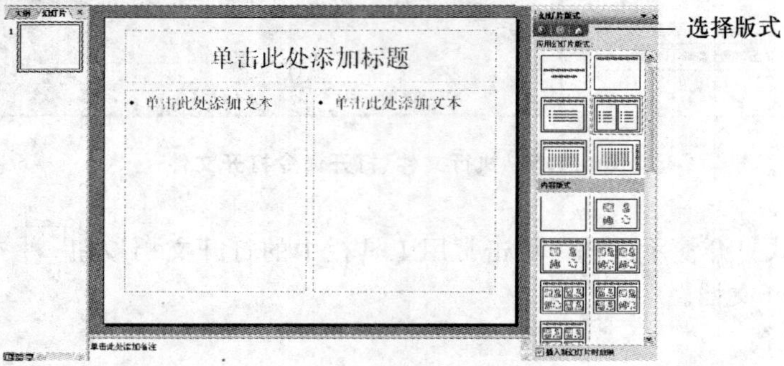

图 6.1.8 选择幻灯片版式

当选择好幻灯片的版式后，就可以对幻灯片进行编辑工作了。

1. 输入幻灯片内容

在幻灯片中输入文字时，首先要找出可输入文字的位置区，如标题、条例项目位置区等，这类位置称为文字位置区。

(1) 输入标题文字。

① 单击标题位置区，让此位置区进入编辑模式，然后键入标题文字内容，如图 6.1.9 所示。

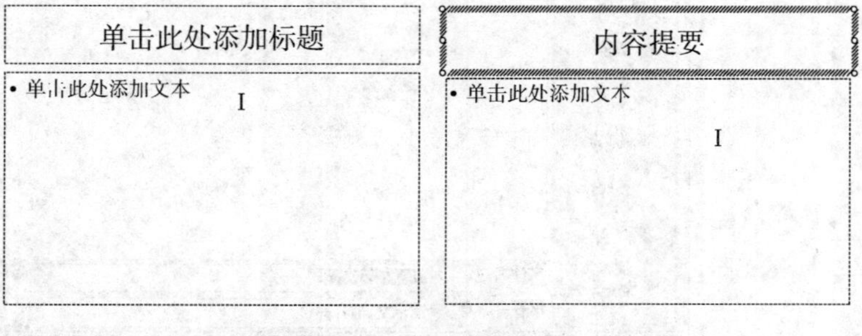

图 6.1.9 输入标题文本

② 输入文字时，PowerPoint 2003 会自动将超出位置区的部分折到下一行，我们也可以按下 Shift＋Enter 键自行换行。按回车键则表示另起一个段落。

③ 输入完毕后，单击标题位置区以外的地方即可。

如果系统预留标题栏位置不够，可以用鼠标拖动标题栏文本边框，使其变大以适应文字内容的需要。

(2) 输入条例项目。PowerPoint 中的条例项目，相当于 Word 中的项目符号，主要用于列举目录性的文字。输入条例项目的具体操作步骤如下。

① 单击条例项目位置区，插入点会显示在第一个项目符号后。

② 键入条例项目内容，按回车键，下一行会再显示另一个项目符号。

③ 输入其他的条例项目。

④ 单击位置区以外的地方，表示输入完毕，操作流程如图 6.1.10 所示。

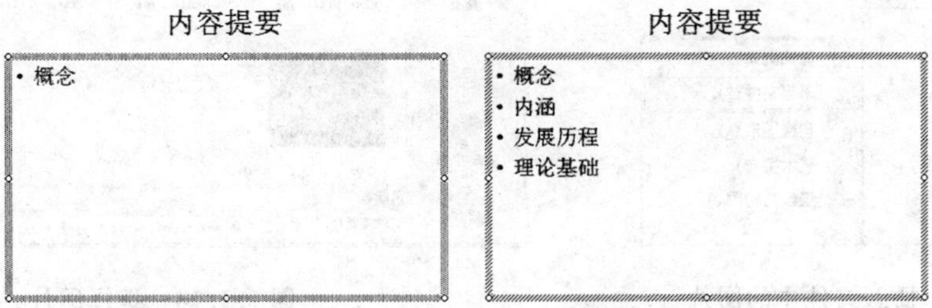

图 6.1.10　输入条例项目

(3) 插入剪贴画。在 PowerPoint 演示文稿中，可以方便地插入剪贴画，具体操作步骤如下。

① 执行"插入\图片\剪贴画"命令，如图 6.1.11 所示。

② 在剪贴画任务窗格中单击选择一幅剪贴画，即可将其添加至演示文稿中，如图6.1.12 所示。

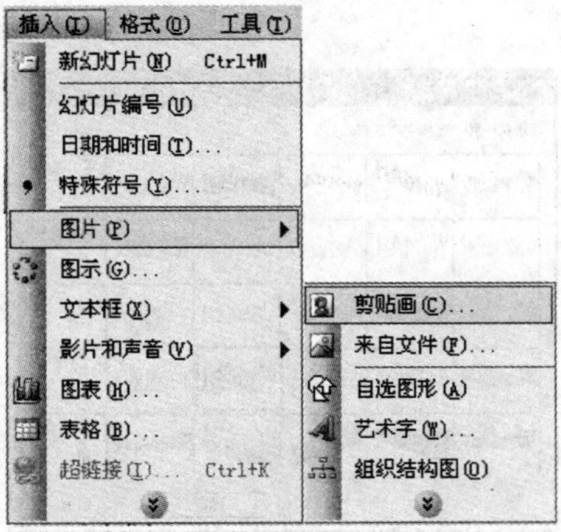

图 6.1.11　执行插入剪贴画命令

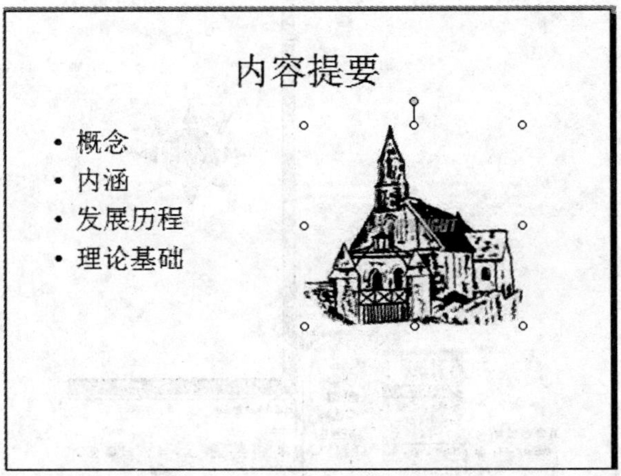

图 6.1.12　选择剪贴画

插入的剪贴画可以任意调整大小及位置。

(4) 插入图形。

① 插入图片。在 PowerPoint 2003 中,不但可以插入剪贴画,还可以插入系统外部的文件,其操作步骤如下。

1) 执行“插入\图片\来自文件”命令,如图 6.1.13 所示。

2) 在如图 6.1.14 所示的“插入图片”窗口中,选择图片后单击“插入”按钮即可将图片插入文稿中。

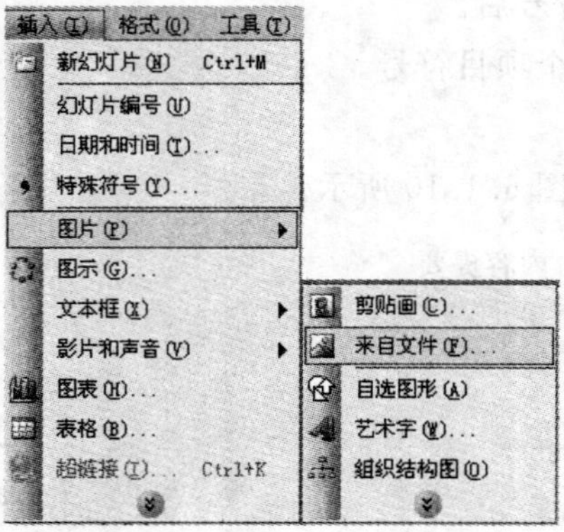

图 6.1.13 插入文件中的图片

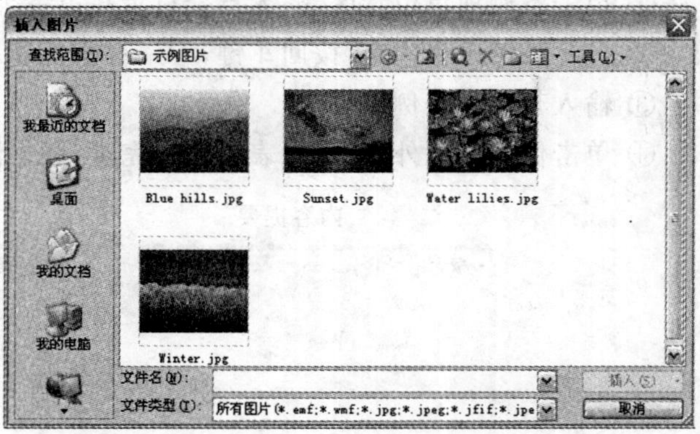

图 6.1.14 选择图片

② 绘制图形。可以使用 PowerPoint 提供的绘图工具轻松绘制诸如直线、圆、椭圆、正多边形等简单的图形,还可修改图形的线宽、填充颜色等,如图 6.1.15 所示。

③ 插入艺术字。PowerPoint 中可以通过艺术字来增强演示文稿的渲染能力,增强演示效果。艺术字是以图形的形式出现的,其操作步骤如下。

1) 执行“插入\图片\艺术字”命令,如图 6.1.16 所示。

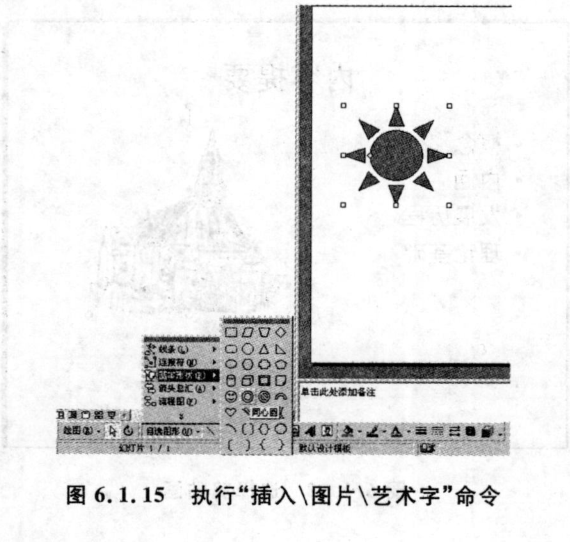

图 6.1.15 执行“插入\图片\艺术字”命令

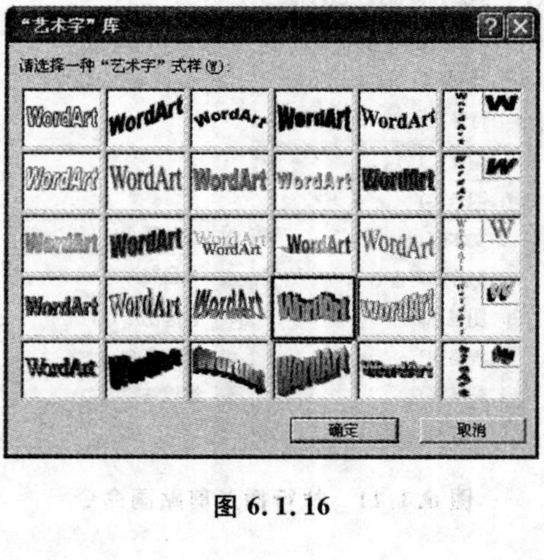

图 6.1.16

2）选择一种艺术字式样，输入文本，调整字体、字号即可插入艺术字，如图 6.1.17 所示。

图 6.1.17　输入文字

（5）使用“文本框”添加文本。在 PowerPoint 2003 中，可以使用“文本框”在演示文档中任意位置添加文字，具体操作步骤如下。

① 执行“插入\文本框\水平”命令，如图 6.1.18 所示。

② 刚插入的文本框比较小，可以用鼠标拖动使其变大再输入文字，如图 6.1.19 所示。

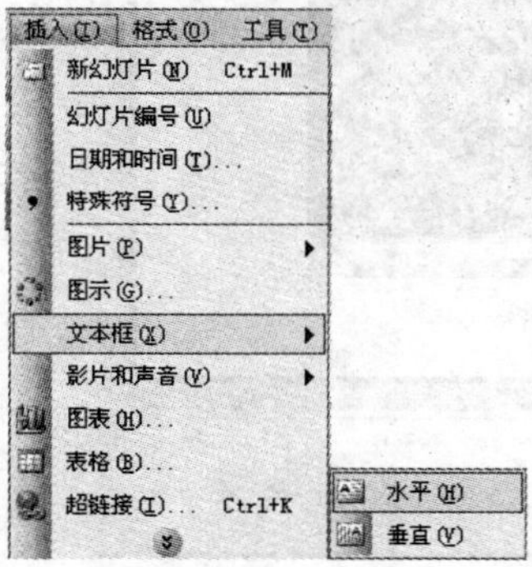

图 6.1.18　执行“插入\文本框\水平”命令

图 6.1.19　调整文本框大小

（6）插入图表和结构图。插入新幻灯片时，选择带有图表版式的幻灯片，按提示操作即可插入图表。为了形象地表达结构、层次关系，可以在幻灯片中制作组织结构图，在新幻灯片版式图中选择组织结构图的版式，双击组织结构图的占位符，就可启动组织结构图处理窗口。这时可方便地进行增加、删除等组织结构图的编辑。

（7）插入声音和视频。

① 插入声音。PowerPoint 可以插入剪辑库中的声音，也可以插入文件中的声音。插入声音之后，会显示一个图标，该图标的大小可以调节。可在幻灯片的合适位置设置声音播放按钮。鼠标点击可以播放声音，可以通过“动作设置”命令选项来设置声音的自动播放，如图 6.1.20 所示。

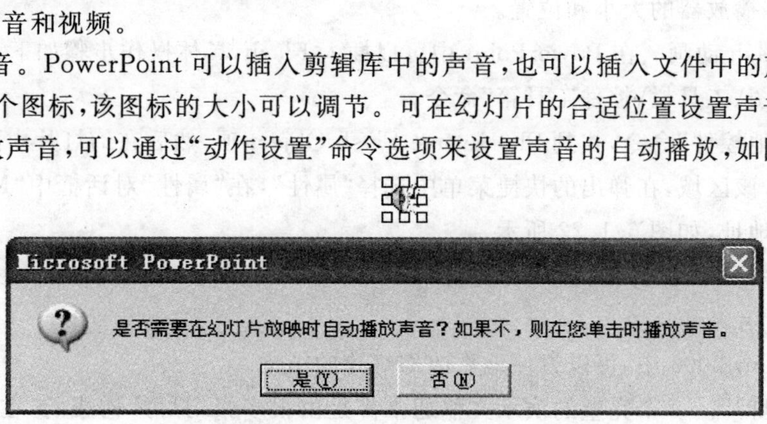

图 6.1.20　声音播放设置

② 插入视频。PowerPoint 可以插入剪辑库中的影片，更多地把 avi 类型的影视文件插入到当前幻灯片中。PowerPoint 播放影片时，可随时单击鼠标暂停和重放，这对于演示来说非常方便。视频播放窗口的大小也可以进行调整。

③ 媒体播放器对象。为了插入更多的媒体，如 VCD 视频，需要插入“媒体播放器对象”。具体操作步骤如下。

1）执行“视图\工具栏\控件工具箱”命令，如图 6.1.21 所示。

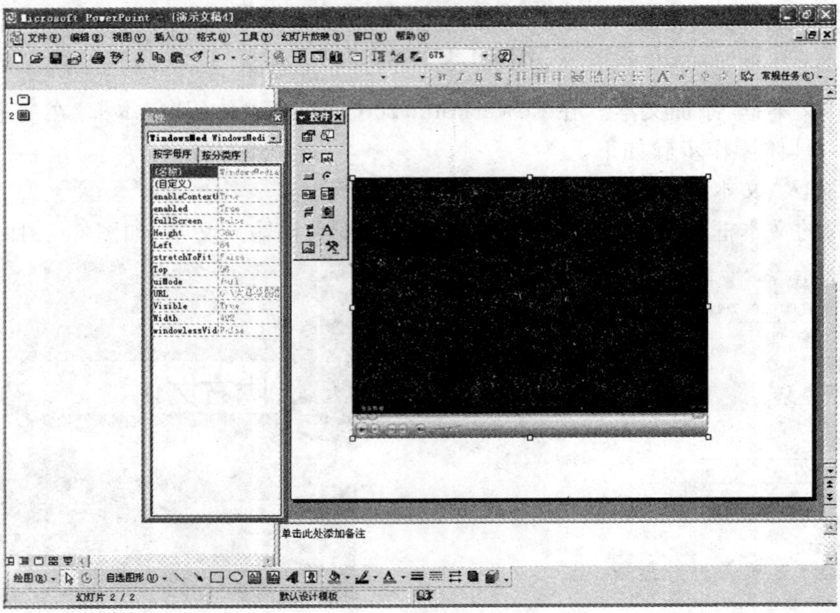

图 6.1.21　执行插入控件命令

2）点击“其他控件”命令，找到 Windows Media Player 项，然后在幻灯片中画一块区域。

3）右键点击该区域，在弹出的快捷菜单中选择“属性”，在“属性”对话框中“URL”选项中输入影片地址。

4）最后调整播放器的大小和位置。

(8) 插入 Flash 动画。在 PowerPoint 中可以插入 Flash，具体操作步骤如下。

① 执行“视图\工具栏\控件工具箱”命令。

② 点击“其他控件”命令，找到 Shockwave Flash Object 项，然后在幻灯片中画一块区域。

③ 右键点击该区域，在弹出的快捷菜单中选择“属性”，在“属性”对话框中“MOVIE”选项中输入 Flash 影片地址，如图 6.1.22 所示。

④ 最后调整 Flash 影片的大小和位置。

2. *更改幻灯片结构*

在 PowerPoint 2003 中，可以方便地更改幻灯片的结构。

(1) 插入幻灯片。一个完整的演示文稿通常都是由很多张幻灯片构成的，在 PowerPoint 中可以通过插入幻灯片的操作来增加幻灯片，其操作步骤如下。

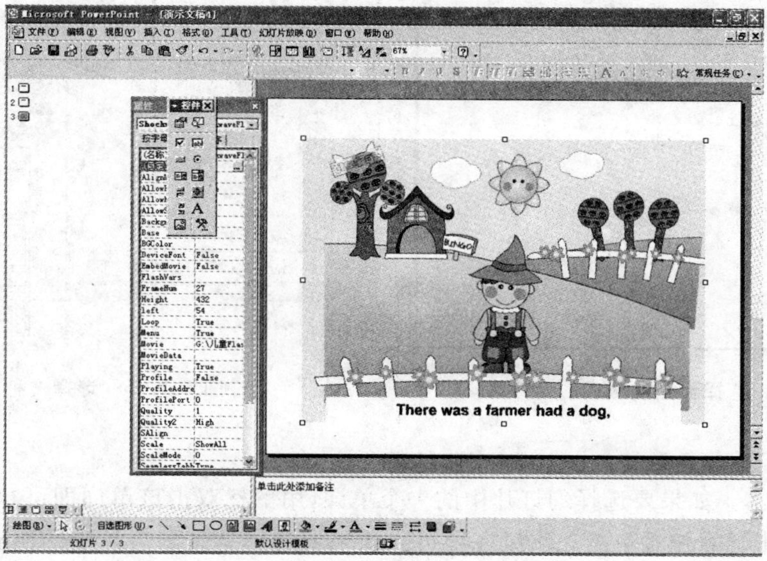

图 6.1.22 输入 flash 影片地址

① 执行“插入\新幻灯片”命令,可以插入一张新幻灯片,如图 6.1.23 所示。

② 插入的新幻灯片将会放在原有幻灯片之后的位置,并在“幻灯片标签”中显示新插入幻灯片的缩略图,如图 6.1.24 所示。

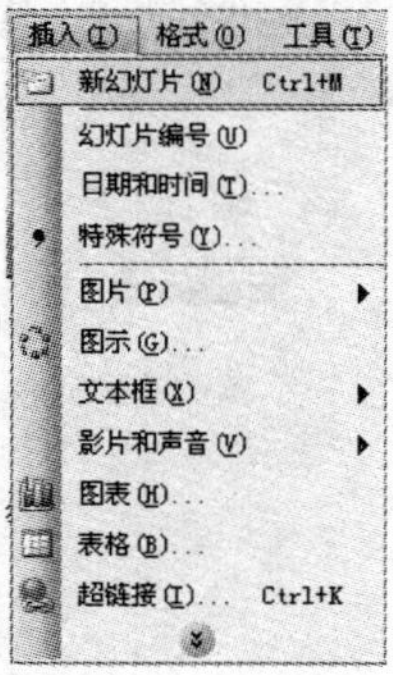

图 6.1.23 执行插入新幻灯片命令

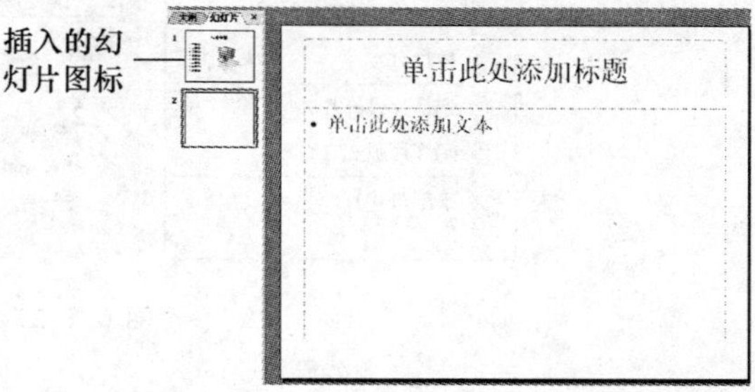

图 6.1.24 插入新幻灯片后

在新插入的幻灯片中,可以按照相同的方法对其进行编辑。

(2) 更改幻灯片版式。当为幻灯片设置一种版式后,还可以对其版式进行调整,调整步骤如下所示。

① 在窗口左侧的“幻灯片”栏中单击幻灯片缩略图标,激活要修改版式的幻灯片,如图 6.1.25 所示。

② 执行“格式\幻灯片版式”命令,打开“幻灯片版式”任务窗格,如图 6.1.26 所示。

③ 选择一种要改变的版式,用鼠标双击,即可给幻灯片设置新的版式。

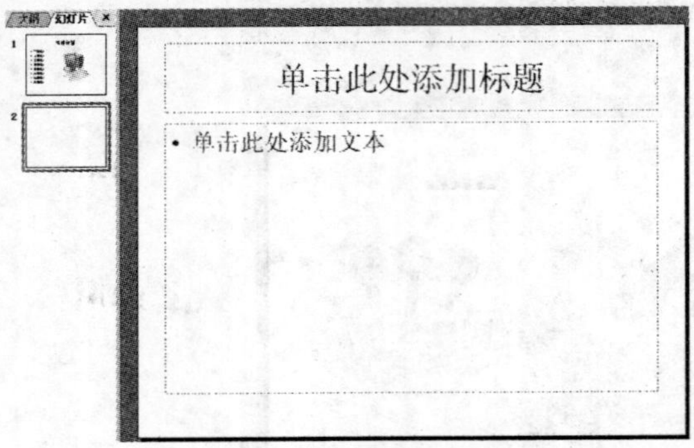

图 6.1.25　选择要更换版式的幻灯片

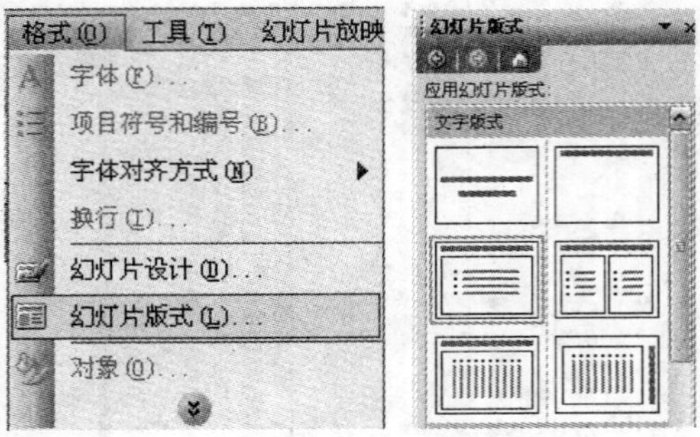

图 6.1.26　选择一种版式

3. 幻灯片文本的编辑

(1) 选择文本。如果要选择幻灯片中的一个单词,用鼠标双击该单词即可,如果要选择一个段落,在该段落中任意位置单击三次鼠标即可。如果要选择单张幻灯片中的所有文本也可以按下 Ctrl＋A 键。

(2) 设置字体、字号等信息。设置字体、字号信息的操作步骤如下。

① 选中需要编辑的字符。

② 执行“格式\字体”命令,打开“字体”对话框,进行相应设置,如图 6.1.27 所示。

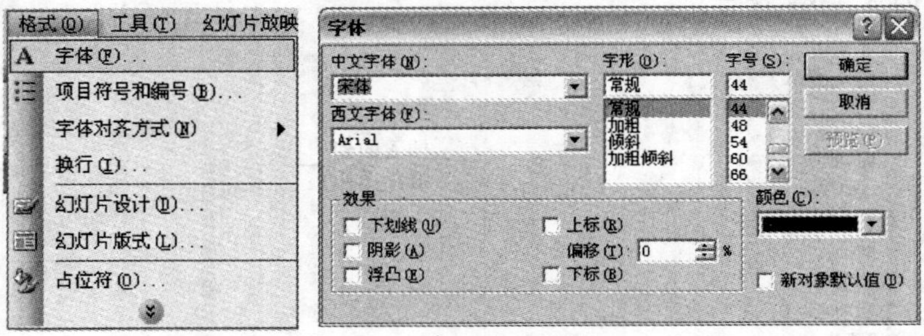

图 6.1.27　设置文字格式

(3) 拖动鼠标移动或复制文本。在 PowerPoint 2003 中可以通过拖动鼠标来移动或复制文本,具体操作步骤如下。

① 选定要移动或复制的文本。

② 如果要移动文本,将文本拖至新位置。如果要复制文本,按下 Ctrl 键,将要复制的文本拖至新位置。

(4) 查找文本。在文档中查找文本的操作方法如下。

① 执行“编辑\查找”命令,弹出“查找”对话框,如图 6.1.28 所示。在“查找内容”方框中输入要搜索的文本。

② 单击“查找下一个”按钮,系统会自动搜索与查找内容相匹配的文字内容,并且会反白显示出来,如图 6.1.29 所示。

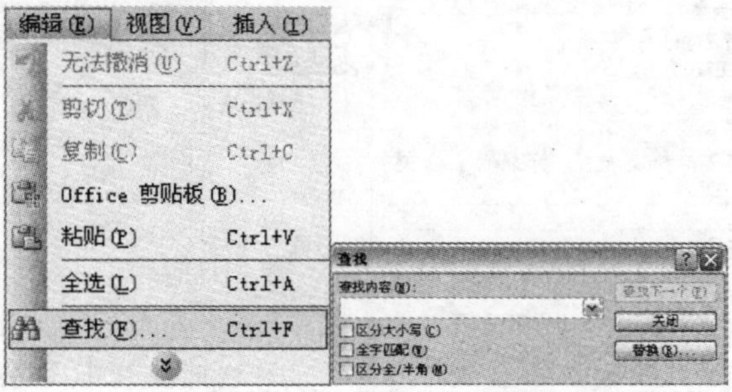

图 6.1.28 执行查找命令

图 6.1.29 单击“查找下一个”按钮

(5) 插入特殊字符。在 PowerPoint 2003 中插入特殊字符的具体操作步骤如下。

① 将光标定位于要插入特殊字符的位置。

② 执行“插入\符号”命令，弹出“符号”对话框，如图 6.1.30 所示。

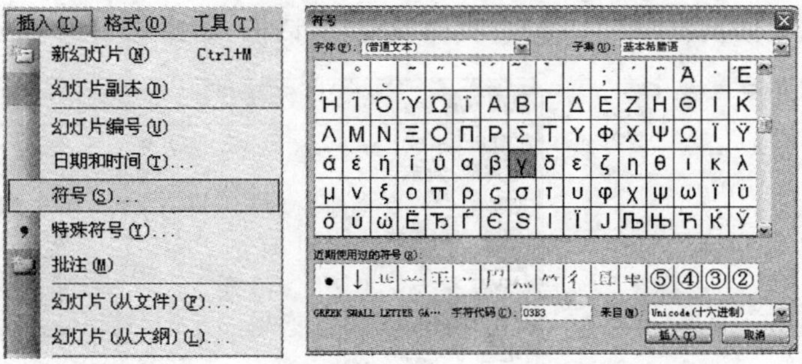

图 6.1.30 插入特殊字符

③ 选择一种符号，单击“插入”按钮即可将其插入文档中，操作完闭，单击“关闭”按钮关闭对话框。

不同的字体中包含有不同的特殊字符，如果要更改字体，可单击“字体”方框中的名称。

4. 设置页眉页脚

使用页眉页脚可以显示共同的幻灯片信息，例如演示文稿的日期和时间、幻灯片编号或页码等。

(1) 添加或更改幻灯片信息。

① 执行“视图\页眉和页脚”命令，弹出“页眉和页脚”对话框，如图 6.1.31 所示。

② 如果要在幻灯片中添加信息，单击“幻灯片”选项卡。如果要将信息添加到备注和讲义中，单击“备注和讲义”选项卡。

③ 如果要将信息添加到当前幻灯片中，单击“应用”按钮。如果要添加到演示文稿的所有幻灯片中，单击“全部应用”按钮。

(2) 更改页眉、页脚的位置或外观。对页眉或页脚修改的具体操作步骤如下。

① 执行“视图\母版”命令，然后单击要更改的母版。

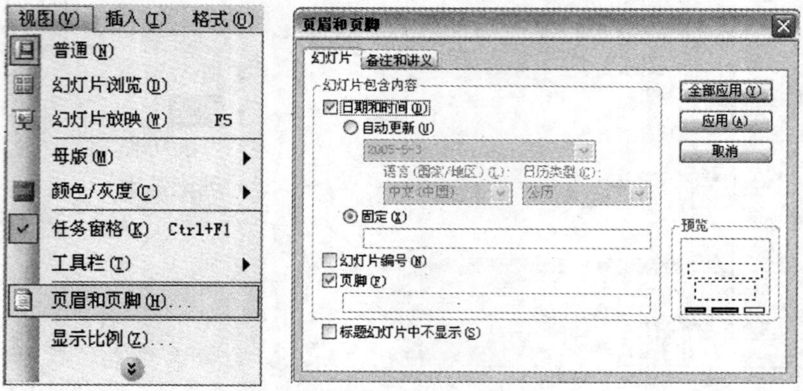

图 6.1.31 设置页眉和页脚

② 选择页眉或页脚，将其拖动到新位置或更改其文本属性。在“大纲”视图中打印演示文稿时，针对讲义母版所作的更改也会出现。

(3) 更改幻灯片起始编号。

① 执行“文件\页面设置”命令，弹出“页面设置”对话框，如图 6.1.32 所示。

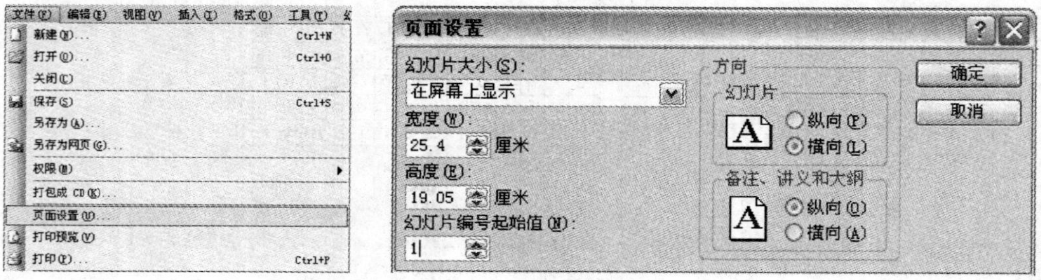

图 6.1.32 更改幻灯片编号

② 在“幻灯片编号初始值”下输入所需的起始编号即可。

5. 设置幻灯片背景

在 PowerPoint 2003 中，可以设置单色、过渡色、图案、纹理或图片作为幻灯片背景。

(1) 设置单色背景。为幻灯片设置单色背景的操作步骤如下。

① 选中需设置背景的幻灯片。

② 执行“格式\背景”命令，打开“背景”对话框，如图 6.1.33 所示。

③ 单击下拉列表框的下拉箭头，从弹出的列表中选择所需的背景颜色块；如果列表中没有你想要的颜色块，可单击“其他颜色”选项，打开“颜色”对话框，如图 6.1.34 所示。

④ 在“颜色”对话框中选择标准色或自定义颜色，单击“确定”按钮。

⑤ 单击“应用”按钮，完成设置。

(2) 设置过渡背景。过渡背景指带有渐变色彩的背景图案，为幻灯片设置过渡背景的操作步骤如下。

① 选中需设置过渡色背景的幻灯片。

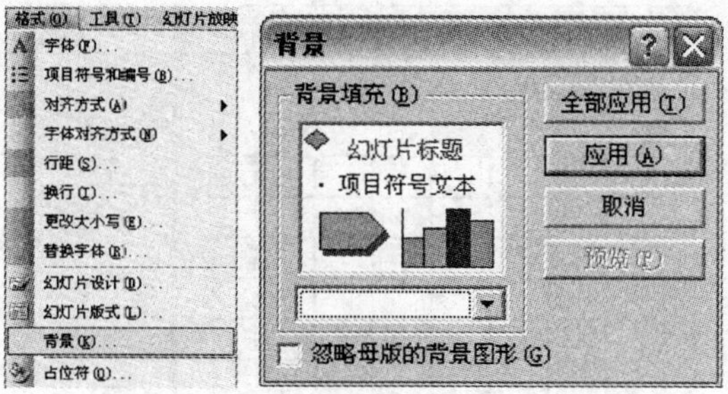

图 6.1.33　背景对话框

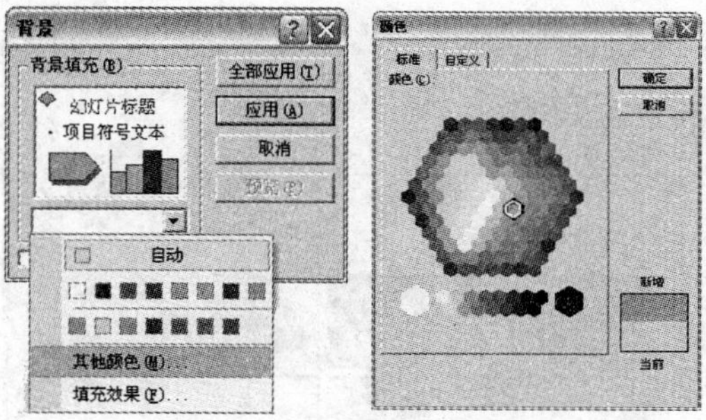

图 6.1.34　背景颜色对话框

③ 执行“格式\背景”命令，打开“背景”对话框，如图 6.1.35 所示。

③ 选择下拉列表中的“填充效果”命令，在打开的“填充效果”对话框中，单击“过渡”选项卡，如图 6.1.35 所示。

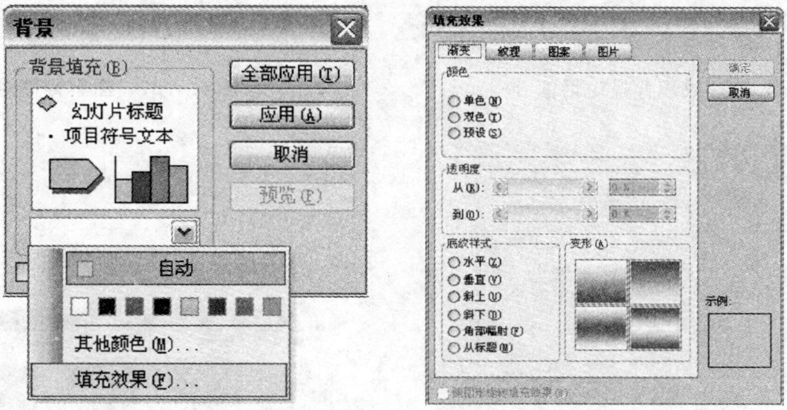

图 6.1.35　过渡颜色填充对话框

④ 在该对话框中设置过渡色，单击“确定”按钮，返回“背景”对话框。

⑤ 单击“应用”按钮，完成设置。

(3) 设置纹理背景。为幻灯片设置纹理背景的操作步骤如下。

① 在“填充效果”对话框中，选择“纹理”选项卡，如图 6.1.36 所示。

② 选择所需的纹理样式，单击“确定”按钮，返回“背景”对话框。

③ 单击“应用”按钮，完成设置。

(4) 设置图案背景。为幻灯片设置图案背景的操作步骤如下。

① 在“填充效果”的对话框中，选择“图案”选项卡，如图 6.1.37 所示。

② 选择一个图案样式，并设置好前景色和背景色，单击“确定”按钮，将返回“背景”对话框中。

③ 单击“应用”按钮，完成设置。

(5) 设置图片背景。为幻灯片设置图片背景的操作步骤如下。

① 在“填充效果”对话框中，选择“图片”选项卡，如图 6.1.38 所示。

② 单击“选择图片”按钮，打开“选择图片”对话框，如图 6.1.39 所示。

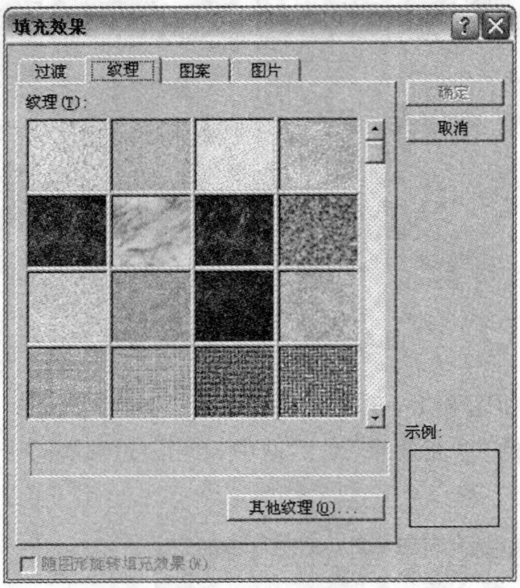

图 6.1.36　纹理背景对话框

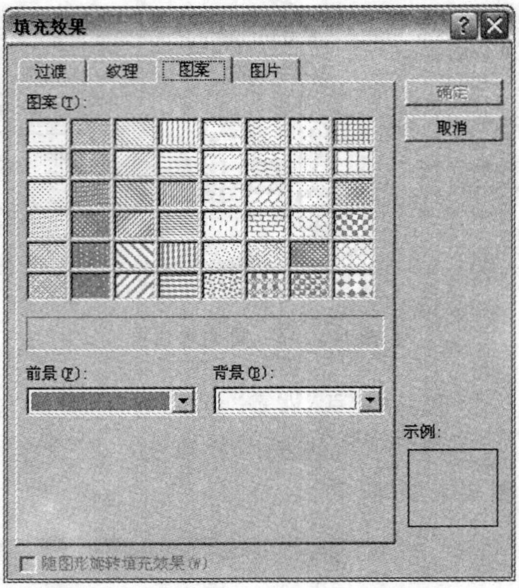

图 6.1.37　图案背景对话框

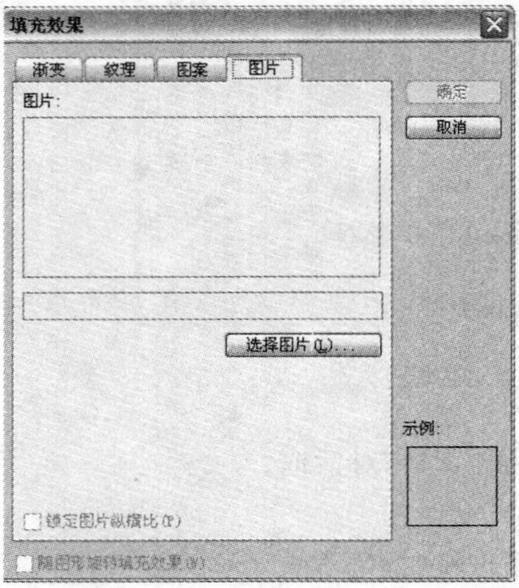

图 6.1.38　设置图片背景对话框

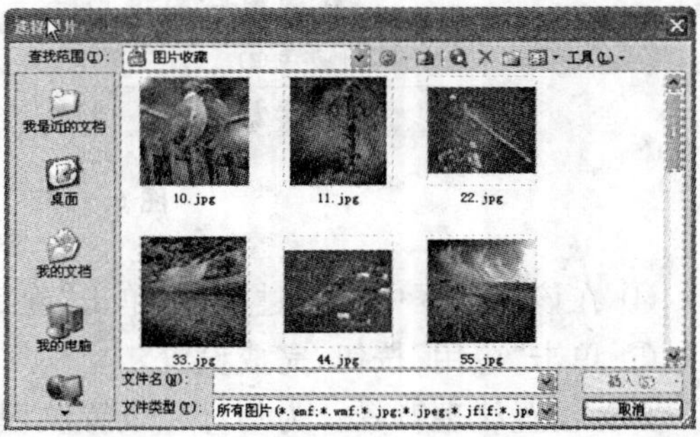

图 6.1.39　选择图片

③ 选择所需的图片后，单击“插入”按钮，返回“填充效果”对话框。

④ 单击“确定”按钮，返回“背景”对话框。

⑤ 单击“应用”按钮，完成设置。

6.1.4　设置动画效果

为了丰富演示文稿的播放效果，需要为幻灯片的对象设置一些特殊的动画效果。在 PowerPoint 2003 中，可以对文本、图形、图像和图表等对象设置动画效果。

1. 选择动画方案

动画方案是 PowerPoint 2003 提供的新功能，通过它可以设置出非常专业的动画效果。

选择动画方案的操作步骤如下。

(1) 选定需设置动画方案的幻灯片。

(2) 执行“幻灯片放映\动画方案”命令，显示“幻灯片设计”任务窗格并切换到“动画方案”栏，如图 6.1.40 所示。

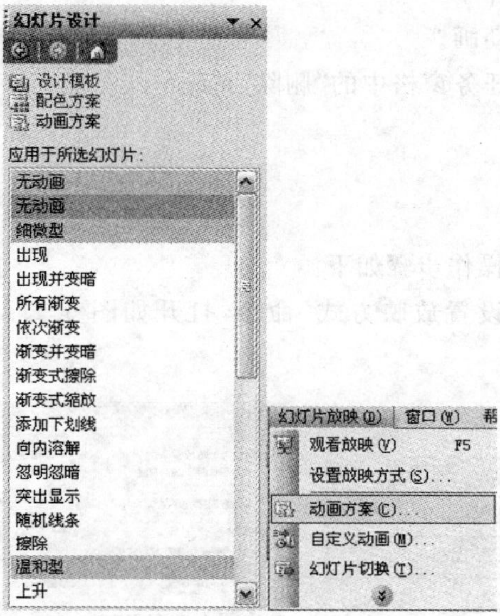

图 6.1.40　设置动画方案

(3) 单击任务窗格中所需的动画方案选项即可将其应用于幻灯片中。

2. 给幻灯片中的对象设置动画

在 PowerPoint 2003 中，还可以针对某个对象进行单独的动画设置。设置自定义动画的操作步骤如下。

(1) 在幻灯片中选定需要设置动画的文本或对象。

(2) 执行“幻灯片放映\自定义动画”命令，显示“自定义动画”任务窗格，如图 6.1.41 所示。

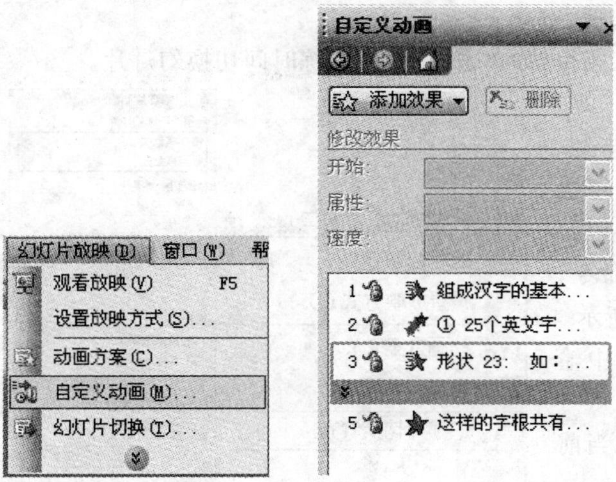

图 6.1.41　设置自定义动画

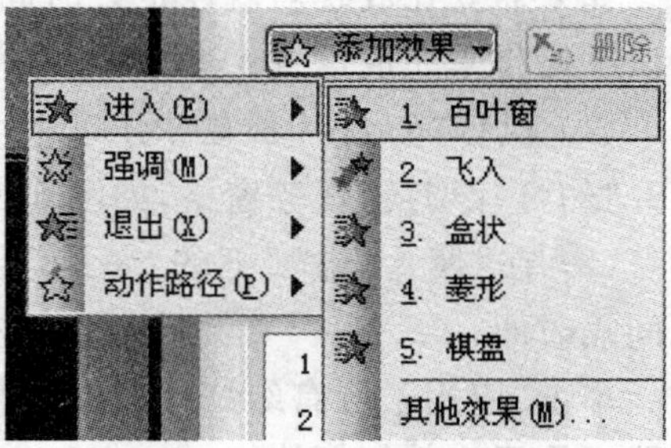

图 6.1.42　选择动画效果

(3) 在“自定义动画”任务窗格中单击“添加效果”按钮,弹出如图 6.1.42 所示的菜单。

(4) 在弹出的菜单中选择所需的动画效果,为选中对象添加自定义动画效果。

3. 删除动画

删除动画的操作步骤如下。

(1) 选中某个需删除的动画。

(2) 单击“自定义动画”任务窗格中的“删除”按钮。

6.1.5 放映幻灯片

1. 设置幻灯片放映方式

设置幻灯片放映方式的操作步骤如下。

(1) 执行“幻灯片放映\设置放映方式”命令,打开如图 6.1.43 所示的“设置放映方式”对话框。

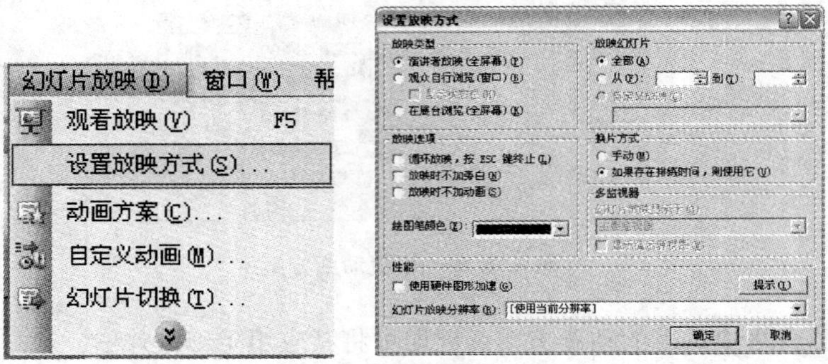

图 6.1.43 设置幻灯片放映方式

(2) 在“放映类型”选项组中,设定幻灯片的放映方式。

(3) 在“放映幻灯片”中,包括选择全部放映幻灯片、根据编号或自定义放映选择放映部分幻灯片。

(4) 在“放映选项”中设置所需的放映选项。

(5) 在“换片方式”中选择放映时按人工指令(如单击左键)或排练时间切换幻灯片。

(6) 单击“确定”按钮,完成设置。

2. 设置放映速度

如果需要在放映前就设定好时间间隔,可执行以下操作来完成设置。

(1) 执行“幻灯片放映\幻灯片切换”命令,打开“幻灯片切换”任务窗格,如图 6.1.44 所示。

(2) 在“换片方式”下的“每隔”数值框中输入间隔时间。

单击“应用于所有幻灯片”按钮,将会将当前设置应用于全部幻灯片。

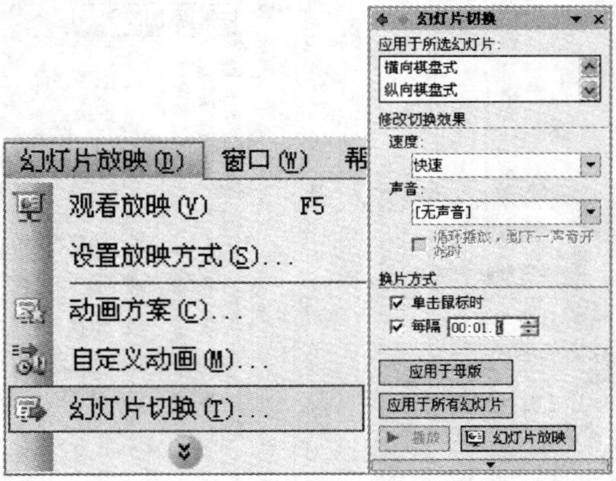

图 6.1.44 设置放映速度

3. 放映演示文稿

(1) 启动放映。在 PowerPoint 2003 中放映演示文稿的操作步骤是：执行“幻灯片放映\观看放映”命令，如图 6.1.45 所示。按快捷键 F5 也可以放映幻灯片。

(2) 放映控制。在幻灯片放映过程中，将鼠标移至屏幕的左下角，会出现一个带有向上箭头的按钮。单击该按钮，将弹出一个菜单，此菜单即为整个演示文稿的控制菜单，如图 6.1.46 所示。

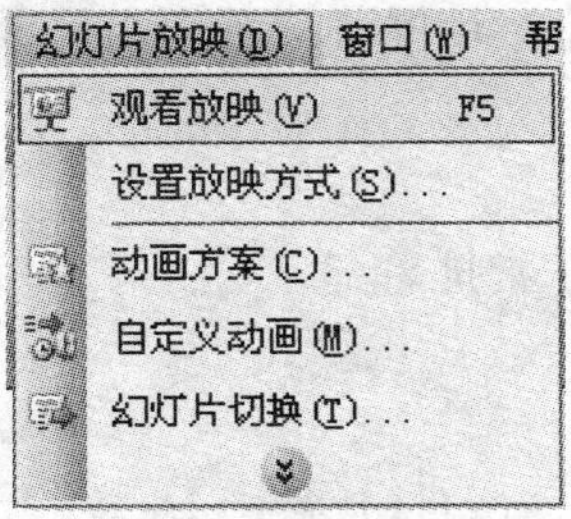

图 6.1.45　执行幻灯片放映命令

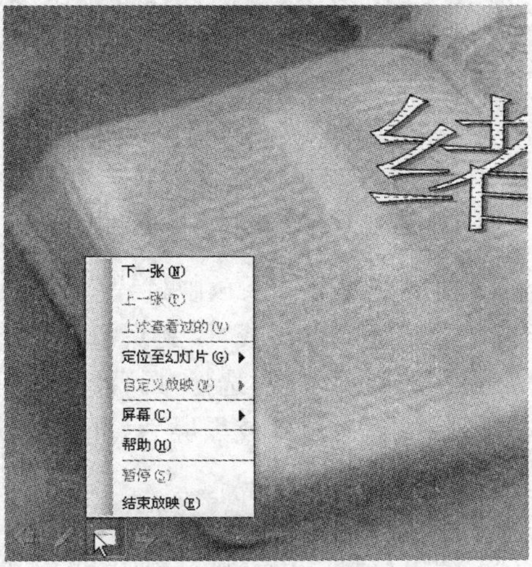

图 6.1.46　放映控制菜单

在放映过程中执行以下操作之一，可以前进到下一张幻灯片。

单击控制放映菜单中的“下一张”命令。

在幻灯片上单击左键，选择“下一张”。

按“Enter”、“N”、“Page Down”、“空格”、“→”或“↓”键。

在放映过程中执行以下操作之一，可以后退到上一事件。

单击控制放映菜单中的“上一张”命令。

按“Back Space”、“Page Up”、“P”、“←”或“↑”键。

(3) 标注幻灯片。为了配合演讲者在放映过程中的讲解和注释，可以执行以下操作来标注幻灯片。

① 在放映界面中单击鼠标右键，在弹出的菜单中选择“圆球笔”，如图 6.1.47 所示。

② 此时光标变为笔状，在幻灯片中按下鼠标左键并拖动，绘制出所需的轨迹，如图6.1.48 所示。

(4) 隐藏鼠标指针。如果不需要在放映过程中显示鼠标指针，可以执行以下操作之一将其隐藏。

在控制放映菜单中，选择“指针选项”下的“永远隐藏”命令。

按下“Ctrl＋H”快捷键。

鼠标指针被隐藏后，可执行以下操作之一，显示鼠标指针。

在控制放映菜单中，选择“指针选项”下的“箭头”或“画笔”命令。

按下“Ctrl＋P”(粉笔状)或“Ctrl＋A”(箭头状)快捷键。

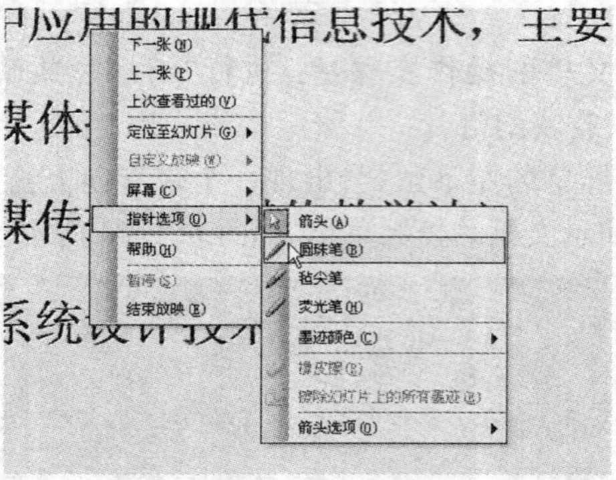

图 6.1.47　指针选项菜单

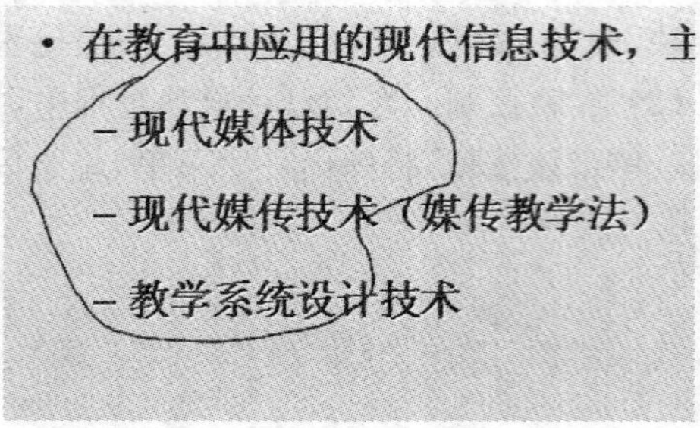

图 6.1.48　绘制轨迹

(5) 白屏与黑屏。在放映过程中,可执行以下操作之一将演示屏幕设置为白屏或黑屏。

按下"W"键(白屏)或"B"键(黑屏)。

在控制放映菜单中,选择"屏幕"下的"黑屏/白屏"命令。

将屏幕设置为白屏或黑屏后,可执行以下操作之一还原正常屏幕显示。

单击鼠标。

再次按下"W"键(白屏)或"B"键(黑屏)。

(6) 结束放映。在放映过程中,可以执行以下操作之一结束幻灯片放映。

按下"ESC"键。

选择控制放映菜单中的"结束放映"命令。

4. 打印幻灯片

打印是演示文稿的书面输出形式,在 PowerPoint 2003 中可以打印大纲、幻灯片、备注和讲义。在打印前,首先要进行页面设置。页面设置的操作步骤如下。

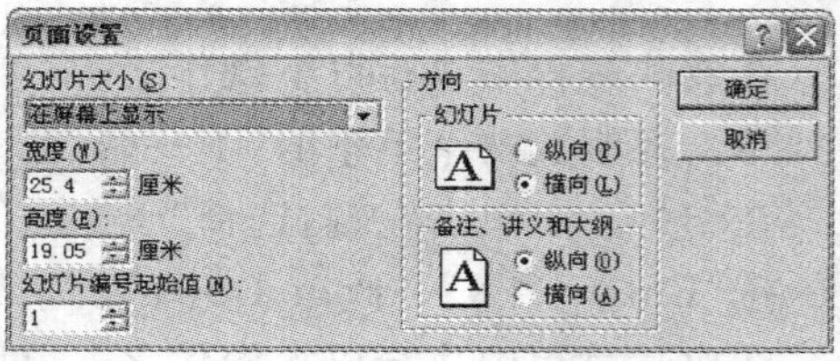

图 6.1.49　设置页面大小和方向

(1) 执行"文件\页面设置"命令,弹出如图 6.1.49 所示的"页面设置"对话框。

(2) 设置好页面后,执行"文件\打印"命令,进入打印设置对话框,如图 6.1.50 所示,单击"打印"按钮,即可开始打印。

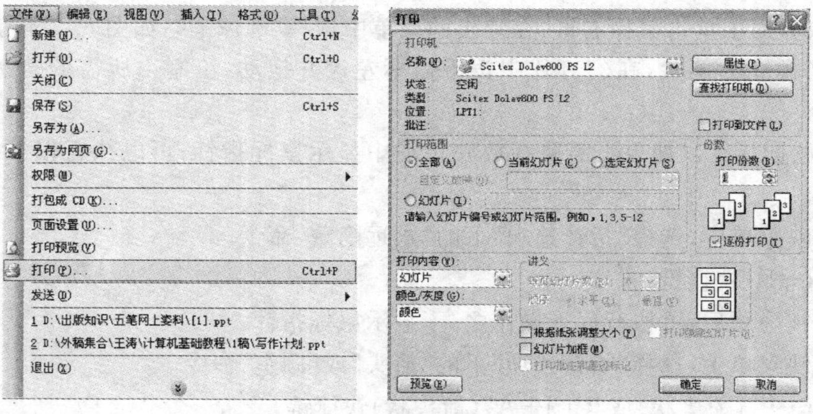

图 6.1.50　设置打印项目

6.2　概念图及其教学应用

“概念图”又称“概念地图”或“概念构图”，是用来组织和表征知识的工具。它通常将某一主题的有关概念置于圆圈或方框之中，然后用连线将相关的概念和命题连接，连线上标明两个概念之间的意义关系。

6.2.1　概念图的特征及结构

1. 概念图的特征①

概念(concepts)、命题(propositions)、交叉连接(cross-links)和层级结构(hierarchical frameworks)是概念图的四个基本特征。概念是感知到的事物的规则属性，通常用专有名词或符号进行标记；命题是对事物现象、结构和规则的陈述，在概念图中命题是两个概念之间通过某个连接词而形成的意义关系；交叉连接表示不同知识领域概念之间的相互关系；层级结构是概念的展现方式，一般情况下是一般、最概括的概念置于概念图的最上层，从属的概念安排在下面。

某一领域的知识还可以考虑通过超级链接提供相关的文献资料和背景知识。因此，概念图是表示概念和概念之间相互关系的空间网络结构图。图 6.2.1 就是概念图的一个实例，并清楚地阐述了概念图的上述四个特征。

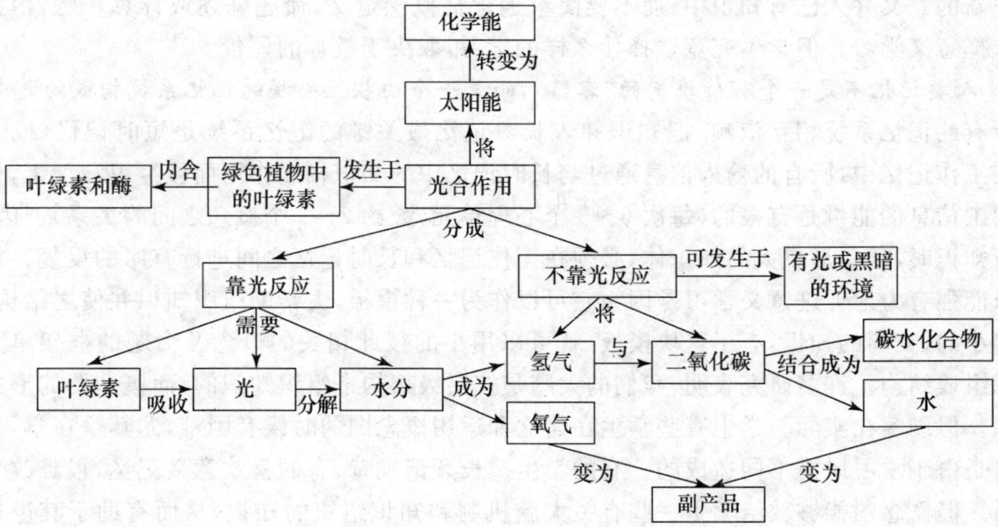

图 6.2.1　光合作用的概念图

2. 概念图的结构

从图 6.2.1 中还可以看出，概念图的结构包括节点(又称结点)、连线和连接词三个部分。节点就是置于圆圈或方框中的概念；连线表示两个概念之间的意义联系，连接可以没有方向，也可以是单向或双向，位于上层的概念通常可以引出好几个知识分支，不同知识领域或分支间概念的

① 钟志贤，陈春生. 作为学习工具的概念地图[J]. 中国电化教育，2004(1)：23-24.

连线就是交叉连接(又称横向联系),交叉连接常常形成方向性意义,也是产生创造性思维的关键之处;连接词是置于连线上的两个概念之间形成命题的联系词。如"是"、"包括"、"表示"等。

6.2.2 概念图的理论基础①

1. 意义学习的条件

概念图最早是在20世纪60年代由美国康奈尔大学的诺瓦克(Joseph D. Novak)教授通过研究儿童对科学知识理解的案例时提出的。这一研究是基于教育心理学家奥苏贝尔(David Ausubel)意义学习的理论,强调了学习过程中先前知识的重要性。最近诺瓦克再次指出,意义学习需要以下三个条件:

(1) 将要学习的材料必须是概念清晰且以语言及与学习者先前知识有关的例子呈现的。概念图有助于满足这一条件。它可以在教学之前识别出众多具体概念中较大的概括性概念,并帮助学习者把学习任务排序,那么,随着越来越多的知识被纳入不断完善的概念框架中,知识也就变得越来越清晰。

(2) 学习者必须拥有相关的先前知识。这一条件对任一学科内容来说3岁以后都容易被满足,但若想在以后的学科课程中呈现详细具体的知识的话,必须精细清晰地建构概念框架。因此,前两个条件是彼此相关且都是很重要的。

(3) 学习者必须选择有意义地学习。直接控制这一条件的教师或指导人员,应激发学生要努力把新的意义并入已有知识中,而不要简单地记忆概念定义、命题陈述或计算步骤,由此让学生来选择意义学习。但学生究竟选择什么样的学习,取决于教师的评价。

2. 人类记忆不是一个有待填充的"容器",而是一个由相互关联的记忆系统构成的复杂装置

所有的记忆系统相互依赖,把知识并入长时记忆最关键的记忆系统是短时记忆(或工作记忆),在工作记忆中,所有的输入信息通过与长时记忆中的知识相互作用而被组织和加工,但短时记忆加工信息的能量是有限的(每次5～9个心理单元,大约2～3个概念之间的关系)。因而,当接收新知识时,若要形成大的知识体,必须在工作记忆和长时记忆之间进行有序的反复。概念图之所以能强有力地促进意义学习是因为它可以作为一种模板,去帮助组织知识并使之结构化,哪怕是碎小的、支离的知识,有了这块模板,就可以用小的彼此相关的概念及命题的框架单元把这些知识组成结构。许多研究表明,我们的大脑是按层级架构来组织知识的,而概念图的形式恰与之相似。但确实在实际教学中有些学生在建立和运用概念图的时候有困难,尤其是在学习初期,这主要是由于学习风格不同造成的。有的学生擅长死记硬背,有的喜欢意义记忆,很难改变各自的风格。但概念图能够教给学生一些有关大脑机制和知识组织的知识,从而有助于其进行意义学习。

3. 知识的本质即概念和命题

诺瓦克强调了概念图的认识论意义。他认为,把知识划分为陈述性知识和程序性知识不利于对认知发展的清晰理解,往往造成知识与行为的脱节。例如,学生在科学实验过程中往往不能用陈述性知识来指导自己的实验程序,所以常常是学生按部就班地完成了实验步骤,却不会对产生的现象作出合理的解释。其实,知识建构就是相对较高水平的意义学习,搭建任一领域知识的

---

① 裴新宁.概念图及其在理科教学中的应用[J].全球教育展望,2001(8):47-49.

基石就是概念和命题。“概念好比构成物质的原子，而命题好比是分子”。概念和命题的数目是相对有限的，而它们构成的知识是无限的。正是概念与命题的框架赋予了学习过程(包括实验过程)以意义。概念图作为一种元认知工具，超越了有关陈述性知识与程序性知识的分类，努力将传教所导致的机械学习转变为有意义的学习建构。

事实上，用概念图来考查学生组织和理解知识的变化，强调学生知识建构的过程时，概念图与建构主义的学习观是一致的。

6.2.3　概念图的制作步骤

概念图的制作方法多种多样，但它们所遵循的基本思路和基本步骤是一致的，都是要阐述概念和概念的联系，表达对概念的理解。归纳起来，大致有以下几种方法：一是采用徒手方式绘制，如采用粉笔、黑板、纸和笔等；二是采用平常的办公应用软件如WPS、Office等绘制；三是利用国外研究出的概念图制作软件绘制，如：Inspiration、Camp Tool、Mind Manager等，下面是概念图制作的一般步骤：①

(1) 确定中心主题。确定需要用概念图来解释的中心概念或知识点，并围绕这个中心概念列出与其相关的概念。

(2) 将列出来的概念排序。在通过反复思考、修正乃至多次确定概念图的主题的基础上，依照层级结构的关系把最一般、最抽象的概念放在最高层，其余的概念依次排放在列表上。

(3) 开始制作概念图。把确定的中心主题(最多只能有2～3个)放在最高层，然后按上面排好的顺序将二、三、四层等的子概念放置在概念图上。

(4) 将概念用线连上。将相关的概念用适当的连线连上，并在连线上标明恰当的连接词。连接词要清楚地表明两个概念之间的关系，构成一个简单命题并产生一定的意义。最终由大量相关概念的连接而构成一个网络关系图。

(5) 重新整理概念图的结构。在参考相关知识的基础上，重新调整概念图的上下层关系或者增减概念，使概念图更加完美。

(6) 寻找概念之间的“横向连接”。在不同分支的概念之间寻找有意义的“横向连接”，并在连线上标明其关系。横向连接能有效地帮助在某一知识范畴内看到新的关系。

(7) 将事例附在概念上。将仔细、具体的事例用简图或代表符号附在概念上。

(8) 给概念图加上图名。给概念图加上图名，如果有必要，可为比较复杂的概念图准备一段简练的说明性文字，以便于讲解与交流。

(9) 在以后的学习中不断修改和完善。随着学习的不断深入，学习者会对原有概念或知识产生新的、更深层次的理解。所以，概念图需要不断地修改和完善。诺瓦克教授认为好的概念图一般要修改三次以上，甚至更多。只有这样，才能给学习者带来更多的启示和有意义的学习。

6.2.4　概念图制作软件 Inspiration

针对概念图的特点，国外研究出了至少15种概念图软件工具，如：Inspiration、Camp Tool、Mind Manager、Mind Man、Brain、Decision Explorer、Segment Research Group、Coco Systems、

① 钟志贤，陈春生. 作为学习工具的概念地图[J]. 中国电化教育，2004(1)：25.

Activity Map、SMART Ideas 等。下面以 Inspiration7.0 为例介绍概念图软件的使用。

1. Inspiration7.0 界面介绍

利用搜索引擎搜索 Inspiration7.0 软件，下载该软件到计算机硬盘中，然后根据提示一步一步安装程序，直至完成。执行"开始/所有程序/Inspiration7.0"命令，即可打开一个新窗口，默认为无标题的图表形式，如图 6.2.2 所示。在图表界面中可以处理、组织和排列可视化的各种信息。Inspiration 的主要功能都列在了顶部的图表工具条、底部的格式工具条和左侧的符号控制面板中。

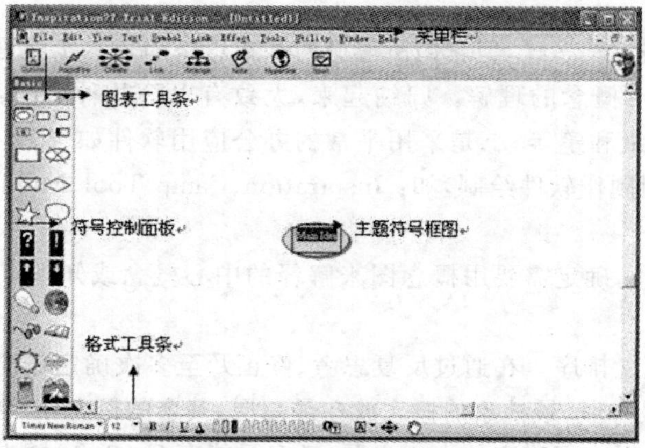

图 6.2.2 Inspiration7.0 软件默认界面

(1) 菜单栏。菜单栏主要包括文件(File)、编辑(Edit)、视图(View)、文本(Text)、符号(Symbol)、连接(Link)、效果(Effect)、工具(Tools)、应用(Utility)、窗口(Window)、帮助(Help)等。

(2) 图表工具条。图表工具条主要包括大纲(Outline)、闪电(RapidFire)、创建(Create)、连接(Link)、排列(Arrange)、注释(Note)、超链接(Hyperlink)、拼写(Spell)等。

大纲将图表视图转换为大纲视图；闪电用来增加同一层概念中的一个符号框图，记录转瞬即逝的念头；创建用来创建一个符号框图；连接用来连接两个主题符号框图；排列用来调整主题符号框图的排列方式；注释用来为主题符号框图添加注释；超链接用来为主题符号添加超链接；拼写用来检查拼写错误。

(3) 格式工具条。格式工具条用来设置主题符号框图中文本的格式、绘制各种图形、移动主题符号框图的位置等。

(4) 符号控制面板。符号控制面板提供主题符号框图所用的各种图形的图库，包括基础图库、数字图库、艺术图库、食物健康图库、数学图库、人物图库、地理图库、技术图库、科学图库、动物图库等。

2. Inspiration7.0 基本操作

(1) 输入主题内容。当打开 Inspiration7.0 时，在工作区中央会显示出一个符号框图，默认状态下里面写着 "Main Idea" 字样，这就是开始主题。单击符合框图，选择符号控制面板中的符号，可以输入有关主题内容，如"事业"。

(2) 利用创建工具增加已经互相连接的符号框图。在视图界面中有多种增加符号框图的方法，其中利用创建工具增加已经互相连接的符号框图是一种简单的方法，利用这种方法可以直接进行选择。在符号控制面板中选择一种符号框图，图表工具条上的创建工具按钮处于可操作状态，当鼠标移到按钮上面，指向每一点时，该点改变颜色，即可直接增加相应方向的新符号框图。例如，用创建工具在“事业”符号框图的左上角产生一个符号框图，输入“我喜欢的工作”，在右下角产生一个符号框图，输入“我喜欢做的事情”，如图 6.2.3 所示。

(3) 利用闪电工具捕捉转瞬即逝的念头。在讨论感兴趣的事情时，可以利用闪电工具增加同一层概念中的一个符号框图，这样较同时创建多个符号框图更容易把注意力集中在有关思想内容上。闪电工具可以自由的放置符号框图，没有必要进行组织排列，只管迅速记录下闪光的思维，然后即可“观察”所想。例如，选择“我喜欢做的事情”符号框图，在图表工具条中单击闪电工具按钮，输入“修理东西”，然后按回车键；输入“修汽车”，然后按回车键；输入“整理花园”。再次点击闪电工具按钮，取消该项操作。结果如图 6.2.4 所示。

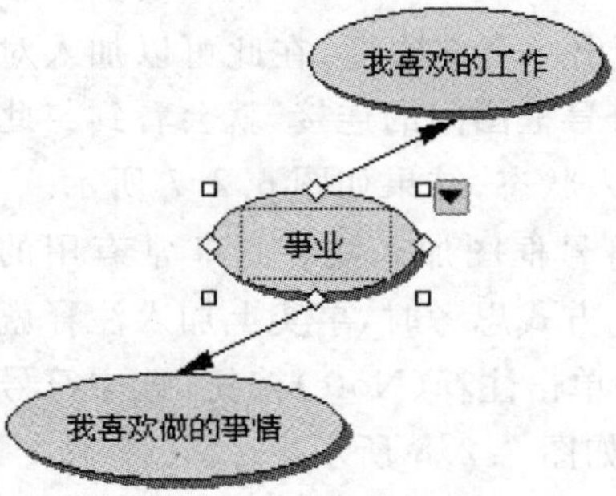

图 6.2.3　创建工具增加符号框图

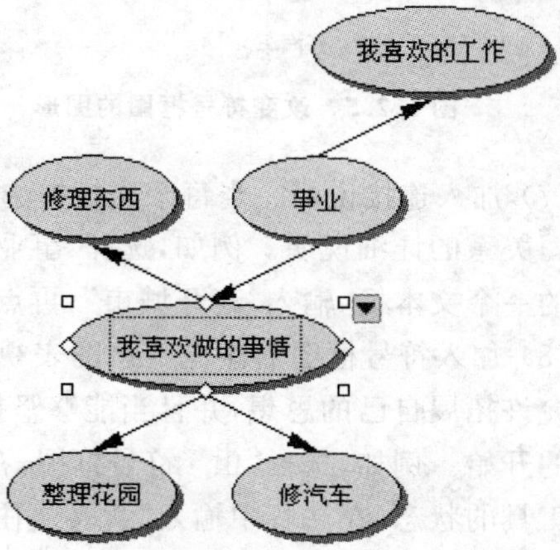

图 6.2.4　闪电工具捕捉转瞬即逝的念头

(4) 改变符号框图的图形。利用符号控制面板中的符号框图可以很容易地替代图表视图中的符号图形。在符号控制面板中提供了很多常用的彩色符号图形，其中包括几百个图像品质较高的动画符号图形，这些符号框图被分门别类地放置在符号库中，主要包括基础图库、数字图库、艺术图库、食物健康图库、数学图库、人物图库、地理图库、技术图库、科学图库、动物图库等。例如，选择“修汽车”符号框图，在符号控制面板中，打开符号图库，选择其中的“日常类”中“运输1”项，点击灰色的小汽车，“修汽车”的符号框图就自动变换为这个图形了，结果如图 6.2.5 所示。

(5) 利用拖拽的方式增加特殊的符号框图。可以利用拖曳的方式从符号控制面板中选择符号框图，这时的符号框图没有和其他任何符号框图相联系。例如，在符号控制面板中，打开“地理类”图库，选择“地形”项，然后用鼠标左键点击“山”的符号框图，并拖动它到工作区，然后释放鼠标。

(6) 连接框图。可以使用连接工具进行符号框图间的连接，从而显示出彼此的关系。例如，将上例中的“山”的符号框图与“事业”符号框图进行连接，首先选择“事业”符号框图，这是连接的起点。然后在图表工具条中，单击连接工具按钮，使它处于激活状态。选择“山”符号框图，它作为连接的末端，此时就出现了一条有箭头的线指向这个符号框图。最后点击连接工具按钮，关闭连接工具，结果如图 6.2.6 所示。

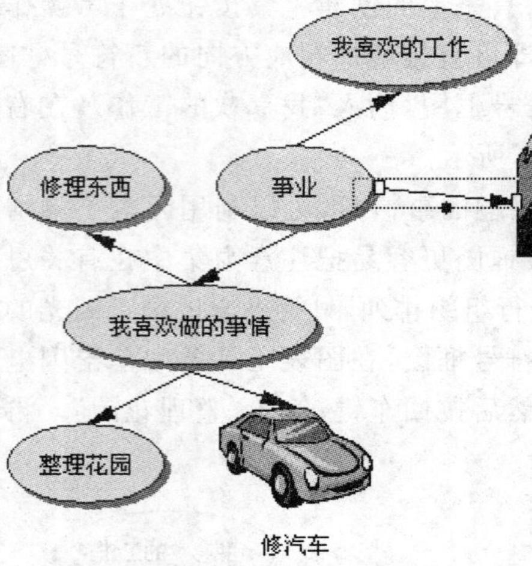

图 6.2.5 改变符号框图的图形

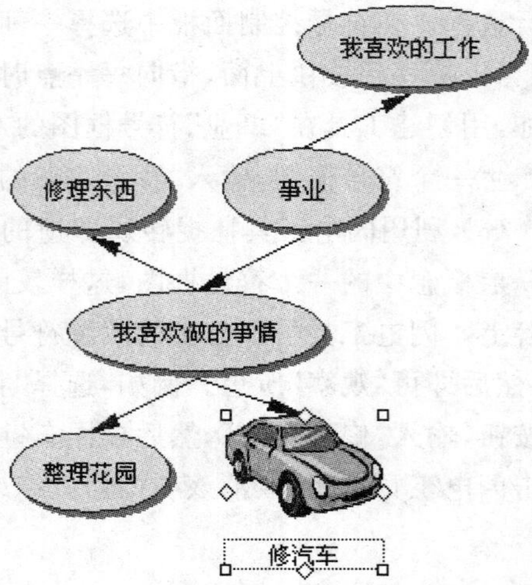

图 6.2.6 用拖拽方式增加特殊的符号框图

(7) 加入连接说明。当每个连接被选中时，就会显示出一个文本框，在此可以加入对两个符号框图关系的详细说明。例如，选择“事业”和“山”两个符号框图间的连接，就会看到与此连接相关联的一个文本框，输入“离开城市”，再点击鼠标取消输入状态，结果如图 6.2.7 所示。

(8) 加入符号框图的注释。在图表视图中，为每个符号框图加入注释是非常有用的。这些注释允许拓展自己的思想，并且当能够坚持用这种可视化方式思考时，事实上加入注释就是写作过程的开始。例如，选择“山”符号框图，在图表工具条中单击注释(Note)按钮，选中符号框图后注释工具的状态，在注释中输入“我喜欢住在这里”，结果如图 6.2.8 所示。

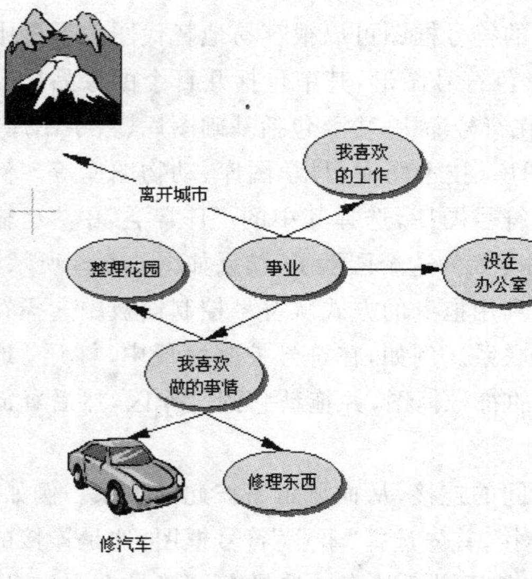

图 6.2.7 加入连接说明

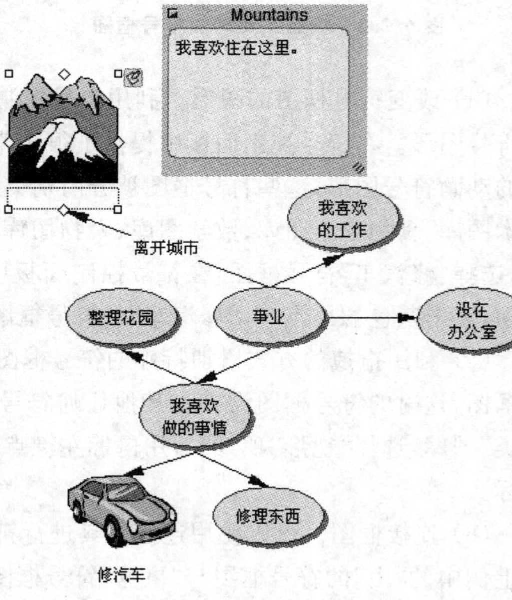

图 6.2.8 加入符号框图的注释

(9) 移动注释。注释显示位置是可以灵活移动的。为某框图写完一个注释后，可以将这个注释移到符号框图上面或者图表视图中其他任何位置。例如，选择一个打开“山”的注释，点击注释的标题栏，拖曳到“山”符号框图的右边。

(10) 移动符号框图。如果要将符号框图移到图表视图界面的其他位置，需要单击符号框图，然后拖动符号框图到相应的位置后，释放鼠标即可。

(11) 改变符号框图的颜色。利用格式工具条可以调整符号框图中的字体、字号、字体的颜色、符号框图的填充颜色、符号框图的边框颜色等。

(12) 将图表视图转换为大纲视图。单击图表工具条中的大纲视图按钮，即可将图表视图转换为大纲视图，此时符号框图以及注释的内容以提纲的形式展现出来。例如，要将图 6.2.8 所示的图表视图转换成大纲视图，只需选中要转换的图表视图，然后单击大纲视图按钮(Outline)即可，结果如图 6.2.9 所示。

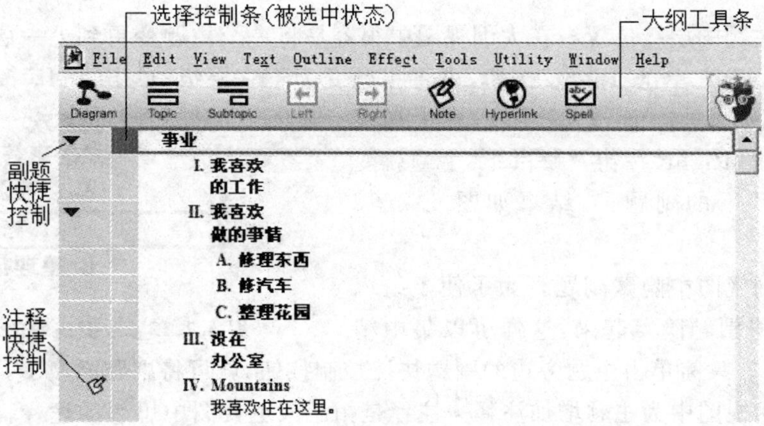

图 6.2.9　图表视图转换成大纲视图

(13) 在大纲视图中增加主题。在大纲视图中也可以像在图表视图中一样容易地增加主题。在大纲工具条中单击主题按钮，Inspiration 会增加一个主题，并自动地进行标识序号，同时新增的主题处于编辑状态，就可以输入内容了。例如，点击“事业”主题的选择控制条，在该主题周围显示出一个方框，即表示处于被选中状态，在大纲工具条中点击主题按钮，输入“野外工作”。

(14) 在大纲视图中增加副题。在大纲视图中增加副题内容也很容易，只需单击大纲工具条中的副题按钮(Subtopic)即可。当为一个主题增加副题时，Inspiration 会自动的在该主题下增加栏目，并且标识序号，该栏目处于编辑状态。例如，选择“野外工作”主题，点击大纲工具条中的副题按钮(Subtopic)，输入“也许在国家森林”，结果如图 6.2.10 所示。

(15) 在大纲视图中移动主题。在大纲视图中移动主题，只需选中所要移动的主题，然后拖动到目标位置即可。例如，选择“没在办公室”主题，直接将它拖到“也许在国家森林”副题，释放鼠标。在释放鼠标之前，被拖动的主题还在原处，可以从移动的黑线确定主题将到的新位置，黑线上的小箭头表示出该主题在新位置的层次。要将“没在办公室”主题显示为“野外工作”的副题，小箭头就要和“也许在国家森林”在同一层次，操作结果如图 6.2.11 所示。

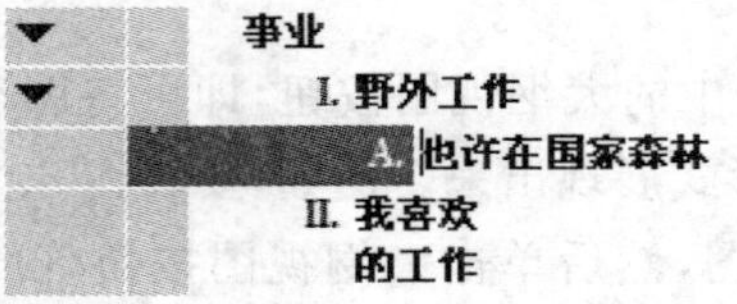

图 6.2.10 在大纲视图中增加主题和副题

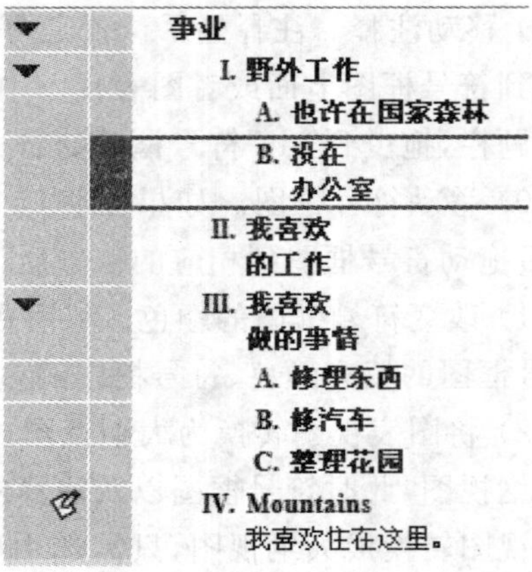

图 6.2.11 在大纲视图中移动主题

(16) 改变主题的层级位置。在大纲视图中很容易将一个主题变更到上一层级或下一层级。在大纲视图工具条中，单击“Right”按钮，可将主题变为下一层级；单击“Left”按钮，可将主题变为上一层级。例如，选中“修汽车”主题，在大纲视图工具条中，单击“Right”按钮，“修汽车”主题就变成了“修理东西”下的副题了，结果如图 6.2.12 所示。

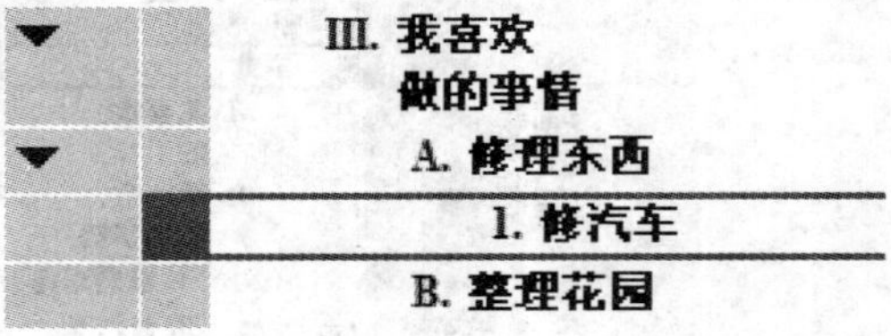

图 6.2.12 改变主题的层级位置

(17) 在大纲视图中隐藏副题。为了便于组织大纲结构，通常将副题隐藏起来，这样可以集中精力研究主题内容。只需单击主题旁边的副题快捷控制按钮，就可将副题隐藏了。

(18) 在大纲视图中为主题增加注释。注释是拓展大纲视图中思想的途径，可以增加从几个句子到几页文章容量的文本注释。只需在大纲工具条中单击“Note”按钮，就可以在新的输入行中输入文本内容了。

3. 综合实例操作

下面以“直线运动与曲线运动比较”概念图为例，介绍概念图的综合操作。

案例 6.2.1 “直线运动与曲线运动比较”概念图

“直线运动与曲线运动比较”概念图如图 6.2.13 所示。

【步骤 1】执行开始/所有程序/Inspiration7.0 命令，打开概念图软件。

【步骤 2】选择符号控制面板动物(animals-plants)动物 2(animals2)中“鹿”，在下面文本框中输入“运动”。

【步骤 3】单击创建按钮，增加一个主题符号框图，并选择符号控制面板日常(everyday)运输 1(transport1)中“火车”，在下面文本框中输入“直线运动”。

【步骤 4】双击“鹿”和“火车”之间的连接线，在文本框中输入“轨迹类型”。

【步骤 5】单击“鹿”主题符号框图，再单击创建按钮，增加一个主题符号框图，并选择符号控制面板日常(everyday)运输 2(transport2)中“喷气式飞机”，在下面文本框中输入“曲线运动”。

【步骤 6】双击“鹿”和“喷气式飞机”之间的连接线，在文本框中输入“轨迹类型”。

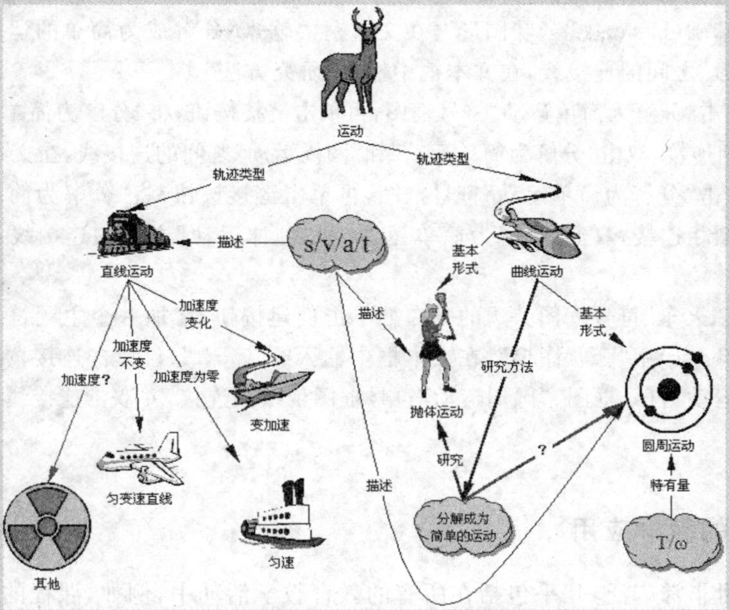

图 6.2.13 “直线运动与曲线运动比较”概念图

【步骤 7】单击“火车” 主题符号框图，再单击创建按钮，增加一个主题符号框图，并选择符号控制面板科学(science)实验室工具(Lab tools)中“Radioactive”，在下面文本框中输入“其他”；双击“火车”和“Radioactive”之间的连接线，在文本框中输入“加速度?”。

【步骤 8】单击“火车” 主题符号框图，再单击创建按钮，增加一个主题符号框图，并选择符号控制面板日常(everyday)运输 2(transport2)中“直升机”，在下面文本框中输入“匀变速直线”；双击“火车”和“直升机”之间的连接线，在文本框中输入“加速度不变”。

【步骤 9】单击“火车” 主题符号框图，再单击创建按钮，增加一个主题符号框图，并选择符号控制面板日常(everyday)运输 2(transport2)中“轮船”，在下面文本框中输入“匀变”；双击“火车”和“轮船”之间的连接线，在文本框中输入“加速度为零”。

【步骤 10】单击“火车” 主题符号框图，再单击创建按钮，增加一个主题符号框图，并选择符号控制面板日常(everyday)运输 2(transport2)中“加速飞船”，在下面文本框中输入“变加速”；双击“火车”和“加速飞船”之间的连接线，在文本框中输入“加速度变化”。

【步骤 11】单击“喷气式飞机” 主题符号框图，再单击创建按钮，增加一个主题符号框图，并选择符号控制面板科学(science)物理科学(Physical science)中“原子”，在下面文本框中输入“圆周运动”；双击“喷气式飞机”和“原子”之间的连接线，在文本框中输入“基本形式”。

【步骤 12】在“原子”主题符号框图下的空白处单击鼠标，再单击创建按钮，增加一个主题符号框图，并选择符号控制面板盒子(boxes)中的“云”，在里面输入文本“T/ω”，然后单击连接按钮，向上和“原子”主题符号框图连接，并双击两个符号框图之间的连接线，在文本框中输入“特有量”。

【步骤 13】单击“喷气式飞机” 主题符号框图，再单击创建按钮，增加一个主题符号框图，并选择符号控制面板娱乐(fun)运动(sports)中“Lacrosse”，在下面文本框中输入“抛体运动”；双击“喷气式飞机”和“Lacrosse”之间的连接线，在文本框中输入“基本形式”。

【步骤 14】单击“喷气式飞机”主题符号框图，再单击创建按钮，增加一个主题符号框图，并选择符号控制面板基础(basic)中“云状图形”，在文本框中输入“分解成为简单的运动”；双击“喷气式飞机”和“云状图形”之间的连接线，在文本框中输入“研究方法”。

【步骤 15】单击“分解为简单运动”符号框图，再单击链接按钮，将“分解为简单运动”符号框图与“圆周运动”框图相连接，双击“分解为简单运动”和“圆周运动”之间的连接线，在文本框中输入“?”。

【步骤 16】单击“分解为简单运动”符号框图，再单击链接按钮，将“分解为简单运动”符号框图与“抛体运动”框图相连接，双击“分解为简单运动”和“抛体运动”之间的连接线，在文本框中输入“研究”。

【步骤 17】在“火车”符号框图旁边的空白处单击创建按钮，增加一个主题符号框图，并选择符号控制面板基础(basic)中“云状图形”，在文本框中输入“s/v/a/t”；再单击连接按钮，将其与“火车”符号框图、“抛体运动”符号框图、“圆周运动”符号框图依次相连接，并双击连接线，在文本框中输入“描述”。

6.2.5 概念图的教学应用

概念图的应用非常广泛，几乎包括在所有的教育教学活动中，例如，课程的安排、课堂上的教学活动以及学习成果的评价等。概念地图在教学过程中的应用，包括教师用画好的概念图进行教学和教导学生画概念地图进行学习，前者主要用来说明一个单元的概念结构，其重点在于概念图的结果；而后者的重点在于画概念图的过程，这个过程中学生自己能够发现一个知识单元的意义。

具体来讲，概念图作为一种教学策略和学生认知的工具，可以适合不同的教学情景和各科的实际教学，在具体的教学实践中可以有以下几方面的应用：

(1) 辅助教学设计。教师在备课时可以利用概念图来归纳整理自己的教学设计思路。好的教学设计是上好一堂课的前提，无论是理科还是文科，都会有一些概念、原理需要搞清楚，而传统的标题式、按顺序介绍的方法使学生很难记住这些抽象的东西。概念图则可以很好地解决这一问题，教师在备课时通过画概念图使一节课的许多知识点之间都产生了联系，厘清了自己的教学思路，有助于课堂教学。

(2) 辅助学生整理知识概念。概念图清晰地展现了概念之间的关系，通过画一个单元、一章节的概念图，可以帮助学生厘清新旧知识之间的关系，把一个单元、一个章节、甚至一门学科的知识综合到一个概念图中，既有利于学生复习，又开发了他们的创造性思维。

(3) 辅助学生进行头脑风暴的活动①。在探究式课堂教学中，学生以小组为单位进行讨论是非常普遍的一种学习方式，这种学习方式将学生的注意力集中到讨论的中心话题上来，使各种知识元素在头脑中构建起知识网络。在这一过程中，头脑中的网络节点通过链接触发各个相关的知识点，从而产生信息的组织，发表独创性的见解。

在人类世界中，一些毫无关系的事物往往可以通过一定关系的联想将其建立新的联系，从而构成新的意义。运用概念图可以将头脑中的网络节点通过链接触发各个相关的知识点，从而建

---

① 王天蓉. 概念地图：学与教的应用与实例[J]. 信息技术教育，2003(9)：28.

立前所未有的联系，产生新见解，非常适用于拓展学习者的思路。

(4) 辅助学生整理加工信息，总结阅读内容。学生在学习过程中可以将许多零散的知识集中到一个概念图中，建立知识点之间的联系，从而分析复杂知识的结构。通过制作概念图，能够激发学生的学习兴趣，促使他们积极思考，加强对知识的理解，也增强了他们的成就感，促进学生学习能力的提高。另外，通过制作概念图，学生可以发现自己以前从来没有注意到的知识之间的联系，从而产生一些具有创新性的见解，达到创新性学习的目的。

通过绘制概念图来总结自己的阅读内容，既有助于记忆，也有利于发展学习者的批判性思维。

(5) 作为交流、协作学习的工具。师生之间、生生之间可以使用概念图来进行交流，也可以通过共同合作制作概念图，建立对知识的共同理解，从而培养学生的合作意识和创新精神。

在教学过程中，教师将所要传授给学生的知识通过概念图的形式展示出来，可以帮助学生快速理解知识，也可以轻松地实现自己的教学目的。学生通过制作概念图将自己对知识的理解反馈给教师，也可以在班组内相互交流，甚至可以通过网络实现远程学习的交流，使之成为一种学习的交流工具。农村学生更应该注重这方面能力的培养，由于他们还缺乏协作学习的意识，再加上老师不注重培养学生这方面的能力，使得他们的学习都是独立的，协作学习的意识和能力非常差。为此，教师通过引导学生制作概念图来培养他们的协作学习的能力就显得非常必要。

(6) 作为教学反思和评价的工具。师生通过对概念图的制作→修改→反思→再设计的不断循环往复，可以逐步完善概念图，学会反思自己的教学或学习过程，从而提高自学的能力。

运用概念图，既可以进行形成性评价，也可以进行总结性评价。概念图作为教师的评价工具，用以判断学习者在某一特定领域内对知识理解的水平、深度和知识的相互联系程度等。教师通过观察学生设计概念图的过程，了解其学习进展和内心思维活动的情况，以便及时引导，改进教学。概念图作为总结性评价工具时，它已经是学生头脑中关于这一知识点结构的再现，反映了学生对知识的掌握程度以及学习状况等。

(7) 作为复习、考试的工具。当课程内容对抽象、理论知识的理解要求较高时，可以运用概念图来复习。上完一节课、一个单元或一个章节之后，尝试用制作概念图的方式来复习测验，先凭记忆画出大致框架，再慢慢地加入细节内容；在经过认真的回忆之后，再按照原文进行查缺补漏；为了进一步充实内容，还可以查阅相关的文献资料，进一步完善自己制作的概念图。这样，既可以发现自己对知识理解的弱点，进行有的放矢的复习，也可以扩充自己的知识，训练自己的创新性思维。

传统的考试往往局限于考察学生的背诵能力和写作能力，而且还受语法的正确程度、拼写能力和书写是否整齐等方面的限制，更是把大量的时间浪费在了批改试卷上。使用概念图就可以有效地解决这一问题，教师可以通过学生绘制的概念图看出他们对知识的整体掌握程度以及对哪些问题的理解还存在欠缺，从而了解学生的知识状态，同时也考察了学生的创新思维能力及其对知识的理解力。

(8) 构思文章结构、进行创新写作。初写一篇文章时，可以尝试用概念图来构思。确定好自己的论题之后，再不断地深入思考，围绕论题确立自己的观点、要阐明的问题以及相关的素材。概念图尤其在组织材料方面能起到很大的作用，通过绘制概念图，可以明白自己所写文章的类型、次序、结构；可以合理地安排文章的段落、章节。英国教育学家布赞(Tony Buzan)首先在实验的基础上说明了概念图对帮助写作的效用。他说,在牛津大学的实验表明,学生使用概念图来写作,可以节省三分之二的时间,同时效果还更好。

用概念图进行写作,可以激发创新思维。绘制概念图的过程本身就是一个创造的过程,当将自己的构思用概念图画出来时,便会有许多观点纷至沓来,将这些观点与原有的观点相联系,就可能会触发灵感而有新的观点产生,这样就能写出一篇优美的文章来。

实际使用表明,用概念图进行创新写作,能使文章写得更具有发散性、开拓性和具有鲜明的个性。

(9) 组织概念,构建知识结构图。中小学的学生随着年级的增高,其学习内容也越来越抽象,尤其是会出现大量的概念,而学生往往会忽视对这些基本概念的理解和记忆,不能形成概念网络,更不能理解概念之间的联系。而有了概念图,学生就可以很方便地在教师的指导下画出各概念的网络图,达到组织理解并记忆这些概念的目的。

(10) 指导学生,进行探究性学习。探究性学习作为一种课程理念,可以单独举办综合课程,也可以结合课堂教学或者学科进行,在这一过程中引入概念图工具,学生可以及时建立概念之间的联系,明确概念之间的组织结构,利用概念图指导学生的探究步骤和探究内容,有助于探究性学习的顺利进行。

学习建议

1. 根据所学专业选定一节内容,用 PowerPoint 制作课件,要求为:课件内容科学、准确,层次清晰,页面内容不少于 15 页;利用自定义动画设置课件内容演示逻辑顺序,符合教学要求和步骤;利用“超级链接”功能为课件添加导航菜单;课件内容必须包含文本、图片、声音、动画等素材。

2. 什么是概念图?概念图有什么特征和结构?

3. 简述概念图的理论基础。

4. 根据所学专业选定内容,利用 Inspiration 软件制作该内容的概念图。

5. 简要说明概念图在教学中的应用。

教学建议

本章学习内容具有很强的操作性,在学习时,可安排在计算机网络教室进行教学,教师采用讲授法、演示法和案例分析法来演示、分析一些优秀的 PowerPoint 教学课件和概念图的优秀课例;然后学生应用 PowerPoint 软件和 Inspiration 软件自主创作课例,并用网络搜索工具和网络交流工具搜集概念图教学应用的内容并进行讨论。

推荐阅读

1. 张剑平. 现代教育技术——理论与应用[M]. 北京:高等教育出版社,2003.

2. 张剑平. 现代教育技术——理论与应用[M]. 第二版. 北京:高等教育出版社,2006.

3. 郭绍青. 教师信息技术能力教程[M]. 北京:高等教育出版社,2010.

4. 张筱兰. 信息化教学[M]. 北京:高等教育出版社,2010.

5. 罗俊,王伟杰. 大学计算机应用基础[M]. 北京:高等教育出版社,2010.

6. 王移芝. 高等学校大学计算机基础[M]. 北京:高等教育出版社,2007.

第 7 章　多媒体教学软件设计、开发和评价

学习目标

1. 理解多媒体教学软件的概念特点。
2. 掌握多媒体教学软件的基本设计方法。
3. 能根据一定的学科教学内容设计简单的课件，能够编写文字脚本和制作脚本。
4. 能够根据软件评价标准分析评价自己和他人的多媒体课件作品。

知识结构

- 多媒体教学软件设计、开发和评价
  - 多媒体教学软件概述
    - 多媒体教学软件的概念、特点及类型
    - 多媒体教学软件的基本构成要素
    - 多媒体教学软件的设计原则
  - 多媒体教学软件的开发与制作
    - 多媒体教学软件的开发流程
    - 多媒体教学软件的制作过程
  - 多媒体教学软件评价
    - 多媒体教学软件的评价方法
    - 多媒体教学软件的评价标准
  - 网络课件的设计和评价
    - 网络课件的特点、开发模型和设计原则
    - 网络课件的制作

7.1　多媒体教学软件概述

7.1.1　多媒体教学软件的概念、特点及类型

1. 多媒体教学软件的概念

“多媒体”一词源自“Multimedia”，“Multiple”是多重、复合的意思，“media”是指介质、媒介和媒体。总结当前人们对“多媒体”的理解，可以概括为两种含义，一是指多种媒体介质，二是指信息的多种表现形式。因此，多媒体教学有两种含义：一是指多种教学媒体、手段的组合，比如教学时同时使用电视、电影、录音、计算机、网络等两种或两种以上教学媒体，这些媒体、手段的组合就是指多媒体教学；另一种含义专门指计算机多媒体，因为计算机具有技术上的集成性，集文字、声音、动画、视频等多种媒体功能于一身，因此也把运用计算机进行教学称为多媒体教学。

多媒体教学的核心是多媒体教学软件的设计、开发和利用。多媒体教学软件是指：“根据课程教学大纲的培养要求，用文本、图形/图像、音频、动画等多媒体与超文本结构去展现教学内容，

并且用计算机技术进行记录、存储与运行的一种教学软件。”①多媒体教学软件也称多媒体课件，简称课件。根据课件运行的技术环境可以分为单机版和网络版。本章将重点介绍单机版课件的设计、制作流程及评价，对网络课件的设计及制作工具作简单介绍。

2. 多媒体教学软件的特点

多媒体教学软件的特点主要由计算机的数字化技术所支撑，表现为教学信息载体丰富多样，并有机地集成在一起。

(1) 教学性。多媒体课件区别于一般计算机软件的特殊之处在于它的教学性，即它有着特定的教学目标、教学内容、教学对象。内容结构的设计应该体现学科教学规律，反映出教学策略、教学过程。

(2) 多样性。多媒体课件区别于其他教学媒体的一个重要特性是媒体的多样性，它能将文本、声音、图像、图形、动画、视频多种媒体集成在一起，共同呈现信息，增强了教学信息的表达力和感染力，可以满足不同感官学习者的需要。

(3) 超链性。多媒体课件的信息组织是建立在计算机数字化技术之上，是一种非线性的超链接网状结构，更加符合人类非线性的思维方式这一认知规律。

(4) 交互性。多媒体课件中可以通过图形、菜单、按钮、热键等进行人机交互，从而达到信息交流。

(5) 诊断性。教学应该具有反馈性，多媒体软件应该给学习者提供诊断的机会，给予反馈的信息。通过设计形成性练习题，提供判断、对照检查、巩固知识。

3. 多媒体教学软件的类型

以教学功能分，多媒体教学软件主要有以下几种：

(1) 课堂演示型。这种软件主要是在集体教学模式下，教师在讲授的过程中，针对教学重点及难点，将传统手段难以展现的各种现象、运动过程、规律等，按照教学思路逐步播放出来。适于演示内容提要、数据图表、动态现象、模拟示意。可用来配合课堂的讲授、讨论、练习、示范等各种教学方法。

(2) 学生自主学习型。这种软件具有完整的知识结构，能反映一定的教学过程和教学策略，提供相应的形成性练习与参考答案，供学生对照进行学习评价。

(3) 仿真实验型。这类软件借助计算机仿真技术，再现一个真实情景，提供可以更改参数的指标项，当输入不同参数时，会产生不同的状态和特征，通过观察、操作进行实验或探究。仿真实验是对真实实验的一种替代。7.1.1 所示的就是高中物理仿真实验系统光盘运行后的界面，图上所示的是“外力做功”的演示实验。

(4) 训练练习型。这类软件主要向学习者提供问题，由学习者练习作答，软件给予适当的即时反馈，强化训练学生某一方面的知识和能力。

(5) 教学游戏型。这类软件主要基于学科知识内容，寓教于乐，可增强学习者的学习兴趣，是一种辅助教学手段。它与一般的普通游戏软件不同，是以一定的学科教学内容为主题，要求趣味性强，游戏规则简单。

---

① 南国农. 信息化教育概论[M]. 北京：高等教育出版社，2004.

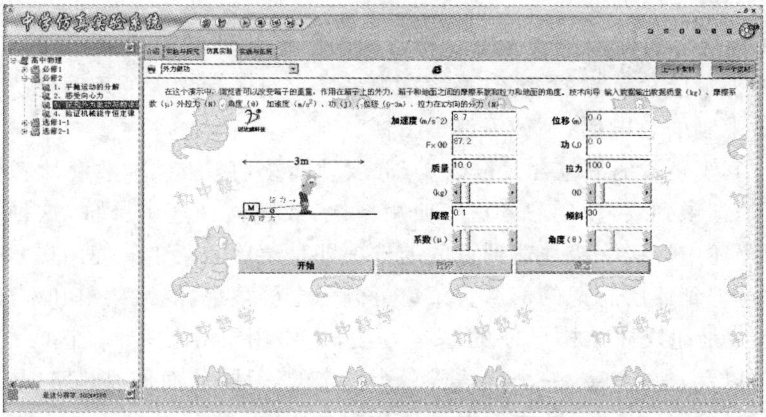

图7.1.1　仿真实验型软件

(6) 教学测验型。这种软件是以测验学生某一阶段的学习为目的，将课程教学内容汇编成习题集，按照教材主题单元、章节、课时安排测验题，可以自动或手动出题，分难易等级，附有参考答案，可提高教师工作效率，减轻教师工作负担。

(7) 资料工具型。这类软件包括各种电子工具书、电子字典、各类图形库、动画库、声音库等。作为教学软件资料，并不反映具体的教学过程。可供学生在课外进行资料查阅或者在课堂上选用有关片断，辅助教学。

7.1.2　多媒体教学软件的基本构成因素

常见的完整的多媒体教学软件从教学功能、意义上来划分，主要由这几部分构成：导入部分、学习控制部分、信息呈现部分、帮助提供部分、结束部分。

1. 导入部分

(1) 标题页。标题页也称封面，是软件导入必需的部分。它的主要作用是告知学习者关于软件包的基本信息，吸引学习者的注意，形成接受态度，帮助学习者决定是否使用或学习该软件。

标题页的内容包括：软件类型、软件的主题、软件开发者及联系信息、版权信息、提供退出软件和继续进行软件的途径等。

远程教学软件还可以有注册及收费信息、教学方法和学时数、相关链接，如课程描述、先决技能、学习目标、技术需求等。

(2) 使用说明。这部分主要介绍该软件的交互方式、如何使用、导航操作等。

(3) 用户登录。用户登录主要有两种作用，一是对学习者的身份进行识别和跟踪，确定软件使用资格。二是对学习者进行注册管理，记录学习进度和测验成绩等。

2. 学习控制部分

教学软件对学习的控制有两种方式，一种是学习者控制，一种是程序自动控制。前者是学习者通过屏幕元素控制学习过程，如按钮、菜单、链接热点等；后者是软件自行控制学习的进程。

(1) 学习者控制的元素。

① 按钮。按钮也称按压按钮，类似于电子设备和机械设备中常见的控制按钮，它在屏幕上的位置相对固定，并在整个系统中功能一致。学习者可以通过鼠标对它们进行操作，也可以用键

盘和触摸屏进行操作。

② 图标。图标是多媒体教学软件中一种常用的图形界面对象，它是一种小型的、带有简洁图案的符号，它的外形能表示它的意义，表达直观易懂。对图标含义的理解取决于使用者平时的生活经验，如屏幕上画的小电话、小钟等都是图标。

③ 菜单。一个教学系统常包含大量数据，并要执行多种功能，通常设计者会在屏幕上制作一个学习者使用的选项列表，使学习者正确使用系统，或建立一连串屏幕，这种使学习者可以从第一个屏幕总的评述中一级一级地达到目的的选项即是菜单。菜单的使用提示了用户可用的功能及他们可能没意识到或已忘记的信息。菜单可分为全屏菜单、隐藏菜单和框架菜单三种。

④ 链接。链接是超媒体结构导航的基本方法，主要用于导航控制，它的最普遍形式是“热键”。热键有时可以针对一个字、一个词语或一个特定的区域，从而形成热字、热词或热区。它是采用变色(或鼠标点到时才变色)的方法提醒使用对象，通过热键对变色的内容作详细说明或注解。链接的优点是易于使用和非线性导航，它的缺点是往往被学习者忽略，或是与普通文本的下划线等强调方式混淆起来。

⑤ 对话框。对话框通常以弹出式窗口出现，对话框用于与用户之间进行更细致、更具体的信息交流，常由一些选择项和参数设定空格组成。

(2) 学习者控制的方式。

① 鼠标控制。鼠标操作简单、易学，是多媒体教学软件的首选控制方式。鼠标控制元素如按钮、图标等形式多样，富有变化，易被学生喜欢和接受。

② 键盘控制。键盘控制是第二种可选的控制方式。对于计算机操作熟练的用户来说，键盘控制快速准确，尤其适合频繁单一的操作，如翻页。其缺点是控制对象不直观，形式单调，需要一定的键盘技能。

③ 语音控制。从计算机技术的发展来看，语音控制是一种趋势，但目前还不够成熟。

3. 信息呈现部分

信息呈现部分是多媒体教学软件的核心部分，对信息呈现的基本要求是一致性、简约性、新颖性。信息呈现部分的屏幕基本元素是文本，图形(图像)，动画，视频，声音(语音、音乐、音响)。

文本主要指在计算机屏幕上呈现的文字内容，一般用于传递教学信息内容。在一般情况下，文本是必不可少的，它是知识内容和结构的基本载体。

在多媒体教学软件中，静态图像中应用最多的是矢量图和位图。图像可以是教学内容中涉及的对象，或者是用来美化、修饰软件的背景图、插图。

动画是对事物运动、变化过程的模拟。一般来讲，动画的制作需要借助专门的工具软件，有二维的，也有三维的。

视频是用摄像技术对实际景物进行拍摄，或是利用三维动画技术制作的连续镜头，同动画媒体相比，视频是对现实世界的真实记录。借助计算机对多媒体的控制能力，可以实现视频的播放、暂停、快速播放、反序播放、单帧播放等功能。动画的信息量比较大，具有真实性、专业性、综合性、更强的感染力等特点，容易引起学习者的情绪反应，启发思考，促进记忆。教学软件中的视频应用形式包括：对过程的真实或无声演示、配有话外音讲解的事物活动变化、表演、游戏、对话等。在案例教学、历史、政治等社会学科中运用最广泛，如名师教学录像、历史剧等。

声音分为语音、音乐和音响三种。在教学中利用音频传递教学信息，是调动学生使用听觉接收知识的必要前提。标准的解说、动听的音乐有利于集中学生学习的注意力、陶冶学生的情操、激发学生学习的潜力。

声音的作用主要有以下几点：作为图形、图像、动画、视频等的旁白解说；特定的学科内容领域的示范和训练；给阅读困难的学习者提供语音材料；提供视、听双重信息，增强教学效果；用作指示或提示，引起学习者注意；用于提供反馈；增加教学软件的感染力和艺术效果。

4. 帮助提供部分

在教学软件中，除了导入部分有使用说明外，学习者应该能随时获得帮助，一类是过程帮助，另一类是信息帮助。过程帮助是如何操作、使用软件的帮助，信息帮助是关于教学内容的一些信息，如参考书、术语表等。提供帮助的最普遍方法是通过按钮、菜单、链接等控制元素列出帮助内容。

5. 结束部分

软件结束与软件终止不同，软件终止是学习者暂时停止运行软件，以后还将返回继续学习。软件结束是学习者全部运行完教学软件后或是在中途决定退出学习，程序将清除与该学习者有关的信息。软件设计要允许学习者随时可以退出学习，保证学习者可以暂时结束学习，并且让他们能自己选择和控制，提供安全系统，以防信息丢失。

7.1.3　多媒体教学软件的设计原则

1. 界面元素的清晰性原则

多媒体界面元素包含丰富的光、电、声、色刺激，根据认知的信息加工理论，人的注意具有选择性，在众多的刺激中只有一部分能被注意并有效感知，并得到进一步加工。而界面的清晰性原则就是要恰当处理界面元素的样式特征及元素之间的相对关系，保证学习者清楚准确地感知信息，具体要求如下：

(1) 在背景中突出主体。根据认知心理学原理，人的感官对于外界刺激，总是把一部分辨别为主体，一部分辨别为背景，主体和背景在一定的条件下会相互转化。主体与背景的区分度越大，主体就会越突出而成为感知的对象。相反，主体与背景的区分度越小，就越难把主体和背景区分。因此，在界面设计时应该把学习内容、重点元素突出出来，使学习者容易看清、听清。可以操纵的因素有背景和主体对象的颜色、位置、尺寸、形状提示等。

(2) 进行简约化处理。知觉具有简化倾向，人们往往根据过去的经验所形成的预期，无意识地简化感知对象。如果感知对象的复杂程度超出学习者的经验和能力范围，就不能准确的感知信息。因此需要对界面元素进行简约化处理。例如，删减图像细节、净化背景、对复杂对象由简到繁分步呈现、使用表格等。

(3) 吸引和保持注意。刺激物的差异和变化能引起人的无意注意，对画面中的重要信息元素采用差异和变化方法能吸引学习者的主意，起到强调和突出的作用。如提高反差、增加闪烁、孤立显示、制造动态、设置最佳视阈区、使用声音、改变背景等。但是这种方法也要慎用，以免无关信息喧宾夺主，适得其反。

(4) 防感官疲劳。感官所受刺激超负荷就会引起疲劳。如：音调连续的刺激，连续的背景音乐、强噪声等；强光、过多艳丽的色彩等；短时间内刺激的频繁变化、节奏太快的动画等。感官疲劳会导致注意力分散、感知效率降低。设计时要针对可能的原因来避免感官疲劳，如使文本的幅面宽度合适，减少文字的行数和字数；减少色彩的种类，避免色彩杂乱等。

(5) 考虑个体因素。界面设计时要考虑学习者的年龄、认知特点、学习风格等因素。如小学生基本上处于无意注意阶段,思维缺乏系统性,注意力容易分散,应该多考虑趣味性,多用图像、动画等媒体,信息量应该小。而中学生应该考虑适当增加信息量,增加文字概括等。

2. 界面元素的整体性原则

整体性原则就是界面中的各种媒体元素恰当结合,在内容和形式上成为有相互联系的有机整体。媒体之间应该相互协调配合,如文字与图像结合,语言解释和图形、动画等结合;练习的相关成分都在同一页中,按钮、链接所控制的对象应该在同一屏上。另外,在信息呈现的形式上应尽量一体化,使相同或相近元素在形状、颜色、动感上相同或相似,在空间上就近放置,在艺术风格上完整一致等。

3. 界面操作的流畅性原则

流畅性是人机信息交流高效、学习过程愉悦的重要保证,具体要求如下:

(1) 界面具有一致性。软件界面具有一样的元素、样式、布局、控制、风格等,并且相对固定,能使学习者很快适应界面,免除了注意和识别新界面的心理过程,避免对界面操作不必要的记忆,很清楚地知道何时导入新课题,如何找到帮助信息,怎样回答问题等。

(2) 界面外观简洁。界面的简洁性,使学习者可以集中注意力在重点内容上,减轻观察和记忆负担,避免操作和认识的混淆。要精简界面元素,简化操作指令系统。

(3) 界面具有自解释性。界面的自解释性是指界面元素的外形和布局特点,能够向用户暗示元素的功能和操作方法。

4. 主体突出原则

主体突出原则是将学习的重点、难点、标题等需要强调的内容,在画面上突出地表现出来。可以通过多种媒体配合烘托,尽可能将主体放置在视觉中心或明显的位置;通过异色、异形、异质来强调主体;或者通过精美制作、突出造型、扩大反差等方式使主体引人注目。使得主体突出,最重要的是排除背景画面和背景音乐对主体形成的干扰。屏幕文本背景的底色应与字色之间的明度差达到 50 灰度级以上。如果采用投影显示,则需达到 70 灰度级以上。配有背景音乐的课件,要注意:避免与教学内容无关的音乐旋律转移注意;避免音量过大听不清解说;当教师讲授时,调小音量或关闭音乐。

5. 媒体优势互补原则

各种媒体在信息呈现中具有不同的特点和优势:动画的优势是适于演示动态过程,呈现内部结构,具有虚幻性;视频的优势是真实可信,可用来说明实际事实、操作示范;静止图像能够美化环境,提供观察和思考的时间;文本具有表意的准确性,能够系统地传递信息,文本的系统性、逻辑性是其他媒体难以替代的;解说也具有表意的准确性,并且亲切生动。

以上多种媒体应围绕教学内容发挥各自优势,分工合作、互相补充,达到理想的多媒体效果。

6. 界面外观的艺术性原则

界面外观的艺术性原则是以教学内容和活动为基础,运用形式美规律,设计有创意的界面外观,使学习者产生审美愉悦感。形式美有自身的规律和法则,通过屏幕的各种视听元素来实现,最基本的视觉元素是点、线、面、色。

点是页面中最小的视觉元素,图标、按钮、一个字、一幅小图片都可以看作是一个点。它有提示及引导视线的作用。很多点沿着相同方向形成线。很多线沿同一方向并紧贴在一起构成面或形状。大面积的色彩、图片、文本都可以看成面。贯彻艺术性原则，主要是在页面的布局设计和色彩运用中遵循形式美的规则，具体要求有对比、调和、对称、均衡等法则。

(1) 对比。事物之间的差异是通过比较的方法表现出来的，这就是对比。对比是一种最基本的艺术规则。在多媒体画面的构图中，可采用对比的方法来造成视觉上的跳跃，产生新鲜感，从而提高画面的注目性、趣味性和可观赏性。恰当地运用对比手法能使视觉效果更加生动、强烈、感人、富有活力，从而使人感受深刻，记忆牢固。对比的类型有大小对比、疏密对比、曲直对比、亮暗对比、形状对比等。色彩之间、文本之间、形状之间、主体与背景之间都存在对比关系。

(2) 调和。多媒体画面上各种元素之间应该在风格基调上保持完整和谐。如背景色彩的基调就是页面的整体基调，不管软件如何复杂，整体的基调应该具有统一感。

(3) 对称。对称是指版面上的对象以某一点为中心，其左右或者上下同等、同量、同形而形成平衡。对称的版式设计显得稳定、庄严、整齐、安宁、沉静、秩序。不对称的设计则造成危机感和不信任感。

(4) 均衡。均衡是指版面上的对象以某一点为中心，左右或者上下等量不等形的配置，具有变化的统一性，体现了动静结合的造型美。

色彩的对比包括色相、明度以及饱和度的对比，还包括色彩的冷暖、色彩的胀缩、色彩的轻重、色彩的华丽与朴素的对比。

文本之间的对比包括大小、粗细、明暗以及疏密的对比。

7. 促进认知原则

多媒体软件的根本任务是促进学习，为学习者的学习而服务。在设计时应该以先进的教育理论、学习理论为指导，以尊重学生个性和满足学习需要为目的，以教育性、科学性为前提。在多媒体教学软件的设计中，应突出如下几方面的教学策略：

(1) 突破简单的演示型模式，体现知识的意义建构过程。由于传统观念和设备条件的影响，目前多媒体教学软件在教学中的应用层次大多只停留在课堂演示教学上，只把它当作教师课堂教学的一种演示工具，学科的多媒体教学还是传统的教学模式，没有发生根本性的改变。因此，在多媒体教学软件的设计中，要突破简单的演示型模式，既要注意教师的教学过程，也要重视学生的认知结构，使教学软件成为学生探索和发现学习的工具。

(2) 重视问题与回答方式的设计，提高学生的主体参与程度。高水平的问题能引发学生进行有效的思考，理解事物之间的关系与规律。应设计灵活多样的回答方式，如电子笔记本、电子邮件、各种各样的练习题等，可以为学生提供表达意见的环境，充分体现学生的主体地位。

(3) 加强对学生的引导和帮助，促进学生对知识的意义建构。在导航策略的设计中，通过对学生自主学习的引导、协商学习中所提供的帮助以及评价练习中所出现的提示语言，促进学生对知识的意义建构。

(4) 提供丰富的多媒体资源，创设有意义的学习情境。丰富多彩的多媒体资源可以为学生创设有意义的学习情境，扩大学生的知识面。软件中提供各种各样的多媒体资源，如"资料箱"、"工具箱"、"资料架"等，使教学软件能够成为学生的认知工具。

(5) 实现软件的超链接结构，启发学生的联想思维。超链接结构可以实现教学信息的灵活获取以及教学过程和教学结构的重新组织，适合于不同层次水平的学生的学习需要，有利于因材施教。另外，软件的超链接结构还可以引发学生的联想，培养学生的思维能力。

7.2 多媒体软件的开发与制作

7.2.1 多媒体教学软件的开发流程

一般的多媒体教学软件的开发流程如图 7.2.1 所示。

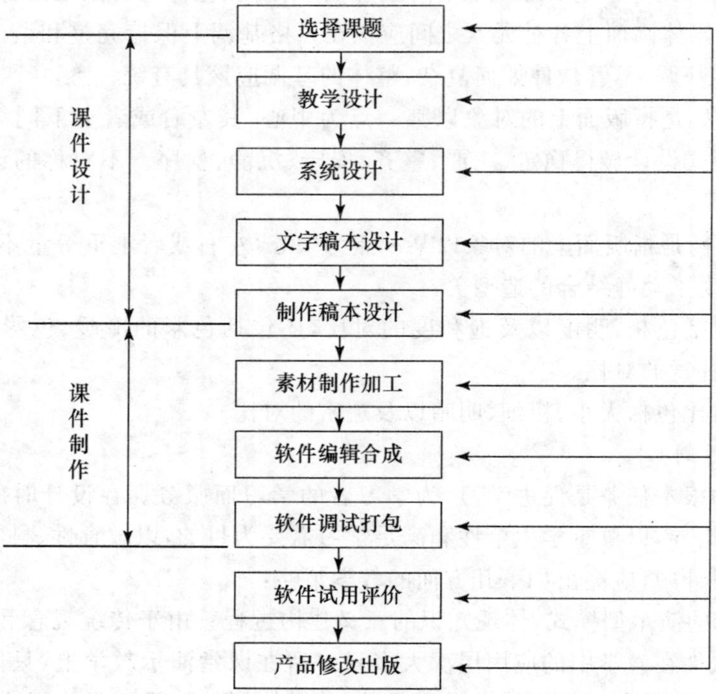

图 7.2.1 多媒体教学软件的开发流程

1. 选择课题

教学设计时，首先应该恰当选择教学主题，选题的基本原则是选择能够充分发挥多媒体技术优势，适合通过多媒体环境和资源进行教和学的教学内容，应明确所选教学内容的重点和难点是什么？传统教学方法为什么不能或没能很好地解决教学中的这一重点和难点？利用多媒体教学软件的什么突出特点来解决教学中这一重点和难点？

2. 教学设计

多媒体教学软件的设计是应用系统论的观点和方法，分析学生特征、确定教学目标与教学内容、选择与设计多媒体信息、建立教学内容知识结构、设计形成性练习与学习评价的过程。

(1) 确定媒体的使用目标。媒体在教学过程中能起各种各样的作用。在媒体选择时，作为设计者首先要明确运用媒体的目的是什么，起什么作用，这便是媒体的使用目标。通常媒体的使用目标为呈现事实、创设情景、提供示范、解释原理、探究发现，如表 7.2.1 所示。

表 7.2.1 媒体作用图

呈现事实	提供有关科学现象、形态、结构，或者是史料、文献等客观真实的事实
创设情景	提供有关的画面、动画、活动现场等，说明故事的情节，展示特定的情景
提供示范	提供一系列的标准行为，如语言、动作、技能等，供学生模仿和练习
解释原理	提供典型事物的运行、成长、发展的完整过程，解释其特点和规律
探究发现	提供典型现象或过程，通过设置疑点和问题，让学生进行探究和发现

(2) 分析各种媒体的特点。文本是多媒体教学软件主要的信息呈现元素，恰当设计文本的字体、颜色、修饰、格式、布局等，能产生高质量的图形页面效果。电子文本的特点见第3.1节内容。

矢量图是一种抽象化的图形，其承载的信息量比较少。由于它具有数据量小，不易失真等特点，因此在多媒体软件中应用得比较多(几乎所有的多媒体著作工具都具有绘制图形的能力)。位图的色彩比较丰富，层次感强，可以真实地重现生活环境(如照片)，因此其承载的信息量比较大。从界面、背景到各种插图，基本上都选择位图。

动画具有虚幻性、趣味性，能高效地表现动态过程，具有文件体积小，便于传输等特点，经过创造设计的动画更加生动、有趣，有利于激发学习者学习的兴趣和积极性。

视频的应用应注意以下几点：由于视频的制作费用高，周期长，因此在选择使用时，应充分考虑制作或播放条件，如果条件不能满足高质量的效果，不如不用。对使用环境要求高，要求播放设备的硬件、软件、网速达到一定档次。视频的文件体积大，长度应适宜，不宜过长，一般为20～30秒。对稍长的视频应该考虑用外部链接。视频呈现应该有独立的播放控制。

声音的使用要求有以下几点：提供充分的学习者控制，如播放、暂停、重放等；提供高质量的音频，清晰、逼真、现场真实感；简洁明了，用语音解说、说明、提示和反馈等都应该简短明白，使用简短音节的乐音作为提示、反馈信号。

(3) 选择媒体的类型与内容。在设计多媒体教学软件时，关于媒体信息的选择与设计，根据对教学内容与教学目标分析的结果和各类媒体信息的特性，合理选择适当的媒体信息(如文本、图形、图像、动画、视频、解说、效果声等)和具体内容，实现原定的媒体使用目标，并把它们作为要素分别安排在不同的教学内容(知识点)中。

(4) 知识结构的设计。知识结构是指知识点之间的关系与联系的表示形式，通常分为并列结构、层次结构和网状结构。知识结构的设计应该体现知识内容的关系，不要漏掉知识点还要体现学科教学的规律。如语文教学中常常遵循字—词—句—篇的教学过程；在小学数学教学中，常常从日常生活事实中概括出抽象的数学问题，提出数学概念，再进行验证、举例、应用；外语教学常常进行听、说、读、写四方面的训练。

(5) 形成性评价的设计。在多媒体计算机辅助教学中，为了进行诊断评价，问题的设计是必不可少的。利用问题进行教学活动的过程是先向学习者提出问题，等待学习者回答，再向学习者提供反馈信息。提问和等待学习者回答，一方面能检查学习者对讲授内容掌握的情况，另一方面通过各个方面的提问，能促进学习者进行深入的思考，使学习者对问题的理解逐渐深化。此外，还要通过提问大量的重复问题，让学习者能熟练运用这些知识和规律，把短时记忆通过反复加深成为长期记忆，并建立起联想式的知识结构。及时的反馈，可以帮助学习者在尝试过程中修正自己的认识，不论补救性反馈还是鼓励性反馈，都可促进学习者加深认识和记忆。提问—回答—反馈的教学过程能促进学习者围绕教学目标进行思考，作出反应，并获得新的认识。

诊断评价可以设计成游戏形式或问题问答形式，一般应包括提问、回答、反馈三部分。

① 提问部分。提问是整个问题的第一部分，提问是否为学习者所理解将直接影响回答的结果。因此，提问部分必须意义完整、问题明确、能促进学习者进行思考。提问的问题要与知识点内容紧密联系，并反映相应的教学目标。提问方式一般是是非题、多项选择题、匹配题或简单填充题。

② 回答部分。按照提问要求，将学习者可能作出的反应情况全部罗列出来（或设计成由学习者自己输入），根据这些可能性，计算机将作出不同的反应。回答部分的设计应一题一答，易于实现。在学习者回答问题时，应适当给予提示，以让他们有较多的成功机会。对回答结果的判断应与评分相结合。

③ 反馈部分。对于学习者的回答，应给予相应的反馈。对于正确答案，应给予鼓励性反馈；对于有缺点的、错误的答案，应给予指正或补救性的建议，并根据不同的情况分别作出指出错误、要求重答、给出答案、辅导提示等不同形式的反馈。

3. 系统设计

多媒体教学软件的系统设计包括导入部分的设计，屏幕界面的设计，学习者控制（导航策略的设计、交互方式的设计），超媒体结构设计等内容。

（1）设计软件的封面与导言。多媒体教学软件的标题要简练，封面要形象生动，能引起学生兴趣，并能自动（或触动）进入导言部分。多媒体教学软件的导言部分要阐明教学目标与要求，介绍软件使用的方法，呈现软件的基本结构，以引起学生注意。对标题页的要求应该简明扼要，页面精巧、有趣、简明。如果含有讲解、音乐、动画、影像等，应能让用户略过或继续播放，以免让使用多次的学习者感到厌烦。

（2）屏幕界面的设计。这里所指的屏幕界面是指呈现在计算机显示器屏幕上学习者与课件交互的区域，是学习者与多媒体教学软件之间传递信息的媒介。学习者通过界面向计算机输入信息进行控制、查询和操纵；课件则通过界面向用户提供信息已供阅读、分析和判断。

屏幕设计的基本内容一般包括屏幕版面布局设计、显示方式设计、颜色搭配设计、字体形象设计和修饰。多媒体课件的要求比较高，即除了追求屏幕的美观、形象和生动之外，还要求屏幕所呈现的内容具有较强的教学性，因此，多媒体教材的屏幕设计，应该做到布局合理、整洁美观、生动形象、符合教学需要。

① 屏幕界面的版面布局。常见的多媒体教学软件的屏幕界面主要有信息呈现、帮助提示、交互作用等几个区域。

教学信息呈现区域主要是指窗口，是屏幕上的一个个信息呈现的区域，它包含一个对计算机的特定视口，或是学习者与计算机对话的特定视口，它可与屏幕相对独立地变化。一个窗口可能很小，只包含一个短信息或是一个区域；也可能很大，占用大部分或全部可用的显示空间。窗口可用以表示不同级别的各种信息，也可同时呈现各种不同信息，还可以顺序显示各级和各种信息，访问来自不同资源的信息，合并几个不同信息源，执行多任务，将同一任务进行多种表示等等。呈现知识内容、演示说明、举例验证、问题提问等，它们是以多媒体信息来呈现的。在安排这些媒体信息的呈现区域时，重点是对各种可视信息，如文本、图形、图像、活动影像、动画等进行定位和大小设计。整个教学信息呈现区域，在屏幕版面上应处于醒目的位置并占有较大的面积。

一般情况下，教学主要信息呈现区域一般在屏幕的中心位置，占据较大的区域，一般是由文本、动画、视频等组成。帮助提示区域、交互作用区域主要是由菜单、图标、按钮、对话框、热键等组成。根据学生操作习惯，一般位置是在右边、下面或右下角。如图 7.2.2 所示是《春晓》的主界面，该界面设计具有代表性。

② 屏幕界面的修饰美化。屏幕画面除了追求教学性外，还要求很高的艺术性，要求屏幕美观、形象、生动、整洁、大方。屏幕版面构图、颜色搭配、整体风格优美，符合学习者的年龄特征和喜好。图 7.2.3 所示的是“中文版 Flash CS3 动画制作”软件封面。

图 7.2.2 《春晓》主界面

图 7.2.3 “中文版 Flash CS3 动画制作”软件封面

界面的颜色搭配设计包括背景颜色、文字颜色以及全屏幕色调的设计。一般要求色彩协调，醒目自然。色彩数量要控制在最低，避免颜色过多过杂；同时要注意色彩的含义和使用者的不同文化背景，以及根据不同区域的作用来决定屏幕上色彩选用。

常用几种色彩的意义内涵列举如下。

红色：喜庆、兴奋、热情、热爱、危险。

橙色：温和、活泼、辉煌、富足。

黄色：明亮、权力、警告、测试。

绿色：自然、宁静、清楚、安全。

蓝色：理智、永恒、博大、遥远、稳定、冷却。

灰色：平静、成熟、中性。

黑色：悲伤、力量、精深、沉闷。

白色：尊敬、纯净、简洁、清洁。

③ 文本的设计。布局和格式除了遵循文字段落的一般格式外，还应注意屏幕上各元素的均衡，均匀分布，过长时可以采取滚动条和翻页两种处理办法。文本质量要求规范、清晰、简明、准确、以组块呈现、有衔接提示、适合学习者阅读水平。文本设计应该注意对字体的设计，包括字体、字色、字号的设计。各种字体都有一定的使用要求和意义，如黑体的笔画较粗、刺激力度较大，可考虑用于标题、强调内容。楷体的笔画富有弹性，尖峰柔和、艺术性比宋体强，比较适用于

计算机屏幕上。字号与行间距的比例以 4∶5 为宜。[①] 文字宜采用“画面表达方式”,即在保证知识信息准确传递和屏幕文本易读性的前提下,可以简略地采用提纲,甚至关键词等形式进行表述,不仅省略了大量语法方面的冗余信息,而且可以配合图像、声音媒体,对教学内容的阅读、理解和记忆更加有利。[②]

④ 图片、动画、视频的设计。图片要清晰、美观,大小适中。对于动画和视频图像,最好设计重复播放按钮,以便学生反复观看。

⑤ 旁白、音效、配乐的设计。音乐的选用合理,旋律节奏、感情内涵、风格基调要和文本、解说的内容一致,相互配合。还要有开关控制措施,音量能够调节。

⑥ 按钮、图标的位置、形状和大小。多媒体软件中的按钮花样繁多,非常吸引人。按钮通常是矩形,设计时可以考虑成方角矩形、圆角矩形、带斜边的矩形、带阴影的矩形等,但无论如何在一个教学软件中,按钮的外形都应该保持一致性。在设计按钮时要考虑按钮的定位,是放在窗口底部,还是上部或右边等。按钮的功能应该标示清楚,应能提供确认信息,当按钮被选准时应有颜色、亮度或者形状的变化。

(3) 导航策略的设计。由于超媒体系统信息量巨大,内部信息之间的关系很复杂,学习者容易迷失方向,不知道自己处在信息网中的什么位置。因此,需要系统提供引导措施,这种措施就是导航策略。导航策略实际是教学策略的体现,是一种避免学生偏离教学目标,引导学生进行有效学习,以提高学习效率的策略。

在多媒体系统中,导航策略通常包括检索导航、帮助导航、演示导航、浏览导航、书签导航等多种策略。

检索导航:主要是通过设计关键字进行检索,或通过某个知识点进行检索,或二者兼有。设计检索导航为学生快速找到想要了解的内容提供了一个简便高效的渠道。

帮助导航:系统设置有专门的帮助菜单,当学习者在学习过程中遇到问题或困难时,帮助菜单将提供解决的办法和途径以引导学生不至于迷航。

演示导航:系统提供一种演示方式来指导学习,它通过某种预置的算法,把系统中的节点从头到尾依次向学习者演示,以供学习者模仿。

浏览导航:系统设置有一导航图,它是以图形化的方式表示出超媒体网络的结构。图中包含有超媒体网络结构中的节点及各节点之间的联系。借助导航图用户可以方便地确定在网络中的位置和继续学习的方向,并观察信息是如何连接的,导航图中的每个节点都是一个信息单元,学习者可以直接进入某个节点进行学习。

书签导航:系统提供若干书签号,用户在浏览的过程中,对重点的或感兴趣的节点设置指定序号的书签,以后只要输入书签号,就可以快速地回到设置书签的节点上。

(4) 交互方式设计。人机交互是指人与计算机之间的对话手段,是学习控制的体现。对于交互方式的设计需要考虑的问题是:允许学习者控制什么,控制到什么程度,以及控制的对象和方式。学习控制过程应该是有意义的交互过程。应该尽量允许学习者控制教学内容顺序、节奏步调。常见的交互方式有菜单、图标、热键、热字、热区、条件判断、文本输入、目标区域、限定时

① 游泽清.多媒体画面艺术设计[M].北京:清华大学出版社,2009.

② 同上书。

间、限定次数等。学习者可以通过鼠标、触摸屏、键盘、光笔、图形输入板、声音输入设备等对友好界面作出反应。主要的设计内容有：每屏停留时间，启动按钮、热字、热区的触发交互点，转向的去处，进入、退出本屏幕的路径和方式。交互设计的基本要求是具有友好性、灵活性、一致性和可靠性。

(5) 超媒体结构设计。在超媒体结构中，节点、链、网络是三个基本要素。

节点是存储数据或信息的单元，每个节点表示一个特点的主题，节点中信息的载体可以是文字，也可以是图像、图形、动画、声音或它们的组合。链表示不同节点中信息存放之间的联系。具体形态表现在软件的跳转关系上，可以通过热键、图标、按钮等方式实现节点中的跳转。网络结构是一个有向图结构，体现教学思路，不仅提供了信息、知识，还包括了对它们的分析、推理。因此，在设计网络结构时，应该考虑主题与子主题之间、知识单元与知识点之间、知识单元与知识单元之间、知识点与知识点之间的逻辑关系和层次关系，及他们的提转关系，形成一个非线性的网络结构。图7.2.4是《小学语文古诗欣赏》的系统结构图。[①]

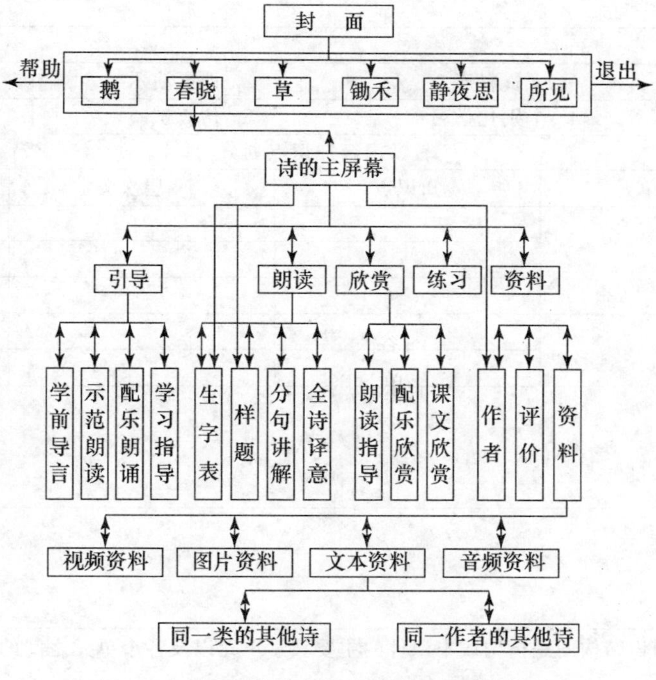

图7.2.4　《小学语文古诗欣赏》系统结构图

4. 脚本编写

多媒体教学软件设计工作完成后，应在此基础上编写出相应的脚本，作为制作多媒体教学软件的直接依据。规范的多媒体教学软件脚本，对保证软件质量水平、提高软件开发效率具有积极的作用。因此，多媒体教学软件的脚本编写，是多媒体教学软件研究和开发工作中的一项重要内容。由于多媒体教学软件的设计主要包括教学设计和软件的系统设计，所以分别用文字脚本和制作脚本两种形式进行描述。

① 谢又如，穆肃，等. 多媒体教学软件设计[M]. 北京：电子工业出版社，1999.

(1) 文字脚本的编写。文字脚本是按照教学过程的先后顺序,用于描述每一环节的教学内容及其呈现方式的一种形式。文字脚本体现了多媒体教学软件的教学设计情况。

多媒体教学软件文字脚本的编写包括学习者的特征分析、教学目标的描述、知识结构的分析、学习模式的选择、学习环境与情境的创设、教学策略的制订、教学媒体的选择设计等内容。

通常情况下,编写多媒体教学软件的文字脚本要包括:课件名称、编写者、制作单位、使用对象与使用方式的说明;划分教学单元、教学主题,建立知识点与知识点之间的知识结构图;确定教学目标,填写教学目标层次表;用结构图描述界面内容;多媒体信息类型与呈现方式。具体如表 7.2.2 所示。

表 7.2.2 文字稿本格式表

<table>
<tr><td colspan="3">课件名称</td><td colspan="3"></td></tr>
<tr><td colspan="3">文字稿本编写者</td><td colspan="3"></td></tr>
<tr><td colspan="3">制作单位</td><td colspan="3"></td></tr>
<tr><td colspan="3">适用对象</td><td colspan="3"></td></tr>
<tr><td colspan="3" rowspan="2">使用方式</td><td>1. 资料库</td><td>2. 课堂演示</td><td>3. 操作练习</td></tr>
<tr><td>4. 个别化学习</td><td>5. 仿真试验</td><td>6. 其他</td></tr>
<tr><td colspan="6">教学内容知识点划分</td></tr>
<tr><td>序号</td><td>教学单元</td><td>知识点</td><td>层次</td><td colspan="2">教学目标</td></tr>
<tr><td rowspan="3"></td><td rowspan="3"></td><td></td><td></td><td colspan="2"></td></tr>
<tr><td></td><td></td><td colspan="2"></td></tr>
<tr><td></td><td></td><td colspan="2"></td></tr>
<tr><td rowspan="2"></td><td rowspan="2"></td><td></td><td></td><td colspan="2"></td></tr>
<tr><td></td><td></td><td colspan="2"></td></tr>
<tr><td colspan="6">教学内容知识结构图</td></tr>
<tr><td colspan="6">用结构图描述界面内容</td></tr>
<tr><td colspan="6">说明:教学内容知识结构图是指构成本课件的主要教学单元以及各个单元之间的关系,建议用流程图加以描述。</td></tr>
<tr><td>单元</td><td>序号</td><td>内容</td><td>媒体类型</td><td colspan="2">呈现方式</td></tr>
<tr><td></td><td></td><td></td><td></td><td colspan="2"></td></tr>
<tr><td></td><td></td><td></td><td></td><td colspan="2"></td></tr>
<tr><td></td><td></td><td></td><td></td><td colspan="2"></td></tr>
<tr><td></td><td></td><td></td><td></td><td colspan="2"></td></tr>
<tr><td></td><td></td><td></td><td></td><td colspan="2"></td></tr>
</table>

(2) 制作脚本编写。多媒体教学软件的制作,涉及信息处理过程中的各种编程方法和技巧。文字脚本是学科专业教师按照教学过程的先后顺序,将知识内容的呈现方式描述出来的一种形式,它不能作为多媒体教学软件制作的直接依据,所以需要在文字脚本的基础上改写成多媒体软

件制作脚本。多媒体教学软件制作脚本的编写包括软件系统结构的说明、主要模块的分析、软件的屏幕设计、链接关系的描述等内容，是体现教学软件的系统结构和教学功能并作为软件制作直接依据的一种形式。其中，软件的屏幕设计、链接关系的描述等一般通过制作脚本卡片的填写来完成。所以，多媒体教学软件的制作脚本通常是由教学软件系统结构与主要模块的分析和一系列的制作脚本卡片构成。

① 系统功能的说明。这一部分主要说明教学软件的系统组成以及教学系统所具有的各种教学功能和作用。

② 主要模块的分析。主要模块是构成多媒体教学软件系统的主要部分。一般情况下，主要模块即为同类知识单元，它是某个知识点或构成知识点的知识要素，但也可以是教学补充材料或相关的问题或练习。

③ 分页面设计。分页面设计是对各种页面的布局和功能的设计，是制作课件最直接的依据，如表 7.2.3 所示。

表 7.2.3　分页面设计表

<table>
<tr><td colspan="2">多媒体课件名称</td><td colspan="4"></td></tr>
<tr><td>页面名</td><td></td><td>文件名</td><td></td><td>编号</td><td></td></tr>
<tr><td colspan="5">交互画面</td><td>配音</td></tr>
<tr><td colspan="5">超链接结构方式：
(1) 由______页面文件，通过______交互方式进入当前页面；
(2) 通过当前页面______交互方式，键出______多媒体信息文件；
(3) 通过当前页面______交互方式，进入______页面文件；
……</td><td>媒体呈现方式</td></tr>
</table>

对表 7.2.3 内具体信息的说明如下。

页面名是指页面教学内容的标题、汉字名称。

文件名是这一屏幕内容的计算机文件名称。

编号是指课件系统结构层次编号。

交互画面是指对信息呈现区、导航区、交互操作区、帮助提示区等的位置、大小、范围等用草图展示。

配音包括所使用的解说、音乐与效果声。注明要配音的解说词内容。

多媒体教学软件的超文本结构是通过跳转关系描述多媒体教学软件结构的，在制作脚本中，可从“进入方式”和“键出方式”两方面来描述节点与节点之间的联系。

媒体呈现方式主要说明呈现各种多媒体的先后顺序与特技方式，或同一时间呈现的媒体类型。

典型的表格式制作稿本如表 7.2.4 所示。

表 7.2.4 制作稿本格式表

课件名称	
制作稿本编写者	
编者单位	
制作单位	
适用对象	
系统功能与作用	
1	
2	
3	
4	
5	
主要模块分析	
1	
2	
3	
4	
5	
教学课件系统框架结构图	
用结构图描述界面内容	
说明：教学课件系统框架图是指构成本课件的主要模块以及模块之间的关系，可以用流程图加以描述。	

7.2.2 多媒体教学软件的制作过程

1. 制备素材

媒体素材是传播教学信息的基本材料单元，可分为五大类：文本类素材(text)、图形(图像)类素材(picture)、音频类素材(audio)、视频类素材(video)、动画类素材(animation)。以上这些媒体素材的制备技术在第 3、4 章数字媒体技术里详细介绍过了，本章不在赘述。

2. 编辑与合成

多媒体课件的编辑与合成方法大致有以下三种：

(1) 基于计算机高级程序语言。基于计算机的高级程序语言如 VB、C++等。这些程序语言功能强大，但是需要系统的学习开发语言，主要适合于计算机专业人员，对大多数教师来说，制作起来有难度。

(2) 基于通用的多媒体著作工具。基于通用的多媒体著作工具如 Director、Authorware、PowerPoint、FrontPage、概念图(详见本书 6.2)等。这些软件能把多种媒体素材集合和组织成一个完整的具有可视化、交互性的多媒体应用系统或多媒体作品。这类软件易学易用，开发效率高，方便非计算机专业人员制作多媒体课件。

(3) 基于学科专用的著作工具。基于学科专用的著作工具如几何画板，是制作几何(平面几何、解析几何、射影几何等)学科多媒体课件的软件,它功能强大,能方便地用动态方式表现教学对象之间的关系,教师利用该软件平台既可根据自己的教学需要编制与开发课件,又可便于学生进行主动探索。

另外,还有其他多媒体软件如 Hongtool(洪图)、方正奥思、ToolBook 等。

目前的多媒体课件制作软件缤纷复杂,基本上每种软件都有各自的优点,要做一个优秀的课件,就要从实际出发,选择一款最适用的软件。然而往往用一种软件达不到理想效果,这时就需要多种软件配合使用,使其取长补短,才能事半功倍。

3. 调试与打包

多媒体课件通过设计制作完成以后,要经过全方位的系统调试、试运行,再进一步修改完善,然后进行打包发布,即将多媒体作品生成一个可脱离开发环境独立运行的可执行文件,才成为最终的产品。

7.3　多媒体教学软件评价

随着教育信息化的进程,多媒体课件已经被广泛地应用于实际的课堂教学中。所以,建立和完善对多媒体课件在教学中的评价体系是很重要且是非常必要的。评价是对事物进行价值判断,评价具有双重作用:确定事物、产品或过程本身的价值;提供修改、完善的依据。多媒体教学软件的基本功能是有效地传递教育信息,使学习者实现有效的学习,判断这一功能的必要手段是实施评价。评价按发生的时间主要可分为形成性评价和总结性评价。形成性评价是在产品开发过程中所做的评价,它为产品提供了修改的依据。总结性评价是在产品制作完成后所做的评价,它确定了产品的应用价值。

7.3.1　多媒体教学软件的评价方法

一般的多媒体教学软件的评价方法有:自我评价、组织评价、使用中评价和过程评价。

1. 自我评价

这种评价是制作者自身对内容的整体性评价,根据自己的理解和认识对教学软件进行判断、修改和完善。自我评价是自己行为的主要调节器。

2. 组织评价

组织评价是一定的专业组织通过系统地收集信息,按照严格的程序和科学方法,有计划、有组织地进行一种关于对象的较为深刻的价值判断过程。

3. 使用中评价

使用中评价是在使用的过程中对教学课件进行分析评价,然后根据信息反馈调整教学,以达到改善教学的目的。

4. 过程评价

过程评价是以不断完善教学软件为目的,根据组织评价过程、多媒体教学软件应用过程及其开发过程对目前评价方法中存在的问题加以分析,是组织评价的改进、自我评价的丰富、使用中评价的映射,是一种合理的明确化的、科学的评价方法。具体有分析式评价、指标体系评价和实验法评价。

(1) 分析式评价：指教学软件专业评估人员根据课件开发的目标对产品进行分析，根据经验撰写的一份总体评价报告。

(2) 指标体系评价：该方法是由权威评价机构经过科学的研究提出一整套教学软件评价的指标，这种指标体系分为若干可操作的描述和问题，评价人员根据指标体系对多媒体课件进行测试分析，按照评价指标体系进行评分，最后给出总的评价意见。

(3) 实验法评价：该方法是指评价人员根据多媒体课件的教学设计目标，对使用者进行实验研究，按照实验研究的一般过程选择实验对象，即抽样，针对学生对教学知识点掌握的情况，进行测量、测验，如前测、后测、记忆保持测试等，确定软件应用的效果和作用。

7.3.2 多媒体教学软件的评价标准

根据软件类型、具体学科和使用条件的不同，多媒体教学软件的评价标准也不同。

多媒体教学软件的教学特征是由软件的所有构成元素共同体现出来的。依照其职能，所有这些元素可大致划分为三类：第一类，教学信息类，包括教学目标、教学内容、教学策略、学习策略等；第二类，界面组成类（或称为信息载体类），包括文本、图像、视频、音频、色彩、构图等；第三类，技术构成类，包括交互、导航、跳转等。所有这些元素的特性以及元素的组合应用特性共同决定了软件的教学特性，因此评价内容体系和评价标准的建立应当从鉴定软件构成元素的特性开始。

通常情况下，针对多媒体教学软件的使用，如教学、比赛等，不同的单位、不同的场合、不同的教学情形下，评价者往往从不同角度、不同侧面对多媒体课件做出具体要求、制定不同的评价标准，但是在多媒体教学软件的评价中应该遵循一些基本原则，如教育性、科学性、艺术性、实用性等。表 7.3.1 是一个常见的多媒体教学软件评审表。

表 7.3.1 多媒体教学软件评审表

评审项目	评　审　标　准	权重	评审等级			
			优	良	中	差
教育性(40 分)	选题恰当，符合课程标准要求及学生实际	3.00	4	3	2	1
	突出重点，突破难点，深入浅出，易于接受	3.50				
	以学生为主体，促进思维，培养能力	2.25				
	作业和练习典型，分量适当，有创意	1.25				
科学性(20 分)	内容正确，逻辑严密，层次清楚	2.50				
	模拟仿真形象，举例恰当，准确、真实	1.25				
	场景设置、素材选取、名词术语、操作示范符合有关规定	1.25				
技术性(20 分)	图像、动画、声音、文字设计合理	1.25				
	画面清晰、动画连续、色彩逼真、文字醒目	1.25				
	声音清晰，音量适当、快慢适度	1.25				
	交互设计合理，智能性好	1.25				
艺术性(10 分)	媒体多样，选用恰当，创意新颖，构思巧妙，节奏合理	1.50				
	画面美观，声音悦耳	1.00				
使用性(10 分)	界面友好，操作简单、灵活	1.25				
	容错能力强，文档齐备	1.25				

7.4　网络课件的设计和评价

在前面的几节中，我们已经比较详细地介绍了多媒体课件开发的全过程，它们基本上可以被认为属于单机版的多媒体教学软件，单机版的多媒体教学软件具有个别化、人机交互性、趣味性等特点，主要支持辅助教学模式。但是其开放性不强，局限于一定的时间和空间，不利于教学管理和资源共享，不利于在线交流、协作学习的开展，因此本节内容专门介绍网络课件的开发。网络课件是利用网络技术开发的、能在网络环境中运行的教育教学软件。网络课件可以通过网络教学平台的课程设计模板方便地生成，也可以运用 FrontPage、Flash、Dreamweaver、Firework 等网页制作软件开发网络课件，然后再集成到网络教学平台中。

7.4.1　网络课件的特点、开发模型和设计原则

1. 特点

(1) 共享性。用 Html 或其他工具编写的网络型课件，能够存放在网络服务器上，并通过互联网进行发布，学习者可以直接通过浏览器与服务器连接并获取教学信息，实现信息资源的高度共享。Web 的跨平台分布也使得课件的跨平台交流得以实现。

(2) 即时性。网上教学课件可以随时更新，只要将新的课件或更新的部分放在服务器上，用户就能看到最新的教学内容，比其他形式的媒体要快捷得多，可实现即时交流与学习。

(3) 开放性。网络环境打破了时空限制，为更多的人提供了网络学习、资源共享、网上交流等活动的机会，便于进行资源获取和协作学习，无论在何时何地，只要通过终端上网，就可以利用最新的课件进行学习。这样的课件特别适合远程教育、终身教育和开放式的教育教学活动。

(4) 整合性。在网络课件中，可以通过超级链接技术整合各种网上多媒体内容、通信工具和其他相关资源，使各种站点上的内容无缝链接，便于跨地区专业的合作开发和合作学习，也称计算机支持的协同工作(Computer-Supported Cooperative Work，简称 CSCW)和协作学习(Computer-Supported Cooperative Learning，简称 CSCL)。利用网络课件进行学习，既可以进行个别化的人机交互学习，又可以通过嵌在课件中的传播工具，如电子邮件、聊天工具、视频会议系统等与老师和同学进行讨论和合作学习。

2. 网络课件的开发模型

在网络课件的开发流程可参考单机版的课件开发流程(如图 7.4.1 所示)。对课程内容的分析、设计是出发点，然后进行制作、测试评价及修改。

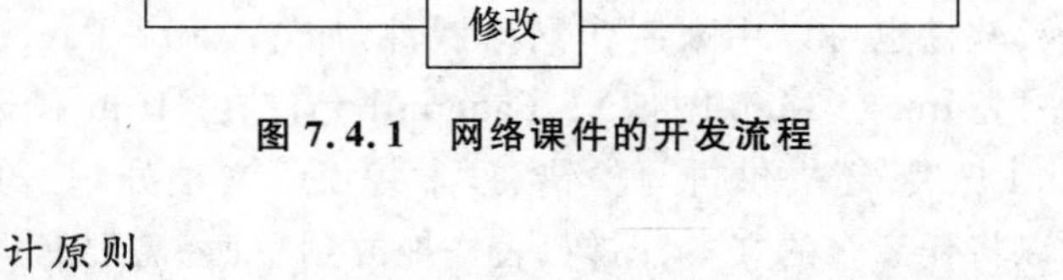

图 7.4.1　网络课件的开发流程

3. 网络课件的设计原则

网络课件的设计原则可以参考单机版课件的设计原则，在此基础上，主要体现以下几点：

(1) 开放性原则，是否适合更多的学习者在网络上学习。

(2) 共享性原则，最大限度地满足学习者在获取学习资源上的要求。

(3) 交互性原则，强调网络上人与人的沟通，而不是简单的人机对话。

(4) 个性化原则，适合个性化学习的需要。

7.4.2 网络课件的制作

网络课件设计完成以后就进入制作阶段。网络课件的制作过程主要包括：网络课件素材的准备、制作工具的选择、制作实施、调试完成等。

1. 网络课件素材的准备

网络课件素材准备的过程就是对课件需要呈现和引用的各种资料进行采集和编辑的过程。网络课件的多媒体素材同样包括文本、图形(图像)、声音、动画、视频等。其制备过程基本上与多媒体教学软件的素材准备相似，可以参照本书第3、4章的内容。

2. 网络课件制作工具的选择

比较流行的网页制作软件大致可以分为两类：代码型(语言编程)和所见即所得型。语言编程(代码编辑类的网页制作工具)如Html、Asp、Jsp、Php、Java、JavaScript、VBScript、VRml、HomeSite、Hotdog等，通常使用这些工具的以程序员为主。语言编程一般都需要制作者花很大工夫才能掌握。对于大多数有繁重教学任务在身的教师来说，由于没有太多的精力去学习复杂的编程，所以一般都采用所见即所得型的编辑工具制作课件，这样他们可以有更多的精力去关注教学设计和内容的多媒体表现。比较常用的制作工具有以下几种：

(1) FrontPage。FrontPage是Microsoft公司Office办公系列软件中的一款，沿袭着Office的风格，是可视化的网页制作软件，制作技术简单，是非专业人士首选的网页制作软件。它采用所见即所得的设计方法，为创建和管理高质量的网络课件提供了完整的解决方案。

(2) Dreamweaver。Dreamweaver是美国Macromedia公司开发的集网页制作和管理于一身的所见即所得网页编辑器，它是一套针对专业网页设计师特别发展的可视化网页开发工具，具有友好的工作界面，强大的多媒体处理功能，可以和其他软件(Fireworks，Flash)较好协作。支持对Web站点、Web页和Web应用程序行设计、编码和开发，还可以使用服务器语言(例如Asp、Jsp、Php等)生成支持动态数据库的Web应用程序。因此，Dreamweaver被公认为是高级网页制作的首选工具，但是与FrontPage相比，Dreamweaver对多数教师而言，不仅界面陌生，而且相对难学。

(3) Flash。Flash是由Macromedia出品的矢量动画编辑软件，它支持动画、声音、视频以及它们之间的交互，具有强大的多媒体编辑功能，尤其适合制作用于在网络上传输的交互型课件。关于Flash制作的内容，详见第4章。

(4) 其他软件。常用的PowerPoint、Authorware等课件制作软件都可以用来开发网络课件。另外，还有一些工具软件也可以用来制作网络课件，如：Adobe Pagemill可创建多框架页，可以制作表单和图像映射(Image Map图像)。Pagemill允许在Html代码上编写和修改程序，支持大部分常见的Html扩展，还提供拼写检错、搜索替换等文档处理工具，Pagemill另一大特色是有一个剪贴板，可以将任意多的文本、图像、表格拖放到里面，需要时再打开，很方便。Claris Home Page能够快速创建动态网页。HotDog能够在网页中轻松插入Css、Java、RealVideo等。

3. 网络课件的制作平台

(1) WebCT。WebCT(Web Course Tools)是由加拿大 British Columbia 计算机科学系为高校开发的异步课程传递及管理系统,它包括一系列可以自动与课程内容紧密集成的强大的学习工具,可以用于开发完全联机的课程,也可以将现有的课程内容发布在网上。WebCT 具有强大的师生、生生之间的交互性,它的显著特点是为不懂编程的教师提供了丰富的模板和向导机制,有利于教师本人作为网络课程"建造者"来组织教学材料,其他各种课程工具和构件也能较为方便地附加到该课程中去。例如:会议系统、在线聊天室、学习进程追踪、群组项目组织、学生自我评价、阶段保持和分类、许可控制、导航工具、测验生成、E-Mail、自动搜索引擎、课程表、学生主页、调查研究等,教师在设计建造用户界面时有很大的弹性。

(2) Web Course in a Box。WEB Course in a Box (WCB) 是一个集成系统,它可以使不是技术专家的教师轻松地建立网上的联机教程,可以为课程提供建立安全的 Web 站点工具,具有主页创作、学生管理与跟踪功能。

(3) LearningSpace。LearningSpace 是 Lotus 公司开发的基于 Web 的开放的远程教学平台,它旨在提供一个可进行协作学习、便于指导、分布式的网上教学环境。它在企业培训、学院教学和远程教育方面有着极其广阔的应用前景。它能够提供完整的、可扩展的分布式学习解决方案,为用户提供了自学、非同步协作学习和"虚拟教室"同步交互学习所有三种在线学习模式的分布式培训平台。

(4) 其他平台软件。其他常用的网络课程平台软件还有由 WBT System 开发的 TopClass 软件(http:// www. wbtsystems. com),由 Blackboard Inc 开发的 Courseinfo 软件(http:// www. blackboard. com.),由 Simon Fraser University 开发的 Virtual-University 软件(http:// virtual-u. cs. sfu. ca/vuweb)等。

网络课件的评价可以从开放与灵活性、资源全球共享、交互参与和协作、环境营造、更新内容、教学模式创新等方面来对网络教育资源进行评价。具体可参照上节多媒体软件评价的指标和本书附录 3,这里不再详述。

学习建议

1. 根据多媒体教学软件的设计要求、评价标准,分析并评价几份课件作品,指出其优点和缺点。并将自己的看法和同学进行交流。

2. 根据本校、本地信息化教学资源和教师的信息技术教学能力,设计制定一份课件评价标准量规,要求量规制定科学、实用、操作性强。

教学建议

教师可以选择具有典型性的课件从正、反两方面评价多媒体课件,通过实例指导学生设计评价量规,通过布置任务让学生编写课件脚本。

推荐阅读

1. 谢幼如,穆肃. 多媒体教学软件设计[M]. 北京:电子工业出版社,1999.

2. 张军征. 多媒体教学软件设计原理与方法[M]. 北京:科学出版社,2007.

3. 游泽清. 多媒体画面艺术设计[M]. 北京:清华大学出版社,2009.

第3篇　教学应用篇

第8章　现代远程教育

学习目标

1. 了解远程教育的概念及其发展历程。
2. 理解现代远程教育的概念、特点及其基本模式。
3. 理解农村中小学现代远程教育的三种模式以及每种模式的具体配置和所能实现的功能。
4. 掌握现代远程教育的学习模式，并能够在实际中加以应用。

知识结构

- 现代远程教育
  - 现代远程教育概述
    - 远程教育的概念
    - 远程教育的发展历程
    - 现代远程教育的概念
    - 现代远程教育的特点
    - 现代远程教育的基本模式
  - 农村中小学现代远程教育的三种模式
    - 教学光盘播放点模式
    - 卫星教学收视点模式
    - 计算机教室模式
  - 现代远程教育的学习模式
    - 远程课件授导模式
    - 远程教师实时授导模式
    - 基于资源的自主学习模式
    - 基于网络平台的协作学习模式
    - 教学模拟与虚拟实验教学模式

8.1　现代远程教育概述

8.1.1　远程教育的概念

教育和距离一直是关联的，课堂里面对面的教育是一种近距离教育形式，但是这种教育形式使得边远的农村、山区等无法获得和城市相同的教育条件，而远距离的教育形式在这些地区可以得到广泛发展。另外，由于教育的终身需要，近距离面对面的教育形式即便在城市里也已经难于满足要求，也需要采用远距离的教育形式，因此远程教育作为一种特殊的教育形式出现并非偶然，那么究竟什么是远程教育？著名的远程教育学者基更(Desmond Keegan)于1983年对远程教育作了如下定义："远程教育是教育致力开拓的一个领域，在这个领域里，在整个学习期间，教师和学生、学生和学习集体都处于相对分离状态(这使它区别于传统的面授教育)；教育组织通过规划和准备学习材料以及向学生提供支持帮助服务三种方式对学生学习产生影响(这使它区别于个人学习和自我教育项目)；印刷媒体、视听媒体和计算机媒体，将教师和学生联系起来，并以此作为课程内容的载体；学生和教师可以进行双向交流(这使它区别于教育技术的其他应用方式)。它相当于一个工业化的教育过程。"①

8.1.2　远程教育的发展历程

1. 基于印刷媒体的函授教育——第一代远程教育

函授教育以印刷教材为主要学习资源，以邮政传递书写作业和批改评价(函授辅导)为主要通信手段，以一定时间的面授辅导为辅助教学手段。函授教育始于19世纪中叶的英国。1840年，皮特曼(Lssac Peterman)把速记教程通过邮政寄给学生，他被认为是函授教育的始祖。1849年，英国伦敦大学首创校外学位制，允许英国和英联邦各国任何高等学校的学生报考伦敦大学的学位课程，并为注册报考者提供函授教学。因此，1849年被看做是世界远程教育的诞生年。在我国，函授教育一直得到持续发展，目前，函授教育仍然是高等教育体系中的一个组成部分。

2. 基于视听媒体的广播电视教育——第二代远程教育

进入20世纪以后，随着视听技术的应用和大众媒体的发展，视听教育在成人教育和学校教育中得到了广泛的应用，幻灯、录音、电话、电影逐步介入教学领域，远程教育从第一代的印刷品加信件的函授教学方式开始向广播、电视教学方式转化，在远程教育中增加了声音和视频图像等新媒体。1969年，英国开放大学的创建是远程教育第二代的重要里程碑，它主要通过广播和电视播放每门课程，使无缘进入传统高等学校学习的成年人有了接受高等教育的机会，证明了这种教育形式是可行的和高效率的。在我国，广播电视大学曾是我国扩大高等教育入学率的主力军。

3. 基于多媒体的网络教育——第三代远程教育

20世纪90年代中期，随着双向交互为特征的卫星直播技术、音视频远程会议系统、计算机网络技术等的引入，远程教育进入了一个崭新的历史时期——现代远程教育的发展阶段，尤其计算机多媒体和网络技术的发展，为现代远程教育带来了跨越式的发展，建立在互联网基础上的现代远程教育，受到了世界各国的重视。第三代远程教育(即现代远程教育)的特征和优势是双向交互，通过信息技术可以实现人机和人际之间的相互作用和相互交流，可以实现的同步(实时)和异步(非实时)通信为远程教育提供了更有利于学生完成建构学习的资源和学习环境，使教与学更加灵活，更加个性化。

8.1.3　现代远程教育的概念

现代远程教育也称网络教育，通常是指第三代远程教育。它是在现代教育理念指导下，利用先进的互联网网络和计算机技术，实时与非实时传递多媒体的音频、视频、数据等信息，进行实时

① 陈丽. 远程教育学基础[M]. 北京：高等教育出版社，2004.

与非实时可视的、交互式远程教育。[①] 基于网络的现代远程教育可以做到"五个任何",即：任何人、在任何时间、任何地点、从任何章节开始、学习任何课程。它在学习模式上最直接体现了发展中的现代教育和终身教育的基本要求。此外,现代远程教育的优势还体现在以下三个方面：

(1) 双向互动。互联网中信息资源与用户、用户与用户之间可以进行全方位的、能动式的实时互动。网络的这一重要特征,使现代远程教育实现教师与学生、学生与学生之间的双向互动、实时全交互成为可能。

(2) 基于多媒体的内容表现。计算机网络具有强大的多媒体传输与表现能力,将多媒体信息表现和处理技术运用于网络课程讲解和知识学习的各个环节,使现代远程教育具有信息容量大、资料更新快、多向演示和模拟生动的显著特点。

(3) 个性化教学。现代远程教育网络为个性化教学提供了现实有效的实现途径和条件。利用计算机网络所特有的双向交互功能,可以实现对每个学生的学籍资料、学习过程等信息作系统化的跟踪和记录。在此基础上,教学与学习支持系统就可以针对不同学生的具体情况进行个性化学习指导和应试辅导等。[②]

8.1.4 现代远程教育的特点

现代远程教育因其全新的教学理念和教学形式具有以下四个特点：[③]

(1) 教育对象的开放性。现代远程教育为没有条件参加传统教育面对面授课的学习者提供了接受学历教育和培训提高的机会,如在职人员、偏远地区人员,以及老年人、病人、残疾人等特殊群体,它使人类实现终身学习的理想成为可能。

(2) 教学时空的非受限性。传统的面授教育模式因场地和时间安排等因素,教学活动开展受到众多限制。现代远程教育有了计算机和信息技术的支持,教学活动得到了极大的延伸和扩展。学生的学习不受时间的限制,也不受地域甚至国家的限制。教与学可以同步进行,也可以异步进行;可以实时进行,也可以非实时进行,完全突破了传统教育中课堂讲授的单一模式。学生根据自己的需要自主安排学习的时间和地点、自由选择学习内容、自行安排学习计划、随时提出学习中遇到的问题并得到解答。

(3) 教学活动的交互性。在函授教育中,教师通过书籍、信件等形式把教学资料传送给学生,指导学生学习。学生在学习过程中遇到问题,只能通过信函或在面授时得到解答,由于时间的等待会耗费学生的精力,影响学习积极性。广播电视教育虽然为学生提供了丰富的图像和声音,但要实现互动必须借助卫星和视频会议系统,由于费用昂贵和条件的限制,无法经常和多点举行。与第一代、第二代远程教育相比,现代远程教育克服了教育信息单向传播的不足,具有较强的教学互动性。在学习过程中,学生不再是孤单的学习个体。教师通过计算机网络和卫星等设备向学生传送多媒体教学资料和信息。互动式的教学课件使学生完成习题后,可立即评判正确与否,给出成绩。遇到问题,学生可以通过电子邮件、BBS 等手段向教师请教,并及时得到反

① 应卫勇,钱自强.现代远程教育学习概论[M].上海：华东理工大学出版社,2008.

② 荣曼生,杨建良,等.现代教育技术基础[M/OL].长沙：湖南人民出版社,2009[2010-07-22].http://61.234.243.251/ec/c5/kc/kcjs/9z.htm.

③ 应卫勇,钱自强.现代远程教育学习概论[M].上海：华东理工大学出版社,2008.

馈。先进的在线答疑系统既可以实现师生实时互动，也可以开展学生之间的群体交流。师生交互活动的强化有助于激发学生的学习兴趣，大大提高教学效率。

(4) 教学资源的共享性。全球地域辽阔，受政治、经济和科学技术发展等因素影响，各国教育水平参差不齐，教育资源分布很不平衡。现代远程教育通过主要传播载体——互联网——将各国优质教学资源连接起来，使不同地区的学生都能听到一流教师的授课，看到一流实验室的实验操作，实现国家乃至全球范围内各名校名师优质资源的共享。

8.1.5　现代远程教育的基本模式

信息技术的每一次进步对远程教育的实践发展都会产生强烈的影响，都会促进教学方式的变革和新教育模式的形成。目前各级各类教育机构采用的远程教育模式归纳起来，有基于有线电视网、卫星通信和计算机网络的三种基本模式，它们各自具有不同的特点和优势，适合于不同的应用环境。

1. 基于有线电视网的现代远程教育模式

目前，电视机已经遍布广大的城市、乡村和偏远山区，而有线电视在城市已经普及，一些省、市、自治区的有线电视联网正在形成，为利用电视媒体进行远程教育提供了良好的氛围。

有线电视是一种使用同轴电缆作为介质直接传送电视、调频广播节目到用户电视的一种系统，它一般由前端(台内设备)、传输系统和用户网络三个部分组成。有线电视(CATV)网是指利用光缆或同轴电缆来传送广播电视信号或本地播放的电视信号的网络。它是高效廉价的综合网络，具有频带宽、容量大、多功能、成本低、抗干扰能力强、支持多种业务连接千家万户的优势。而它的缺点在于实现双向交互比较困难。利用有线电视的同步广播、视频点播、视频会议等教学形式进行远程教育已成为现实。

基于有线电视网的现代远程教育系统主要是把教学节目送入有线电视的前端系统，然后通过传输和分配网络送到千家万户，使更多的人能获得受教育的机会。有线电视系统的节目制作是通过前端系统中的调制器把用摄像机拍摄或录像机录制的电视节目调制到有线电视的某个频道上去，送到用户家中。利用有线电视系统还可以把其他设备接收到的教育信息直接送入有线电视系统。比如中国矿业大学远程教育系统开通后，北京校区教师的图像和声音通过 ISDN 线路传送到徐州校区后经过解码恢复为模拟的视频信号，这样教师在北京校区上课，学生却可以在徐州校区听课。与此同时，徐州校区方面接收的图像和声音信息还可以送到学校自己的有线电视台播出，这样就使更多人坐在家里就能听到北京校区优秀教师的授课。[①]

这种模式的应用规模庞大、覆盖面广，但是所有学习者所能接受到的内容相同，不能根据每个学习者的特殊需求提供特别的节目。因此人们对现有有线电视网的系统进行了改造，使系统成为一个宽带、交互式的网络，目的就是要将现有的网络由单向网络变为一个双向网络，以便充分利用它的带宽资源开展视频点播、电子商务、远程医疗、社区服务等。例如，视频点播 VOD(也称为交互电视)是一种双向选择式播放的电视节目，学习者通过多媒体计算机终端和 CATV 网络将要求播放的信息传送到电视播放中心，根据自己的时间安排，选择所需的电视节目，这样就

---

① 王继新，张屹. 远程教育原理与技术[M/OL]. 北京：北京大学出版社，2008[2010-07-22]. http://jpkc.hznu.cn/yuan/show.aspx? id=321&page=2.

体现了一定的交互性。

2. 基于卫星通信的现代远程教育模式

卫星通信是指利用人造地球卫星作为中继站来转发或反射无线电信号，在两个或多个地面站之间进行通信。卫星通信具有覆盖面广、传播范围大的优势，在开展远程教育方面有很大的应用空间。

基于卫星通信模式的现代远程教育系统是由卫星主站和分布在其他地方的卫星接收站（子站）、卫星转发器及卫星通信信道组成的。利用卫星开展教学活动，就是要在授课地点建立卫星通信系统的主站，在听课的地点（教学点）建立接收站，卫星主站向卫星转发器传送教育节目，卫星转发器将教育节目传送到各个卫星接收站，各卫星接收站利用电视机接收教育节目，从而实现远程教学。卫星传输具有单向性，因此在办学点一般都组织学生集中收看，并配备辅导答疑的教师，同步开展工作。

由于利用这种模式开展远程教育不仅所需费用高，而且无法实现双向交互，因此目前广泛应用的是“外交互式”宽带卫星互联网接入系统——DirecPC系统。所谓“外交互式”卫星通信，就是指将信息传输的上下行通道分离，下行利用宽带卫星信道，上行采用电话Modem、ISDN、DDN、ADSL等其他方式，充分利用互联网上信息传输的不对称性，实现整个通信过程。基于“外交互式”卫星通信模式开展远程教育具有良好的实时性、交互性，是一种集卫星宽带广播和地面回传无缝结合的经济型远程教育模式。

在教学过程中，教师在主播室的现场进行教学，教学过程经信息处理系统加工后，通过卫星实时地转发到各个校外教学点，这些信息也将会同时保存在主控室的服务器上，现场教学、转发、存储同步进行。在校外教学点，学生通过装有接收卡的多媒体计算机同步收看，教学点还能够及时将信息下载到本地服务器供学生课后浏览学习。如果是宽带接入，则可以传输多媒体音频和视频信息。如果是窄带接入，则可以传输音频和文本信息。利用卫星广播和外交互的方式实现在线的实时交互教学，操作简单灵活，学生自主性强，效率高，效果好。因此，目前许多网络教育学院和高校采用这一模式开展现代远程教育。

3. 基于计算机网络的现代远程教育模式

在我国，基于计算机网络的现代远程教育应用已成为现代信息技术应用发展的重要方面之一。计算机网络远程教育是指通过互联网或局域网（校园网）实现全球范围或区域范围的课程传送和教学，这种教学的显著特点是能够体现双向性、实时性和交互性。利用互联网不受时间和空间的限制，学习者可以很方便地共享全世界各地的教育信息和有关的学习资料，也可以将本地的教育信息和资料上传到网上，供其他人学习和讨论。互联网给学习者提供了主动参与操作的机会，提供了自主式、协同式和交互式的学习方式，使学习者能主动发现知识、探索知识，从而掌握知识。

基于计算机网络的现代远程教育系统是一个由硬件（接入设备、交换设备、服务器设备、课件制作与开发设备、双向交互式同步教学设备）、软件及教学资源组成的有机一体化系统。它利用互联网来传输文字、图形、图像、声音和视频等多媒体教学信息，可以达到双向、实时交互的传输目的。利用计算机网络进行学习，不仅学习者可以进行自主学习，而且教学形式形象生动，师生之间和学习者之间能方便地进行双向互访。这种开放式具有较好双向功能的现代远程教育系统能满足各类人员的学习需求。

8.2　农村中小学现代远程教育的三种模式

8.2.1　教学光盘播放点模式

装备设施：电视机、DVD 机和教学光盘。

配备对象：农村所有小学教学点。

主要功能：实现各类光盘教学资源(DVD、VCD、CD)的播放。

应用方式：以教师讲授为主，播放光盘为辅；以播放教学光盘为主，教师辅导为辅；帮助教师备课。

主要优势：设备操作简单、成本低、易维护、使用方便。

运行要求：不断补充、更新教学光盘；保证设备完好；稳定的供电。

教学光盘播放点的系统组成如图 8.2.1 所示。

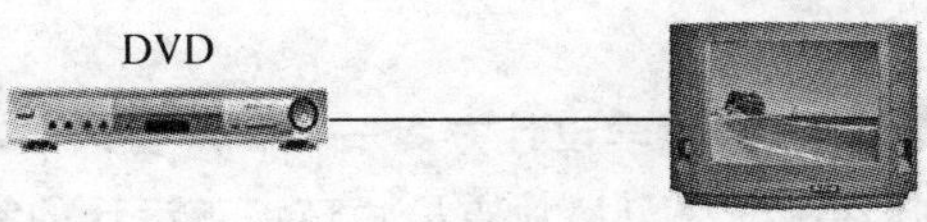

图 8.2.1　教学光盘播放点的系统组成图

教学光盘播放点模式主要针对边远地区的农村小学，由于农村教学点的学生不多，所配备的教师少，教师外出学习的机会也很少，因此国家根据这种情况，为教学点配备了 DVD 机、电视机和教学光盘，实现各类光盘教学资源(DVD、VCD、CD)的播放。该模式设备构成简单，操作方便，现在就让我们一起来熟悉设备和光盘教学资源，并弄清使用光盘教学资源给教学环节可能带来的变化。

1. 熟悉设备

设备主要有 DVD 播放机和电视机。DVD 播放机上带有一条音频、视频传输线。DVD 播放机的背后带有一组音频、视频输出端子，电视机的背后带有一组音频、视频输入端子。用音视频传输线将 DVD 播放机的音频、视频输出端子和电视机的音频、视频输入端子按照红、黄、白三种颜色对应连接起来，接通 DVD 播放机和电视机的电源后将教学光盘放入 DVD 播放机，将电视机设置为“AV”播放状态，按“播放”键，就可以看到播放出来的教学节目，播放的教学节目可以通过 DVD 播放机的“暂停”、“快进”、“快退”等几个功能键进行控制。

2. 熟悉资源

为农村中小学现代远程教育配备的教学光盘可以分为小班教学、教学情景素材、专题教育和教师培训等类型。其中最常用的是小班教学光盘，它是由教育专家和优秀教师针对农村学校师生的实际情况专门为农村教学点开发制作的教学光盘，覆盖各学科所有重要的教学内容，遵循学生的认知规律，包含了重要的教学环节，在体现新课程标准的同时，强调了基础知识的掌握和基本技能的训练。

3. 如何使用

使用小班教学光盘进行教学主要有两种教学方式：一是在师资力量不够的学校，教师通过播放教学光盘来帮助自己讲课，学生跟着教学光盘里的教学策略和教学进程来学习，教师在播放光盘前和播放过程中可以指导、点拨，播后可以再进行总结；二是在师资力量较好的学校，根据实际教学需要，教师和教学光盘交替授课，教师在恰当的时候要根据教学光盘创设的情景组织学生活动，其过程是如图 8.2.2 所示。

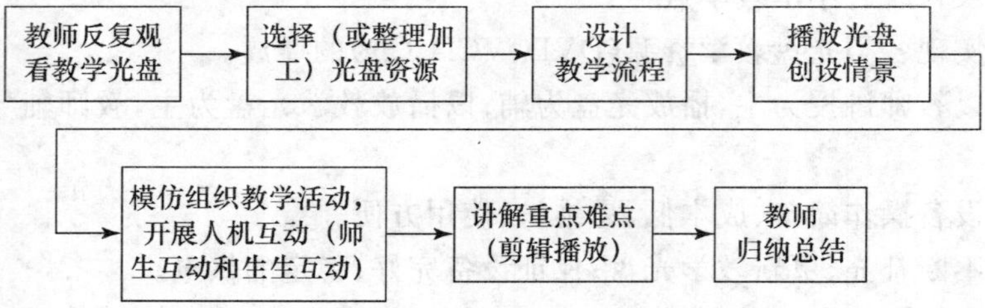

图 8.2.2　教师和教学光盘交替授课的教学过程图

案例 8.2.1　小学语文《草船借箭》教学设计方案——甘肃省天水市秦城区娘娘坝中心小学杨耀东教师在教学光盘播放点模式环境下设计的教学方案①

教学目标：熟读课文，初步理解课文内容；分析事情的前因后果，体会诸葛亮的神机妙算；能有感情地朗读课文。

教学流程

【步骤 1】创设情境。

利用 DVD 光盘播放《三国演义》电视剧的主题曲，利用这段大家非常熟悉的片断创设情境，从而激发学生的学习兴趣。

教师提问：这段歌曲是什么电视剧的主题曲？在这个故事中有许多光彩不灭的人物，大家都知道是谁？

教师紧接着引导：我们今天就来读其中一个深受人们喜欢的故事《草船借箭》。我们一起来看看，故事涉及哪些人？你对这些人如何进行评说？

【步骤 2】教师提出阅读要求，学生自读自悟。

利用光盘教学资源中特级教师的提问："认真读读课文，看看草船借箭这件事情的起因是什么，经过怎样？结果又如何？解释神机妙算的意思，想想诸葛亮的神机妙算表现在哪些方面？"向同学们提出阅读要求。

学生自由朗读，师生互动对事件的起因、经过、结果有初步的认识。

【步骤 3】小组合作学习，继续深入理解课文。

教师提出问题：你喜欢哪一段的内容，认真读一读。哪些问题你最感兴趣？小组进行交流学习。

【步骤 4】用 DVD 播放特级教师的讲课内容，听一听特级教师是如何讲解课文内容的。

【步骤 5】师生进行互动，进一步体会课文中对主要人物的描写。

教师提问：你对课文中的人物有什么看法？学生思考回答。

① 郭绍青. 三种模式应用的教学方法[M]. 北京：高等教育出版社，2008.

教师提问："诸葛亮的神机妙算表现在哪些方面？"

【步骤6】听一听DVD中的特级教师是如何讲解这个问题的？播放DVD中的相关讲解片断。

【步骤7】分角色朗读课文。

【步骤8】小结。这节课我们在特级教师的帮助下，通过相互的合作，共同的交流，了解了草船借箭的故事，领略了诸葛亮的神机妙算。同学们对《三国演义》中的其他故事和人物感兴趣的话，有机会可以观看《三国演义》的电视剧，也可以看小说，了解更多精彩的故事。

8.2.2　卫星教学收视点模式

装备设施：在教学光盘播放点模式的基础上增加了室外卫星接收设备(天线、高频头等)，卫星电视收视设备(卫星电视接收机、电视机等)，卫星数据接收设备(卫星数据接收卡、调制解调器、光盘刻录机、计算机等)，互联网接入设备，打印机，UPS电源等设备。

配备对象：镇中心小学和具备基本供电和通信条件的农村小学。

应用方式：收看空中课堂节目，进行同步教学；计算机辅助教学、教师备课和教师培训等；还能实现教学光盘播放点模式的所有应用。

主要功能：具备教学光盘播放点模式的全部功能，可实现卫星电视、IP数据广播和语音广播等教学资源的接收、播放、存储和回放，支持拨号上网等互联网接入方式和文件打印等功能。

主要优势：提供基本的数字化环境，教育教学资源获取量大、传输速度快、更新及时、存储方便、覆盖面广、成本低。

运行要求：通过卫星传送能够满足教学需要的、不断更新的资源，并及时使学校了解资源传送信息；学校要有一名经过培训的教师，及时下载、分析和整理资源，方便师生使用，并具有基本的设备维护能力；具备基本的供电和通信条件。

卫星教学收视点的系统组成如图8.2.3所示。

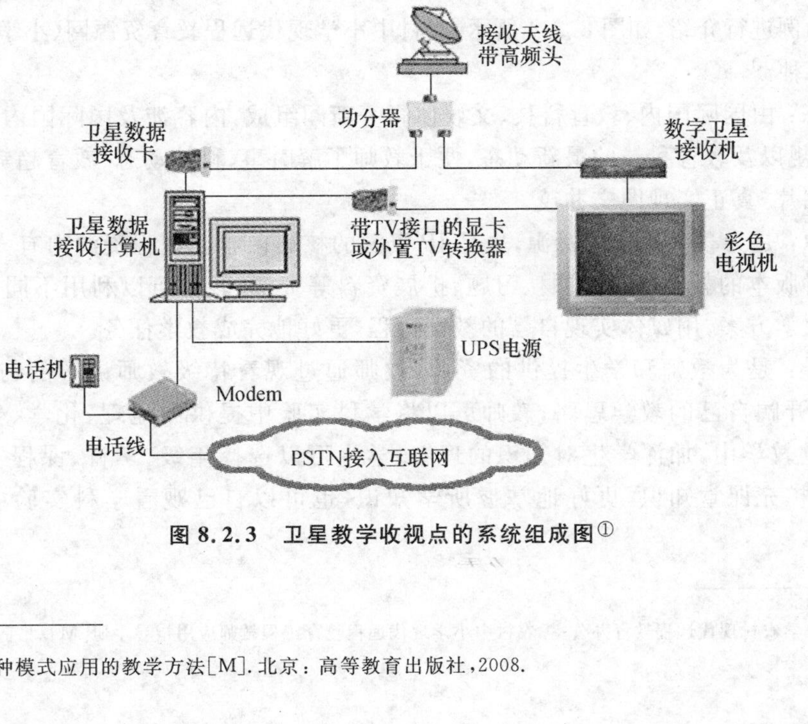

图8.2.3　卫星教学收视点的系统组成图①

① 郭绍青.三种模式应用的教学方法[M].北京：高等教育出版社，2008.

卫星教学收视点模式利用卫星建造了农村学校通向外面世界的通道，使学校能够接收到更多的优质资源。现在就让我们一起来认识和逐步熟悉这些设备和资源，并学会如何有效的利用这些资源。

1. 熟悉设备

如图 8.2.3 所示，卫星教学收视点模式是在教学光盘播放点模式环境的基础上增加了一套卫星接收系统（接收天线、高频头、功分器、数字卫星接收机、转换器、电话机等）和计算机，通过连接中国教育卫星宽带传输网，电视和计算机都可以接收和播放卫星远程教育资源，计算机还可以接收和播放来自互联网上的教育资源，从而实现了互联网和卫星网的结合。

2. 熟悉资源

卫星教学收视点模式不仅可以实现教学光盘播放点模式的所有应用，还可以接收广播电视类节目和卫星数字资源（IP 资源），还可以通过拨号登录互联网，接收到更多的优质资源。

目前中小学所能接收到的广播电视类节目主要来自中国教育电视台。中国教育电视台（CETV）是中国最具发展潜力的远程教育平台。它拥有 5 个电视频道：CETV-1 为服务人力资源能力建设的教育综合频道；CETV-2 为继续教育频道，主要播出中央广播电视大学现代远程教育课程；CETV-3 为面向北京的少儿和社区频道；CETV-4 为空中课堂频道，主要为农村中小学和教师培训及农村农民教育提供服务；CETV-早期教育专业频道，主要为 0 至 8 岁幼儿健康成长提供专业资讯服务。其中与中小学密切相关的资源是 CETV-2 传送的“国家级课改实验区课堂实录”、“课程标准解析”、“新课程优秀课例”、“学科教学研究”等节目，以及空中课堂提供的“同步课堂”、“教师培训”等节目。

卫星 IP 资源是国家根据农村中小学的需要，经过中央电化教育馆的整合，通过卫星 IP 频道发送给项目学校的。农村中小学现代远程教育工程卫星发送的 IP 资源——农村中小学现代远程教育资源网，它是专门为农村中小学现代远程教育工程的项目学校制作的，分为小学版和初中版，本书以小学版为例进行介绍，如图 8.2.4 所示，农村中小学现代远程教育资源网（小学版）开辟的主要栏目有以下几种。①

时事动态：由国际国内、教育科技、文娱体育等新闻组成，内容涉及国际国内最新时政要闻、评论、法律法规以及教育科技的最新动态，便于教师了解时事、科技动态、教育趋势等信息。每类新闻都包含图片，真正实现图文并茂。

课程资源：是为教师提供的资源，也是 IP 资源的核心内容。课程资源内有大量的各年级各学科不同教材版本的教案、媒体素材、习题、扩展资料等资源，教师可以利用不同学科、章节内容构建自己的教学方案，用媒体实现自己的教学过程，更好地完成教学任务。

学习指导：是为教师和学生提供的资源，教师通过观看特级教师讲解的与课堂教学同步的视频课程，开阔自己的教学思路；教师可以将学科实验中提供的地理、化学、生物、物理实验视频用于课堂教学中，加深学生对知识的理解；学生可以选择年级、学科、课程进行自主学习、预习、巩固和扩充课堂知识，更好地掌握所学知识，也可以自己观看学科实验中的视频，作为课后复习。

---

① 全国中小学农村现代远程教育办公室. 农村中小学现代远程教育工程教师应用指导手册[M]. 北京：人民教育出版社，2005.

图 8.2.4　农村中小学现代远程教育资源(小学版)主页

学习指导中的内容以人教课标版实验教材为主，人教义务教育教材和北师大课标实验教材为辅。人教课标版实验教材课程，根据学生不同需求设有“课程辅导”和“课后提高”两个栏目。“课程辅导”是由著名特级教师讲解的与课堂教学同步的视频课程，内容覆盖了小学语文、数学1～3年级、小学英语3～4年级；中学语文、英语7～9年级的内容。“课后提高”是由动画制作、用游戏的形式将重难点解析、知识检测、思维训练、知识拓展等内容有机整合，用寓教于乐的形式巩固课堂所学知识，并在课堂知识基础上进行知识补充、能力提高，内容覆盖小学语文、数学1～3年级、英语3～5年级的内容，适合学生作复习或课后知识巩固补充使用。如小学语文包括“看一看”5个栏目；“读一读”是课文的普通话示范朗读，用于纠正学生的普通话发音；“学一学”是本讲内容的重点知识讲解，包括生字辨析和课文理解，便于学生进行知识巩固；“写一写”是本讲涉及课文的全部生字的学习栏目，学生单击生字的笔画、部首、拼音、组词等进行相关学习；“练一练”是本讲内容的习题检测，通过与电脑交互的动画趣味游戏，既检测了学生的知识掌握程度又加强了学生的学习兴趣；“看一看”是知识拓展，用于丰富学生的课外知识。这些内容不仅可以让学生自学，也可以用于课堂学习。

专题教育：包括日常行为规范、安全教育、禁毒教育、少先队活动等栏目的视频资料，具有较强的思想性和可视性。教师可以选择其中的内容进行思想政治教育、少先队教育和素质教育；学生也可以选择其中的内容进行自我综合素质的培养。

教师发展：是为教师提供的资源，包括专题报告、培训教程、教学案例、教研论文、经验交流三个栏目。教师可以通过观看专题报告和培训教程中的视频课件，提高教育技能和计算机操作、应用能力，通过观看教学案例中的优秀教师的示范课提高课堂教学能力。

少年文化：是文化部信息共享工程提供的少年版内容，包括文史大观、人物星空、科普之窗、军事迷彩、网上读书、趣味游戏、影视欣赏等栏目，内有丰富的课外知识等内容。

为了让所有的学生看最好的电影，影视欣赏栏目每周播出1部影片。学校可以每周播放一次优秀电影，并组织学生讨论，形成班级板报等，进行爱国主义教育、道德情操教育。“文史大观”

中的成语故事栏目，汇集了 300 多个成语故事的视频资源和文字介绍，富有知识性、趣味性和想象力，奇特动人的情节、活泼有趣的动画形象以及优美的中国民间乐曲，多角度、全方位地真实感受到中华成语故事的巨大魅力。故事内容详尽、生动，哲理性、教育性极强，教师可以下载应用到思想品德和语文教学中，学生也可以通过这个栏目的内容，增强自己的知识和文化素养。“网上读书”包含文学类、农业科技类和人物传记等多类共计 120 本电子书籍。教师可以选择其中内容作为备课资料、课后阅读材料提高课堂教学效果，学生也可以通过阅读该栏目提供的书籍提高文学修养、扩充知识含量。

为农服务：是为农民朋友提供的资源，由动物养殖、植物种植和致富指南三个栏目组成。内容涉及动物、植物品种介绍，动物、植物实用技术，市场行情，生产资料，农业法律等。

使用指南：为了广大用户能够很好地使用资源，在使用指南中对整个资源网进行全面介绍，并将用户分为教师、学生和其他人员三种角色。通过全程动画演示介绍了三种不同角色应如何使用资源，为使用者提供方便。其中，“帮助”中包括“软件需求”和“常见问题”两部分，“软件需求”中提供了针对不同操作系统的配套软件，单击不同软件名称就可以将该软件下载到本机中安装使用。“常见问题”针对一些常见使用问题进行了详细解答。

网站导航：将整个 IP 资源网的结构用图形的方式展示出来，便于用户了解整个网站。单击目录树中的相应栏目可直接进入该内容。

3. 如何使用

教师在上课前要认真备课，根据备课时选择的媒体设计教学程序，创设情景，帮助学生理解教学中的重点、难点，组织学生积极开展相应的学习活动。

案例 8.2.2 利用 IP 资源(农村中小学现代远程教育资源网)进行备课

——以人教版小学语文二年级《蜜蜂引路》为例

【步骤 1】查找资源。进入“农村中小学现代远程教育资源(小学版)”主页(http://lyedu.lyyj.gov.cn/xx08x/homepage/xia/)，点击“课程资源”栏目，进入“课程资源”的页面，点击“语文”下拉菜单，如图 8.2.5 所示。在“语文”下拉菜单中选择“人教课标版二年级”中的第七单元第二十六课《蜜蜂引路》，点击第 26 课《蜜蜂引路》，进入《蜜蜂引路》课程资源页面，如图 8.2.6 所示。

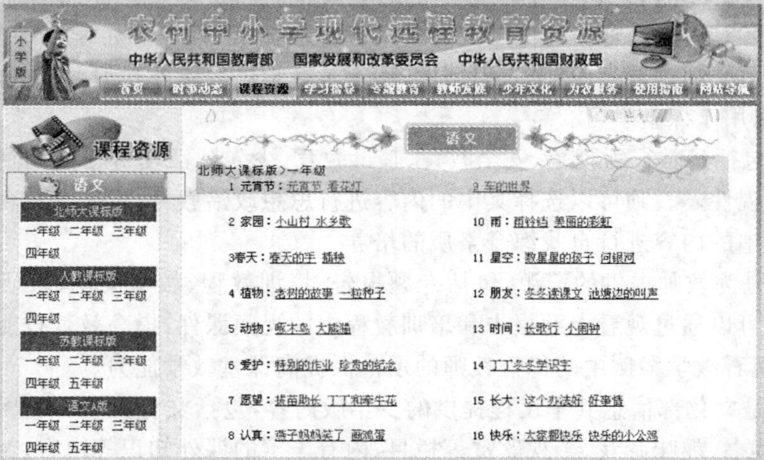

图 8.2.5 农村中小学现代远程教育资源(小学版)“语文课程资源”页面

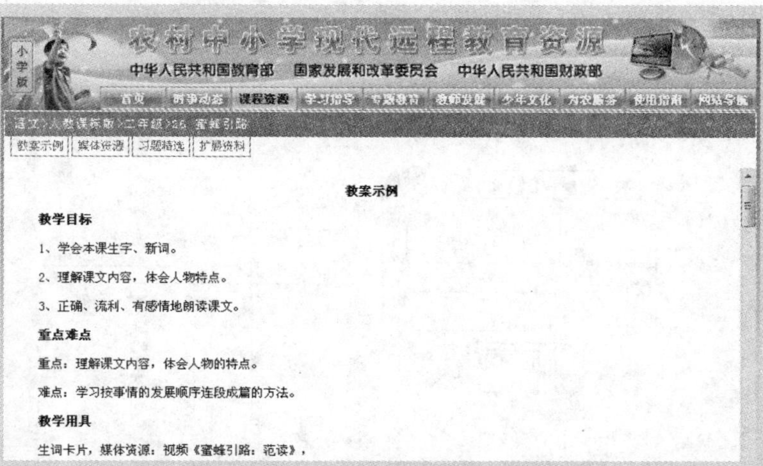

图 8.2.6 《蜜蜂引路》课程资源页面

【步骤 2】阅读资源。该“课程资源”中有“教案示例”、“媒体资源”、“习题精选”和“扩展资料”四个栏目。“教案示例”详细阐述了教学目标、重点难点、教学用具、课时安排和教学过程；“媒体资源”中包括由北京华夏博新教育软件有限公司提供的关于《蜜蜂引路》的动画、教学演示课件和视频，由北京国之源软件技术有限公司提供的《蜜蜂引路》教学演示课件，由沈阳教育资源开发有限公司提供的《蜜蜂引路》视频，由人民教育音像出版社提供的《蜜蜂引路》视频等；“习题精选”中提供了图文结合的练习题；“扩展资料”里提供了《聪明的小皇帝》、《惊弓之鸟》、《纽扣》、《蜜蜂和蝴蝶》和《石榴》等五篇文章。

【步骤 3】整理和下载资料。首先仔细阅读“课程资源”中的“教案示例”，选择“习题精选”中可用的习题和“扩展资料”中可用的课外资料，从而整合为自己的教案。其次，观看“媒体资源”中提供的课件、动画、PPT 文件，考虑是否能够直接使用，如果可以，下载并保存到自己的文件夹中，以便上课时使用；如果提供的课件不能满足用户的需要，则应将下载的 PPT 课件进行修改后再使用。

8.2.3 计算机教室模式

装备设施：在教学光盘播放点模式和卫星教学收视点模式的基础上增加了多媒体教室（投影仪、中控系统、DVD 播放机、电视机等），计算机网络教室（服务器、交换机、教师机和学生机等）和网络打印机等。

主要功能：不仅具备教学光盘播放点模式和卫星教学收视点模式的全部功能，还可通过大屏幕投影或多台电视机播放；扩大远程教育节目收视与使用的规模；实现网络教学，满足多个学生同时学习和个性化学习的需求。

配备对象：具备基本供电和通信条件的农村乡镇初中。

应用方式：开设信息技术必修课；开展网络环境下的学科课程教学、师资培训、个别化学习和合作学习；利用网络环境备课，开展信息技术与课程整合和网络环境下的研究性学习；开展教研活动和教师培训。

主要优势：提供网络环境，资源丰富，交互性强；提供师生学习计算机和网络技术的条件；提供个别化学习、合作学习的条件。

运行要求：具有一名以上有一定网络运行和维护能力的技术骨干；教师能够基本掌握系统运行要求；具有一定的资源和工具软件；具有稳定的供电条件和一定的通信条件。

计算机教室模式的系统组成如图 8.2.7 所示。

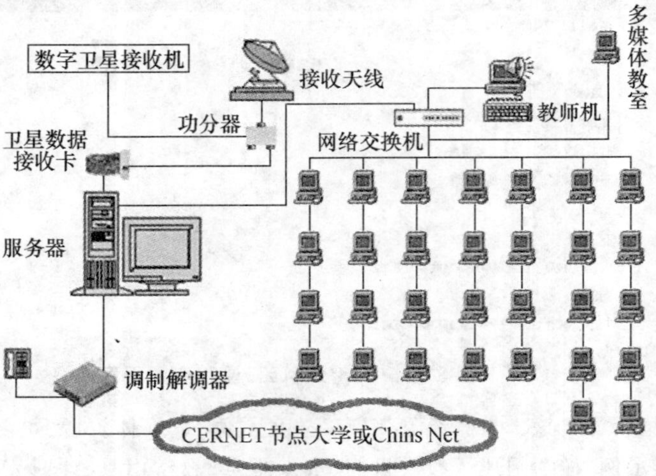

图 8.2.7　计算机教室模式的系统组成图①

计算机教室模式的设备组成相对复杂和多样，所能使用的资源也已扩展到网络教育资源。现在就让我们一起来熟悉设备（学会计算机教室和多媒体教室的使用），熟悉各类资源的具体内容，以及学会如何运用多种资源促进学生有效学习。

1. 熟悉设备

如图 8.2.7 所示，计算机教室模式是在教学光盘播放点模式和卫星教学收视点模式基础上添加了计算机教室和多媒体教室。计算机网络教室设备是由服务器、教师机、学生机、交换机和卫星接收单元卡等构成。网络交换机把每台学生机、教师机和服务器连接在一起。服务器（存储容量较大的计算机）把接收的 IP 资源、项目配发的教学资源库和教师们自己形成的个性化的资源都分类存储起来，以备调用。在计算机网络教室上课，重点是要掌握计算机教室的控制软件的功能——电子教学系统。电子教学系统具有的以下功能。②

广播教学：将教师机的屏幕和语音等多媒体信息实时广播给学生。

电子教鞭：教师可对任何应用软件进行注释和讲解。

电子白板：教师可实现在普通黑板上的全部功能。

语音教学：可将教师机的语音实时广播给全体、群组或单个学生。

屏幕监视：教师可实时监视每个学生的电脑屏幕，观察学生的学习情况。

遥控辅导：教师可远程接管选定的学生机，控制学生机的键盘和鼠标，进行“手把手”式的交互式辅导教学。

教学示范：教师选定一个学生机作为示范，将其屏幕及声音转播给其他学生。

---

① 郭绍青. 三种模式应用的教学方法[M]. 北京：高等教育出版社，2008.

② 全国中小学农村现代远程教育办公室. 农村中小学现代远程教育工程教师应用指导手册[M]. 北京：人民教育出版社，2005.

分组讨论：对教室内的学生进行任意分组，每个小组的学生自由进行交流。

电子抢答：教师在电子抢答组中提出抢答题目，组织学生进行抢答。

电子举手：学生使用电子举手功能可随时呼叫教师。

远程命令：允许教师远程运行、关闭学生计算机上的应用软件。

本地命令：允许教师远程运行、关闭教师计算机上的应用软件。

文件传送：教师可以将本机的应用软件、文本文件、图片等数据传送给指定的一个、一组或全体学生。

远程控制：教师可以对选定的学生机进行远程复位、远程关机，可以对学生机的鼠标键盘进行锁定和解锁。

电子黑屏：教师可以对任意学生或全体学生进行黑屏肃静，锁定屏幕和键盘。

远程管理：教师在本机可以统一设定学生机桌面布置、屏幕尺寸、声卡音量等各项设置。

多媒体教室设备是由DVD播放机、电视机、数字卫星接收机、计算机、控制台（AV和VGA矩阵）、投影机以及相应的计算机软件等构成。在多媒体教室中，中央控制台可以控制所有信号，如电源控制（包括投影机、功放、幕布、DVD播放机、计算机、视音频切换矩阵等设备）、视频切换、音频切换、音量控制、幕布收放控制等。在多媒体教室可以用电视机或投影机收看中国教育电视台的空中课堂节目；可以通过DVD机、电视机、投影机播放教学光盘节目；可以利用IP卫星教育资源进行教学；可以利用本地资源库进行教学。

2. 熟悉资源

计算机教室模式为农村初中提供了最丰富的资源：教学光盘、IP资源和教学资源库。

随着网络教育的发展，网络教学资源越来越丰富，教学资源的有效管理成为开展现代远程教育的关键之一。学校在资源库的平台基础上，不断根据IP资源和教师在教育教学中形成的资源情况，进行整理加工和积累，形成教学资源库，并不断进行更新和补充，以满足学校教师们不断增长的资源需求。教学资源库的资源形式包含图片、动画、声音、视频、课件、文本等多种媒体形式，主要以视频和动画类素材为主。如中央电化教育馆教学资源库，它是由百余名具有丰富教学经验的专家与一线教师在认真研究教改精神和新时期教师的学习、教学需求，总结相关资源产品特点的基础上，依据现行人教版和多种课标版教材开发的一套教学资源服务系统。该系统将优质的教育教学资源、便捷的应用工具和智能的资源管理平台相结合，全面支持课程改革进程中的备课与教学活动。该资源库的资源内容涵盖从小学到高中（十二个年级）十五个学科的多种媒体素材，以视频、动画等多媒体素材资源为主，并为所含资源提供了全新的教学设计方案、案例和课件，满足各教学环节的资源需求。

3. 如何使用

由于初中学生已经具备了初步的学习能力，学校也具备了较好的信息技术资源和设备条件，因此，在教学中可以更好地以多种方式促进学生的学习。国外的研究表明，信息技术对初中学生学习的促进大于小学生，它能够帮助学生理解抽象的概念，提高他们的学习兴趣、更好地满足学生的个别需求。老师应该在掌握基本的教学设计和教育资源的情况下，运用多种形式促进学生有效学习。

为了让学生能够在良好的信息技术环境下学习，必须做好设备和资源的准备，备好课，上好课，其过程如图8.2.8所示。

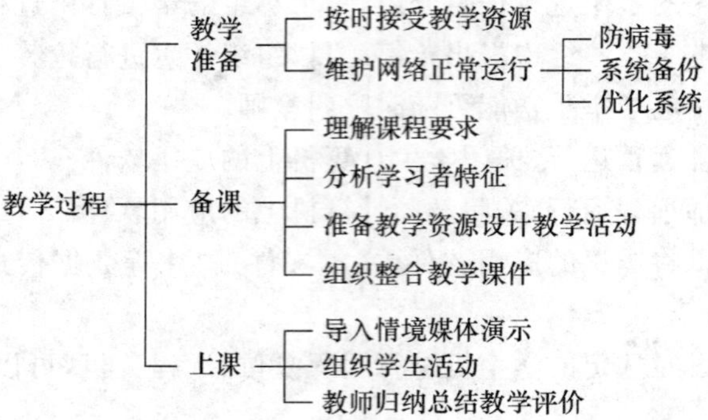

图 8.2.8　计算机教室模式教学过程图

案例 8.2.3　初一生物《尿的形成和排出》的教学设计方案——甘肃省天水市麦积区中滩中学曹亚军教师在计算机教室模式环境下设计的教学方案①

学习目标：

(1) 了解泌尿系统的结构。

(2) 理解尿的形成过程。

(3) 初步学会利用计算机技术进行自主探究学习。

(4) 培养学生热爱生物学科，热爱生命的情感。

教学重点：肾脏的滤过作用和重吸收作用。解决措施是用动画和相关视频多层次、多方位、多角度展现其形态结构及工作原理和过程。

教学难点：肾脏的滤过作用、重吸收作用的推测和理解。解决措施是制作这两个作用过程的Flash动画，把微观过程宏观化，以便于学生观察和理解。

学生特征分析：大多数同学能独立操作计算机，个别学生能够熟练地操作，对生物学科有较高的学习兴趣，态度端正，善于合作。

教学思路：在网络计算机教室教学，每人一台计算机，学生利用计算机网络资源进行自主学习和协作学习，教师进行组织和指导。

媒体资料来源：中学生资源网、中学科学网、西部远教网、京文探知学堂和中滩中学课件制作中心等，并将相关图片、视频下载收集，编辑一个模拟网站。网站导航目录：首页/章节/图片展馆/动画演示/相关视频/课件展示/网络资源/趣味测试/其他资源。

教学过程：采取教为主导、学为主体的双主模式。教师出示任务，提供资源，辅导答疑。如教师预先将教学内容与任务制作成PPT文稿，通过大屏幕逐一显示讨论主题，并针对每个问题，向学生提供相关的资源，包括网站、视频、动画和图片等；学生利用资源，自主探究，总结报告。如根据个人所查找的资料，利用丰富的静止图片、相关视频和动画进行自主学习。事先可把相邻的学生分组(每组约6人)，然后在组内讨论每个学习主题，并向全班报告结果，最后由教师评价各组汇报情况，总结本节学习重点内容。

① 冯玲玉.农村现代远程教育计算机模式教学案例分析[J].天水师范学院学报，2009(4)：116.

趣味测试：教师利用具有自动计分和自动显示答案功能的软件将已经编制好的形成性练习题制作成 Flash 动画，学生可通过鼠标操作选择正确答案。

8.3　现代远程教育的学习模式

现代远程教育教学模式和学习模式分别对应于参与远程教育教学活动两个不同主体的教学活动体系结构。这两种模式分别具有各自的特点，但它们又是相互联系、相互作用、密不可分的整体。教学模式和学习模式的理论基础都是建立在远程教育理念和教育信息传播理论基础之上的，即参加远程教育学习的学生必须具备"自主化学习"的求学心态，从事远程教育的教师必须树立以"导"为主的教学思想，以此形成与之相适应的全新的教学活动结构与教学方略、学习活动结构与学习方略。现代远程教育的学习模式主要有远程课件授导模式、远程教师实时授导模式、基于资源的自主学习模式、基于网络平台的协作学习模式和教学模拟与虚拟实验教学模式等五种。[①]

8.3.1　远程课件授导模式

远程课件授导模式是一种以计算机网络为平台，学生通过"教师"专门设计的网络课件进行学习的一种远距离教学形式。教学过程由"计算机显示与提问→学习者应答→计算机判断应答并反馈"三部分组成。远程课件授导模式通过网上视频点播系统（VOD）、网上教学课件点播系统、E-mail、BBS及在线论坛等方式传播教学内容，远距离的师生可通过互联网进行双向的实时或非实时的文字、图形、语言层面的交流，这种交流突破了时空的限制，使得互动式的及时教学成为可能，为现代远程教育提供了巨大的发展空间。在远程课件授导教学模式下，教师作为信息的提供者，在计算机的技术平台下把学习内容以声、像、图、文，甚至动画、视频的形式提供给学生，引导学生学习，学生可以根据自己的基础和学习进度，更加灵活地进行学习。

案例 8.3.1　浏览"华中师范大学'分析化学'精品课程"网站

图 8.3.1 是由华中师范大学化学学院分析化学课程组宋丹丹等教授开发设计的"'分析化学'精品课程"首页（http：//202.114.34.167/fxhxnew/），学习者可以通过点击相应的电子教案、教学课件、教学视频、习题试卷、教学互动等内容来进行自主学习，同时也可以通过 E-mail 或在线论坛等方式询问教师或和网络上其他学习者进行讨论交流。这种远程教学方式就是一种远程课件授导模式。

① 王继新，张屹. 远程教育原理与技术[M/OL]. 北京：北京大学出版社，2008[2010-10-15]. http://jpkc.hznu.cn/yuan/show.aspx? id=321&page=2.

图 8.3.1　华中师范大学“分析化学”精品课程首页

8.3.2　远程教师实时授导模式

远程教师实时授导模式是指教师通过有线电视、卫星电视、会议电视、计算机网络电视等视、音频设备与通信网络对分布在不同地点的学生在同一时间进行教学授课或辅导，学生通过计算机网络或会议电视等相应设备与教师建立实时（或非实时）的反馈联系。其教学过程是由“教师在多媒体教室讲授→网络、卫星等实时传播→学生集中或个别学习→学生通过相应通信方式提问、咨询”等四个方面组成。教师的授课现场通过视频摄录工具进行摄录、编码和压缩，再通过卫星计算机网络，实时地传输到远程的学习者终端。[①]

远程教师实时授导模式，实际上是远程的教学手段与传统的教学模式结合的形式，典型的如利用双向卫星电视或者利用视频会议系统实现教师为非本地的学生授课，必要时可以进行双向交流。在整个教学过程中，学生被动地接收教师的教学内容，整个教学仍然以教师为主体，这种模式从意义上可理解为传统教学模式在空间上的延伸。它的优势是能实现实时的信息传播与反馈，使在不同地点的学生可以听到同一优秀专家、教师的讲座和授课。由于这种模式是以先进的技术为前提的，成本较高，因此经济落后的地区不宜采用。

案例 8.3.2　在网上浏览“中国教育电视台节目预告”，自制课程播出表

中国教育电视台节目预告是由电视猫网站（http://www.tvmao.com）提供的。进入中国教育电视台节目预告页面（http://tvmao.com/pg.jsp? p=CETV），分别浏览中国教育电视台一套、二套、三套和四套的节目播出时间，按照自己的需求自制课程播出表，并在固定的时间内听优秀专家、

① 王继新，张屹. 远程教育原理与技术[M/OL]. 北京：北京大学出版社，2008[2010-10-15]. http://jpkc.hznu.cn/yuan/show.aspx? id=321&page=2.

教师的讲座。此处以制作中国教育电视台一套3月14日—3月17日课程播出表为例，如表8.3.1所示。

表8.3.1　中国教育电视台一套3月14日—3月17日课程播出表

时间	3月14日	3月15日	3月16日	3月17日	3月18日	3月17日
	星期一	星期二	星期三	星期四	星期五	星期六
5:50～6:40	国画山水2	油画风景与静物4	国画山水2	小写意花鸟14	求学人生304	中国文化孔子与《论语》(下)
7:10～8:00	钢琴29	中国文化孔子与《论语》(下)	声乐29	求学人生303	基本乐理2	专题讲座：零售终端超级卖手实训5

8.3.3　基于资源的自主学习模式

基于资源的自主学习模式主要是指学习者利用网上信息资源进行自主学习的过程。学生借助远程教育提供的非常丰富的学习资源和良好的学习环境，运用各种信息搜索工具，获得相关的信息，然后进行筛选、分析、加工、综合，得出自己的结论。通过基于网络资源的学习，学习者不但能解决学习、生活、工作中所面临的问题，掌握相关的学科知识，而且还能提升自身的信息素养，培养自身独立学习、解决问题和终身学习的能力。

国外教育专家总结了基于资源的自主学习模式，将它概括为七个步骤，并用每个步骤的英文首字母拼成为“SUCCEED”(意为“成功”)，即，S：选择和确定主题和信息需求；U：去发现潜在的学习资源，学会如何得到它们；C：搜集、检查和选择合适的资源；C：从选定的资源中找出相关信息并加以整理；E：对信息进行评价、解释、分析和综合；E：以恰当的形式来呈现信息；D：确定整个过程的效果如何。

基于资源的自主学习模式没有教师的直接连续指导，学习者要自主规划并进行有目的的系统学习。学习者可以根据实际需要选择学习内容，制订学习计划，决定学习方式和自我进行效果评价。学习者可以通过校园网、数字化图书馆、中国知网、网络课程、网络课件、Ftp下载、在线答疑等多种形式方便快捷地获取自己所需要的知识，从而灵活地进行自主学习(详见第5章)。

8.3.4　基于网络平台的协作学习模式

协作学习是一种为了促进学习、同某些学习者合作完成某个给定学习目标的教学方法。在协作学习过程中，个人学习的成功与他人的成功密不可分，学习者之间发挥各自的认知特点，通过相互帮助、相互提示、相互争论或进行分工合作来共享信息和资源，共同完成学习。基于网络平台的协作学习模式是指利用互联网建立各种交互、讨论、协商、辩论环境，实现多个学习者通过网络共同讨论合作处理某一个问题，使学习者在这一环境中相互强化，共同提高。这种模式可以利用现有的QQ、MSN、视频会议系统、Blog、E-mail、BBS和News-group等网络协作工具来实现师生之间、学生和学生之间的相互讨论。

在远程教育条件下，师生分离、学习伙伴分离给学生带来了很大的不适应，利用互联网加强学习者之间的合作学习可以在很大程度上降低远程教育的负面影响，这种教学模式便于培养学习者的协作精神，便于调动他们学习的主观能动性，是一种应用较广的现代远程学习模式。目前，各级电大都拥有自己的教学平台，教师可以引导学习者利用教学平台进行协作学习，如针对某一个问题学习者可以进行实时或非实时的讨论。

案例 8.3.3　了解基于 Blog 网络环境下的协作学习

Blog 作为一个学习和交流的平台能够将学习者组织起来，为共同的学习目标进行交流和协商。通过 Blog 进行协作学习的学习者必须能独立操作计算机，并具备一定的网络知识。

此处以广东省深圳博伦职业技术学校陈惠琼教师利用 Blog 进行协作学习设计的“问题讨论”活动和“作品设计”活动为例。①

【步骤 1】“问题讨论”活动。“问题讨论”活动是教师或学习者在 Blog 上提出与当前学习内容相关的问题，协作小组的同学围绕该问题搜集资料，并在此 Blog 上以发言、回复、争辩的形式参与讨论，每个学习者的发言或评论都即时地被所有参与讨论的同学浏览。整个讨论的过程由教师监控，防止讨论偏离当前的学习问题。“问题讨论”活动大致分为协作小组建立、问题提出、协作学习、得出结论、评价五个阶段。陈惠琼教师在 VB 课程循环结构的学习中，就采用了这种活动形式，她在 Blog 上提出了三个问题：第一，循环结构有多少种形式？各种形式有什么区别？第二，求 1＋2＋3＋4＋…＋N？第三，求 1＋2＋3＋4＋…＋N 大于 500 时 N 的最小值？在活动过程中，以平常的学习小组分组，让学习者在 Blog 上建立本小组的回答帖，其他成员根据问题搜集资料，通过回复的形式对问题进行讨论，与小组其他成员共享自己的想法，最终得出结论。最后，由小组长发布本组的讨论结果，其他小组成员通过浏览各小组长发布的讨论结果进行评价。在活动中，教师既是问题的提出者，也是讨论的参与者，在整个讨论学习过程中，教师以引导者的身份参与到其中，引导学习者积极主动地建构知识。

【步骤 2】“作品设计”活动。“作品设计”活动一般是由教师根据课程教学的目标，给定作品的设计任务和要求，学习者利用网络搜集相关资料，利用信息技术工具制作作品。在信息技术课程的学习告一段落时，多采用“作品设计”活动。一般由教师根据课程阶段学习的目标，给出设计目标。各小组从 Blog 上了解设计目标，进行分工合作。通过网络搜集资料，在 Blog 上通过发言、回复、讨论等形式对作品的设计提出建议，并设计制作。最后将作品在 Blog 上发布，各小组进行评价讨论。“作品设计”活动大致分为协作小组的建立、给出设计任务、分工合作完成设计任务、作品展示、评价五个阶段。陈惠琼教师在计算机基础课程的教学中，在学习了 Word 知识后，在教学用的 Blog 上布置了这样一个设计任务：第一，完成个人名片的设计。第二，完成电子贺卡的设计。第三，完成杂志封面的设计。第四，完成班报的设计。要求各位同学根据自己的喜好分组，每个小组选择其中一个任务。分组后，要求各小组长在 Blog 上发言，其他成员以回复的形式参与作品的讨论和资源共享，以合作的形式完成作品的最终设计。最后，各小组长将本组完成的作品以图片的形式上传到 Blog，各小组就作品进行评价。在活动中，教师给出作品设计任务，并对作品完成的进程加以控制，对作品的设计给出自己的意见。并在同学们的设计过程中，给予指导和帮助。最后，参与到作品评价过程中，对各小组的作品给予评价。

---

① 陈惠琼. 中职学校在 Blog 支持下的协作学习浅议[J]. 中等职业教育，2010(9)：18-19.

8.3.5　教学模拟与虚拟实验教学模式

教学模拟与虚拟实验教学模式是凭借虚拟现实技术来实现的，即利用计算机硬件、软件和传感器来生成实时的、三维的、高度逼真的模拟现实世界视觉、听觉和触觉行为的交互式人机界面，形成“虚拟环境”，学习者能在虚拟环境中产生身临其境的真实感。它分为教学模拟和虚拟实验两种应用场合，教学模拟用于课程教学，虚拟实验用于实验教学。

其教学过程包括“计算机模拟或虚拟真实世界环境——学生观摩、参与、体验——反馈”三个方面。在教学中，教学模拟可用于演示事物的变化过程，这些变化在现实世界中可能由于时空限制难以观察。例如在地理课和历史课中可远程参观虚拟的博物馆等；在生物课中可远程模拟遗传过程和生态系统等；在物理课程中可远程模拟电子运动等；还可用于训练学生操作非常昂贵或有危险性设备的技能，如训练飞机驾驶员的飞行模拟器，这样既可降低培训费用，还可避免驾驶真飞机存在的危险。

虚拟实验就是通过远程通信工具和相应的虚拟实验仪器，使实验者通过远程操作来得到实验结果。实验者可以进入虚拟实验室操作虚拟仪器，就如同在真实实验室里近距离操作仪器，进行实验。例如青蛙解剖试验就可以通过解剖虚拟青蛙来实现，如图 8.3.2 所示。解剖虚拟青蛙是一个真正意义上的实体仿真，在青蛙解剖的过程中，实验者只需点击鼠标，就可“拿起手术刀”剖开青蛙的皮肤看到其内部器官（消化道、神经和血管等）。解剖虚拟青蛙不仅可以维护生态系统和保护青蛙，还能使学习者在了解实验过程时不受地点的局限。

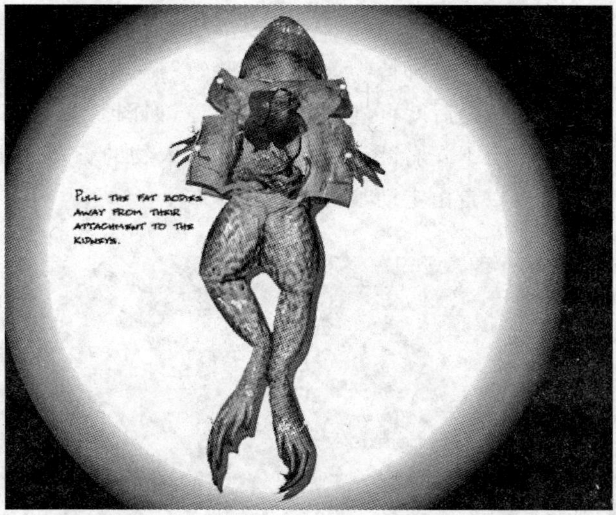

图 8.3.2　虚拟青蛙解剖图

教学模拟与虚拟实验教学模式是解决远程教育中演示或操作性实验教学问题的一种很好的教学模式，但由于技术环境和经济环境的制约，在现代远程教育的教学中难以大规模的开展。

案例 8.3.4　网上参观虚拟首都博物馆

图 8.3.3 是“首都博物馆网站”的首页（http：//www.capitalmuseum.org.cn/），首都博物馆网站建立了网上虚拟博物馆，能够使参观者在虚拟的环境中愉快地获取知识。

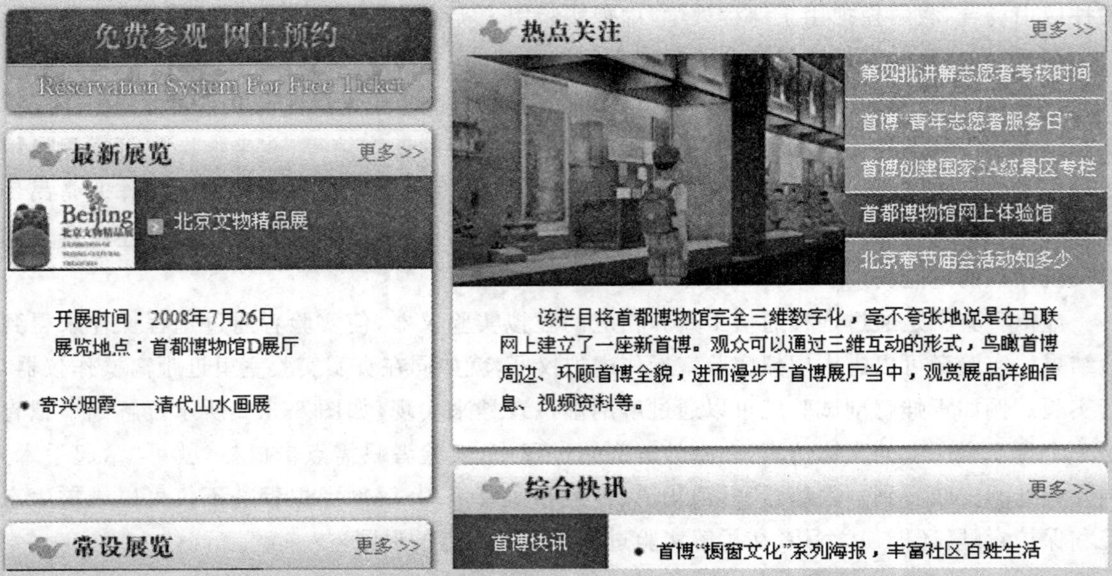

图 8.3.3　首都博物馆首页

通过首都博物馆网站可以进入“首都博物馆网上体验馆”，在参观之前需任意选择一个虚拟人物角色，如图 8.3.4 所示。选择角色后就可进入博物馆大厅，如图 8.3.5 所示。在博物馆大厅里，通过鼠标左键单击页面下方的“上下左右”图标，来控制虚拟人物的行动。此时学习者就如同虚拟人物一样站在博物馆大厅里，可以自由走动参观。

图 8.3.4　“选择角色”页面

图 8.3.5　首都博物馆大厅

现代远程教育是随着现代信息技术的发展而产生的一种新型教育方式，是构筑知识经济时代人们终身学习体系的主要手段。这种个性化教学方式为学习者提供了更多自主学习的机会，有利于培养学生独立与自治的能力，真正达到因材施教的目的。在信息技术的支持下，现代远程教育不仅适用于远程高等教育，而且还能应用于基础教育、大学后继续教育、非学历教育、农村党员干部教育、扶贫项目等多层次、多种形式的教育中，通过网络教育可以降低成本，及时全面地向广大城市、农村、边远地区普及新技术、新知识。但是，目前我国在发展现代远程教育的过程中还存在着很多问题，因此我们必须熟悉各种新技术、高科技，进一步更新教育观念、教育方式，使现代远程教育充分发挥其优点，为我国教育的发展贡献力量。

学习建议

1. 思考现代远程教育同前两代远程教育的区别，与其他同学交流你的观点。

2. 浏览“农村中小学现代远程教育资源”，对时事动态、课程资源、学习指导、专题教育、教师发展、少年文化、为农服务七个栏目详细浏览，熟悉每个栏目的具体内容，并分组讨论不同栏目可以应用在哪些教学活动中？哪些栏目的资源与自己有密切关系，你打算如何使用这些资源。

3. 走进多媒体教室，看看多媒体教室的设备构成，学会使用中央控制台。

4. 选择一门便于获得的网络课程进行剖析，对其所用的教学模式、学习资源等方面做一分析。

5. 选择自己感兴趣的一个问题，借助远程教育提供的非常丰富的学习资源和良好的学习环境，运用各种信息搜索工具，获得相关的信息，然后进行筛选、分析、加工、综合，得出自己的结论。

教学建议

本章内容可以根据教学时间、教学需要选学，建议学生以自主学习为主，教师进行适当辅导。

推荐阅读

1. 中国现代远程教育网. http://www.chinamde.com/.
2. 中国远程教育网. http://www.cnycedu.com/.
3. 101 远程教育网. http://www.chinaedu.com/.
4. 中央广播电视大学. http://www.crtvu.edu.cn/.
5. 西部教育网. http://www.ww51.com/.
6. 农村中小学现代远程教育资源(中学版). http://lyedu.lyyj.gov.cn/cz08x/homepage/xia/.

第9章　教学设计的理论与方法

学习目标

1. 理解教学设计的定义。
2. 了解教学设计的基本特征。
3. 了解教学设计过程的分类。
4. 理解以教为主的教学过程设计模式。
5. 掌握以教为主的教学过程设计的基本步骤并能够利用以教为主的教学过程设计模板设计课堂教学的教学课例。
6. 理解以学为主的教学过程设计模式。
7. 掌握以学为主的教学过程设计的基本步骤。
8. 能够运用以学为主的教学过程设计模板设计教学课例。

知识结构

- 教学设计的理论与方法
  - 教学设计概述
    - 教学设计的概念
    - 教学过程设计的分类
  - 以教为主的教学过程设计
    - 以教为主的教学过程设计模式及基本步骤
    - 以教为主的教学过程设计模板
    - 以教为主的教学过程设计案例
  - 以学为主的教学过程设计
    - 以学为主的教学过程设计模式及基本步骤
    - 以学为主的教学过程设计模板

9.1　教学设计概述

教学是人类的一项有明确目的的活动。它的目的是使学生在教师的指导下，积极、主动地掌握系统的科学文化基础知识和基本技能，发展能力，并形成一定的思想品德。任何教学活动，事先都是经过认真考虑的。每一位教师都要依据一定的教育思想和自己对教育、教学过程的理解，以各种方式、方法对教与学的双边活动进行安排和考虑。实际上，这种对教学活动进行的规划和安排，就是教学设计。

9.1.1 教学设计的概念

1. 教学设计的定义

教学设计是依据对学习需求的分析，提出解决问题的最佳方案，使教学效果达到优化的系统决策过程。

它以学习理论、教学理论和传播理论为基础，应用系统科学理论的观点和方法，调查、分析教学中的问题和需求，确定目标，建立解决问题的步骤，选择相应的教学活动和教学资源，评价其结果，从而优化教学效果。

教学设计的理论基础是学习理论、教学理论和传播理论；教学设计的方法论基础是系统科学方法；教学设计的依据是对学习需求(包括教学系统内部和外部的需求)的分析；教学设计的任务是提出解决问题的最佳设计方案；教学设计的目的是优化教学效果。

2. 教学设计的基本特征

(1) 教学设计是以解决教学问题为目的。教学设计是探索解决教学问题的有效方案，是实现效果好、效率高和富有吸引力的教学，能最终促进学习者的学习和个性发展。

(2) 教学设计强调运用系统方法。教学设计活动是应用系统研究方法，探索教学系统中各个要素之间及要素与整体之间的本质联系，在设计中综合考虑和协调它们的关系，促使各要素有机结合起来完成教学系统功能。

(3) 教学设计以学与教的理论为基础。由于学与教的理论是对教学现实的假设性说明，因此教学设计的产物是一种规划、一种教学系统实施的预期方案，是否合理还需通过教学实践来检验，并根据检验结果来对方案进行修改。

(4) 教学设计重视学习背景和学习者分析。教学设计是一种产生学习经验和学习环境，提高学习者获得特定知识、技能的过程。而学习者的学习总是在一定的背景下发生的，通过学习背景分析，能够为后续教学设计的决策提供依据和指导；进行学习者分析，能使设计的方案更符合学习者的需要。

(5) 教学设计的具体产品具有不同的形式。根据教学问题的大小和简繁，相应的教学设计的具体产品是具有不同层次的综合体。它可以是一所学校、一个新的专业、一个培训系统或一个学习系统的建立等，它属于系统层次的教学设计，这一层次的教学设计涉及内容面广，设计难度较大，而且一旦完成就要投入范围很大的场合去使用和推广，因此这一层次设计需要由教学设计人员、学科专家、教师、行政管理人员等共同来完成。它也可以是对一门课程或一个知识单元，甚至一节课或某几个知识点的教学全过程进行的教学设计，它属于教学过程层次的教学设计，这一层次的教学设计一般由教师或教研组完成。它还可以是网络课程、多媒体课件及其他教学媒体、材料等，它属于产品层次的教学设计，这一层次的设计如幻灯片、投影片、录音教材和小型课件等，一般由任课教师自己设计、制作；比较复杂的教学产品如录像教材、大型多媒体课件、网络课程开发，以及教学环境的设计和开发，则需要组织专门开发小组来完成。

(6) 教学设计注重效果评价。教学设计是以解决教学问题为目的的策略设计，它不同于一般的教学计划，具有创造性的特征，需要建立学习评价体系，以获得反馈信息，不断调整和完善解决问题的方案。

9.1.2　教学过程设计的分类

对于一般教师，接触最多的是学科教学实践。因此，在这一章中主要讨论教学过程设计层次的内容。

教学过程是由教与学双方的共同活动所组成的，二者缺一不可。“教”与“学”两个要素相互作用的结构和形式的不同，构成了不同的教学模式。有的教学模式适合于课堂教学，学习者在教师的直接组织下进行学习；有的教学模式适合于学习者个别化学习或小组协作（合作）学习，即进行自主学习，教师只起到指导和帮助的作用。

不同的教学模式对应着不同的教学过程。为了讨论方便，我们把教学过程设计也分为以教为主的教学过程设计和以学为主的教学过程设计两大类。

(1) 以教为主的教学过程设计。以教为主的教学过程设计的重点是围绕教学目标，研究如何在发挥教师主导作用的同时，更好地体现学生的主体作用，使得课堂教学更生动、更活泼，不断提高教学效果和教学效率。

(2) 以学为主的教学过程设计。以学为主的教学过程设计的重点是研究如何促进学习者对知识的理解和解决问题能力的提高。通常采用任务驱动方式，通过创设学习情境、提供学习资源和选择适当的学习策略，充分调动学习者的主动性、创造性，从而达到问题的解决。

9.2　以教为主的教学过程设计

9.2.1　以教为主的教学过程设计模式及基本步骤

以教为主的教学过程设计强调教师的主导作用，以“教学”为设计的焦点。设计中教师根据教学目标的要求，分析教学内容与学习者的特征，合理选择教与学的模式和策略，从而设计出不同风格的课堂教学过程结构方案和实施方案，并根据评价信息进行修改以形成优化的教学方案。

以教为主的教学过程设计理论和方法经过众多专家几十年的深入研究与发展，已形成一套比较完整、严密的理论体系，而且可操作性强。以教为主的教学过程设计模式的基本组成如图9.2.1所示。[①]

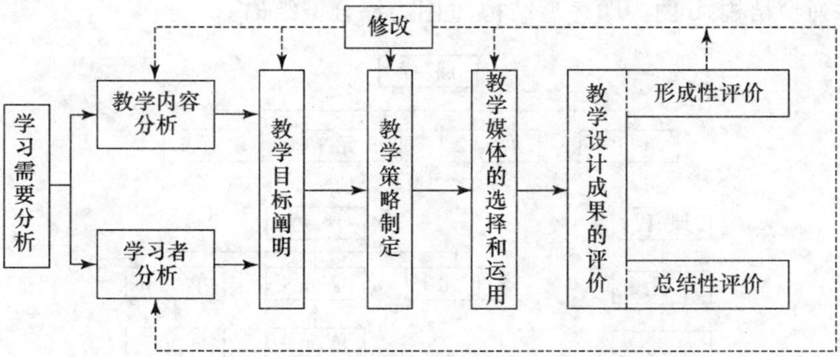

图9.2.1　以教为主的教学过程设计模式

① 胡小强. 现代教育技术[M]. 北京：北京大学出版社，2007.

1. 学习需要分析

学习需要在教学设计中指学生目前的状况与所达到的理想状况之间的差距，也就是学生目前水平与期望学生达到的水平之间的差距。教学设计是问题解决的过程，学习需要分析就是问题解决的第一步，即确定教学问题，确立教学总目标（明确教学任务）。首先，通过调查研究，分析"差距"，即教学中需要解决的问题是什么；其次，分析产生教学问题的原因，确定解决该问题的合适途径；第三，分析现有资源和制约因素，论证解决该问题的可能性；最后，分析问题的重要性，决定解决问题的先后顺序。可以说，学习需要分析的实质就是分析教学设计的必要性和可行性，解决"为什么教"的问题，为后续工作提供方向和依据，避免盲目教学。由于课堂教学的连续性和教学目标的既定性，一般来说教师不需要进行正规的学习需要分析。

2. 教学内容分析

教学内容是为实现教学目标，要求学习者系统学习的知识、技能、思想和行为的总和。

分析教学内容须以课程标准为依据。经过选择教学内容，分析单元之间的关系，安排单元顺序，确定单元目标，对教学内容进行分类，分析教学内容等步骤，最后得出教学内容的知识和能力结构框架，作为对教学对象进行测试和编写教学目标的依据。

教学内容分析的目的就是要分析清楚课程下面单元之间的关系，单元下面节之间的关系，以及节下面知识点之间的关系。

(1) 教学内容的选择与安排。

① 选择内容、划分单元。通常一门课程分成若干个单元，每个单元可能由几章或几课组成，有时一章就是一个单元，单元下面设章、节（课），在节（课）下面，一般分设知识点。知识点在很多情形下需要在认真分析、研究教学内容的基础上加以确定。

② 安排单元顺序。教学内容各个部分之间，存在着一定的逻辑关系。只有正确揭示这种关系，才能有利于学习的顺利进行。一般情况下，教学内容各部分之间的顺序有并列型、顺序型和综合型三种形式。并列型结构：各组成部分相对独立，顺序上可以互换位置，先学习哪一部分或后学习哪一部分都可以；顺序型结构：各部分教学内容之间的顺序是固定的，前一部分的学习将构成后一部分的基础；综合型结构：兼有并列型和顺序型特点。教学内容的逻辑结构如图 9.2.2 所示，a 图为并列型结构，b 图为顺序型结构，c 图为综合型结构。

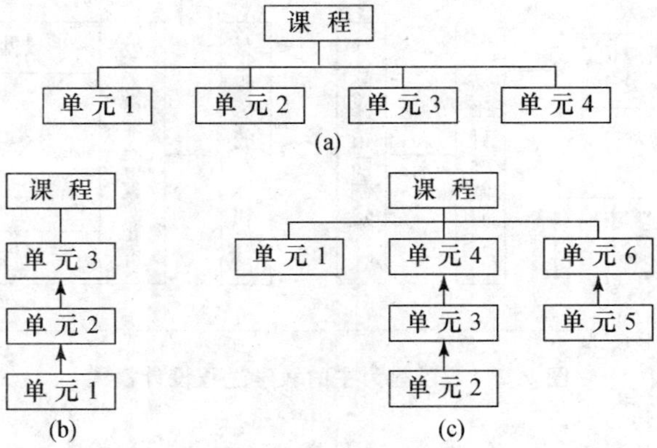

图 9.2.2 教学内容的逻辑结构

③ 确定单元教学目标。单元教学目标表示学习者学完本单元以后能够达到的状态，具体的编写方法参见本节后面教学目标阐明部分的相关内容。

（2）教学内容的分类。教学内容通常分为认知学习、动作技能学习和情感学习三大类。

认知学习是对知识、智力技能和解决问题能力的学习，其特点是知识的获得和应用。按照加涅对学习结果的分类可将认知学习的结果细分为以下三类：言语信息是指学习者通过学习以后，能记忆事物的名称、符号、地点、时间、定义，以及对事物的描述等具体事实，能够在需要的时候将这些事实表述出来；智力技能是指运用符号办事的能力，在知识方面智力技能回答“为什么”和“怎么办”的问题，而能力要求是培养学生理解和运用概念与规则的能力，以及进行逻辑推理的能力；认知策略是个体对认知过程进行调节与控制的能力，即学习者调节自己的注意、学习记忆和思维等内部心理过程的技能。

动作技能是一种习得的能力，学习的结果表现为身体的迅速、精确、流畅和协调的动作。一项动作技能可分解为若干项从属的基本动作技能。动作技能学习内容的分析，不仅要剖析实现教学目标所需掌握的各项基本技能，揭示它们之间的联系，还要列出学习这些技能所需掌握的相应知识。

情感是学习者对于事物的看法和采取的行为。情感类教学内容可分为态度类和品德类两种。态度是通过学习形成的影响个体行为选择的内部状态。态度中包含了认知成分、情感成分和行为成分。

综上所述，所有教学内容都可以按照言语信息、智力技能、认知策略、动作技能和情感等分类，然后根据各种学习类型的特点创设学习的必要条件。

（3）教学内容分析方法。教学内容分析有时也称为教学任务分析，它的目的是揭示教学目标规定的、且需要学生形成的能力或倾向的构成成分及其层次关系，并据此确定促使这些能力或倾向习得的有效教学条件。

常用的教学内容的分析方法有以下几种：

① 信息加工分析法。信息加工分析法又称为程序分析法，它是对学生学习后的终点行为——教学目标进行分析，以揭示顺利完成该目标所具有的外显行为和内部心理状态的过程。这种方法的特点是能够清楚地揭示达到终点目标所需的心理操作过程或步骤。图9.2.3显示了求算术平均数的解题过程，该过程即反映了这种信息加工过程。从图中可以看到，用信息加工分析法能够清晰地说明当学习者掌握了教学目标规定的技能以后，将能够做什么。

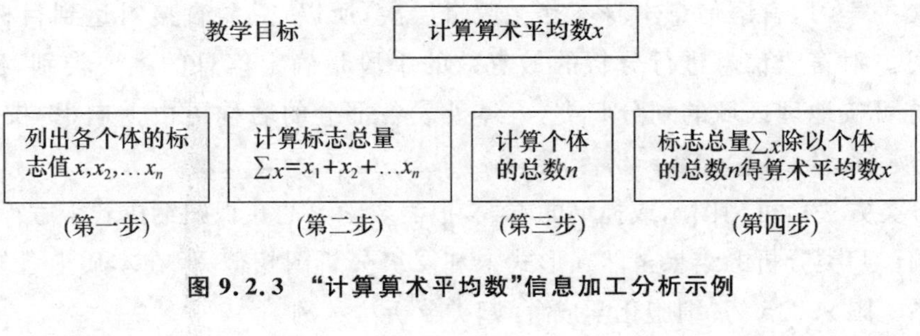

图9.2.3　“计算算术平均数”信息加工分析示例

在许多教学内容中，完成任务的操作步骤并不是按线性的程序进行的，当某一步骤结束后，需要根据出现的结果判断下一步怎么做。在这种情况下，就要用流程图表现该操作过程。流程图除能直观地表现出整个操作过程及步骤外，还可以表现出其中一系列决策点及可供选择的不同行动路线。

② 层级分析法。层级分析法是利用教学目标的层次关系，对教学内容进行分析的一种方法。它揭示了为达到教学目标，必须学习哪些知识和技能，一级一级向下分析，直至分析到最基础的教学内容为止。

图 9.2.4 显示了“整数减法”教学内容分析的层级分析法分析的结果。从图中可以看到，教学目标规定的能力(11)的学习以(7)、(8)、(9)和(10)四项从属技能的学习为先决条件，该层级分析一直继续到最后一级子目标(简单减法)为止。

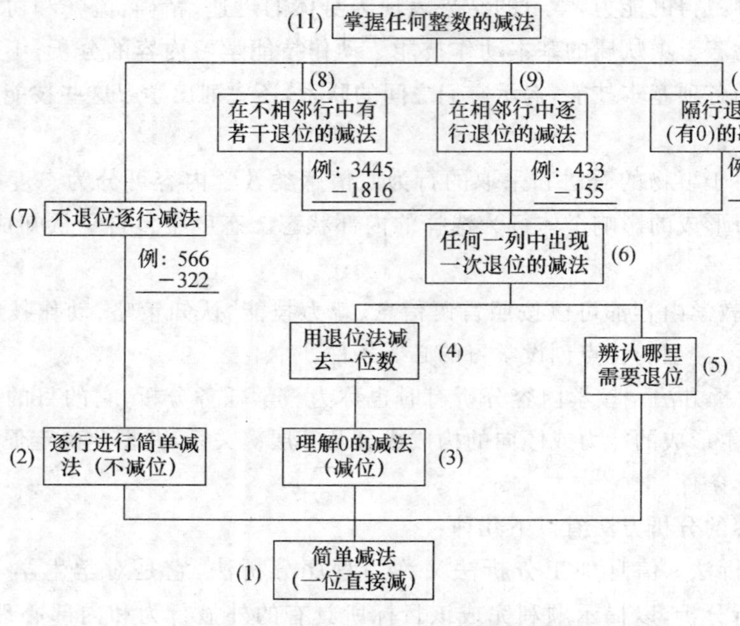

图 9.2.4 “整数减法”教学内容分析的层级分析示例

③ 归类分析法。归类分析法主要用于对各种信息的分类，确定分类的标准后，把实现教学目标需要学习的知识归纳成若干方面，从而确定教学内容的范围。归类分析法主要用于分析言语信息类的学习，言语信息本身不存在逻辑层次，所以，只需直接对达到目标所需的信息进行分类即可。对言语信息进行分析的最有效的手段是确定信息的主要类别，例如：一个国家的省市名称可按地理区域的划分归类，人体外表各部分的名称可由上向下，按头、颈、躯干、上肢、下肢分类等。

确定了分类方法后可用图示或提纲的方式，把需要学习的知识归纳成若干方面，从而确定教学内容的范围。归类分析的结果虽然在形式上和层级分析图相似，但在本质上各知识点之间不存在层级关系。图 9.2.5 为“细胞化学成分”归类分析法示例。

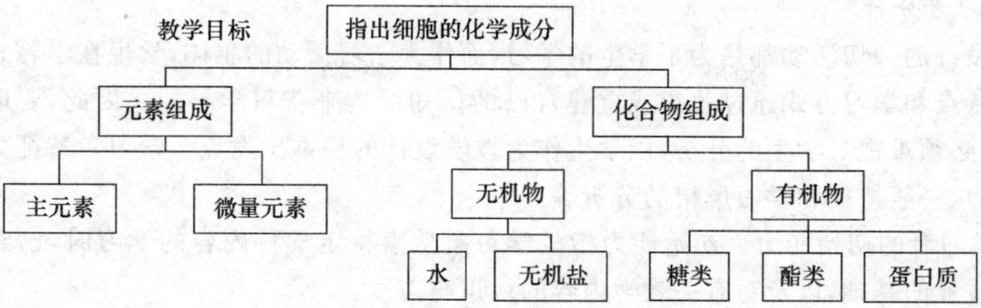

图 9.2.5　“细胞化学成分”归类分析法示例

④ 图解分析法。图解分析法是利用直观的图表形式来揭示教学内容之间相互联系的一种分析方法，用于对认知类教学内容的分析。图解分析的结果是一种简明扼要、提纲挈领地从内容和逻辑上高度概括教学内容的一套图表或符号。例如在历史教学中，可以用几条带箭头的线段及简洁的数字、符号来剖析一次著名战役的全过程，其起因、时间、地点、参战各方人数、结果等都被反映在图解中。图 9.2.6 是“DNA 是主要的遗传物质”图解分析法示例。

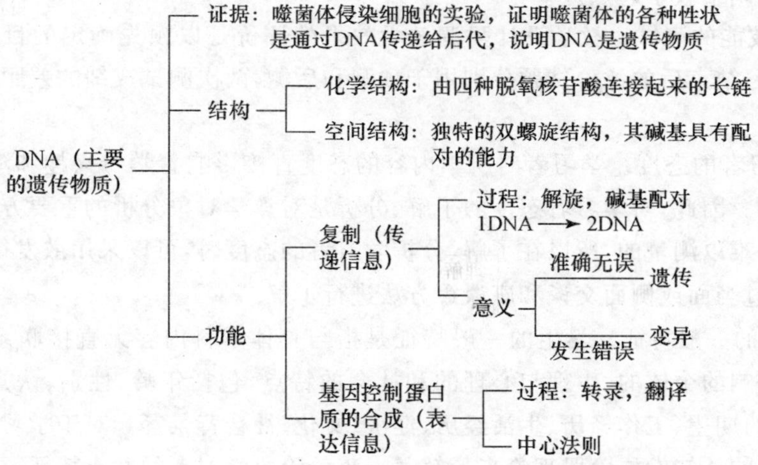

图 9.2.6　“DNA 是主要的遗传物质”图解分析示例

综上所述，可以把教学内容常用的分析方法综合如下。

教学内容
- 认知学习
  - 言语信息——归类分析法、图解分析法
  - 智力技能——层级分析法、信息加工分析法、图解分析法
  - 认知策略——层级分析法
- 动作技能学习——层级分析法、信息加工（程序）分析法
- 情感学习——层级分析法、信息加工（程序）分析法

在具体分析教学内容时，可以根据教学内容的特点，综合应用多种教学内容分析方法。应用教学内容分析方法的目的就是为了分析清楚一节课中所包含的知识点以及知识点之间的关系，形成本节课的知识点结构框架。

3. 学习者分析

教学设计的一切活动都是为了学生的学习，而作为学习活动的主体，学生在学习过程中又是以自己的特点和学习方式通过改组或重建自己的认知结构来获得学习的。因此，要取得成功的教学设计，必须重视对学生的分析，以学生作为教学设计的根本出发点。学习者特征分析主要包括初始能力、一般特征和学习风格的分析等。

(1) 学习者的初始能力。初始能力指教学对象从事特定学科内容的学习时，已经具备的有关知识和技能的基础，以及对有关教学内容的认识与态度。

对于学习者初始能力的分析，主要从预备技能、目标技能和学习态度等三个方面进行。

① 对预备技能的测试。为了了解学习者的现状，可利用教学内容分析的最终结果——知识和能力结构图设定教学起点线。进行预备技能测试时，可根据设定的教学起点线下各层次的目标编制测试题，同时，对线上的目标也编制少量的试题。测试结束后分析测试结果，如果学习者已经掌握了线下的知识和技能，对线上的目标要求没有掌握或掌握得很少，则设定的教学起点是合适的。

若学习者能够把依据起点线上的目标所编制的试题都做出来，或线下的目标不能达到，则需考虑向上或向下调整教学起点。

② 对目标技能的测试。教学设计强调教学效果的评价是以预先确定的目标为依据的。因此，如果能把学习结束后的评价试题分别用于预测和后测，两次测试成绩的差距则反映了真实的教学效果。

③ 了解学习者的态度。学习者对所学内容的态度直接影响着学习兴趣和动机，因而也决定着教学效果如何。因此，对学习者态度的了解、分析是对教学对象分析的重要方面。

因为态度是难以测量的，所以在了解、分析学习者的态度时，可以采用散发征答表、调查表的形式，也可以通过当面或侧面交谈和座谈等方法进行了解。

(2) 学习者的一般特征。学生的一般特征是指与具体学科内容无直接联系，但对学生学习有关内容产生影响的个体的、生理与心理的和社会的特点，包括年龄、性别、认知成熟度、学习动机、个人对学习的期望、工作经历、生活经历、经济、文化、社会背景等。对于学习者一般特征的分析可参照皮亚杰的认知发展阶段理论来了解某一年龄阶段学习者的共有特征。

对于学习者特征用文字简要地描述出学习者的一般特征和初始能力，重点是学习者初始能力的描述。

(3) 学习者的学习风格。

① 学习风格的定义。在我国，比较公认的是谭顶良先生对学习风格所下的定义(1995 年)：学习风格是学习者持续一贯的带有个性特征的学习方式，是学习策略和学习倾向的总和。学习策略是指学习者为完成学习任务或实现学习目标而采取的一系列步骤。学习倾向是每一个体在学习过程中会表现出的不同偏好，包括学习情绪、态度、动机、坚持性以及对学习环境、学习内容等方面的偏爱。有些学习策略和学习倾向可随学习环境、学习内容的变化而变化，而有些则表现出持续一惯性。那些持续一贯地表现出来的学习策略和学习倾向，就构成了学习者通常所采用的学习方式，即学习风格。

② 学习风格的类型。目前，作为研究结论并影响教学设计的学习风格主要有以下几类：

第一,场依存型和场独立型。场依存型的学习者在认知活动中,不那么主动地对外来信息进行加工,倾向于以外在参照作为信息加工依据,通常很难从包含刺激的背景中将刺激分辨出来,这种学习者喜欢有人际交流的集体学习环境,对社会学科材料的学习与记忆效果较好,较依赖于学习材料的预先组织,需要明确的指导和讲授,喜欢结构严密的教学。场独立性的学习者在认知活动中倾向于更多利用内在参照作为信息加工的依据,通常总要把要加工的刺激同背景区分开来;他们的知觉比较稳定,不易随背景的变化而改变;他们比较自主,当情境需要或需要来自内部时,能对所提供的信息进行改组;这种学习者善于学习理工学科的内容,往往能明确提出自己的学习目标,能较深入地进行分析,愿意个人独立钻研,对所提供的学习材料能重新组织,较适应结构松散的教学方法。

第二,沉思型和冲动型。沉思型的学习者碰到问题时倾向于深思熟虑,用充足的时间考虑、审视问题,权衡各种问题解决的方法,然后从中选择一个满足多种条件的最佳方案,因而错误较少。而冲动型的学习者倾向于很快地检验假设,根据问题的部分信息或尚未对问题做透彻的分析就仓促作出决定,反应速度较快,但容易发生错误。

第三,格雷戈克的学习风格分类。格雷戈克将学习者的学习风格分为具体—序列、具体—随机、抽象—序列和抽象—随机四种类型,其特点分别是:

具体—序列型风格的学习者喜欢通过直接的动手经验学习,希望教学组织得逻辑有序。采用学习手册、程序教学、演示和有指导的实验练习,对他们的学习效果最佳。

具体—随机型风格的学习者能通过试误法,从探索经验中迅速得出结论。他们喜欢教学游戏、模拟,愿意独立承担设计项目。

抽象—序列型风格的学习者善于理解以逻辑序列呈示的词语的和符号的信息,因而喜欢阅读和听课的教学方法。

抽象—随机型风格的学习者特别善于从演讲中抓住要点、理解意思。此外,他们还能对演讲者的声调和演讲风格作出反应。对这类学习者来说,参加小组讨论、听穿插问答的讲授、看电影和电视的学习效果较好。

4. 教学目标的阐明

教学目标是指学生通过学习后,能够达到的最终结果(包括外显的行为和内部心理的变化),也就是指学生通过学习后可见行为的具体、明确的表述。

(1) 教学目标的分类。根据教学内容的不同类型,完整的教学目标也应分为三大类:认知类教学目标、动作技能类教学目标和情感类教学目标。

① 认知类教学目标。我国使用的认知类教学目标体系分为五级。第一级,记忆:能够记住学过的材料。第二级,理解:能够解释学习材料,能够将学习材料从一种形式转换成另一种形式,并能对学习材料作简单的判断。第三级,简单应用:能把学过的材料应用于新的具体情境中去并解决一些简单的问题。第四级,综合应用:能对问题的各组成部分进行辨认,进行部分之间的关系分析,并能识别和综合运用组成这些部分的原理、法则解决问题。第五级,创见:能突破常规的思维格式,提出独到的见解或解题方法;能按自己的观点对学习材料进行整理分类;能自己设计方案,解决实际问题。[①]

---

① 南国农.信息化教育概论[M].北京:高等教育出版社,2004.

布鲁姆认知类教学目标分类体系分为六级。第一级，知道（知识）：指对先前学习过知识材料的回忆，包括具体事实、方法、过程、理论的回忆。知道是认知目标中最低层次的能力，它所要求的心理过程主要是记忆。第二级，领会（理解）：领会是指理解和把握知识材料意义的能力。想测量是否对知识材料产生了领会，可以借助转换、解释、推断三种形式。转换就是用自己的话或用与原先的表达方式不同的方式来表达所学的内容；解释就是对一项信息（如图表、数据等）加以说明或概括；推断就是预测发展的趋势。第三级，运用：这是指将所学到的规则、方法、步骤、原理、原则和概念等运用到新情境的能力，运用的能力要以知道和领会为基础。第四级，分析：分析是指把复杂的知识分解为若干组成部分并理解各部分之间的联系的能力。它包括对各个部分的鉴别，分析部分之间的关系和认识其中的组织结构。第五级，综合：综合是指将所学到的片断概念或知识、原理、原则与事实等整合成新的知识整体的能力。第六级，评价：这是认知目标中最高层次的能力，它要求超越原先的学习内容，并需要依据某项标准做出价值判断。①

国内和国外（布鲁姆）认知类教学目标分类体系的对应关系如表 9.2.1 所示。

表 9.2.1　国内和国外（布鲁姆）认知类教学目标分类体系的对应关系

国内体系	第一级	第二级	第三级	第四级		第五级
	记忆	理解	简单应用	综合应用		创见
布鲁姆体系	第一级	第二级	第三级	第四级	第五级	第六级
	知识	领会	运用	分析	综合	评价

② 动作技能类教学目标②。国内目标分类体系。第一级，模仿：对演示、示范动作的效仿，对工具和装置的初步使用；能够把描述语言转化为实际动作。第二级，理解（对模仿动作的理解）：能够说出装置结构的原理；对动作的作用进行解释；对动作的结果进行解释和概括。第三级，协调（动作组合协调）：能实现动作的分解与组合协调动作；能对动作组合进行计划；能对实验结果进行解释和概括，并写出实验报告。第四级，熟练（动作评价）：对动作的作用做出自己的估计；对组合动作、设备能进行设计；动作达到熟练；能对实验结果进行解释、推论和评价。第五级，创新（新动作的创造）：在新的情境下，对动作进行设计和实现；在新的情境下，对实验结果进行解释和整理。

辛普森动作技能教学目标分类体系：第一级，知觉：指运用感官获得信息以指导动作，主要了解某动作技能的有关知识、性质、功用等。第二级，定势（准备）：指对固定动作的准备，包括心理定向、生理定向和情绪准备（愿意活动）。第三级，指导下的反应：指复杂动作技能学习的早期阶段，包括模仿和尝试错误。第四级，机械动作：指学习者的反应已成习惯，能以某种熟练和自信水平完成动作。这一阶段的学习结果涉及各种形式的操作技能，但动作模式并不复杂。第五级，复杂的外显反应：指包含复杂动作模式的熟练动作操作。操作的熟练性以迅速、精确、连贯协调和轻松稳定为指标。第六级，适应：指技能的高度发展水平。学生能修正自己的动作模式以适应特殊装置或满足具体情境的需要。第七级，创新：指创造新的动作模式以适合具体情境。要有高度发展的技能为基础才能进行创新。

国内外动作技能类教学目标分类体系的对应关系如表 9.2.2 所示。

① 何克抗. 教学系统设计[M]. 北京：高等教育出版社，2006.

② 南国农. 信息化教育概论[M]. 北京：高等教育出版社，2004.

表 9.2.2　国内外动作技能类教学目标分类体系的对应关系

国内体系	第一级			第二级	第三级	第四级	第五级
	模仿			理解	协调	熟练	创新
辛普森体系	第一级	第二级	第三级	第四级	第五级	第六级	第七级
	知觉	定势(准备)	指导下的反应	机械动作	复杂的外显反应	适应	创新

③ 情感类教学目标[①]。国内目标分类体系。第一级，接受：在适当的环境中，注意对象的存在，有意识地注意对象，集中注意教师的讲解或演示。第二级，思考：能遵照教师的指示做出反应，能与过去的经验发生联系，能有意地和对象打交道。第三级，兴趣：有深入研究的愿望，能很高兴地和对象打交道，不愿立即停止自己的思考和行动。第四级，热爱：关心对象的存在和价值；把价值内化为自己坚定的信念；认识到对象的美好，并成为自己的理想。第五级，品格形成：依据自己的价值观所形成的信念，内化为自己的品格，并用于指导自己的言论与行动。

克拉斯伍情感领域教学目标分类体系：第一级，接受(注意)：指学生愿意注意某特殊的现象或刺激(如课堂活动、教科书、文体活动等)。学习的结果包括从意识到某事物存在的简单注意到选择性注意，是低级的价值内化水平。第二级，反应：指学生主动参与，积极反应，表示出较高的兴趣。学习的结果包括默认、愿意反应及满意的反应。这类目标与教师所说的“兴趣”类似，强调对特殊活动的选择与满足。第三级，评价：指学生用一定的价值标准对特殊的对象、现象或行为进行评判。包括接受或偏爱某种价值标准和为某种价值标准做出奉献。这一阶段的学习结果所涉及的行为表现出一致性，与通常所说的“态度”和“欣赏”类似。第四级，组织：指学习者在遇到多种价值观念呈现的复杂情境时，将价值观组织成一个体系，对各种价值观加以比较，确定它们的相互关系及它们的相对重要性，接受自己认为重要的价值观，形成个人的价值观体系。第五级，性格化：指学习者通过对价值体系的组织，逐渐形成个人的品性。各种价值被置于一个内在和谐的构架之中，并形成一定的体系。个人言行受该价值体系的支配，观念、信仰和态度等融为一体，最终的表现是个人世界观的形成。

国内外情感类教学目标分类体系的对应关系如表 9.2.3 所示。

表 9.2.3　国内外情感类教学目标分类体系的对应关系

国内体系	第一级	第二级	第三级	第四级	第五级
	接受	思考	兴趣	热爱	品格形成
克拉斯伍体系	第一级	第二级	第三级	第四级	第五级
	接受(注意)	反应	评价	组织	性格化

④ 基础教育课程改革中的目标分类[②]。为了体现目标的衔接性和整合性，我国在当前的基础教育改革中，从知识与技能、过程与方法、情感态度与价值观三方面给出了每一门课程的总体目标与学段目标，上述分类可进一步归纳为结果性目标和体验性或表现性目标。

1）结果性目标。结果性目标主要用于明确阐明学生的学习结果，阐明结果的行为动词要求明确、可测量、可评价，同时还把结果目标分为知识领域与技能领域。

---

① 南国农.信息化教育概论[M].北京：高等教育出版社，2004.

② 钟启泉.《基础教育课程改革纲要(试行)》解读[M].上海：华东师范大学出版社，2001.

知识领域分为以下三个层次：

了解水平：包括再认或回忆知识；识别、辨认事实或证据；举出例子；描述对象的基本特征等。

理解水平：包括把握内在逻辑联系；与已有知识建立联系；进行解释、推断、区分、扩展；提供证据；搜集整理信息等。

应用水平：包括在新的情境中使用抽象的概念、原则；进行总结、推广；建立不同情境下的合理联系等。

技能领域分为以下三个层次：

模仿水平：包括在原型示范和具体指导下完成操作；对所提供的对象进行模拟、修改等。

独立操作水平：包括独立完成操作；进行调整与改进；尝试与已有技能建立联系等。

迁移水平：包括在新的情境下运用已有技能；理解同一技能在不同情境中的适用性等。

2）体验性或表现性目标。体验性或表现性目标是描述学生自己的心理感受、体验或明确安排学生表现的机会，所采用的行为动词往往是体验性的、过程性的，这种方式指向无需结果化的或难以结果化的课程目标，主要应用于过程与方法、情感态度与价值观领域。该领域的目标同样也分为以下三个层次：

经历（感受）水平：包括独立从事或合作参与相关活动，建立感性认识等。

反应（认同）水平：包括在经历基础上表达感受、态度和价值判断；作出相应的反应等。

领悟（内化）水平：包括具有相对稳定的态度；表现出持续稳定的行为；具有个性化的价值观念等。

（2）教学目标层次的确定。在教学设计中，为了便于客观地确定教学目标层次，把教学内容与教学目标相对应，可得出二维模型，如图 9.2.7 所示。

图 9.2.7 中清楚地显示出每种教学内容的学习可达到的教学目标层次：事实的学习只需达到记忆层次；概念的学习可达到理解的层次；技能的学习（包括概念的应用）可达到简单应用的层次；原理的学习可达到综合应用的层次；而解决问题的学习可达到创见的层次，即创造性的解决问题。

由于学习结果是累积的，每一学习结果都包含了它的低层次目标的实现，这就为教学设计提供了灵活性。面对不同的学生可利用二维模型的不同目标层次，呈现不同的教学内容，体现因材施教的特点。

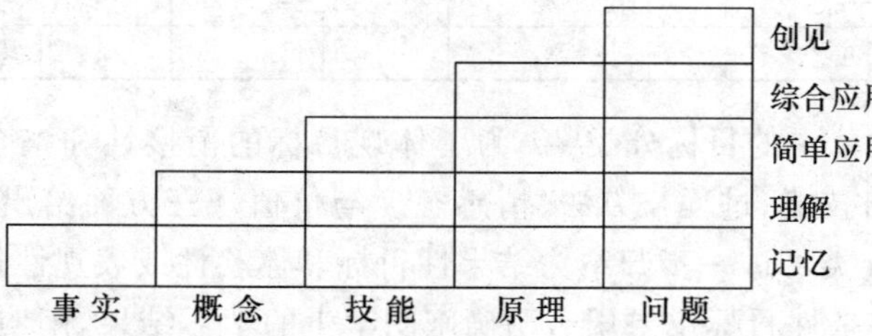

图 9.2.7 教学内容/教学目标二维模型

（3）教学目标的编写方法。教学目标表示学习者通过教学活动以后他的行为和能力的变化，应使用可以观察或测量的行为术语来描述。

① 教学目标的基本要素。

对象—A (Audience)：教学对象，即学习者。

行为—B (Behavior)：通过学习以后，学习者能够做什么。

条件—C (Condition)：上述行为是在什么条件下产生的。

标准—D (Degree)：评定上述行为是否合格的最低衡量依据。

为了简便，把使用上述基本要素编写的教学目标，称为ABCD模式。

例1：通过本节课的教学(C)，全体学生(A) 都能够(D) 掌握鸟纲的主要特征(B)。

例2：初中二年级学生(A) 在观看各种云的图片时(C)，应能将卷云、层云、积云和雨云分别标记出来(B)，准确率达90%(D)。

② ABCD的教学目标编写方法。

对象的表述：明确地说明教学对象的构成，例如，"初中一年级学生"、"小学五(1)班学生"、"培训班学员"等。

行为的表述：在编写课程教学目标和单元教学目标时，可使用一些含义较广泛的动词，例如，知道、理解、掌握等。在编写知识点学习目标时，要用动宾短语精确地描述学生的行为。其中行为动词说明学习的层次，宾语说明学习的内容。例如，说明大气的组成、学会氨的实验室制法、复述中国古代史上重要的历史事件等。

行为的表述，关键是选择好行为动词，因为它代表了对学生行为的要求。现把认知类教学目标编写可选用的行为动词列于表9.2.4中，供使用时参考。如果还发现有其他合适的动词，可自己填在表内相应的空白处。

条件的表述：条件表示学习者完成规定行为时所必需的情境，它包括环境因素、人的因素、设备因素、信息因素、时间因素和明确性因素等方面。需要强调哪个因素时将其强调出来。

标准的表述：标准是指作为学习结果的行为可接受的最低衡量依据。对行为标准的表述，应使得教学目标具有可检测性。例如，学生在上机结束时，能够在1分钟之内输入60个汉字，错误率不超过2%。

表9.2.4　认知类教学目标编写可选用的行为动词表

学习目标层次	特征	可参考选用的动词
知道	对信息的回忆	为……下定义、说出……的名称、复述、排列、背诵、辨认、回忆、选择、描述、标明、指明
领会	用自己的语言解释信息	分类、叙述、解释、鉴别、选择、转换、区别、估计、引申、归纳、举例说明、猜测、摘要、改写
应用	将知识运用到新的情景中	运用、计算、示范、改变、阐述、解释、说明、修改、订计划、制订……方案、解答
分析	将知识分解，找到各部分之间的联系	分析、分类、比较、对照、图示、区别、检查、指出、评价
综合	将知识各部分重新组合，形成一个新的整体	编写、写作、创造、设计、提出、组织、计划、综合、归纳、总结
评价	根据一定标准进行判断	鉴别、比较、评定、判断、总结、证明、说出……价值

教学目标的简化表述：在具体编写目标时，并不一定要把四个要素全部表述出来。一些约定俗成的，或是大家都能明白的内容，就不必一一列出。

③ 内外结合的教学目标编写方法。行为目标虽然避免了用传统方法表述教学目的时的含糊性，但本身也有局限性，它只强调了行为的结果，而未注意内在的心理过程，因而可能引导人们只注意学习者外在的行为变化。因此，有时需用内外结合的表述方法编写教学目标。

采用内外结合法来编写学习目标的具体做法是：先用描述学生内部心理过程的术语表明学习目标，以反映学生理解、应用、分析、欣赏、尊重等内在的心理变化，然后再列举出一些能够反映上述内在变化的行为，使得学生内在的心理变化也能够观察与测量。在列举行为的变化时，仍然可采用前面所讲的ABCD法。

例1：领会本单元专门术语的含义

行为1：将专门术语与它们所代表的概念联系起来

行为2：在造句时使用这些专门术语

行为3：指出术语之间的异同

例2：学生能领会余弦定理

行为1：会画图说明这一定理的条件和应用背景

行为2：会借助平面直角坐标系推导出这个定理

行为3：能叙述“余弦定理”和“正弦定理”的区别

5. 教学策略制定

教学策略是在一定的教学模式的指导下，对完成特定的教学目标而采用的教学组织形式，以及教学媒体(资源)的总体考虑。教学策略主要是解决“如何教”的问题，主要包括如下要素：教学模式的选择、教学组织形式的确定、教学方法的选择和教学媒体的选择等。

(1) 教学模式的选择。教学模式是在一定的学习理论、教学理论指导下，根据对教学内容和教学对象对师生的相互作用，以及教学过程的组织方式进行的简要概括。[①] 也可以说，教学模式是对课堂教学结构和展开教学过程的一种假设。

过去，我们在教学中自觉或不自觉地执行的是以“教”为主的教学模式，甚至是以“教师”为中心——教师主宰课堂的教学模式。其结果是学生学习的积极性、主动性不能得到发挥，创造性受到影响。随着信息技术的迅速发展，以“学”为主的教学模式——学生自主学习、教师给予指导和帮助的教学模式将会成为今后教学的主要模式。当前，从我国教育教学实际来看，国家对中小学教育有统一要求，班级集体授课仍然是学校教育的主要形式，因此，采用以“教师为主导，学生为主体”的教学模式是适宜的。在教学过程中，以现代教育思想为指导，充分发挥学生认知主体的作用，使学生在教师的指导下，积极、主动地掌握系统文化科学基础知识和基本技能，发展能力。

(2) 教学组织形式的确定。教学组织形式是指在教学过程中，师生的共同活动在人员、程序、时空关系上的组合形式。[②] 我国当前教学组织形式主要有班级授课、个别化学习和小组协作学习三种类型。

---

① 南国农.信息化教育概论[M].北京：高等教育出版社，2004.

② 同上书。

采用合理的教学组织形式,有助于提高教学工作效率,并使各种有效的教学方法、手段得以在相应的组织形式中加以运用。在确定教学中所采用的教学组织形式时,主要根据要实现的教学目标和教学内容的特点来选择一种或多种教学组织形式组合进行教学。

(3) 教学方法的选择。教学方法是为了实现教学目标,在教学原则的指导下,对所采取的教与学相互作用活动的总体考虑与实施。

常用的传统教学方法有讲授法、谈话法、讨论法、读书指导法、演示法、参观法、练习法、实验法、实习作业法等。常用的信息化教学方法有讲授—演播法、探究—发现法、问题教学法、程序教学法、微格教学法、模拟训练法、成绩考察法等。相关内容可参考本书第10章有关内容及相关教材,这里不再详述。

在教学中选择教学方法主要考虑教学中要实现的教学目标、教学内容和学科的特点、学生的实际情况、教师本身的素养条件、各种教学方法的适用范围和使用条件、学校的教学条件等因素。

每一种教学方法都有自己的优势,也都存在局限性,而教学内容千差万别,决定了教学的复杂性,没有哪一种教学方法可以适应所有的教学内容。因此,只有各种教学方法互相配合、互相支持,才能在教学中发挥出积极有效的作用。例如:讲授法对于知识的教学非常有效,但是不和其他教学方法相结合,便会形成“满堂灌”、“注入式教学”的效果,影响了学生的学习积极性;实验教学法在自然学科中是非常重要的,但是它只有和讲授法相结合时,才能使学生得到系统、完整的知识和实践操作技能。所以,在具体的课堂教学中要根据教学内容和要实现的教学目标来选择多种教学方法的组合。

教学策略的选择首先应该根据教学内容的需要选择适当的教学模式,再选择教学组织形式,最后选择与所选教学模式和教学组织形式相适应的教学方法。

6. 教学媒体的选择和运用

(1) 选择教学媒体的依据。在实际的教学中,可根据教学目标、教学内容、教学对象、媒体特性和教学条件等来总体考虑选择教学媒体。媒体在教学中的使用目标可以分别表述为:展示事实、创设情境、提供示范、呈现过程、设疑思辨等。

(2) 选择教学媒体的步骤。

① 选择教学媒体的类型。依据教学媒体的使用目标和教学对象的特点,按照教学媒体层次的划分,选择合适的媒体类型。

② 确定教学媒体的内容。媒体类型确定后,可查阅资料目录,确定所选媒体的具体内容,如果现有媒体内容合适,则可在教学中使用。否则可通过选编、修改,甚至重新制作等方法来确定内容合适的媒体。

③ 确定教学媒体的使用目标。依据知识点的学习目标,认真分析教学内容,确定教学媒体的使用目标,即确定在完成学习目标时媒体在教学中的作用。

由于教学过程是复杂的、动态的,随着教学内容、教学对象、教学方法的不同,教学媒体所起的作用是可变的。而且,同一种媒体随着使用方式的不同,对实现教学目标的作用也是不同的。

媒体在教学中的作用主要有①:提供事实,建立经验;创设情境,引发动机;举例验证,建立概

---

① 南国农.信息化教育概论[M].北京:高等教育出版社,2004.

念;提供示范,正确操作;呈现过程,形成表象;演绎原理,启发思维;设难置疑,引起思辨;展示事例,开阔视野;欣赏审美,陶冶情操;归纳总结,复习巩固;突出、强化教学重点,突破、化解教学难点等。

④ 确定教学媒体的使用方式。教学媒体的使用要讲究使用方式,只有经过精心设计后才能在教学中起到应有的作用。

教学媒体使用的方式主要有[①]:设疑—播放—讲解;设疑—播放—讨论;讲解—播放—概括;讲解—播放—举例(学生讨论);播放—提问—讲解;播放—讨论—总结;边播放、边讲解;边播放、边议论;学生自己操作媒体进行学习等。

当然,媒体的使用方式远远不只上述几种。在教学中可根据自己的设计,创造出更好的、更适合教学内容的使用方式。

7. 课堂教学过程结构的设计

课堂教学过程是师生在实现教学任务中的活动状态变换及其时间流程,由教师、教学内容、教学环境(包括教学媒体)和学生等四个要素的相互作用构成,根据采取的教学策略不同而形成不同的结构。

(1) 课堂教学过程结构的类型。常用的课堂教学过程结构的基本类型有归纳型、演绎型、发现型、练习型、示范型、控制型等。

① 归纳型。归纳型课堂教学结构适用于事实、概念的学习。媒体提供有关科学现象、形态、结构、文献、史料等各方面的客观事实,或提供有关情境,以便建立共同经验,形成表象;教师借助事实、情景进行概括归纳,显示事物的特征,建立概念;学生观察事实、现象,认识事物特征,记忆事实,理解概念。

② 演绎型。演绎型课堂教学结构适用于原理的学习。媒体提供某一典型事物运行、生长、发展的完整过程;教师借助典型事例,揭示事物发生、发展的原因和规律,并以此通过演绎、推理或类比的方法,促进学生知识的迁移;学生认真观察,思考原因,探求规律,理解原理,并能推广运用。

③ 发现型。发现型课堂教学结构适用于概念、原理和问题解决的学习。媒体提供某一事物的典型现象或过程,并利用文字或语言设置疑点或问题,提供思考或探究;教师组织学生观察,设疑提问,引导思考,激发争辩,总结概括;学生认真观察,积极思考,参与争辩,探究原因,分析特征,寻找规律。

④ 练习型。练习型课堂教学结构适用于事实、概念、原理的学习。媒体提供某种可观察的事物、现象或过程的资料;教师组织学生细心观察,向学生提出要求,引导学生描述被观察的对象,以加深对概念和原理的理解;学生认真观察,抓住特征,运用语言、文字符号或动作描述被观察的对象。

⑤ 示范型。示范型课堂教学结构适用于技能的学习。媒体给出学生模仿的标准行为模式,例如,语言、动作、书写、操作等规范行为;教师指出标准规范行为的要点、程序,组织学生模仿,纠正错误;学生掌握要领,模仿操练。

⑥ 控制型。控制型课堂教学结构又称为微型教学、微格教学,适用于艺术、体育、实验技能、教学实习等技能学习。媒体记录并及时再现学生实践活动的情景,以供分析、评价;教师分析技

① 南国农.信息化教育概论[M].北京:高等教育出版社,2004.

能的基本要素，组织学生按要求进行实践，提出评价实践水平的标准；学生根据要求参加实践，观察实践过程的记录资料，自我分析，自我评价，修正错误。

（2）课堂教学过程结构的优化组合。在实际教学中，课堂教学过程结构是多种多样的。在认真分析各知识点的学习目标、教学内容以及教学对象特点的基础上，依据所定教学策略选取最合适的基本类型。然后把它们按照每节（课）的知识结构优化组合起来，形成不同的教学流程，如归纳—演绎型、演绎—发现型、示范—练习型等。这样，经过教学设计的课堂教学过程是科学的、优化的，而且是丰富多彩的、生动活泼的，每节课都将会取得好的效果。

（3）课堂教学过程结构的设计。课堂教学过程结构的设计是课堂教学设计的关键所在。前面所进行的教学目标、教学内容、教学对象的分析，教学策略（包括教学模式、教学方法、教学组织形式）、教学媒体的选择，课堂教学结构类型的选择与组合等工作，都将在课堂教学过程结构的设计中得到体现。课堂教学过程结构可以用文字来进行描述，也可以通过流程图的方式来体现。在课堂教学过程结构设计中统一使用下列图形符号：

 内填写教学内容和教师的活动内容；

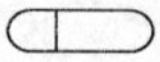 内填写媒体的类型和媒体的内容要点；

 内填写学生在课堂教学过程中所进行的活动内容；

 内填写教师进行逻辑判断的内容；

 为课堂教学过程开始和结束的符号。

8. 板书设计

板书设计的目的不仅仅是从表面上要求做到美观、整齐，更重要的在于板书可以使课堂讲授的主要内容按一定的形式有条理地呈现给学生，有助于学生更好地突破难点、掌握重点，进而提高教学质量。因此，要求板书设计紧密结合教学内容，做到重点突出、内容完整，系统性、逻辑性强，符合视觉心理，便于学生的学习。

9. 教学设计成果的评价

教学评价是教学设计的组成部分，它以教学目标为依据，制定科学的标准，运用一切有效的技术手段，对教学活动的过程及其结果进行测量，并给以价值判断。

在以教为主的教学过程设计中，主要采用的教学效果评价方法有课堂观察法、作业分析法、测试法等。所以，编制一套高质量的形成性练习题或测试题至关重要。编制形成性练习题或测试题时，常采用以下形成性练习工作表，如表9.2.5所示。它是按照教学目标编制的一组练习题或测试题，用以考核学生对本节课或本知识单元的基本知识和基本概念的掌握程度，需要教师自己设计、编制。

表9.2.5　形成性练习表

	知识点编号	学习目标	练习题目内容
形成性练习			

9.2.2 以教为主的教学过程设计模板

1. 文本式

文本式教学设计模板主要用文字来描述以教为主的教学过程设计的各个环节,包括教学内容概要、学习者分析、教学目标、所用的教学媒体和材料、教学方法、教学过程、评价办法等。

2. 文本和流程图相结合式

文本和流程图相结合式教学设计模板主要用文字描述以教为主的教学过程设计的各个环节,包括教学内容概要、学习者分析、教学目标、所用的教学媒体和材料、教学方法、评价办法等,然后用教学流程图的方式来描述教学过程。

3. 图表式

图表式教学设计模板主要用连体表格或分离表格将以教为主的教学过程设计的各个环节进行规划、设计,然后将每个环节的内容填入到表格中,主要包括教学内容分解表(如表 9.2.6 所示)、学习者分析、学习水平描述表(如表 9.2.7 所示)、教学方法、教学媒体选择表(如表 9.2.8 所示)、教学过程流程图、形成性练习表(如表 9.2.5 所示)等。

表 9.2.6 教学内容分解表

节次	知识要点	学习水平					
		知识	理解	应用	分析	综合	评价
I	I-1						
	I-2						
	I-3						
……	……						

表 9.2.7 学习水平描述表

知识点	学习水平	描述语句	行为动词
1			
2			
……			

表 9.2.8 教学媒体选择表

教学单元或课目名称							
知识点	学习水平等级	媒体类型	媒体在教学中的作用	媒体内容要点	资料来源	媒体使用方式	使用时间
1		1					
		2					
		3					
2		1					
		2					
……		1					
		2					

9.2.3　以教为主的教学过程设计案例

1. 文本式

案例 9.2.1　《容积和容积的单位》教学设计

曹淑英(江苏省太仓市沙溪镇第一小学)

一、教学内容

人教版九年义务教育六年制小学数学第十册第 38 至 43 页

二、教学目标

1. 使学生理解容积的含义,掌握容积的计算方法。

2. 认识容积单位升和毫升,掌握单位间的进率与换算率。

3. 理解容积与体积的联系与区别,能解决实际生活中有关容积计算的问题。

三、教具及教学媒体

1. 有厚度木制长方体粉笔盒 4 只。(长 1 分米,宽 6 厘米,高 4 厘米)

2. 容积为 1 升的量筒和 1000 毫升量杯各一个,1 升水。

3. 一只长 1 分米、宽 6 厘米、高 4 厘米的长方体硬纸盒。

4. 多媒体计算机硬、软件一套。

四、教学过程

(一) 复习

1. 什么叫物体的体积?

2. 常用体积单位有哪些? 它们之间进率是多少?

学生回答后计算机显示:

(1) 1 立方米、1 立方分米、1 立方厘米的大小。

(2) 1 立方米分成 1000 个 1 立方分米,1 立方分米分成 1000 个 1 立方厘米。

师板书:立方米$\xrightarrow{(1000)}$立方分米$\xrightarrow{(1000)}$立方厘米

3. 说出图中应填的单位名称、计算机显示实物图:一支粉笔体积 8(　),一个铅笔盒体积 0.6(　),一堆木料体积 2(　)。

4. 长方体(正方体)的大小由什么决定的? 怎么求它们的体积? 指名学生回答后师板书:$V=Sh$

5. 师拿出准备的长方体硬纸盒,问要求它的体积该怎么办? 一生上台量出它的长、宽、高后,全体学生一同计算。

(二) 新课教学

1. 导入:师打开纸盒,问:里面可放东西吗? 放一个怎样大小的物体?

生回答后师归纳:像盒子这种能放入东西的物体叫容器。

板书:容器。

这个盒子可放一个与它同样大小的物体,即可容纳的物体体积叫做容积。

今天老师与同学们一起学习容积和容积单位。

板书课题:容积和容积单位。

2. 容积的概念

(1) 为什么要研究容积？师：在日常生活中，常需要在容器放东西之前，先了解它最多能放多少体积的东西。

(2) 计算机显示：木块、魔方、仓库、油桶、金鱼缸。问：哪几个物体能计算它的容积？

(计算机显示仓库里放箱子、油桶里装满油、金鱼缸里放满水)

(3) 再让学生归纳什么叫容积？生回答后师板书：容器所能容纳物体的体积叫做容积。

3. 容积的计算方法

(1) 要求学生自学课本第 39 页第一、第二小节。

(2) 问：怎样计算容积？生回答后师板书：计算方法与体积相同，但要从容器的里面量长、宽、高。

(3) 创设问题情景：为什么要从里面量长、宽、高，外面量可以吗？

师出示准备的木制粉笔盒和硬纸盒，把学生分成四组，每组学生量出木盒的长、宽、高，从里面量和外面量，并讨论比较它们的体积和容积。

每组选一代表归纳：

a. 硬纸盒很薄，如果厚度可忽略不计，容积与体积一样大。

b. 木盒有厚度，里面量长 8.6 厘米，宽 4.6 厘米，高 3.3 厘米，容积小于体积。

c. 纸盒与木盒的体积相等，纸盒的容积比木盒大。

d. 计算体积时应从外面量长、宽、高，计算容积时应从里面量长、宽、高。

计算机显示：在木盒中放入一长方体，再拿出来与木盒比，体积比木盒小。

(4) 请学生举例说出日常生活中哪些容器的容积明显比体积小。(液化器瓶、泡沫塑料饭盒等)。

4. 容积单位

(1) 问：刚才算的纸盒、木盒的容积用了什么单位？

(2) 师：计量容积一般用体积单位。板书：容积单位与体积单位相同。计量容积还有没有别的单位？

(3) 请学生自学课本第 39 页第三小节。

(4) 问：容积单位与体积单位相同，为什么还要用升和毫升？

生回答后师板书：计量液体体积时用升和毫升。

(5) 师拿出准备的量筒和量杯，在量杯中放入水加到 100 毫升刻度，让生观察后再加到 1000 毫升，然后倒入量筒中。让生观察到一升水与 1000 毫升相等，同时了解到一升水大约是一大碗。师板书：

升 $\xrightarrow{1000}$ 毫升。

(6) 自学升、毫升与体积单位之间的关系，齐读课本上进率与换算率，老师把板书填完整后让学生看着黑板上完整的单位之间的进率及关系后齐读。

5. 实际计算

(1) 自学课本第 39 页例 6。

(2) 回答问题并讨论：

a. 求油箱可装汽油多少升就是求什么？

b. 根据已知条件能不能求？

c. 为什么不直接等于160升，而先等于160立方分米？

(3) 集体讨论后师小结：要求容积是几升(几毫升)，一般先求出体积，用体积单位，然后再换算成容积单位升(毫升)。

(三) 巩固练习

1. 尝试练习

(1) 课本第39页做一做第1题填在课本上。

(2) 课本第39页做一做第2题写在课本上，师给出3种算式让学生辨别：

a. $0.8^3=0.512$(升)

b. $0.8^3=0.000512$(立方米)$=0.512$(升)

c. $0.8^3=0.512$(立方米)$=512$(升)

2. 填单位名称(计算机显示)

(1) 一个药水瓶容积是200(　)。

(2) 一只热水瓶容积是2(　)。

(3) 一个仓库容积是600(　)。

3. 判断(对的打√，错的打×)(计算机显示)

(1) 一个游泳池容积150升。(　)

(2) 因为容积和体积计算方法相同，所以容积和体积相等。(　)

(3) 一个长方体长4分米、宽3分米，高2分米，容积24升。(　)

(4) 一长方体木箱，体积比容积大。(　)

(5) 一热水瓶能装一升水。就是容积为1立方分米。(　)

4. 独立作业

练习八第10、12题。教师行间巡视，个别辅导。

(四) 全课小结

同学们，今天我们学习了容积的计算方法和容积单位的运用，你认为在计算一个容器的容积时要注意些什么？

2. 文本和流程图相结合式

案例9.2.2 《会摇尾巴的狼》教学设计

李雪丽

(“98年中山市中小学计算机辅助教学研讨会”公开示范课教学设计)

本课例荣获全国“首届语文学习方法指导录像课(小学组)”一等奖

一、教学内容

《会摇尾巴的狼》是小学语文人教版第五册第26课，属于阅读教学的课例，教学活动是在多媒体网络环境下进行的。

二、教学目标

1. 懂得像狼一样的坏人本性是不会改变的，要善于识破他们的花言巧语，不受其蒙骗。

2. 会用“毫不犹豫”、“的的确确”造句。

3. 继续学习结合上下文读懂句子，理解课文内容。

4. 分角色朗读课文。

三、教学重点难点

分析狼的表现的变化，认识狼的狡猾凶恶的本性；理解老山羊几次说话的意思；弄清老山羊是怎样逐步识破狼的本来面目的。

四、教学过程

(一)谈话引入

1. 导入：同学们，你们喜欢听寓言故事吗？今天，我们一起学习一篇寓言故事。

2. 媒体出示课题及画面。

3. 学生齐读课题。

(二) 学生质疑

通过预习课文和读了课题，你想知道什么？你还想了解什么？

(三) 学生自行调出生字、生词进行复习

(四) 看录像，思考、讨论问题

老师调出软件的3个问题。

问题一：狼几次说自己是狗，都是在什么情况下说的？

问题二：老山羊是怎样发现它是狼的？最后老山羊是怎样做的？

问题三：这则寓言告诉我们什么道理？

学生边看课文录像边思考问题。

学生协同讨论问题。

(五) 学习课文，解决上述三个问题。

1. 学习课文第一自然段

(1) 指名读，想想老山羊是怎样遇上狼的？

(2) 媒体出示比较句子，有什么不同
- 狼掉进陷阱里，爬不上来。
- 狼掉进陷阱里，怎么爬也爬不上来。

(3) 问：狼为什么连忙打招呼？狼是老山羊的好朋友吗？它为什么这样说？

(4) 指导读狼和老山羊打招呼的话。

2. 学习课文2至3自然段

(1) 问：同学们，狼的本性怎么样？(板书：本性凶残)

(2) 指名读描写狼第一次说自己是狗的片断(2至3自然段)

(3) 媒体出示片断一，用“…”划出一个词语说明狼在骗老山羊的同情。

(板书：装可怜)

(4) 品词品句：你从哪些词句中看出狼是在装可怜，为什么？

用“毫不犹豫”造句。

网络广播片断一的指导读和范读。

学生自由读，男女分角色读。

师生归纳学法(板书：读—找—品—读)

3. 学生调出片断二(4至5段)、片段三(6至7段)进行自学和讨论协同学习。

4. 检查自学效果

(1) 引导学生讲出第二个片断狼是在装温和讨好老山羊。(板书：装温和)

(2) 引导学生讲出第三个片断狼真狡猾，妄想以会摇尾巴来蒙骗老山羊。

(板书：真狡猾)

(3) 指导用“的的确确”造句。

(4) 网络广播问题一：狼几次说自己是狗，都是在什么情况说的？

(5) 学生回答，学生调出答案提示对比。

5. 学习8至11自然段

(1) 媒体演示动画，老师讲述第8自然段内容：狼使劲地摇动着那条硬尾巴，扑扑扑，把陷阱里的尘土都扫了起来。

(2) 引读第9自然段：老山羊看到了这条硬尾巴，心里完全明白了什么？

(3) 问：老山羊心里完全明白了什么？(训练学生说话)

(4) 媒体出示比较句子2有什么不同 { 你会摇尾巴，也还是凶恶的狼。
你再会摇尾巴，也还是凶恶的狼。

(5) 引读第9、10自然段：

狼终于露出凶相，它怎样威吓老山羊？老山羊又是怎样说的？怎样做的？

(6) 媒体出示问题二，引导学生联系老山羊的5次说话理解。

(7) 网络广播问题二提示。

(六) 总结全文

1. 学了课文，你想对老山羊说什么？(训练说话)

2. 网络出示问题三，学生协商寓意。

3. 网络广播寓意，齐读。

4. 学生调出课堂练习，辨别狼和狗。

5. 分角色朗读全文。

五、板书设计

26. 会摇尾巴的狼

本性 { 装可怜
凶残　装温和
真狡猾

学习方法：读——找——品——读

《会摇尾巴的狼》课例教学流程图

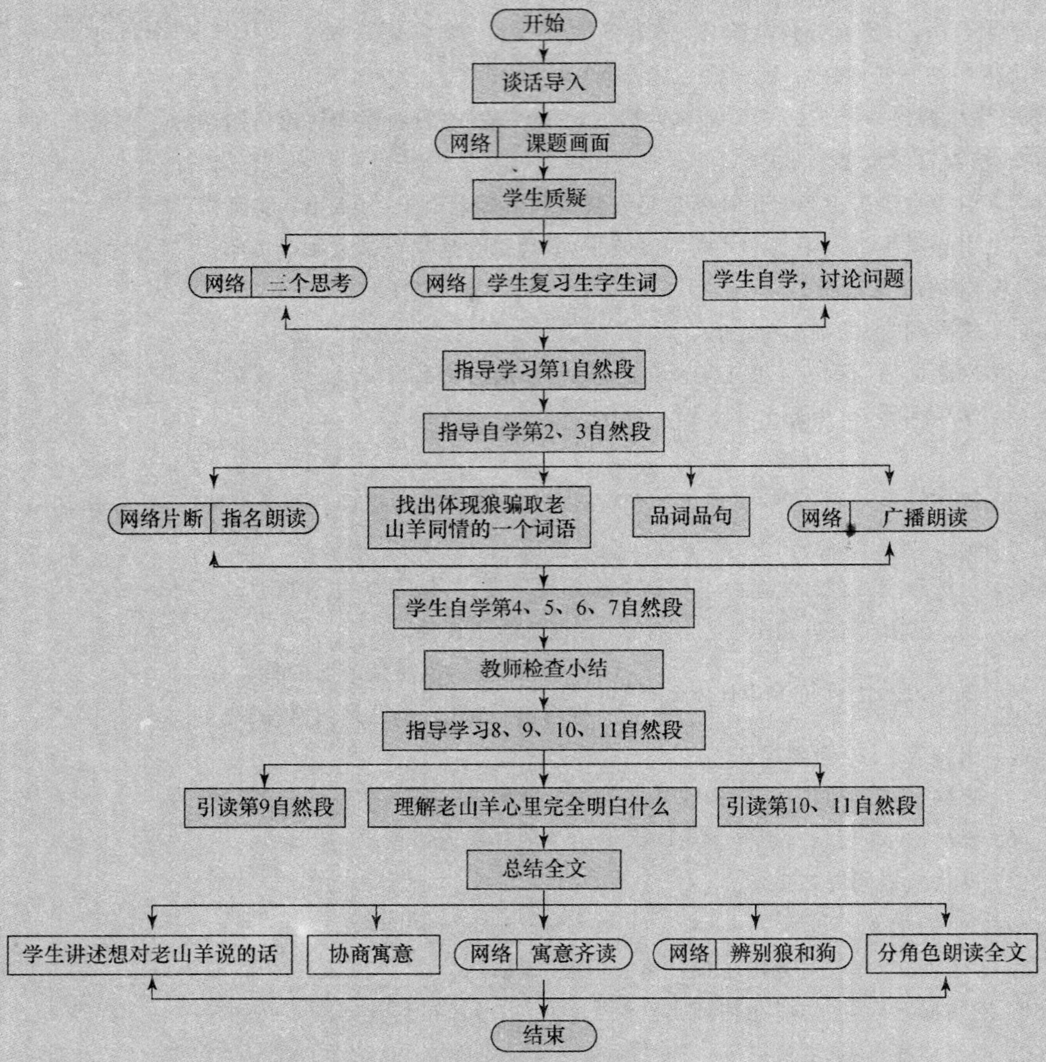

3. 图表式

案例 9.2.3 《曹冲称象》多媒体组合课堂教学设计方案①

设计者：陈卫东　　执教者：陈卫东　　作者单位：广州市荔湾区乐贤坊小学

一、教材内容

选自九年义务教育六年制小学《语文》教科书第五课第二课时。

具体内容如下：

曹操的儿子曹冲才7岁，他站出来，说："我有个办法，把大象赶到一艘大船上，看船身下沉多少，就沿着水面，在船舷上面一条线。再把大象赶上岸，往船上装石头，装到船下沉到画线的地方为止。然后称一称船上的石头，石头有多重，就知道大象有多重"。

曹操微笑着点点头，他叫人照曹冲说的办法去做，果然称出了大象重量。

二、学生特征分析

1. 学生是广州市荔湾区乐贤坊小学二年级学生。

2. 学生当前仍是以形象性思维为主，对抽象的问题难以理解，因此难以直接通过文字去理解曹冲称象的具体方法。

3. 学生年龄小，喜欢叙事性强的课文，此课文是讲古时候的故事。学生对课文兴趣是比较深厚的。

4. 由于学生生活经验少，对浮力的原理知识知道得甚少。

5. 学生已逐步学会多种汉字拆分方法（其中包括认知码的拆分方法，他们能根据认知码拆分原理方法，较快地给生字编码。但学生的认知水平仍不高，区别"相异点"的能力仍较差）。

三、教学内容学习水平的分析与确定

1. 知识点的划分与学习水平的确定

课目名称	知识点		学习水平			
			识记	理解	应用	分析综合
称　象	①	字：沉、线、止、然、量	√			
	②	词：下沉、然后、一艘船、船舷、沿着、果然	√	√	√	
	③	句：比较句子 曹操的儿子曹冲7岁 曹操的儿子曹冲才7岁 …才…	√	√	√	
	④	曹冲称象的具体方法和步骤		√	√	
	⑤	曹冲称象的结果		√		√
	⑥	我们应该向曹冲学习什么		√		

① 张剑平. 现代教育技术——理论与应用[M]. 北京：高等教育出版社，2003.

2. 学习水平的具体描述

知识点	学习水平	描　述　语　句	行为动词
①	识记	读准字音，认清字形	读准　认清
		正确辨形，正确编码	辨形　编码
②	识记	记住词语	记住
	理解	解释词语	解释
	应用	使用词语做实验	使用
③	识记	指出两个句子的意思有什么不同	指出
	理解	知道有些句子中恰当地加中“才”字，能把话说得更加具体、形象	知道
	应用	能用“才”字说一句话	说
④	理解	理解曹冲称象的具体方法和步骤	理解
	应用	有条理地复述曹冲称象的具体做法	复述
⑤	理解	概括曹冲称象的结果	概括
	分析综合	分析曹冲称象的办法，能称出大象重量的原因	分析
⑥	分析综合	归纳文章的思想内容(向曹冲学习什么)	归纳

3. 分析教学的重点和难点

(1) 形难字：然(左上角不要写成“夕”，右上角是“犬”不是“大”)。

(2) 第四节讲曹冲提出称象的办法，这节是课文的重点，也是难点。

四、教学媒体的选择与运用

知识点	学习水平	媒体类型	媒体内容重点	使用时间(分)	资料来源	媒体在教学中的作用	媒体使用方式
①	识记	词卡	12个生字(标有拼音)	1′	购置	复习生字字音	复习巩固
		计算机	认知码	12′	自编	认清字形，正确码编	议—打—讲评
		黑板	沉、线、止、然、量	2′	自编	显示书写规范	边讲边板演
②	识记	投影	曹操的儿子曹冲7岁 曹操的儿子曹冲才7岁	3′	课后练习2	设疑思辨，解决问题	设疑—播放—讲评

续表

③	理解	黑板	四个步骤： 大象上船画线 大象上岸 装石头 称石头 石头总重量＝大象的重量	2′	购置 自编	提供示范	边播放，边讲解
	应用	实物模型	曹冲称象的方法	5′	自制	呈现过程，解释原理	设疑—演示—讲解
		投影（活动复合式）	曹冲称象的方法	3′	购置	创设情境，复述称象的经过	边播放边讲解

1. 大象上船　画线
2. 大象上岸　装石头
3. 称石头
4. 石头总重量＝大象的重量

五、形成性练习题的设计

知识点	学习水平	题目内容
①	识记	组词： 沿（　）线（　）齿（　）默（　）量（　） 沉（　）线（　）止（　）然（　）是（　）
		抄写：沉、线、止、然、量
②	识记理解应用	曹操的儿子曹冲7岁 曹操的儿子曹冲才7岁 两个句子的意思有什么不同 用带点的词造句
③	理解	读一读，打一打，再抄写： 把大象赶到船上，看船身下沉多少，就沿着水面，在船上画一条线。再把大象赶上岸。往船上装石头，等船下沉到画线的地方，称一称船上的石头，石头一共有多重，大象就有多重
	应用	把曹冲称象这个故事讲给别人听
④	分析综合	现在，如果动物园里有一头大象等着你们去称，你会用什么方法来称象？

六、课堂教学过程设计(详见流程图)

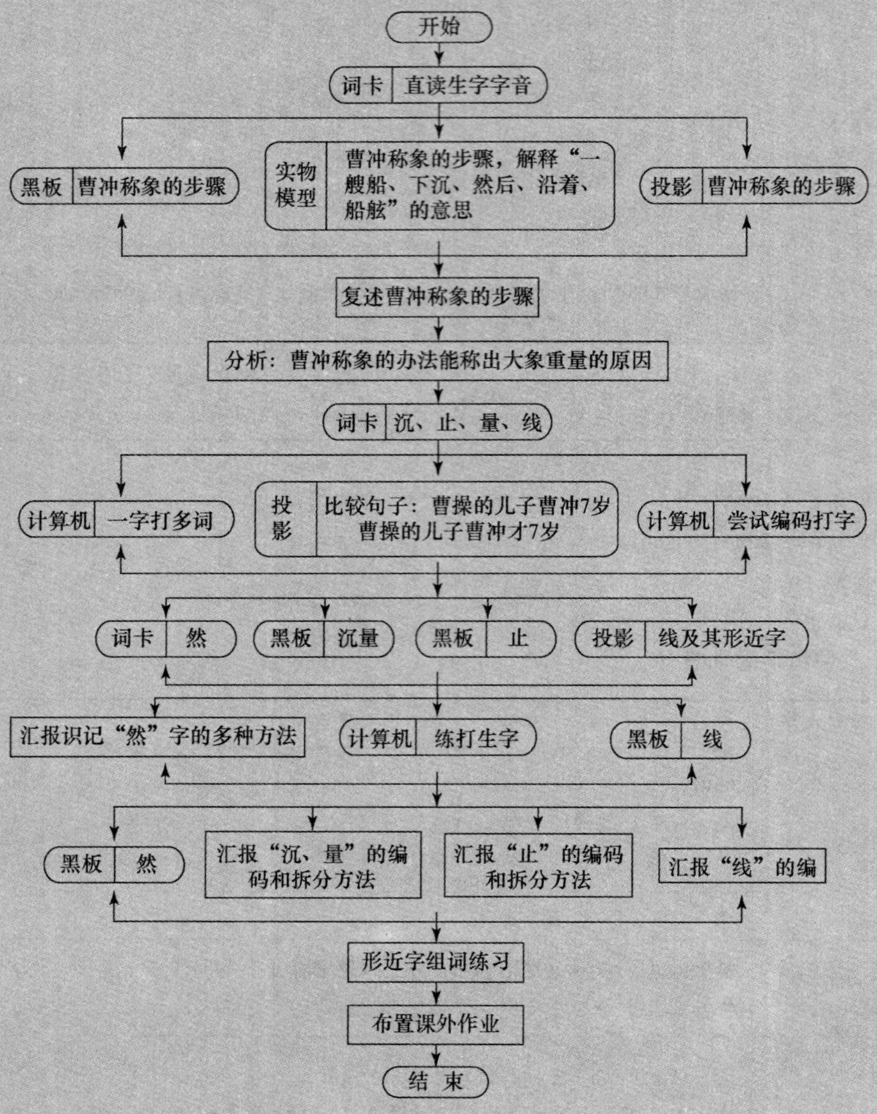

9.3 以学为主的教学过程设计

9.3.1 以学为主的教学过程设计模式及基本步骤

以学为主的教学过程设计一般适用于任务驱动式或问题解决式的学习，它的基本模式如图 9.3.1 所示。

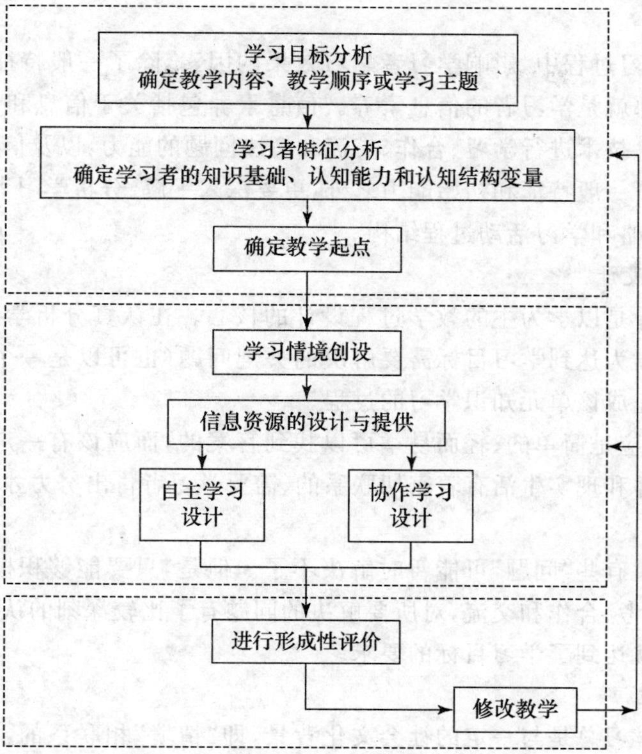

图 9.3.1　以学为主的教学过程设计模式①

1. 学习内容的分析

学习内容的分析仍然可采用以教为主的教学过程设计中所采用的教学内容分析方法。如果在此之前已经完成了单元的教学设计，就可以直接引用与当前学习的知识单元相关的知识能力结构框架图。在此，要对学习内容和类型(陈述性知识、程序型知识、策略性知识)更仔细地划分，以便能够准确地设计学习主题/项目，并对主题/项目的要求进行详细的描述，而且便于在设计学习策略时更有针对性。

2. 学习目标的分析

以学为主的教学过程设计是依据知识单元学习任务而确定学习目标的，它反映了通过该单元的学习后，学习者应该掌握的基本知识、基本技能，以及情感的变化和解决问题能力的提高。

学习目标的表述不是基于知识点，而是基于知识单元，因此具有整体性的特点。学习目标的表述仍然采用内外结合的方式，但在描述外在行为变化的同时，要更加注意内在情感的变化和能力的形成。通常采用较宽泛的行为动词(例如，了解、掌握、学会、树立……)来描述，具有一定的弹性。同时，以学为主的教学过程一般需要学习者利用媒体和媒体资源来进行学习，所以在表述学习目标时应包括学生信息技术能力方面的学习目标的描述。

① 何克抗. 教学系统设计[M]. 北京：高等教育出版社，2006.

3. 学习者分析

在以学为主的学习过程中，影响学习者学习效果的因素，除了一般特征和初始能力之外，还有一个重要的因素，那就是学习者的信息素养。信息素养包括关于信息和信息技术的基本知识和基本技能，运用信息技术进行学习、合作、交流和解决问题的能力，以及信息的意识和社会伦理道德问题。因此，除了一般特征和初始能力之外，更要深入了解、分析学习者的信息素养状况，以便更好地设计学习策略和学习活动过程结构。

4. 问题/项目的设计

问题/项目的设计是以学为主的教学过程设计的核心。在认真分析学习目标、学习内容、学习主体的基础上，提出为达到学习目标需要解决的关键问题(也可以是一个研究项目)。这个问题的解决过程，就是完成该单元知识学习的过程。

所设计的问题不应是简单的、轻而易举可以找到答案的，而应该有一定的难度、涵盖了该单元知识的学习任务，并和现实生活有着密切联系的、需要学习者付出努力才能找到解决方法的实际问题(或研究项目)。

对于学习者来讲，有些"问题"可能暂时解决不了。但是，只要能够积极参与，在解决问题的过程中进行了认真思考、合作和交流，对所要解决的问题有了比较深刻的认识，观察、分析问题的能力得到了提高，也就达到了学习目标的要求。

5. 学习情境创设

建构主义认为，学习总是与一定的社会文化背景，即"情境"相联系的，创设与当前学习主题相关的、尽可能真实的情境，有利于唤醒长时记忆中有关的知识、经验或表象，从而使学习者能利用自己原有的认知结构中的有关知识与经验去同化当前学习到的新知识，或对原有的认知结构进行改造与重组。可以通过参观、访问、考察或播放接近现实生活情景的视频、动画等方式给学生创设学习情境。

6. 信息资源的设计与提供

信息资源的设计是指确定学习主题所需信息资源的种类和每种资源在本学习主题中所起的作用。应向学生明确说明从何处获取有关的信息资源，如何去获取(用何种手段、方法去获取)以及如何有效地利用这些资源等问题，如果学生确实有困难，教师应及时给予帮助。

在以学为主的教学过程设计中，学习资源主要包括文字、图形、视频、音频等各种形态的信息资源。既包括通过互联网和局域网，以及多媒体计算机得到的信息资源，也包括通过其他媒体(如电视、广播、录像、录音、投影、幻灯等)得到的信息资源，还包括从传统媒体(如教科书、印刷品、模型、实物等)得到的信息资源。同时，还包括得到上述资源的工具、软件、设施、材料、网站等。

7. 自主学习设计

自主学习设计是以学为主的教学过程设计的核心内容。在选择自主学习的方法时，需要考虑主客观条件。主观条件指学习者的智力因素(知识基础、认知能力和认知结构)和非智力因素(兴趣、动机、情感、意志和性格)，以及学习者的信息素养；客观条件指知识内容的特征。对于比较复杂的问题，可以在不同情境下，通过不同的路径、不同的方法进入同样的学习内容，从而获得对同一事物的多方面的认识与理解。

常用的自主学习方法有支架式教学法、抛锚式教学法和随机进入式教学法等。具体内容详见本书第 10 章相关内容。

8. 协作学习设计

协作学习设计的目的是为了在个人自主学习的基础上，通过小组讨论、协商，以进一步完善和深化对主题的意义建构。整个协作学习过程均由教师组织引导，讨论问题皆由教师提出。

常用的协作学习有课堂讨论、角色扮演、竞争、协同和伙伴等。

9. 学习活动的设计

学习活动的设计是以学为主的教学过程设计的关键。根据需要解决的问题（或项目），在学习策略和学习资源设计的基础上，提出学习者完成学习任务时应该遵循的步骤。这些步骤要简明、清晰，形成明确的学习活动过程结构，便于学习者掌握和实施。必要时，对不同层次的学习者可以考虑不同的路径、不同的学习活动过程结构，便于他们选择。

10. 学习效果评价设计

以学为主的教学过程设计的评价包括小组对个人的评价、学生本人的自我评价以及教师对整个小组的评价。评价的内容主要围绕三个方面：自主学习能力，协作学习过程中对小组作出的贡献，是否达到了意义建构的要求。

以学为主的教学过程设计的评价不仅重视学习结果的评价，更重视学习过程的评价。在评价方法上多采用案例评价、量规评价和文件夹评价等形式。

（1）案例评价。由教师根据学习任务给出解决该类问题典型的范例。这些范例可以是教师或其他人完成的，也可以是以前的学生完成的作品。

学习者可以参照这些范例中解决问题的思路、方法，对照自己的学习过程和成果进行自我评价，也可以进行互评。

（2）量规评价。为了使学习者更清楚地了解学习的要求，教师可以设计一套评价用的指标体系，供学习者对照检查。指标体系应简单、明确，便于操作。

这种供评价用的指标体系通常称为量规。学习者通过使用量规，可以明确自己在学习过程中应该如何去做，做到什么程度才算合格。学习评价量规通常包括学习过程评价量规和学习成果评价量规。学习过程评价量规主要说明学习过程中对学习者承担的各种角色的具体要求，以便学习者在学习过程中对照检查；学习成果评价量规主要说明学习者学习成果的具体要求。

（3）文件夹评价。学习者在学习过程中，把自己有关的学习资料都放入一个文件夹中。这个文件夹包含了学习笔记、作业、搜集到的有关资料、自己的电子作品、学习成果，以及电子邮件、参加在线讨论和博客学习的记录等。通过该文件夹，可以非常清楚地了解学习者在整个学习过程中的表现和学习收获，有利于做出公正的评价。

9.3.2 以学为主的教学过程设计模板

1. 基于问题（项目）的设计模板[①]

基于问题（项目）的设计模板如表9.3.1所示。在设计实践时，将设计结果填入表中相应的栏目中。

---

① 张筱兰. 信息化教学[M]. 北京：高等教育出版社，2010.

表 9.3.1　基于问题(项目)的设计模板

课目名称
学习目标： 知识目标： 能力目标： 情感目标：
学习内容分析： 教学重点： 教学难点：
学习者分析： 学习特点： 学习习惯：
问题情境：
提出问题：
教师提供的学习资源：
学习活动设计：

2. MiniQuest 设计模板①

基于问题的探究式学习的 MiniQuest 设计模板如表 9.3.2 所示。在设计实践时，将设计结果填入表中相应的栏目中。

表 9.3.2　基于问题的探究式学习的 MiniQuest 设计模板

主题：________ 适用年级　　所属学科
情境： 情境部分为问题解决提供了可信的具体情境，通常会安排学生扮演一个真实的成年人角色，这部分的作用是导入学习情境，吸引学生的学习兴趣。同时，这部分还往往以外显的形式提出学生要回答的基本问题，使学生对学习目标有清晰的了解。所设计的基本问题应该具有挑战性并能够激发深度思考。 **任务：** 任务部分描述要求学生探究的具体问题，这些问题是高度结构化的，即都是围绕基本问题派生出来的，学生可以沿着这些具体问题展开调查研究，借此获得回答基本问题的事实性信息。

① 张筱兰. 信息化教学[M]. 北京：高等教育出版社，2010.

资源：

资源部分为学生提供有助于回答基本问题的事实性信息的网上资源。这些资源将提高网上搜索的效率和质量，对于缺乏搜索技巧的中小学生更为重要。

成果：

成果部分告诉学生将如何展示他们自己产生的问题答案。学生的理解只有通过一定的形式才能展示出来，教师将借以评估学生的理解。学生的成果需要对信息有适度的综合分析，呈现出解决问题的新观点，而不仅仅是展示网上信息。成果还必须是真实的，与情境中赋予学生的角色相一致。

评估：

评估是通过量规来实现的。量规不但要有助于评价学生的学习成果，还要有助于评价学生的学习过程及学习技巧。

教学设计思想：

教学设计思想包括教学需要分析、教学对象分析、教学目标分析、教学重难点及课时安排。这部分内容也可以放在引言之前。

- 教学需要分析：

描述设计此探究活动的必要性和可行性 。

- 教学对象分析：

描述此项活动设计适用的年级水平。

描述学习者在开始此项活动之前必备的背景知识，以及开展此单元学习最起码的信息技术能力 。

- 教学目标分析：

分别从认知目标、技能目标、情感目标三个方面分析，使用可以观察或测量的行为术语来描述。

- 教学重难点

分析本活动的教学重点和难点。

- 课时安排

写出探究活动的具体时间。

3. Webquest 模板①

一个标准形式的 Webquest 教学设计模板主要包括引言、任务、资源、过程、评价和结论六个部分。Webquest 设计模板如表 9.3.3 所示。在设计实践时，将设计结果填入表中相应的栏目中。

表 9.3.3　基于问题的探究式学习的 Webquest 设计模板

Webquest 标题：____________________

适用年级　　　所属学科

引言：

写一段简短的文字向学生简要介绍 Webquest 主题。如果在此 Webquest 探究活动中包括角色扮演或游戏，则应在此处设置情境。也可以使用这部分来预先提供一个简短的活动背景说明或概要。

任务：

清晰明了地描述学生通过学习活动，将会取得怎样的最终成果。任务部分可以是：一系列必须解答的问题，一系列需要解决的问题，对所创建的事物进行总结，阐明并为自己的立场辩护，具有创意的工作。任何需要学习者对自己所搜集的信息进行加工和转化的事情。

---

① 张筱兰．信息化教学[M]．北京：高等教育出版社，2010．

资源：

说明学习者可用于完成任务的网址。在每一个链接中嵌入对相关资源的描述，以便学习者可以在点击前知道自己将通过点击获得什么。

过程：

说明学习者遵循哪些步骤才能完成任务。这一部分是网络探究的关键，步骤说明一定要简明清晰，因为本文档面向学生，所以需要使用第二人称来描述各个步骤。

1. 首先，你被分配到一个几人小组……
2. 你选择一个什么角色去扮演……

……

在过程模块中，可能还需要为学习者提供一些如何对所搜集的信息进行组织的指导，这些建议可以通过流程图、摘要表单、概念图、组织框架来体现，同样也可以采取问题核对表单的形式来分析相关信息、说明需要注意的事物或者需要思考的问题。假如教师在网页上已经准备好相应的包含了完成这项课程学习所需的特别技巧策略引导文档，把这些内容链接到这个部分中即可（例如：怎样开展集体讨论，如何准备与专家会谈）。

评价：

创建量规，向学生展示评价标准和方式，另外也可以创建一个自我评价表，以便学生用它来评价自己的学习。

结论：

对学习者通过完成这项活动或课程将会获得的或是学到的东西进行总结，鼓励学生把这种探究的经验超越本单元的学习，扩展到其他领域。

教学设计思想：

教学设计思想包括教学需要分析、教学对象分析、教学目标分析、教学重难点及课时安排。这部分内容也可以放在引言之前。

● 教学需要分析：

描述设计此探究活动的必要性和可行性。

● 教学对象分析：

描述此项活动设计适用的年级水平。

描述学习者在开始此项活动之前必备的背景知识，以及开展此单元学习最起码的信息技术能力。

● 教学目标分析：

分别从认知目标、技能目标、情感目标三个方面分析，使用可以观察或测量的行为术语来描述。

● 教学重难点：

分析本活动的教学重点和难点。

● 课时安排：

写出探究活动的具体时间。

以学为主的教学设计案例见第 10.3 节。

学习建议

1. 什么是教学设计？简述教学设计的基本特征。
2. 论述以教为主的教学过程设计模式及基本步骤。
3. 简述布鲁姆认知类教学目标分类体系。

4. 教学内容分析可以采用哪些方法？
5. 简述 ABCD 教学目标编写方法。
6. 论述以学为主的教学过程设计模式及基本步骤。
7. 简述常用的自主学习方法的基本步骤。
8. 以学为主的教学过程可采用哪些评价方法？

教学建议

在学习 9.1 节内容时，可主要采用讲授法来进行学习；在学习 9.2 节和 9.3 节内容时，在教师讲授的基础上要给学生分析优秀的教学设计课例，并让学生利用常用教学设计模板自主设计教学课例，讨论设计方案。

推荐阅读

1. 皮连生. 教学设计：心理学的理论与技术[M]. 北京：高等教育出版社，2000.
2. [美]加涅. 教学设计[M]. 皮连生，等译，上海：华东师范大学出版社，2004.
3. 李龙. 教学过程设计[M]. 呼和浩特：内蒙古人民出版社，2000.

第10章 信息技术与课程整合

学习目标

1. 理解新课程改革的理念、信息技术对新课程的支持作用、信息技术与课程整合的内涵。

2. 理解信息技术与课程整合的基本模式，能够说出教和学两种基本模式的特点。

3. 理解计算机和网络环境下的几种教学策略应用方法，能够设计信息技术环境下的教学过程，会编写相应的教案。

知识结构

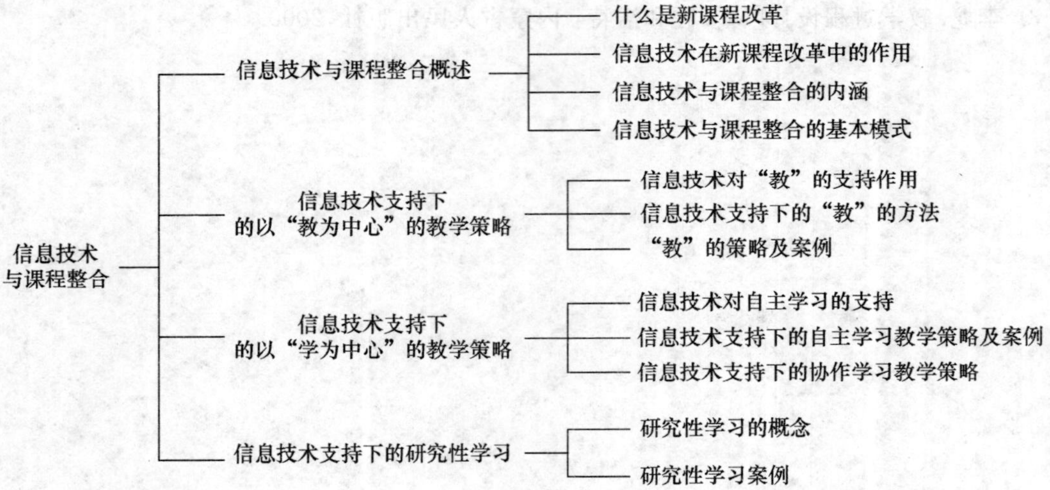

10.1 信息技术与课程整合概述

教育信息化、基础教育课程改革是我国近年来的教育战略，这两者在教师教育体系中必然地融合在一起。负责为基础教育培养师资的师范院校，在对师范生进行从师教育时应该将两者贯穿综合。信息技术应该如何服务于新课程改革，本章将进行专门的阐述。

10.1.1 什么是新课程改革

当前，我国实行基础教育新课程改革，是一次涉及教育思想、观念、模式以及教学策略、方法和学习方式等方面的深刻变革。新课程改革的目的是以素质教育为宗旨，调整和改革基础教育的课程体系、结构、内容，构建符合素质教育要求的新的基础教育课程体系。新的课程体系涵盖幼儿教育、义务教育和普通高中教育。

新课程改革的最核心的内容有以下几个方面。

1. 关于教学目标

新课程以素质教育为理念，以促进学生发展为宗旨，确立了知识与技能、过程与方法、情感态度与价值观三位一体的课程目标。课程目标强调学生在学习知识的过程中潜移默化地培养正确的价值观，具有社会责任感。

改变课程过于注重知识传授的倾向，强调形成积极主动的学习态度，使获得基础知识与基本技能的过程同时成为学会学习和形成正确价值观的过程。

改变课程结构过于强调学科本位、科目过多和缺乏整合的现状，整体设置九年一贯的课程门类和课时比例，并设置综合课程，以适应不同地区和学生发展的需求，体现课程结构的均衡性、综合性和选择性。

改变课程内容"难、繁、偏、旧"和过于注重书本知识的现状，加强课程内容与学生生活以及现代社会和科技发展的联系，关注学生的学习兴趣和经验，精选终身学习必备的基础知识和技能。

改变课程实施过于强调接受学习、死记硬背、机械训练的现状，倡导学生主动参与、乐于探究、勤于动手，培养学生搜集和处理信息的能力、获取新知识的能力、分析和解决问题的能力以及交流与合作的能力。

改变课程评价过分强调甄别与选拔的功能，发挥评价促进学生发展、教师提高和改进教学实践的功能。

改变课程管理过于集中的状况，实行国家、地方、学校三级课程管理，增强课程对地方、学校及学生的适应性。

2. 关于学习方式

新课程改革提倡学生学习方式的转变，强调学习的过程与方法。课程标准强调学生"经历了什么"、"体会了什么"、"感受了什么"。自主学习、协作学习、研究性学习等方式成为新课程的亮点。研究性学习是指学生在教师指导下，从学习生活和社会生活中选择和确定研究专题，主动地获取知识、应用知识、解决问题的活动。① 研究性学习与社会实践、社区服务、劳动技术教育共同构成"综合实践活动"，作为必修课程列入《全日制普通高级中学课程计划(试验修订稿)》中。

3. 关于教学过程

新课程背景下，课堂教学走向平等、走向自主、走向合作、走向生活、走向生成。所谓"生成"，是新课程倡导的一个重要理念，字面理解为产生和形成。"生成"应对于"预设"。"预设"是教学的基本要求，编写出来的教案有较强的预设性，然而教学中教师不能一味地追求预设性，否则课堂教学就成了教案剧的舞台。课堂教学是一个变化的、发展的动态过程，有着一些我们无法遇见的教学因素和教学情境。课前预设太多，课上学生的自由空间就越小。要求课堂教学要适时突破预期和既定目标的限制走向生成、开放、民主，课堂气氛生动活泼，充满智慧交流和情感交流。

(1) 教师角色的变化。教师在教学过程中应与学生积极互动、共同发展，要处理好传授知识与培养能力的关系，注重培养学生的独立性和自主性，引导学生质疑、调查、探究，在实践中学习，促进学生在教师指导下主动地、富有个性地学习。教师应尊重学生的人格，关注个体差异，满足

① 何克抗. 教学系统设计[M]. 北京：高等教育出版社，2006.

不同学生的学习需要，创设能引导学生主动参与的教育环境，激发学生的学习积极性，培养学生掌握和运用知识的态度和能力，使每个学生都能得到充分的发展。

(2) 大力推进信息技术。在教学过程中普遍应用信息技术，促进信息技术与学科课程的整合，逐步实现教学内容的呈现方式、学生的学习方式、教师的教学方式和师生互动方式的变革，充分发挥信息技术的优势，为学生的学习和发展提供丰富多彩的教育环境和有力的学习工具。

4. 关于课程资源

新课程改革指导意见提倡积极开发并合理利用校内外各种课程资源。学校应充分发挥图书馆、实验室、专用教室及各类教学设施和实践基地的作用；广泛利用校外的图书馆、博物馆、展览馆、科技馆、工厂、农村、部队和科研院所等各种社会资源以及丰富的自然资源；积极利用并开发信息化课程资源。

以甘肃省高中课程改革为例，新的课程体系由学习领域、科目、模块三个层次构成，体现了主题内容的综合性、开放性、结构方式的多样性等。如生物选修 3 模块“现代生物科技”课划分为基因工程、克隆技术、胚胎工程、生物技术的安全性等单元，这些内容量大面宽，对教学的要求突破了传统的知识教学，要求模块教学要整体设计安排，以主题、课题探究来设计问题、解决问题，增强学生学习的主动性，有意识地布置探索性作业。

10.1.2 信息技术在新课程改革中的作用

1. 信息技术

从技术的功能与过程上看，信息技术是指能够完成信息的获取、传递、加工、再生和施用等功能的一类技术。信息技术的体系包括四个基本层次，即基础技术层次、支撑技术层次、主体技术层次和应用技术层次。基础技术主要是指新材料技术和新能量技术；支撑技术主要是指机械技术、电子与微电子技术、激光技术与生物技术等；主体技术主要是指感测技术、通信技术、计算机与智能技术和控制技术等；应用技术是指在各种领域中应用的具体技术。信息技术体系好比一棵参天大树，基础技术层次便是大树扎根的土壤；支撑技术便是大树发达的根系；主体技术是大树强劲的躯干；应用技术则是大树的枝叶和花果。肥沃的土壤、发达的根系、粗壮的躯干，这一切都是造就繁茂枝叶和丰硕花果的必要条件。

在教育中应用的“现代信息技术”主要是指三种技术，一是指现代媒体技术，是一种物化形态的技术，主要包括计算机多媒体技术、网络技术、通信技术、视听媒体技术等。二是指现代媒传技术，也就是运用现代教育媒体进行教育教学活动的方法，即媒传教学法，是一种智能形态的技术。三是指教学系统设计技术，是一种应用广泛的智能形态的技术(见本书第 1.1 节)。

2. 信息技术在新课程教学改革中的作用

(1) 信息技术作为演示工具。作为演示工具，这是信息技术最基本的功能，也是运用最广泛的目的。教师和学生利用现成的计算机辅助教学软件或多媒体素材库，或者综合利用各种教学素材编写演示文稿或多媒体课件，清楚说明讲解对象的结构，形象地演示其中某些难以理解的内容，或用图表、动画等展示动态的变化过程和理论模型等。

(2) 信息技术作为交流工具和协作工具。交流与协作是新课程教学的重要环节之一，也是教学成败的重要因素之一。计算机网络技术为实现交流与协作式学习提供了良好的技术基础和支持环境。教师可以根据教学需要和学生的兴趣和水平，开设或设计一些 BBS 专题、聊天室、论坛，也可以利用 Blog、E-mail 等方式对课程的教学、解决的问题与任务与学习伙伴进行充分的交流与协作。

(3) 信息技术作为个别辅导工具。利用计算机辅助测验软件(这些软件的交互方式有操练和练习、对话、游戏、模拟、测试、问题解答等)，学生可以在练习和测验中巩固、熟练所学的知识，决定下一步学习的方向，实现个别辅导式教学。在该方式中，计算机软件实现了教师职能的部分代替，如演示、出题、成绩评定等。根据不同的学习内容和学习目标，个别辅导软件提供的交互方式也有所不同，体现了不同的教学(或学习)方法，从而形成不同子模式的个别辅导软件，在一定程度上尊重学生的个别差异，有利于学生自主学习。

(4) 信息技术作为资源环境及信息加工工具。新课程改革提出教学资源的整合与利用，学生通过各种教育资源来进行学习。其中，网络资源成为重要的不可或缺的教学资源。用信息技术提供的资源环境突破了书本是知识主要来源的限制，用各种相关资源来丰富封闭的、孤立的课堂教学，极大地扩充了教学知识量，使学生不再只是学习课本上的内容，而是能开阔思路，看到百家思想。通过对网络信息的利用，培养学生获取信息、分析信息的能力，让学生在对大量信息进行筛选的过程中，实现对事物的多层面了解。教师可以在课前将所需的资源整理好，保存在某一特定文件夹下或做成内部网站，让学生访问该文件夹来选择有用信息；也可以为学生提供适当的参考信息，如网址、搜索引擎、相关人物等，由学生自己去网上或资源库中去搜集素材。学生对获取的信息进行二次加工并进行处理，利用多媒体工具去演示或者网络工具去发布，也培养了学生的信息加工能力和思维的流畅表达能力，达到对大量知识的内化。

(5) 信息技术作为研发工具。新课程强调要培养学生的探索能力、自己发现问题和解决问题的能力，以及创造性思维能力，在实现这种目标的教学中，信息技术扮演着“研发工具”的角色。很多工具型教学软件都可以为教师的教学和学生的学习提供很好的支持。如在中学数学教学中，几何画板可为学生提供自我动手、探索问题的机会，当面对问题时，学生可以通过思考和协作，提出自己的假设和推理，然后用几何画板进行验证；此外，学生还可以使用几何画板做实验来发现、总结一些数学规律和数学现象，如三角形的内角和为 180 度、圆周率的存在及计算等。随着信息技术的飞速发展，新技术在教学中的应用更为学生的探索和学习提供了强有力的支持，如在经济学课程中，虚拟现实技术可以模拟真实的商业情境，让学生在各种真实、复杂的条件下做出决策和选择，提高学生对真实问题的解决能力。

10.1.3　信息技术与课程整合的内涵

1. 信息技术与课程整合的概念

整合是指由系统的整体性及其系统核心的统摄、凝聚作用而导致的使若干相关部分或因素合成为一个新的统一整体的建构、程序化的过程。整合可以使系统内部各要素实现整体协调、相互渗透，使系统各要素发挥最大效益。

课程整合是指对课程设置、各课程教育教学的目标、教学设计、评价等要素作系统的考虑与操作，用整体的、联系的、辩证的观点认识和研究教育过程各要素之间的关系。课程整合并不是单纯地将被分割的东西拼凑在一起，也不是简单地把各门学科聚合起来，而是把本来具有内在联系而被人为割裂开来的内容重新整合为一体的课程模式。

信息技术与课程整合是指将信息技术以工具的形式与课程融为一体，将信息技术融入课程教学体系各要素中，使之成为教师的教学工具、学生的认知工具、重要的教材形态、主要的教学媒体。[①] 也可以说是在课程教学过程中把信息技术、信息资源、信息方法、人力资源和课程内容有机结合，共同完成课程教学任务的一种新型的教学方式。信息技术整合于学科课程绝不是简单的纳入或功能的叠加，也不仅仅是工具或技术手段层面的应用，而是如何将信息技术实际地融入学科课程的有机整体中，使其成为整体不可缺少的一部分，或成为一个新的统一体。在各学科教学中，有效地融入信息技术，将教学系统中各种教学资源和各个教学要素有机地集合起来，将教学理论、方法、技能与教学媒体很好地结合起来，在整个教学过程中，保持协调一致，并发挥系统的整体优势以产生聚集效应。

2. 信息技术与课程整合的层次

马宁、于胜泉[②]将信息技术与课程整合从低到高概括为“以知识为中心”、“以资源为中心”和“全方位整合”三个层次，如表 10.1.1 所示。

表 10.1.1　信息技术与课程整合的层次

阶段	层次	教学策略	学习方式	教师角色	学生角色	教学评价	信息技术的作用	硬件要求
封闭式的、以知识为中心的课程整合	信息技术作为演示工具	说教式讲授	集体听讲	知识施予者	知识被灌输者	纸笔测试、口头问答	演示工具	一台教师机、投影机
	信息技术作为交流工具	说教式讲授个别辅导	个体作业为主	知识施予者、活动组织者	被灌输为主、呈现出主动参与学习的兴趣	纸笔测试	简单的人人交互工具，培养学习兴趣、促进情感交流	局域网或互联网
	信息技术作为个别辅导工具	个别辅导式教学、个别化学习	个体作业	计算机软件的开发者或选择者、辅导者	主动学习、接受软件讲授	纸笔测试或计算机测试	简单的人机交互工具，实现教师职能的部分代替	人手一台电脑
开放式的、以资源为中心的课程整合	信息技术作为资源环境	探索式学习等策略	个体作业+协作学习	教学的引导者、帮助者	学习主动参与者	测试/学生的作品	资源搜集、查询工具	局域网或互联网
	信息技术作为信息加工工具	个别化学习、协作式学习	个体作业为主、少量协作作业	知识施予者、学习的指导者、活动组织者	学习主动参与者	测试/学生的作品	学生表达思想、观点、交互的工具	网络教室或局域网
开放式的、以资源为中心的课程整合	信息技术作为协作工具	多种学习策略，以问题解决式、任务驱动式为主	协作作业为主	教学的指导者、帮助者、教学活动的组织者	学习主动参与者	按照学生的作品进行评价	生活、学习的协作工具	互联网
	信息技术作为研发工具	多种学习策略，以发现式、任务驱动式为主	协作作业或个体作业或二者均有	教学的指导者、帮助者、促进者	主动探索、主动发现、主动建构	有一定价值的作品	智能工具	宽带互联网

① 南国农. 信息化教育概论[M]. 北京：高等教育出版社，2004.

② 马宁，于胜泉. 信息技术与课程整合的层次[J]. 中国电化教育，2002(1)：9-13.

续表

阶段	层次	教学策略	学习方式	教师角色	学生角色	教学评价	信息技术的作用	硬件要求
全方位的课程整合	课程内容改革							
	教学目标改革							
	教学组织架构改革							

(1) 以知识为中心的课程整合。传统教学和目前大多数教学都属于此阶段：所有的教学都严格按照教学大纲，把学生封闭在教材或简单的课件内，使其和丰富的资源、现实完全隔离。按照教材的安排和课时的要求来设计所有教学活动，如果课程内容较少，就安排一些讨论，多设计一些活动，如果课程内容较多，就采用"满堂灌"的形式，力保不超时、不少时。虽然采用一定的辅导软件，但是目前的辅导软件也都在上述思想下编制出来，因此也没有什么突破。整个教学都在以"知识"为中心的指导下进行，教学目标、教学内容、教学形式及教学组织都和传统课堂教学没有什么区别，整个教学过程仍以教师的讲授为主，学生仍然是被动的反应者、知识被灌输的对象。信息技术的引入，只是在帮助教师减轻教学工作量方面取得了一些进步，而对学生思维与能力的发展，与传统方式相比，并没有实质性的进步。新课程改革的核心是使学生变被动型的学习为投入型的学习(Engaged Learning)，让他们在真实的(Authentic)环境中学习和接受挑战性的学习任务。在教育中应用技术的最终目标是促进学习形态由低投入(被动型)转向高投入(主动型)。在教学过程中，教的活动和学的活动对技术有一定的依赖性。根据学习形态和教学对技术的依赖程度，根据整个过程中学生参与学习程度的不同，学生不同的参与程度对信息技术的特征和功能的不同要求，将信息技术与课程整合的三个阶段细化为十个层次，并对每个层次的教学策略、学生的学习方式、教师的角色、学生的角色、教学评价方式及依据，以及信息技术在不同层次的作用进行了比较、阐述，见表10.1.1。

(2) 以资源为中心的课程整合。信息技术与课程整合的第一阶段基本上都是封闭的、以个别化学习和讲授为主。在第二阶段，教学观念、教学设计的指导思想、教师的角色和学生的角色等都会发生较大的变化。教育者日益重视学生对所学知识的意义建构，教学设计从以知识为中心转变为以资源为中心、以学为中心，整个教学对资源是开放的，学生在学习某一学科内的知识时可以获得许多其他学科的知识，学生在占有丰富资源的基础上完成各种能力的培养，学生成为学习的主体，教师成为学生学习的指导者、帮助者、组织者。按照对学生能力由低到高的培养顺序，可以将此阶段细化为四个层次(成为总体的第四层到第七层)，每层着重培养的学生能力分别是：信息获取和分析能力—信息分析和加工能力—协作能力—探索和创新能力。

(3) 全方位的课程整合。前两个阶段的七个层次虽然彼此之间有很大的差异，但是，它们都没有使教学内容、教学目标，以及教学组织架构进行全面的改革和信息化。当前七个层次在较大范围内得到推广和使用，并取得很大成功时，当教育理论和学习理论得到充分发展和利用时，当信息技术在教学中的应用得到更系统、更科学的探讨和细化时，必然会推动教育发生一次重大的变革，促进教育内容、教学目标、教学组织架构的改革，从而完成整个教学的信息化，将信息技术无缝地融合到教育的每一个环节，达到信息技术和课程改革的更高的目标。

① 教育内容改革。教育内容的发展趋势为重视基本理论,强调知识内在的联系。在课程设计上重在学科结构合理,教学内容少而精,着重使学生掌握一般的基本原理以发展学生的认识能力。制定教学大纲要着眼于能力,特别是思维能力、创造力的培养,而不是现成知识的传授和一般技术的培训,基础要宽。教育内容还要与生产实践相结合,着力培养学生解决真实性问题的能力。教材要多媒化,利用多媒体,尤其是超媒体技术,建立教学内容的结构化、动态化、形象化表示。

② 教学目标改革。教育内容的一系列改革会对现有的以知识为中心的教学目标产生强烈冲击,以能力为核心的教学目标将成为主体。而这些能力包括:信息处理(获取、组织、操作和评价)的技能;问题解决能力;批判性思维能力;学习能力;与他人合作和协作的能力。

③ 教学组织架构改革。随着教育内容和教学目标的改革,教学组织架构和形式也会发生相应的变革。教学目标强调以真实性问题为学习的核心,这样,就要求教学必须打破传统的45或50分钟一堂课,学生都坐在教室中听课的时间和空间限制,必须以项目和问题为单位,对学习的时间和空间进行重新设计和规划。在教学的组织形式和活动安排的分组上,也要打破传统的按能力同质分组的方式,实行异质分组。

3. 信息技术与课程整合的目标

(1) 培养学生具有终身学习的态度和能力。学习资源的全球共享,虚拟课堂、虚拟学校的出现,现代远程教育的兴起,使人们可以随时随地通过互联网进行学习,学习空间变得无界限了。教育信息化为人们从接受一次性教育向终身学习转变提供了机遇和条件。

终身学习就是要求学习者能根据社会和工作的需求,确定继续学习的目标,并有意识地进行自我计划、自我管理、自主努力,通过多种途径实现学习目标的过程。要实现终身教育和终身学习,就要对教育进行深刻的变革,要使教学个性化、学习自主化、作业协同化,要把培养学生学会学习,培养学生具有终身学习的态度和能力作为学习的培养目标。

(2) 培养学生具有良好的信息素养。教育信息化为终身学习带来了机遇,但只有学生具备良好的信息素养,才能把终身学习看成是自己的责任,才能够理解信息所带来的知识并形成自己的知识结构。信息技术与课程整合正是培养学生形成所有这些必备技能和素养的有效途径。

(3) 培养学生掌握信息时代的学习方式。在信息化学习环境中,人们的学习方式发生了重要的变化。学习者的学习主要不是依赖于教师的讲授与课本的学习,而是利用信息化平台和数字化资源,教师、学生之间开展协商讨论、合作学习,并通过对资源的搜集利用,以探究知识、发现知识、创造知识、展示知识的方式进行学习。因此,通过信息技术与课程的整合,要使学生掌握信息时代的学习方式。学会利用资源进行学习;学会在数字化情境中进行自主发现的学习;学会利用网络通信工具进行协商交流,进行合作讨论式的学习;学会利用信息加工工具和创作平台,进行实践创造的学习。

4. 信息技术与课程整合的基本思想

(1) 要在以多媒体和网络为基础的信息化环境中实施课程的教学活动。这是指学与教的活动要在信息化环境中进行,包括多媒体计算机、多媒体网络教室、校园网络和互联网等,学与教活动包括在网上实施讲授、演示、自主学习、讨论学习、协作学习、虚拟实验、创作实践等环节。

(2) 对课程内容进行信息化处理后成为学习者的学习资源。

① 提供教师开发和学生创作的机会。把课程学习内容转化为信息化的学习资源,不仅仅是

教师用来课堂演示，更重要的是提供给学习者共享。即可以把课程内容编制成电子文稿、多媒体课件、网络课程等，教师用它们进行讲授或作为学生的学习资源。

② 充分利用全球性的、可共享的信息化资源作为课程教学的素材资源。如将数字处理的视频资料、图像资料、文本资料等作为教师开发或学习创作的素材，整合到与课程内容相关的电子文稿、课件之中，整合到学习者的课程学习中。

③ 将共享的信息化资源与课程内容融合在一起直接作为学习对象，供学生进行评议、分析、讨论。

(3) 利用信息加工工具让学习者改变学习方式，进行知识重构。利用文字处理、图像处理、信息集成的数字化工具，对课程内容进行重组、创作，使信息技术与课程整合不仅能向学生传授知识，而且还能够使学生进行知识重构和创作。

5. 信息技术与课程整合中教师的能力结构

教师综合素质的提高是有效整合的前提，信息技术与学科课程的整合对现代教师提出了更高的要求，整合之后的教学和学习会呈现出新的规律和特征。有人把网络时代的教育称为新教育，它的"新"不仅在于目标新、手段新，更在于它需要新的观念、新的方法和新的能力。新教育需要具有新素质的教师来保证新教育目标的实现。因此，教师能力结构的变化是整合的必然需要。

(1) 教师在信息技术方面的能力。教师的信息技术能力指的是对信息科学的基础以及信息手段(特别是计算机网络)特征的理解和基本操作能力，这种能力正是现阶段教师培训的主要内容。信息时代的核心技术是计算机技术与通信技术，对教师而言计算机的基本操作及相关教学软件的应用、计算机小课件的制作、关于多媒体计算机和网络通信方面的基本知识和技能，都是教师在实施信息技术进入课堂中必须掌握的基本能力。参见本书附录1。

(2) 教学设计能力。教学设计理论随教学技术的发展以及学习理论的不断完善，形成了以教为中心的教学设计理论、以学为中心的教学设计理论。它本着为促进学习者的学习为目的，将教学理论与学习理论的原理转换成对不同层次的教与学的系统的设计，针对教学目标、教学内容、教学方法、教学策略、教学评价等具体教学环节的设计，用理论指导来解决教学的实际问题；运用系统的方法创设教学系统的过程与程序，使教学系统中的各要素、各环节能够协调地统一为一个整体，从而达到优化教学的效果。

教学设计既具有理论性，又具有实践性。因此，教学设计的理论和方法是提高教师的理论素养、发展教学实施能力的强有力的工具，是进行信息技术与课程整合的核心能力。在进行信息技术与课程整合的过程中，教师必须运用教学设计的理论指导教学实践，探索新型的教学模式。

(3) 信息技术在教学中实施的能力。信息技术在教学中实施的能力是指教师在教学设计的基础上，实现教学设计方案的能力，能运用有关的信息技术工具和资源营造有利于学生发展的学习环境，能在不同的教学模式和不同的教学环节中熟练运用有关的信息技术工具和资源。现代教育观念指导下的教学实施能力不同于传统教育中单纯的讲授能力和答疑能力，而是强调各个学科的相互整合、从单一的知识传递变为重视解决问题、强调学校教学与社会的连续性、强调对学习者进行生存能力和创造性的培养。因此现代教学实施能力不仅包括讲解能力和答疑能力，尤其要重视适合网络环境下的问题学习和合作学习等现代学习方式能力，涉及情境创设的能力、内容与方法的链接能力、创设使学习者进行协作学习的能力、重视学习过程评价的综合评价能力、促进学习者作为主体进行自主性学习的能力等方面。

(4) 协作性教学的能力。在信息时代,教师处在与他们提供给学习者同样的学习环境中——一种具有挑战性和协作性的学习环境。信息时代,协作将成为人类做事的重要形式。协作也是现代教学和学习的重要形式,例如,基于问题的学习往往采用协作学习的形式,通过个体之间的相互影响,达到解决问题的目的。而教师的协作教学形式在工作中也是常见的,它能发挥教师各自的优势,互相补充、取长补短,是问题解决中的有效方法。教师必须具备与其他教师或专业人员进行成功协作的能力,这也是教师培养学习者合作能力的重要素质和经验背景。

信息化教学环境打破了传统教学中教师劳动的个体性和封闭性,教师之间通过网络等通信手段可以进行超越时空和地域的协作,打破了以往封闭自锁,将自己与他人隔离开来从事研究的局限。因此,教师利用信息技术可以建立更为便捷、有效的协作关系,而且实现经验、智慧的共享,获得更广泛、更有力的教学支持。

(5) 促进学习者学习的能力。虽然现代教育的核心是把学习者作为学习的主体,充分发挥学习者的主动性和积极性,但是教师的作用也同样不能低估。例如,问题式学习中,在解决问题的初期,要求学习者立即明确课题进行探究活动是比较困难的,需要教师有效的帮助。当然,此时教师的教学不是单纯的传递知识,而是帮助和促进学习者学习。例如,认知学徒式的教学方法;示范的方法,通过观察示范,学习解决问题的方法;支架式的方法,通过教师与学习者的协作,解决问题的方法等。由此可见这种能力不是单纯传递知识,不是从教师的方向如何传递信息的方法,而是为了使学习者自身能够积极探究知识进行有效帮助的能力,强调帮助学习者建构知识体系的方法。

(6) 综合评价的能力。对信息化教学进行评价,不同于传统的课堂教学的评价,为了克服传统的教学评价存在重结果、轻过程,重知识考核轻能力考核,重教师对学生的评价等弊端,教师应具备进行多元评价的能力,采用实作评价、档案袋评价、电子作品集的评价、概念图的评价等方法对学生的学习过程进行动态、完整的评价。例如,评价 PBL(基于问题的学习),应该全面、综合地考虑和检查诸如如何设定问题、在何处产生了新的想法、如何得出结论、建立什么假设等问题,因此要求教师具有综合评价能力。教师以问题为导向,整理学习者的各种数据,按照整理的结果,重点评价学习者解决问题的过程。还应该决定评价的标准和评价的项目,结合收集的数据,直接向学习者提问,从学习者的答案和评价的数据中进行评价。

(7) 教学研究能力。信息技术与课程整合的方方面面必将呈现出新的规律。对新规律的发现和了解的深度,在一定程度上会影响教育信息化的进程。教育实践活动是发现新规律的重要过程,也是尝试新方法、创造新理论的过程。尽管教育技术学在理论上已经为基于网络的现代教育提供了原则和方法,但教师仍然感到在实际教学中,现有的原则和方法确实不够用。因此,教师不仅是现代教育的实践者,还应该是现代教育规律的发现者和研究者。因此,教师的研究能力应该是时代对全体教师提出的新要求。

(8) 教学监控能力。教学监控能力是指为了保证教学达到预期的目的而在教学的全过程中将教学活动本身作为意识对象,不断对其进行积极主动的计划、检查、评价、反馈、控制和调节的能力。教学监控能力是教师教学能力结构的高级形式,是其他教学能力和教学行为的调节中枢。

信息化教学是教师促进学生完成正确知识建构的过程,教师要在充分满足学生个性需要的基础上,对教学进行全面的监控,教师的角色发生了变化,学生的学习形式增加了利用媒体的独立学习和协作学习的途径。因此,教学过程复杂性和教师的角色变化,都对教师的监控能力提出了许多新的要求，例如，为激发学生的学习积极性和正确导航，要求教师的监控从宏观纵深到微观，及时反馈其学习情况，信息技术与课程整合经常是在一定的学习情景中进行，教学监控必须从课堂监控到情景监控，从对集体监控到对个人监控、小组监控和同伴关系的监控。

(9) 信息素养。在信息技术的教育教学应用过程中，教师无论作为社会人还是作为职业角色都应该掌握信息技术并具备一定的信息素养。作为职业角色的教师，还特别要学会选择信息技术和在教学中有效整合的技术。教师的信息素养应该包括：对信息技术的敏感性、应用信息技术的能力、教学媒体的整合能力等。

10.1.4　信息技术与课程整合的基本模式

信息技术与课程整合的理论与实践中，关于整合的模式是一个非常重要的概念。模式是模型、式样，是理论与实践联系的桥梁。首先要清楚教学模式、教学策略、教学方法的概念，相关专家[①]的解释如下：

教学模式是在一定的教育思想、教学理论和学习理论指导下，为完成特定的教学目标和内容而围绕某一主题形成的比较稳定且简明的教学结构理论框架及其具体可操作的教学活动方式，通常是两种以上方法策略的组合运用。教学模式包含具体的教学策略及教学方法。

教学方法是在教学过程中教师和学生为实现教学目的，完成教学任务而采取教与学相互作用的活动方式的总称。既包括教师教的方法，也包括学生学的方法。

教学策略就是在不同的教学条件下，为达到教学目的、完成教学任务，所采用的方式、方法、媒体、程序等的总和。教学模式、教学策略、教学方法三者之间的关系可以用图10.1.1表示。

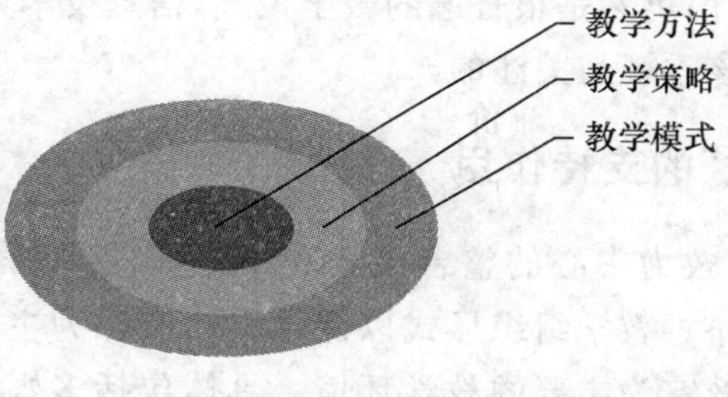

图10.1.1　教学模式、教学策略、教学方法关系图

这三者之间既有区别又有联系，师生之间的教学互动行为是方法，几种方法的组合成为策略，策略、方法结合在一起，成为教学模式。这也是本书教学设计中对于这三个概念的阐释。

从教学系统设计的理论基础和实施方法看，教学设计分为三大类：以“教”为主的教学系统设计模式；以“学”为主的教学系统设计模式；以“教师为主导，学生为主体”的教学系统设计模式(详见第9章)。本章将信息技术与课程整合的模式分为两大类，以“教”为主的教学模式和以“学”为主的教学模式，并对以“教”为主的和以“学”为主的教学模式下信息技术的作用、应用方式及整合策略进行说明。这两种模式下的教学策略、教学方法、学习方法、媒体、环境及优缺点见表10.1.2。

---

① 何克抗，林君芬，张文兰. 教学系统设计[M]. 北京：高等教育出版社，2006.

表 10.1.2 两种教学模式的比较

特点	替代式教学策略(以教为中心)	产生式教学策略(以学为中心)
学习方法	接受学习	发现学习
教学方法	讲授法、练习法	发现法、探究的方法
教学媒体	视觉媒体(幻灯片、实物投影)、听觉媒体、视听媒体、多媒体课件、网络课程	网络信息、网络资源
教学环境	多媒体教室、网络教室	多媒体教室、网络教室、数字图书馆、互联网
关注的焦点	课堂、网络等关注如何使"教师"传递内容更为有效	安排学习环境,开发、设计各种学习环境
优点	集中指向教学目标,单位时间内效率高;学得的内容系统性强;适合于以教为中心的学习方式的学生学习	能将外界信息和自主的认知结构联系起来;学生可使用实践改善自己的学习策略,提高学生学会学习的能力;强调个人独创的作用;可激发学生的学习兴趣;信息处理过程较深入
缺点	学生智力投入少,信息处理深度不够;缺乏创造性的学习;对学生挑战性小,导致一些学生的学习动机不高	对学生的认知能力、自控力等有较高要求,并不适合所有年龄段的学生;花费时间较多;不能保证知识的系统性;由于知识超载或遇到问题不能及解决时导致情绪低落

10.2 信息技术支持下的"以教为中心"的教学策略

"以教为中心"的教学目前仍然是很普遍的教学模式,信息技术如何支持教,如何与教师的讲授恰当结合,是我们首先应该重视与关注的。

10.2.1 信息技术对"教"的支持作用

如表 10.1.2 所示,在以教为中心的整合模式下,学生以接受学习为主,接受现成的知识成果,是一种替代性的教学策略。教学组织形式以课堂集体授课为主,以讲授法为主要方法,以传统教室或多媒体教室、网络教室为主要的教学环境。具体包括多媒体教室环境下和网络教室环境下两种应用方式。主要的教学策略是传递——接受,信息技术媒体作为演示、交流工具。主要的教学媒体为视觉媒体(幻灯片、实物投影),听觉媒体,视听媒体,多媒体课件(文本、图像、声音、动画、视频)。

信息技术媒体的作用主要有以下几种:

(1) 提高教学效率。教师课前通过认真备课,把课堂中要讲授的重要知识内容有计划、有重点、有条理地设计并制成板书式视觉材料,比如幻灯片。上课时,教师边演示边进行生动的讲解,引导学生理解和掌握教学内容,这样既节省了课堂板书、板图的时间,又提高了教学效率。

(2) 提供感性材料。利用视觉、听觉、视听觉媒体或多媒体课件等能充分展示传统课堂里不能再现的事物、现象,生动的画面和优美的音乐刺激学生感官,让学生获得感性认识,形成表象。实物投影能将可见度小、变化过程看不清楚的实物经技术处理在投影器上投影出来,从而增加演示的可见度和观察范围。如磁铁性质的实物投影、磁力线的实物投影、水能溶解别的物质的实物投影以及一些化学实验现象的实物投影均可收到较好的演示效果。

(3) 培养学生的观察力和比较力。教师利用投影媒体把要观察的现象直观地展现在学生面前,使学生能深入观察,从中获取知识,有助于培养学生的观察力和解决问题的能力。借助录音手段,为学生提供听觉对比资料,指导他们区分异同、辨别正误、找出原因。如通过规范的录音播放男声朗读的苏轼的《大江东去》和女声朗读的柳永的《雨霖铃》,苏轼的豪放磅礴、柳词的婉约细腻,通过录音充分体现出这两首词的不同气质和风格,加深了学生对文章的理解和记忆。

(4) 通过反馈进行技能培训。利用录音媒体,把学生回答的声音录下来,采取当场录放的方式分析学生回答不当的原因,使学生真实、迅速地获得反馈信息,及时进行自我检查,并加以改进。如在语言和歌唱教学中,可以将学生模仿的发音录下来与规范的声音相比较,找出差距,及时改正。微格教学在培训师范生课堂教学技能上具有良好的效果。微格教学是利用摄像机和录像机等设备将每个学生在讲台上的教学过程记录下来,然后通过录像反馈和小组评价,使被培训者能较清楚地看到自己的问题和不足,从而取长补短,及时纠正存在的问题,并较快地掌握各种课堂教学技能的运作规律。

(5) 进行示范教学。示范教学是指利用电视录像、录音媒体为学生提供典型的示范材料,指导学生进行教学实践。在实验教学中,我们可以利用电视录像媒体将实验原理、实验步骤、实验方法形象、直观地再现于课堂,对学生进行实验前的指导教学。如实验前,学生通过观看实验演示录像,不仅亲眼目睹实验的全过程,还能通过不同角度拍摄的近景、特写等画面详细观察仪器设备的构造和细节,依照相应的解说和示范,准确高效地掌握实验操作步骤。同时,通过正误操作的比较吸取经验教训,避免类似错误的发生。另外,教师也可避免每次实验讲解的重复劳动,集中精力加强指导。所以,利用电视录像媒体可以优化教学,提高实验教学的质量和效率。

在体育训练时,用电视录像可以展示分解动作及要领;在生产实习中,用电视录像可以展示规范的生产过程和操作方法;在师资培训中,用电视录像可以展示优秀教师的教学精华等。

使用录音媒体,可以为学生提供规范化的语音、语调、朗读和歌唱等资料,让学生模仿学习。如语文教学中,利用教学录音带范读课文,既可以使学生模仿朗读技巧、准确读音,还有助于陶冶情操,达到朗读训练的教学目的。

(6) 创设情境,激发想象。用录音或录音与其他媒体相结合的方式,为教学创设一定的情境,以增强教学效果,引导学生想象,进行美的熏陶。如给学生讲授各种动物的特征和习性时,教师可以一边放幻灯片,一边用录音作"导游","导游"在介绍每种动物的同时还配有诸如猴子、老虎、狮子等动物的叫声,生动的情境仿佛使学生置身于动物园里,大大激发了学生的想象,充分调动了学生的学习积极性。

(7) 扩大教育规模。对具有共性的教学活动,如公共课教学、政治思想教育等利用扩音、录音,可以扩大教学规模。如在校园内建立调频发射台或音频发射系统,学生通过收音机或音频接收机(一般用音频/收音多用机)收听,可随时复习教学内容,加强听力训练。除此之外,还能通过网络课程、远程教学等,扩大受教育人群。

10.2.2　信息技术支持下的"教"的方法

1. 实物、实验演示法

实物、实验演示法是通过投影仪或展示台将实物、投影教具和某些化学、物理实验演示器件,放大投影到银幕上,扩大演示物的可见度,使全体同学同时对演示物的构造、性能和现象的变化过程等产生直观、清晰的了解的演示法。通过多媒体课件也可以完成实验演示任务。

2. 情境创设法

为教学创设情境，增强教学效果，在教学过程中，教师有目的地引入或创设具有一定情绪色彩的、以形象为主体的生动具体的场景，以引起学生一定的态度体验，从而帮助学生理解教材，并使学生的心理机能得到发展，这种方法即为情境创设法。通过多媒体可以展现丰富的情境，常用的情境创设方式有两种。

第一种，用音乐渲染情境，音乐的语言是微妙的，也是强烈的，可以给人以丰富的美感，使人心驰神往。它以特有的旋律、节奏，塑造出音乐形象，把听者带到特有的意境中。

第二种，用图画再现情境，图画是展示形象的主要手段，用图画再现课文情境，实际上就是把课文内容形象化。课文插图、特意绘制的挂图、剪贴画、简笔画等都可以用来再现课文情境。如"火烧云"、"爬山虎的脚"、"生活中的圆"等，都可通过形象展示，激起学生广泛的联想。

情境教学法的核心在于激发学生的情感。情境教学的功能主要表现在陶冶功能和暗示（或启迪）功能两个方面。

3. 示范反馈教学法

示范反馈教学法是利用听觉材料，为学生提供规范性的语言、语音学习材料，或者标准动作的视觉材料，便于学生模仿和训练的教学法。可以通过为学生提供视觉、听觉对比材料，指导他们分析比较、区别异同，分辨正误、加强练习。比如，微格教学可使学生真实、迅速地获得反馈信息，及时进行自我分析、自我评价，以利于其自身改进。

4. 演播教学法

演播教学法是指在课堂教学中把教师的讲授与媒体播放相结合的教学方法。演播法的具体应用形式有以下几种：

(1) 完整播放法。完整播放法是指把教学内容以课件的形式一次性完整地播放给学生看，这种方法多用于对学生进行思想教育或给学生提供与教学内容有关的辅助材料。演播之前，教师应先向学生讲清教学的目的、要求，并提示观看过程中的注意事项。演播之后，应及时对内容要点进行总结。总结可以由教师来完成，也可以由学生在教师指导下完成，还可由学生讨论完成，若采用学生讨论的方式，教师应在讨论之前提出明确的讨论题目。通过总结或讨论加深学生对教材内容的印象，提高教育教学效果。

(2) 插播法。插播法是教师在课堂教学过程中，根据教学内容的需要适时播放课件内容的方法，多用于教学内容中不易用语言表达清楚，或是由于学生缺乏生活感受，而对教学内容难于理解的部分。插播时，要注意让教师的讲授与播放的内容有机结合，自然流畅，融为一体。一般是在教师讲到某部分内容时稍加提示，便播放该内容的课件。播放期间，教师不应讲话，以免影响学生观看。播放完毕，应进行必要的总结、补充与深化。这种方法易于调动学生的学习兴趣，抓住学生的注意力。

(3) 边播边讲法。边播边讲法是指在播放电视教材的过程中，教师运用课件的暂停功能，借助于暂停的静止画面进行具体详尽的分析与讲解，多用于转瞬即逝、不易看清的现象。采用边播边讲法时要注意暂停的位置要恰当、准确，对画面的分析与讲解要精炼得当。这种方法能突出教学重点和详解教学难点。

5. 重复再现法

重复再现法是在课堂教学过程中,把同一内容的画面多次重复使用的教学法。一般用于分析讲解教学重点或难点,或对教材进行从概述到分述的层次分析,要注意每次重复都要有明确的目的,而不是机械的重复和再现。这种方法会对引导学生深入理解教材和强化记忆起到很好的作用。

10.2.3 “教”的策略及案例

信息技术环境中“以教为中心”的整合方式有两种环境,一种是课堂环境,一种是网络环境,或者是这两种环境的结合。关于网络环境下的“教”的方式详见第5章,本节重点介绍课堂环境下的“教”的策略。课堂环境下的一种典型的“教”的策略就是“情境—探究”教学策略。

1. “情境—探究”教学策略①

基于课堂的“情境—探究”教学策略包括创设情境(思考讨论、形成创意),实践探索,意义建构,自我评价几个基本环节。

教师利用信息技术手段,根据教学要求和学生的认知发展水平,创设一定的教学情境,以引起学习者对问题的思考。在充分思考的基础上,借助一定的学习资料,形成创新性问题解决的思路,并在实践中探索问题解决的具体方法,最终实现问题解决。在问题解决的过程中,学习者对问题的理解和解决方法形成了自己的独特见解,达到了建构主义理论所要求的对知识学习的自我意义建构。最后一个环节是学习者对问题解决过程进行自我评价,发现不足与成效,以便在后续问题解决中改进与提高。

在“情境—探究”策略中信息技术与课程内容教学的关系可以用图10.2.1表示。

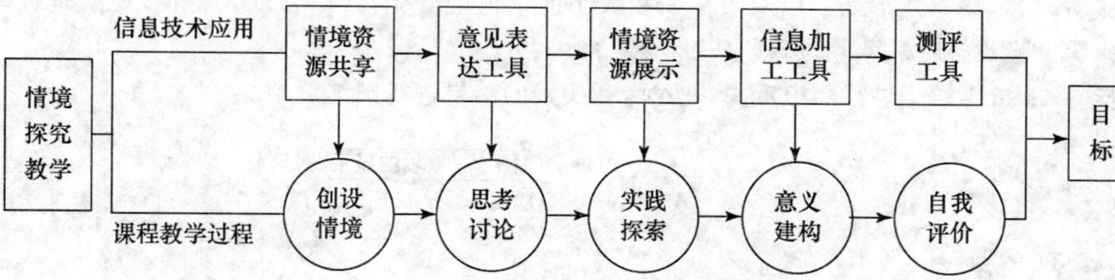

图10.2.1 “情境—探究”策略中信息技术与课程内容教学的关系

基于课堂的“情境—探究”模式的特点是教师指导、网络支持、学生参与。由于该模式兼具传统教学下师生面对面交流、信息反馈及时和信息技术环境下学生主体参与、学习方式灵活、学习资源丰富等特点,对于革新传统课堂教学,实现在课堂教学中以现代教育技术手段推动素质教育进程,培养学生的创新精神与实践能力具有非常重要的作用。同时,也是计算机技术与学科课程整合的良好场所,有利于提高教学效果和培养新世纪需要的适应知识经济社会发展的新一代。

① 李克东.新编现代教育技术基础[M].上海:华东师范大学出版社,2002.

2. 教学案例

基于课堂的"情境—探索"模式有许多成功的案例。例如利用著名的数学几何模拟软件"几何画板",可以非常容易地实现对平面几何、立体几何中的形状、平分线、中垂线等进行动态模拟演示,可以定义各种参数、也可以随机动态改变,非常灵活方便。教师利用该软件可以演示、创设几何学习的良好情境,方便学生探索与发现问题,并在此过程中培养学生的兴趣、创新意识和实践能力。

案例 10.2.1　利用几何画板探索三角形内接矩形的面积变化的规律①

杭州二中的数学教师利用几何画板探索三角形内接矩形的面积变化的规律时,采用了如下方法步骤:

【步骤 1】创设学习情境。

(1) 利用几何画板画出$\triangle ABC$,在$\triangle ABC$中的BC边上取一动点P,设$BP=x$,并以P点为始点作内矩形。并设P点在BC上作动画运动,使矩形面积随之而发生大小变化(如图 10.2.2 所示)。

(2) 测出矩形面积的值y,并建立x与y间的关系,让面积值y在坐标系中显示,并观察x变化时,面积y的变化情况。

【步骤 2】教师指导学生观察事物的特征、关系、运动规律并进行思考和发表意见,教师指导学生思考,如果移动P点,矩形面积以及表征面积大小的y值会有怎样的变化,有何特征?是否有最大值?让学生把思考的想法说出来并进行讨论。

【步骤 3】让学生进行操作实践,验证与原来思考的意见是否一致;教师指导学生,实际操作计算机,移动P点,观察矩形面积以及表征面积大小的y值的变化情况,发现其特征,观察是否有最大值,让学生验证与原来思考的意见是否一致。

【步骤 4】指导学生进行知识重构,把思考和实践的结果进行归纳总结。

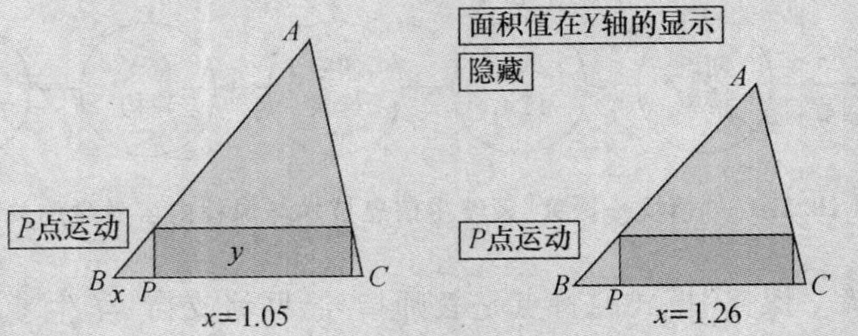

图 10.2.2　三角形内接矩形面积变化规律的课例

上述例子将几何画板作为学生探究数学几何问题及规律的优秀工具。在教学领域,类似以信息技术作为情景—探究工具的手段非常多,它们会在教学中发挥越来越大的作用。

① 李克东.新编现代教育技术基础[M].上海:华东师范大学出版社,2002.

10.3　信息技术支持下的“以学为中心”的教学策略

“以学为中心”的教学模式主要运用产生式教学策略，以学生的自主学习为主。

10.3.1　信息技术对自主学习的支持

1. 自主学习的特点

关于以学为主的教学过程设计已经在第9.3中介绍过了，自主学习是新课程提倡的学习方式，是指学生主动的、建构性的学习。自主学习是指学生在掌握知识的同时，主要培养学习能力。自主学习具有自主性、独立性、异步性等特点。

自主性：自主选择学习目标，自定步调，自我调控进度，自我评价。

独立性：这是相对于集体讲授方式来说，在学习活动的各个方面和环节上，尽量摆脱对教师或同伴的依赖，独立开展学习活动。

异步性：不同的学习者之间在学习进程、目标、策略等方面存在不同步性。

2. 信息技术对“学”的支持作用①

(1) 作为资源环境、信息搜集查询工具、信息加工工具。计算机多媒体技术和网络技术为学生提供了真正意义上的开放性学习环境，不受时间、空间和地域的限制。学生在教师的指导下，通过运用各种信息搜索工具，获得相关的信息，然后加以分析、提炼、加工、综合得出自己的结论，再利用E-mail、BBS，或面对面地与同学进行讨论，最后把自己的结果发布到网上。上述整个过程的进行，十分有利于拓展学生个性发展的空间，提高学生自学能力，其中包括获取、识别信息资源的能力和独立解决问题的能力，从而激发学生的创造性思维，达到学会学习的目标。学生可以利用的资源是多媒体网络资源主要包括以下几种：

校本资源：指教师在上课前把学生需要的部分资料放在网络上供学生参考使用。

远程资源：指教师在本地网络上建立或提供各种互联网的链接，学生可以通过超链接直接找到需要的材料。

泛资源：指学生通过互联网各种搜索引擎服务，在网上搜集资料。

(2) 信息技术提供了多维、实时、开放的互动和交流。多媒体网络的多维交互，更加方便学生获取、选择、运用信息；多媒体网络的实时交互，有利于学生及时得到反馈信息，进行自我评价；多媒体网络的开放扩展特性，有利于学生进行创造性的学习；多媒体网络的仿真和虚拟现实，给学生提供了一个自主学习的全新环境。

(3) 研发工具及协作工具。新课程对学生的研究精神和科学态度提出了一定的要求，通过互联网的浩瀚信息和各种网络工具，对学生的研究性学习进行有力的支持。教师设计解决问题、学习任务、个体作业和协作作业，学生通过自主探究与协作，完成任务，解决问题。

10.3.2　信息技术支持下的自主学习教学策略及案例

自主学习策略，是指能够体现学生“自主学习、自主发现”精神的教学策略。这种策略强调最大

---

① 张筱兰. 信息化教学[M]. 北京：高等教育出版社，2010.

程度地体现学生主体地位，强调学生的意义建构。常见的自主学习策略主要有：支架式教学策略、情境教学(抛锚式教学)策略、随机进入式教学策略、基于 Web 的探究式策略——Webquest。

1. 支架式教学策略

根据欧共体“远距离教育与训练项目”的有关文件，支架式教学被定义为：“支架式教学应当为学习者建构对知识理解的一种概念框架。这种框架中的概念是为发展学习者对问题的进一步理解所需要的，为此，事先要把复杂的学习任务加以分解，以便于把学习者的理解逐步引向深入。”

支架式教学是通过提供一套恰当的概念框架来帮助学习者理解知识、建构知识意义的教学模式，借助该框架学习者能够独立探索并解决问题。支架式教学的基本环节分为五个方面：

(1) 搭脚手架：围绕学习主题，建立概念框架。

(2) 进入情境：引导学生进入一定的问题情境，并提供必要的解决问题的工具。

(3) 独立探索：教师放手让学生自己决定探索问题的方向，探索过程中教师适时提供必要的提示。

(4) 协作学习：通过学生和学生、学生和教师之间的协商讨论，可以共享探索的成果，并在此基础上达到对知识比较全面、正确的理解，最终完成对所学知识的意义建构。

(5) 效果评价：包括学习者的自我表现评价和学习集体对个人的评价。评价内容有自主学习能力，对小组协作学习所作出的贡献，是否完成对所学知识的意义建构。

支架式教学的基本特征是重视社会交互作用和文化在知识理解和意义建构中的作用，认为儿童认知能力的发展不仅仅是一个个体的过程，还是一个社会和文化的过程。

案例 10.3.1　支架式教学设计案例“动物的种类——脊椎动物”①

设计者：金云琼

科目：自然常识

学校：上海宝山区实验小学

年级：小学四年级

一、单元概述

教师先以鱼类为例开始本单元内容的教学，提示学生本单元的学习重点以及要达到的目标。使学生通过查阅教师提供的资料并根据要求上网搜索相关的资料，了解五大类脊椎动物的特征，并通过同学之间的互相讨论，自己总结哺乳类、两栖类、鱼类、爬行类的外形特点、生活习性等。资料搜索及小结的过程分组实现，每组负责一类动物。各组将自己找到的有关资料及总结的动物特征制作成电子讲稿或网页。最后把各组修缮后的电子讲稿或网页，组合成一个完整的总结性的有关脊椎动物的电子讲稿或网站。本单元内容需要利用课余时间，此时各组可以通过 E-mail 加强之间的联系，还可以与老师进行沟通。

二、单元目标

通过本单元的学习，学生应该能够：

(1) 掌握脊椎动物各大类的特征，包括体表、生活环境、呼吸、繁殖方式等。

(2) 成功地搜集互联网上的相关资料。

(3) 对所搜集到的资料进行归纳、整理，并制成电子讲稿或网页来共享。

① 祝智庭. 现代教育技术——走向信息化教育[M]. 北京：教育科学出版社，2002.

(4) 学会用计算机进行学习。

(5) 加强协作学习的能力。

三、所需时间

2课时，及若干课余活动时间。

四、必备技能

Windows操作、上网查询搜集资料的操作、PowerPoint的操作、FrontPage的操作。需要的材料和资源包括以下几种。

(1) 技术方面：2至3人共用1台计算机(要求与互联网相连、具有多媒体软件、字处理软件、图像处理软件、网页制作软件、互联网浏览器和收发E-mail的软件)，投影仪。

(2) 印刷材料：小学自然常识四年级教材，各类动物画册或百科全书。

(3) 所有的互联网资源(略)

五、学习过程

本计划适用于已掌握各种所需技能的学生，包括搜集互联网中资料、用PowerPoint制作电子讲稿、用FrontPage制作网页等。学生结成2至3人一组，共同使用1台计算机进行学习及操作。

(1) 教师以鱼类为例，播放电子讲稿范例或网站范例，介绍鱼类的体表、呼吸、繁殖、运动等特征，学生通过观察得出鱼类的特征，总结出什么是鱼类，并借此了解电子作品制作的基本要求。

(2) 学生利用网络或教师所提供的各类动物的资料，进行其他几类动物的学习。每个小组分配一类动物进行搜索，搜集各类动物的具体例子，总结出各类的特征。主要包括外形特点、生活环境、呼吸、繁殖方式等。

(3) 确定一个主题，学生把搜集到的资料利用PowerPoint或FrontPage整理成电子讲稿或网页。

(4) 将各个小组制作的电子作品进行交流、展示，由此得出各个大类的正确定义。

(5) 把各个小组的电子讲稿或网页组合，得出一个完整的动物的种类——脊椎动物的调查结果电子讲稿或网站。

(6) 交互性的练习，对学生的学习效果进行考核。

六、学习内容和方法的调整

(1) 对有特殊需要的学生：化解一定的难度，给予更多的关心。制作电子讲稿及网页的要求可以降低。分组时将有特殊需要的学生与合适的伙伴结成小组。

(2) 对有天赋的学生：发挥他们的主导能力，在学习小组中起中心及组织作用，并作为技术后盾。使其能制作演示文稿或网页与其他学生共享学习成果；创建相关的网站，与各地学生交流对动物的认识。

七、学生评价

学生电子讲稿的评价量规如表10.3.1所示。

表10.3.1　学生电子讲稿的评价量规

要求	评分依据	熟练/完成程度
幻灯片数量	至少有六张幻灯片具有合适的背景、前景颜色	优 良 中 差 未完成 10 8 6 4 0
科学性	文稿内容符合科学依据，表述正确	优 良 中 差 未完成 10 8 6 4 0

续表

要求	评分依据	熟练/完成程度				
完整性	内容完整，突出各类动物的主要特征，条理清晰，语言简练	优 10	良 8	中 6	差 4	未完成 0
丰富性	尽可能地丰富知识面，介绍多种罕见的动物	优 4	良 3	中 2	差 1	未完成 0
语法与拼写	整套幻灯片表现出正确的语法、拼写、无别字	优 4	良 3	中 2	差 1	未完成 0
界面效果	界面效果起到增加生动性、引起兴趣的作用，但不能影响内容表达	优 4	良 3	中 2	差 1	未完成 0
合作性	在学习过程中与其他组共享了资源，本组内的同学都发挥了作用	优 10	良 8	中 6	差 4	未完成 0
加分						
1. 设计具有自己的思想。(5分) 2. 内容全面，能表达动物特征中的细节。(2分) 3. 资料搜集面广。(2分)						

在此案例中，信息技术作为教师教的工具和学生学的工具，成为完成教学任务、实现教学目标的"支架"。

2. 情境教学(抛锚式教学)策略

情境教学是指创设有真实事件或真实问题的情境，学生在探索事件或解决问题的过程中自主地理解知识、建构意义。情境教学又称"抛锚式教学"，因为一旦这类事件或问题被确定了，整个教学内容和教学进程也就被确定了(就像轮船被锚固定一样)。在情境教学中，教师同样是事件的探索者或问题的解决者，并在共同建构意义的过程中给学生必要的帮助。

建构主义认为，最好的办法是让学习者到现实世界的真实环境中去感受、去体验(即通过获取直接经验来学习)，而不是仅仅聆听别人(例如教师)关于这种经验的介绍和讲解。由于情境教学要以真实事例或问题为基础，所以有时也被称为"实例式教学"或"基于问题的教学"。

情境教学的组成环节有以下几个：

(1) 创设情境：使学习能在和现实情况基本一致或相类似的情境中发生。

(2) 确定问题：在上述情境下，选择出与当前学习主题密切相关的真实事件或问题作为学习的中心内容，让学生面临一个需要立即去解决的现实问题。选出的事件或问题就是"锚"，这一环节的作用就是"抛锚"。

(3) 自主学习：不是由教师直接告诉学生应当如何去解决面临的问题，而是由教师向学生提供解决该问题的有关线索(例如需要搜集哪一类资料、从何处获取有关的信息资料以及现实中专家解决类似问题的探索过程等)，由学生自己进行问题解决。

(4) 协作学习：教师、学生共同讨论、交流，通过不同观点的交锋，补充、修正、加深每个学生对当前问题的理解。

(5) 效果评价：由于情境教学要求学生解决面临的现实问题，学习过程就是解决问题的过程，即由该过程可以直接反映出学生的学习效果。因此对这种教学效果的评价往往不需要进行独立于教学过程的专门测验，只需在学习过程中随时观察并记录学生的表现即可。

情境教学的特征是“学习者中心”，每个学习者都是知识理解和意义建构的主体；第二个特征是“情境中心”，现实世界的情境是学习者进行问题解决或意义建构的平台；第三个特征是“问题中心”，学习者在教学中解决问题的过程亦即是意义建构的过程，一个个真实的问题是学习者思想汇集的中心和焦点。

案例 10.3.2　情境教学设计案例“中国的四大地理区域”教学设计方案①

一、学习目标

1. 知识与技能目标：根据四大地理区域的位置、范围、地形，分析各个区域的地理差异；能根据图表资料分析四大区域的生产特点和人文景观，并能理解其与自然环境之间的关系。

2. 过程与方法目标：通过读图、析图、绘图，强化学生运用图表的能力；让学生以小组的形式解决一些现实生活中的问题，从而发展学生解决问题的能力和知识迁移能力。

3. 情感、态度与价值观目标：体会地理环境与我们生活、生产的关系，理解可持续发展的重要性。

二、学习内容分析

教学重点：根据四大区域的自然地理特征和人文地理特征，提出值得探讨的问题。

教学难点：对提出的问题利用网络等资源进行分析研究。

三、学习者分析

1. 学生已经学习了有关我国民族与人口、地形、气候、河流、资源等方面的知识，了解了我国四大地理区域的划分情况，掌握了四大地理区域的一些自然地理特征和人文地理特征。

2. 通过信息技术课的开设，学生初步具有利用网络来获取有用信息的能力。

四、问题情境

假如你是一个地区某生产部门的负责人，如农业部长、旅游部长、工业部长、交通部长等，你认为应如何扬长避短、可持续地发展当地的经济？如何解决当地经济发展中存在的环境、土壤、水资源等方面的问题？

要求：要结合当地的自然地理和经济地理的特点，写出其发展经济的有利、不利方面，提出解决问题的具体策略。

五、提出问题

1. 青藏地区的旅游业。
2. 内蒙古地区的畜牧业发展。
3. 西北地区该不该大量植树造林。
4. 西北地区沙漠化的控制。
5. 华北地区农业发展中存在的问题——土多水少。
6. 南水北调的利与弊。
7. 河西走廊如何发展耕作业。
8. 云南的旅游业及其问题。

① 张筱兰. 信息化教学[M]. 北京：高等教育出版社，2010.

9. 黄土高原地区人们的致富问题。

六、教师提供的学习资源(略)

七、学习活动设计

学习活动设计如表10.3.2所示。

表10.3.2　学习活动设计

步骤	学生活动	教师活动
第一步	了解和加深对秦淮线意义的认识和理解	展示秦淮线地理意义图
第二步	了解四大区域地理的划分	展示四大区域划分图
第三步	对四大区域特征分组进行的分析、归纳和整理	指导分组及讨论
第四步	针对有关四大地理区域，提出一些有关其经济发展或环境保护、治理等方面的小课题	引导学生发现问题
第五步	分组完成对小课题的研究	教师指导
第六步	分组展示调研成果	教师点评，注重激励性的语言，以提高学生研究型学习的积极性
第七步	教师对学生的小课题调研活动进行总结性的鼓励和评价，激励学生要学会创新性学习，树立科学探索能力、意识和精神	

八、学习成果展示与评价(要点)

(一) 青藏地区的旅游业

1. 独特的地理环境。
2. 独特的民俗风情(锅庄舞)。
3. 独特的野生动物。
4. 佛教圣地。
5. 高原湖群。
6. 夏季气温低。
7. 青藏铁路的开通方便了人们的出行。

(二) 内蒙古地区的畜牧业发展

1. 限制牲畜数量。
2. 建立人工草场，提高产草量，划区轮牧。
3. 退耕还林。

(三) 西北地区该不该大量植树造林

1. 地理环境特点(干旱、缺水)。
2. 水资源缺乏。

(四) 西北地区沙漠化的控制

1. 控制人口迁移。
2. 控制扩大耕地规模。
3. 节水灌溉。

（五）华北地区农业发展中存在的问题——土多水少

1. 节约用水，防止污染。

2. 提高灌溉技术。

3. 培育节水型作物。

4. 南水北调。

（六）南水北调的利与弊

1. 将较大地改善北方地区的生态和环境，特别是水资源条件，增加水资源承载能力，提高资源的配置效率，促进经济结构的战略性调整；对于扩大内需，保持全国经济的快速增长，实现全国范围内的结构升级和经济社会环境的可持续发展，具有重要的战略意义。

2. 通过改善水资源条件来促进潜在生产力形成现实的经济增长，通过建立南水北调工程新型的运行机制，促进受水地区加大节水、治污的力度，逐步改善黄淮海地区的生态环境状况，使我国北方地区逐步成为水资源配置合理、水环境良好的节水、防污型地区，实现可持续发展。

3. 能有效解决北方一些地区地下水因自然原因造成的水质问题，如高氟水、苦咸水和其他含有对人体不利的有害物质的水源问题，改善当地饮水的质量。

4. 有利于缓解水资源短缺对北方地区城市化发展的制约，促进当地城市化进程。

5. 因水量增加，对经济社会发展的需水要求提供基本保证，有利于回补地下水，可遏制并逐步改善因缺水造成的生态环境恶化，保护湿地和生物多样性。

6. 不利：南水北调中有许多倒虹吸，要从河道下穿过，并且还有暗渠，这些都要对原有的河道进行改造，对防洪、航运、采水都是考验，河床会下降，河水渗透，影响暗渠，暗渠下降或断裂，不光会影响自身的水系，还会影响河道的正常流动，对下游的影响更是巨大。造成局部输水河段两侧及蓄水工程周边地下水位抬高，存在土壤次生盐碱化的可能；工程施工会造成陆生植被和水生生物量的破坏；工程占地和移民搬迁将对沿线居民生产生活产生一定影响等。

（七）河西走廊如何发展耕作业

1. 培育节水型作物。

2. 提高灌溉技术。

3. 培育高产作物。

4. 节约用水、防止污染。

5. 做好河流水资源的调配。

（八）云南的旅游业及其问题

1. 丽江、大理的古老建筑，滇池、洱海的湖光山色，西双版纳的热带雨林（望天树、板状根独木成林、绞杀植物、亚洲象、绿孔雀）。

2. 少数民族风情（傣族的竹楼、孔雀舞、泼水节、竹筒饭），路南石林的奇特地貌，泸沽湖畔的原始婚俗，接近边境地区（发展边境游）。

好处：增加了经济收入，带动了交通、商业、餐饮、宾馆、房地产等行业发展，增加了就业机会。

问题：旅游点分散，旅游服务不规范，存在宰客、抢客现象和不法商贩的欺诈行为，景区承载量过大。

（九）黄土高原地区人们的致富问题

存在的问题：水土流失严重，耕地面积减少，土地贫瘠，交通不便，水资源缺乏。

治理措施：淤地坝，退耕还林，封山绿化，种植经济林木，水产养殖，缓坡修梯田，发展乡镇企业，进行农产品加工。

在此案例中，通过设计抛出一系列真实的问题——“锚”，让学生探索、发现，培养解决问题的能力。

3. 随机进入式教学策略

由于事物的复杂性和问题的多面性，要做到对事物内在性质和事物之间相互联系的全面了解和掌握，即真正达到对所学知识的全面而深刻的意义建构是很困难的。往往从不同的角度考虑可以得出不同的理解。为克服这方面的弊病，在教学中就要注意对同一教学内容，要在不同的时间、不同的情境下、为不同的教学目的、用不同的方式加以呈现。换句话说，学习者可以随意通过不同途径、不同方式进入同样教学内容的学习，从而获得对同一事物或同一问题的多方面的认识与理解，这就是所谓的“随机进入教学”。显然，学习者通过多次“进入”同一教学内容将能达到对该知识内容比较全面而深入的掌握。这种多次进入，绝不是像传统教学中那样，只是为巩固一般的知识、技能而实施的简单重复。这里的每次进入都有不同的学习目的，都有不同的问题侧重点。因此多次进入的结果，绝不仅仅是对同一知识内容的简单重复和巩固，而是使学习者获得对事物全貌的理解与认识上的飞跃。

随机进入教学主要包括以下几个环节：

(1) 呈现基本情境：向学生呈现与当前学习主题的基本内容相关的情境。

(2) 随机进入学习：呈现与当前学习主题的不同侧面特性相关联的情境。在此过程中教师应注意发展学生的自主学习能力，使学生逐步学会自己学习。

(3) 思维发展训练：由于随机进入学习的内容通常比较复杂，所研究的问题往往涉及许多方面，因此教师应特别注意发展学生的思维能力。

(4) 小组协作学习：围绕呈现不同侧面的情境所获得的认识展开小组讨论。在讨论中，每个学生的观点在和其他学生以及教师一起建立的社会协商环境中受到考察、评论，同时每个学生也对别人的观点、看法进行思考并做出反映。

(5) 学习效果评价：包括自我评价与小组评价。评价内容包括自主学习能力，对小组协作学习所作出的贡献，是否完成对所学知识的意义建构。

随机进入式教学的基本特征是在不同情境中，从不同角度建构知识的意义和理解，以便获得高级的、非结构性的知识，是一种旨在获得高级知识的教学。

随机进入式教学策略往往渗透在其他信息化教学策略之中，限于篇幅，此处不再列举。

4. 基于 Web 的探究式策略——Webquest

Webquest 是一种利用互联网资源的授课计划或者课程单元，它通过向学习者提出一些需要探索的任务和参考资源引导学习者运用所学的知识解决一定难度的复杂问题，从而促进学习者较高水平地思考及解决问题。

Webquest 策略主要包括绪言(Introduction)、任务(Task)、过程(Process)、资源(Resources)、评估(Evaluation)和结论(Conclusion)六个关键属性以及小组活动、学习者角色扮演、跨学科等非关键属性。关于 Webquest 策略的具体内容在第 9 章进行了详细论述，这里不再重复介绍。

案例 10.3.3　Webquest 设计案例"地震研究"①

年级：小学 4～5 年级

科目：科学

教师：吴向东

学校：武汉大学附属小学

一、导言

地震带给人类的损失是巨大的。1556 年陕西关中地区发生的 8 级大地震，伤亡 80 余万人；1976 年唐山的 7.8 级地震，死亡 24 万多人，整个城市变为废墟；1999 年台湾南投县发生的 7.6 级大地震，死伤 1 万多人。1949 年以来，100 多次破坏性地震袭击了 22 个省市区，其中东部地区涉及 14 个省份，造成 27 万余人丧生，占全国各类灾害死亡人数的 54%，地震成灾面积达 30 多万平方公里，房屋倒塌 700 多万间。地震的破坏力如此之大，使各个国家都非常重视对它的研究。现在请你以一名科学家、政府工作人员或社区工作人员的身份，对地震进行研究，并写出一份有价值的研究报告，以引起政府相关部门或研究机构的重视，为人民作贡献。

二、任务

有关地震的研究涉及很多方面，如果一个人去做会比较困难。可以几个人一起自由组合为一个小组，每位小组成员以不同的角色，如作为科学家、政府工作人员或者社区工作人员，分别对地震进行研究，最后用自己的语言形成一个统一的研究报告。为了使你的报告更容易让别人看懂，请多用图片和动画来表达报告内容。如果研究报告中有动画文件，建议用 PowerPoint 或 FrontPage 等工具来完成制作。

作为科学家，你的研究将为政府工作人员和社区工作人员的研究提供依据，请注意多与他们交流，告诉他们你的研究进展。你的研究任务是：弄清地震的成因，关注研究地震的科学方法；地震预报技术以及它的可靠程度；结合本地区地质情况，研究发生地震的可能性。

作为政府工作人员，你的任务是研究房屋建筑的抗震标准和建筑抗震的法规，以及执法措施。你的研究成果可以减少甚至避免人员伤亡，因为人员伤亡大多是由于房屋的破坏引起的。

作为社区工作人员，你的任务是搜集并总结地震防护和灾难救护的知识经验，向社区群众宣传并组织演练。你的工作直接关系到灾难发生时，居民们能有能力保护自己和救护他人。

三、资源

地震相关资源如表 10.3.3 所示。

表 10.3.3　地震相关资源表

综合网站	1. 中国地震科技网　http://www.eq-csi.ac.cn 2. 北京市地震局　http://www.bjdzj.gov.cn 3. 佛山防震减灾网　http://www.fskw.gov.cn/earthquake/foshan/ 4. 地震模拟展馆　http://www.kepu.net/gb/earth/quake/ 5. 地震知识　http://www.cpus.gov.cn/zlg/dz/dz1.htm 6. 变脸的大地　http://www.gl.ntu.edu.tw/lab_liutk/921/921.htm 7. 纪念唐山大地震 25 周年　http://dailynews.sina.com.cn/z/tsquake/ 8. 9·21 台湾集集地震　http://www.naphm.ntu.edu.tw/921/921index.htm

① 吴向东."地震研究"网络教学设计[EB/OL].(2006-06-12)[2006-06-12] http://xxkx.cersp.com/YXKT/200606/1089.html.

续表

地震成因与预测	1. 全球重大地震目录(公元前2150年～2002年) http://210.72.124.4/ngdccat.html 2. 地震信息 http://dzsm.diy.163.com/dzxx.htm 3. 地震成因与分布 http://news.yn.cninfo.net/yunnan/kejiao/2001/2001-10/2001-10-28/1004266171_2/ 4. 地震成因 http://61.153.234.30/web/hyjy/teacher/syxxxjs/dz/new_page_6.htm
关于湖北武汉的地震资料	1. 湖北地震信息网 http://www.eq-hb.ac.cn 2. 湖北省地震历史记录 http://www.eq-hb.ac.cn/fz2.htm 3. 武汉向东南漂移 http://www.morningpost.com.cn/company/morningpost/A/011028d2.htm 4. 台湾发生地震武汉高楼"有感觉" http://www.cnhubei.com/aa/ca53869.htm
有关地震的法律法规	1. 中华人民共和国防震减灾法 http://www.shanweisti.net.cn/earthquake/dzb-p.htm 2. 法制办就《地震安全性评价管理条例》答问 http://law.china.com/zh_cn/yjdt/lf/10001656/20011127/10157982.html 3. 湖北省工程建设场地地震安全性评价管理办法 http://www.eq-hb.ac.cn/fz1.htm

如果这些资料还不能满足你研究的需要，建议你到下面的搜索网站查询。

http://www.baidu.com/ 可以搜索关于地震的Flash动画

search.sina.com.cn 可以搜索到许多关于地震的图片

www.google.com

cn.yahoo.com

dir.sohu.com

为了尽快搜索到更准确的信息，建议用下列关键词词组查询：地震成因、地震预报、地震分布、地震法律法规、地震抗震救护

四、过程

各小组成员首先进行角色分配，明确各自的任务，约定联系方式，便于随时交流。

说服父母，取得他们的支持和帮助，别忘了感谢他们为你所做的一切。

在准备上网搜集资料前，先在电脑里新建一个文件夹，把你即将搜集到的有用资料都放入这个文件夹中。再打开一个你熟悉的图文处理软件，如Word等，把它作为一个记录本。当在网上找到对你的研究有价值的文字和图片时，把它们复制、粘贴到这个图文处理软件中，以便写报告时引用。对于网上下载的动画，最好单独放到这个文件夹中。

时常核对一下你的研究任务所需的资料是否齐备、证据是否正确充分。搜集资料的工作做好了，撰写研究报告时就会更顺利。

小组讨论交流，形成统一的研究报告。需要特别注意的是，要能提出自己的见解和意见。

班级交流。在交流过程中，对别人的报告要认真听、多思考，提出有价值的质疑，在争论中完善对地震的认识。

下面是针对不同的角色所做的一些提示，供你研究时参考。

科学家：

1. 了解地震时发生的现象，如震动持续的时间、次数、声音，地震后地貌的改变，由此推断地球内部可能出现了什么情况？

2. 地震现象的类比实验：用力把一个小枯树枝折断，这时你所听到什么？手有什么感觉？
3. 研究地层运动，地震与地层运动的关系。
4. 查阅本地区地层情况，作出是否有可能发生地震的分析。
5. 地震预报技术发展状况，我国在这方面的研究。
6. 用搜集到的图片和动画来制作有说服力的报告。

政府工作人员：

1. 搜集资料，在地震中什么样的建筑最易损坏，什么样的建筑不易损坏。
2. 建筑物抗震标准和法律法规的制定情况，执行情况。
3. 你的见解。

社区工作人员：

1. 统计地震发生频率、死亡人数、财产损失情况等。
2. 搜集整理地震灾害预防与自救的知识经验。
3. 如何向居民宣传地震救护知识。
4. 在居民区、社区和学校开展地震灾难救护演练的计划。

五、评价

请根据表10.3.4的评价表，对自己的情况做自评、小组评或老师评，以改进自己的研究工作。

表10.3.4　评价表

评价内容	很好	还行	要努力	评价
参与讨论	充分理解主题，有观点	对主题有些理解，问到时才表示观点	不理解主题，问到时也说不出观点	……
分工合作完成任务	明确自己和小组的任务，善于合作	对自己和小组的任务有些不太清楚，时常要人提醒	感到不知道要做什么，如何去做，也没有主动地去问同伴	……
搜集资料的丰富准确性	资料丰富，包括大量的重要事实和科学证据	搜集了一些资料，但证据不多，还缺少一些重要的事实	资料少，很难完成任务	……
问题的解释与证据的引用	对问题的解释有根有据，证据的引用正确，突出主题	对问题的解释不太清晰，证据的引用还不能清晰地突出主题	对主题的解释不清晰，缺乏证据	……
报告撰写	文字通顺，图片和动画能很好地表达主题	文字表达还需要修改，图片和动画不多、或者没能突出主题	文字表达不清，图片动画太少，主题不突出	……
提出的见解	提出的见解有创见，有说服力	提出了见解，但说服力不够	没能提出自己的见解	……
总评	……			

六、结论

通过这个研究活动，你将发现关于地震的研究是多么复杂，而这些研究成果对于我们自己将是多么重要，科学能够帮助我们更好地应对地震灾害。同时你将体会到如何以科学的方法去研究问题，以及证据对于我们研究的重要性。

10.3.3 信息技术支持下的协作学习教学策略

根据建构主义的观点，学习者除了个别化的自主建构知识以外，还应该积极地与他人进行交流，丰富、完善自己的思维和想法。新课程特别强调学生之间的协作学习。与个别化学习相比较，协作学习有利于促进学生认知能力的发展，有利于学生健康情感的形成，是当今较流行的一种学习模式。

1. 协作学习的概念及类型

协作学习是指多个学习者对同一问题用不同观点进行观察比较、分析综合、交流看法、互相学习的教学策略。常见的协作学习策略有课堂讨论、角色扮演、竞争、协同、伙伴等。协作学习开展的教学环境主要是计算机环境和网络环境。协作学习的基本特点及技术环境、形式详见第5章。协作学习往往和自主学习相结合，二者并没有严格的界限。

2. 基于校园网络环境下的“资源利用—主题探究—合作学习”模式[①]

最常见的这类整合模式是基于校园网络环境下的“资源利用—主题探究—合作学习”模式，教学环境是校园网络环境，可用图10.3.1表示。这一模式分为如下步骤：

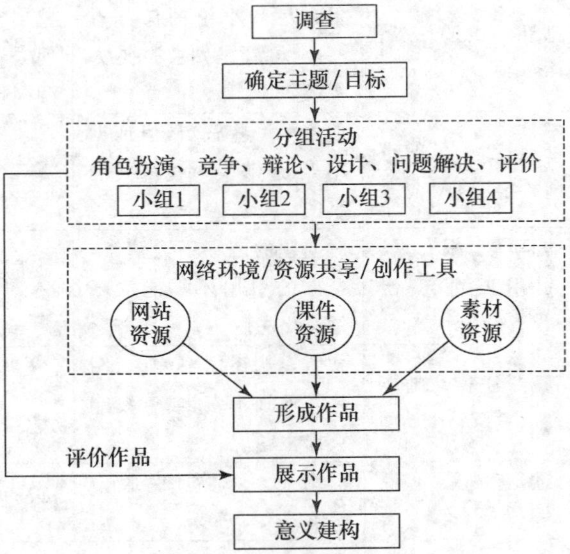

图10.3.1 基于校园网环境的合作学习模式

① 李克东.新编现代教育技术基础[M].上海：华东师范大学出版社，2002.

(1) 在教师指导下，组织学生进行社会调查，了解可供学习的主题。

(2) 根据课程学习需要，选择并确定学习主题，并制订主题学习计划(包括确定目标、小组分工、计划进度)。

(3) 组织合作学习小组。

(4) 教师提供与学习主题相关的资源目录、网址和资料搜集方法及途径(包括社会资源、学校资源、网络资源的搜集)。

(5) 指导学生浏览相关网页和资源，并对所得信息进行去伪存真、选优除劣的分析。

(6) 根据需要组织有关协作学习活动(如竞争、辩论、设计、问题解决或角色扮演等)。

(7) 形成作品，要求学生以所找到的资料为基础，做一个与主题相关的研究报告(形式可以是文本、电子文稿、网页等)，并向全体同学展示。

(8) 教师组织学生通过评价作品，形成观点意见，达到意义建构的目的。

10.4　信息技术支持下的研究性学习

10.4.1　研究性学习的概述

1. 概念

广义的研究性学习泛指学生主动探究的学习活动，适用于学生对所有学科的学习。狭义的研究性学习是指学生在教师指导下，从自然、社会和生活中选择和确定专题进行研究，并在研究过程中主动地获取知识、应用知识、解决问题的学习活动。本书所指的研究性学习为狭义的概念。①

2. 研究性学习的模式

在研究性学习模式中，信息技术作为学生的学习工具、手段，用来获取、存储、处理和交流信息，促进思维，解决问题，提高学习能力。该模式更强调学生的主体作用，从研究方案的制定、实施，到最后研究成果的完成，都由学生自主承担。学生通过搜集、分析和处理信息来实际感受并体验知识的建构过程，学会学习，培养分析问题，解决问题的能力。但是教师的作用不可忽略，教师发挥引导者和指导者的作用，教师指导的成功与否直接关系到研究性学习的成败。

常见的研究性学习模式的基本步骤如下：②

(1) 教师设计有价值的研究课题，课题可以将多个学科的知识、课内与课外、学校与社会有机地结合在一起。设置课题时教师要考虑学生的认知能力和年龄特点，采用循序渐进的原则，选择他们感兴趣的课题。然后教师组织学生进行社会调查，借助多媒体创设情境，使学生了解可供学习的课题，进入研究的情境。

(2) 学生根据各自学习兴趣和认知、技能水平的不同，选择适合的研究专题，并制定研究方案。学生也可以组成协作小组来研究，制定小组研究方案，同时有明确的成员分工。

---

① 何克抗. 教学系统设计[M]. 北京：高等教育出版社，2006.

② 南国农. 信息化教育概论[M]. 北京：高等教育出版社，2004.

(3) 教师提供一些与学习主题相关的资源目录、网址以及资料搜集方法和途径(包括社会资源、学校资源、网络资源的搜集),学生根据研究专题和自己的分工,浏览相关网页和资源,搜集资料。

(4) 学生对所得信息进行去伪存真,选优除劣的分析、处理。

(5) 学生开展多种协作学习活动,包括小组成员内部协作交流,小组间的协作交流等。

(6) 学生以搜集的资料为基础,形成最终成果,成果形式可以是文本、电子文稿,也可以是网页。

(7) 学生展示作品,教师组织学生开展自评与互评,最后教师进行总结评价。可以将作品评价与过程评价相结合,注重多方面的考查,如计划的可行性,方案的有效性,作品内容的丰富性、合理性、创新性,以及学生研究过程中的参与程度、协作意识等。评价以过程评价为主。研究性学习模式如图 10.4.1 所示。

研究性学习模式突破了单一学科的界限,具有较强的综合性。教学过程中,学生主动参与课堂教学,发现探索自己想要的知识;通过多种信息途径接触与了解世界;在网络中搜集与判断信息,进行综合处理,实现信息交流与合作学习。但是这种模式比较耗时,研究一个课题常常不是一节课两节课的事情,而是一个星期甚至更长的时间;其次研究课题的确定也需要下很多的功夫,要选择有多种解决途径的问题作为研究课题,而不适宜研究那些已成事实的内容;第三这种模式常常需要利用网络进行教与学,对教学硬件要求比较高。

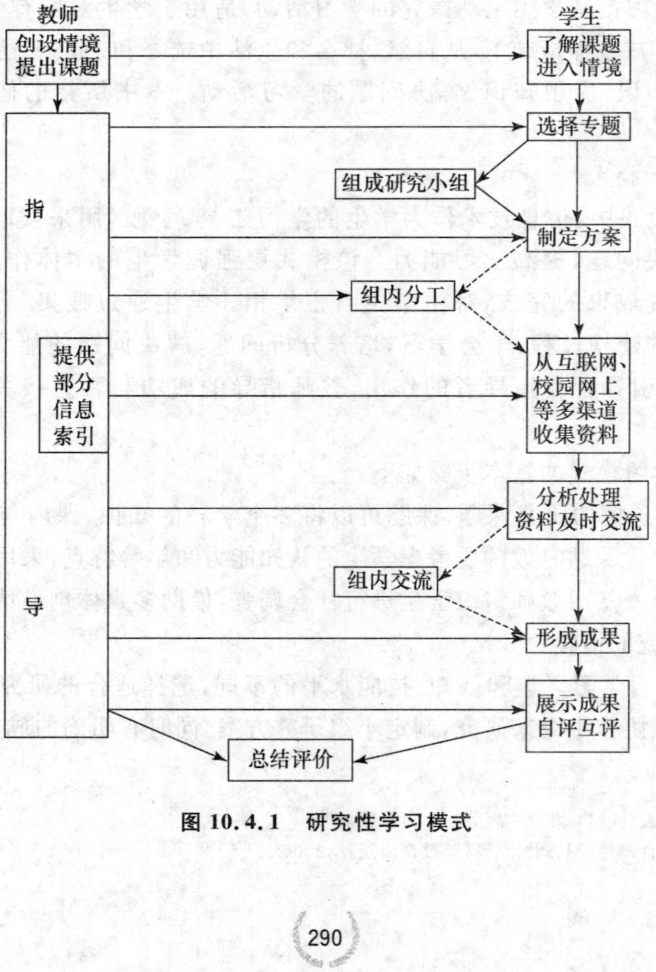

图 10.4.1　研究性学习模式

10.4.2　研究性学习案例

案例10.4.1　基于网络资源“酸雨”的研究性学习[①]

这是一个关系人类生存环境的研究性学习，由加拿大的罗比利亚德(Gerald Robilliard)设计。

教师首先列举生活中的一些现象，引出学生要研究的问题。例如，树木为什么死去？湖里为什么没有色，爸爸的小车为什么黯然失色？每年春天校园里难闻的臭鸡蛋味是哪里来的？这些问题的答案很简单——酸雨。是酸雨造成了今天这么多严重的环境问题。答案虽简单，但解决酸雨的问题可不那么容易。

然后教师向学生提出研究的问题和任务：当地的一个公民组织雇佣了你们和其他一些研究人员来调查酸雨。你们要扮演化学家、生物学家、健康科学家和经济学家中的一个，从他们的角度研究问题。在小组活动中，你们要建立一个网站，谈论酸雨引起的问题，并提出缓解这些问题的建议。

在小组里，决定谁担任下面的角色。各个角色所要解决的问题对调查很有帮助。各自负责报告的一部分，但对如何与酸雨作斗争的问题，要和小组其他成员一起提出以下建议。

(1) 化学家要研究的问题

① 什么是酸雨？

② 哪种化学物质使雨变酸，这是怎么发生的？

③ 这些化学物质来自何处？人们如何测量雨的酸度？什么是酸度？

④ 描述PH值的范围，并列出与PH值各个水平相应的东西。

⑤ 正常的雨酸度是多少？酸度到什么程度就有危险了？

(2) 生物学家要研究的问题

① 酸雨对树木和土壤造成什么影响？

② 酸雨对树木和土壤造成的后果对人类有何影响？

③ 当湖水和水生植物组织变酸会出现什么情况？

④ 酸的水源对人类有何影响？

⑤ 调查地区的水生植物是否受到酸雨的影响？如果是，到什么程度？

⑥ 水生植物受到酸雨侵害的危险信号是什么？

(3) 健康专家需研究的问题

① 酸雨怎样危害人类？

② 酸雨对人类有哪些直接危害？有没有与酸雨有关的健康问题？

③ 酸雨对人类有哪些间接危害？酸雨影响人们的食品来源、水和空气吗？

④ 酸雨对人们的影响造成什么后果？

(4) 经济学家要研究的问题

① 酸雨对建筑材料有影响吗？

② 酸雨对建筑有影响吗？

③ 酸雨对道路、公路和桥梁有什么影响？

---

① 何克抗.教学系统设计[M].北京：高等教育出版社，2006.

④ 酸雨对金属制品，如机动车、火车、公共汽车以及其他交通工具有什么影响？

⑤ 就钱而言，对酸雨造成的影响，要付出多少代价？

⑥ 酸雨对渔业、林业和农业带来什么经济上的后果？

学生在查找各自需要的信息时，要找出解决酸雨所带来的问题的办法。在报告的最后，虽然建议是由整个小组共同提出的，但每个人都要提供解决自己所关心的问题的办法。

教师向学生提出问题和任务后，给学生提供相关的网上资源列表，如表10.4.1所示，供学生浏览、查阅。要求学生的最终作品是做一个“网络报告”，介绍酸雨的起因和造成的影响。尽管报告中的建议和结论要通过整个小组的合作才能形成，但每个“科学家”都要负责好自己的那一部分，要做到以下几点。

第一，与其他组员一起决定谁担任什么角色。对酸雨进行头脑风暴，为网络报告献计献策。制定一个行动计划，决定网络报告的组织形式、内容和外观。了解主要目标，列出网站上有什么信息的提纲。

第二，利用网上资源调查信息。选择与各个角色问题相符的信息。制作网络报告时，利用一些照片来帮助说明酸雨的成因和它带来的问题。

第三，上网调查时要做好笔记。对有用的站点要做好书签，以便必要时可以再次查看。记住界定抄袭的标准。剽窃别人的想法、作品或把它们作为自己的东西就是抄袭。不允许在使用书本、文章或网站上的东西时，隐瞒它们的作者。

第四，调查完成后，开始写报告的第一稿。

第五，一旦每个“科学家”都完成了自己的部分，就要在小组碰头，拿出各自起草的调查发现。向小组其他成员征求修改意见，然后写最后一稿。

对酸雨，每个小组都要有一个立场。决定在报告中提出哪些建议、做出什么结论。还要决定这一部分由小组的哪些成员来写，哪些人负责把报告的各个部分拼在一起。

最后，参照表10.4.2的标准对学生的学习进行评价。

表10.4.1 网络资源列表

ACE在线事实报告—空气质量和酸雨 http://www.doc.mmu.ac.uk/aric/ace/factsheets/facts_html.html	EPA酸雨计划 http://www.epa.gov/airmarkets/acidrain/
酸雨 http://www.ns.ec.gc.ca/aeb/ssd/acid/acidfaq.html	佩萨芬尼的酸雨主页 http://www.geocities.com/RainForest/Vines/7050/index2.html
酸雨基础知识 http://qlink.queensu.ca/4lrm4/table.htm	加拿大环境——酸雨主页 http://www.ec.gc.ca/acidrain
做一个卷心菜汁PH记录器 http://www.howstuffworks.com/experiment1.html	酸雨 http://www.soton.ac.uk/engenvir/environment/air/acidhome.html
大气环境百科全书 http://www.doc.mmu.ac.uk/aric/eae/index.html	国家公园服务（什么是酸雨？如何测量） http://www2.nature.nps.gov/ard/lessons.html

表 10.4.2　评价标准

	初级(1)	中级(2)	完成得较好(3)	典范(4)
调查与搜集信息	没有搜集到与主题相关的信息	搜集的信息非常少，只有一些与主题有关	搜集了一些基本信息，大部分与主题有关	搜集了大量的信息，都与主题有关
小组角色职责完成情况	对分配的角色未尽一点职责	尽责很少	差不多完成了所有的职责	完成了角色的所有职责
平等分享	工作总是依靠别人	几乎不做布置的工作，总是要提醒	常常做布置的工作，难得要提醒	不要别人提醒，总是做布置的工作
与组员的合作	从不和组员合作	几乎不和组员合作	有时和组员合作	常常和组员合作
引言	关于报告中将写些什么没有提供任何信息	关于报告中将写些什么提供了一些信息	有充分的信息使读者了解这是个什么报告	引言非常简明，显示作者具有读者意识
角色	未回答 Webquest 布置给角色的问题	回答了几个 Webquest 布置给角色的问题	回答了多数 Webquest 布置给角色的问题	回答了 Webquest 布置给角色的所有问题，还包括许多有趣的事实
任务	对酸雨造成的问题，没有详细说明，没有提出任何建议	对酸雨造成的问题，有几个做了详细说明，但没有建议	对酸雨造成的问题，有许多做了详细说明，提供了几个建议	对酸雨造成的问题，有许多做了详细说明，并提供了许多建议
结论	对研究未做阐述	对研究的阐述含糊不清	对研究的阐述有逻辑性，还有几个可能的解决办法	对研究做了精辟的阐述，提供了许多可能的解决办法
打印作品	语法和拼写经常有错，无法看懂报告	语法和拼写经常有错，理解报告有困难	语法和拼写的错误不影响对报告的理解	很少有语法和拼写错误，写得很清楚

学习建议

1. 什么是新课程改革？新课程改革的核心内容包括哪些方面？
2. 什么是信息技术？信息技术在新课程教学改革中有什么作用？
3. 什么是信息技术与课程整合？简述信息技术与课程整合的层次、目标和基本思想。
4. 信息技术与课程整合对教师提出了哪些新的要求？
5. 信息技术对教学有哪些支持作用？可以采用哪些策略？
6. 信息技术对学习有哪些支持作用？可以采用哪些策略？
7. 什么是研究性学习？简述研究性学习模式的基本步骤。

教学建议

本章内容主要采用讲授法、案例分析法和讨论法来进行学习；在学习 10.1 节内容时，在教师讲授的基础上，学生可以利用网络进行信息搜集并进行讨论；在学习 10.2 节、10.3 节和 10.4 节内容时，在教师讲授的基础上还要给学生分析优秀的教学课例。

推荐阅读

1. 张筱兰. 信息化教学[M]. 北京：高等教育出版社，2010.
2. 南国农. 信息化教育概论[M]. 北京：高等教育出版社，2004.
3. 何克抗. 教学系统设计[M]. 北京：高等教育出版社，2006.
4. 谢幼如. 多媒体组合教学设计[M]. 北京：科学出版社，1992.
5. 张筱兰. 信息技术与课程整合的理论与方法[M]. 北京：民族出版社，2004.
6. 钟启泉.《基础教育课程改革纲要(试行)》解读[M]. 上海：华东师范大学出版社，2001.

附录1　中小学信息技术能力标准

第一部分　教学人员教育技术能力标准

一、意识与态度

（一）重要性的认识

1. 能够认识到教育技术的有效应用对于推进教育信息化、促进教育改革和实施国家课程标准的重要作用。

2. 能够认识到教育技术能力是教师专业素质的必要组成部分。

3. 能够认识到教育技术的有效应用对于优化教学过程、培养创新型人才的重要作用。

（二）应用意识

1. 具有在教学中应用教育技术的意识。

2. 具有在教学中开展信息技术与课程整合、进行教学改革研究的意识。

3. 具有运用教育技术不断丰富学习资源的意识。

4. 具有关注新技术发展并尝试将新技术应用于教学的意识。

（三）评价与反思

1. 具有对教学资源的利用进行评价与反思的意识。

2. 具有对教学过程进行评价与反思的意识。

3. 具有对教学效果与效率进行评价与反思的意识。

（四）终身学习

1. 具有不断学习新知识和新技术以完善自身素质结构的意识与态度。

2. 具有利用教育技术进行终身学习以实现专业发展与个人发展的意识与态度。

二、知识与技能

（一）基本知识

1. 了解教育技术基本概念。

2. 理解教育技术的主要理论基础。

3. 掌握教育技术理论的基本内容。

4. 了解基本的教育技术研究方法。

（二）基本技能

1. 掌握信息检索、加工与利用的方法。

2. 掌握常见教学媒体选择与开发的方法。

3. 掌握教学系统设计的一般方法。

4. 掌握教学资源管理、教学过程管理和项目管理的方法。

5. 掌握教学媒体、教学资源、教学过程与教学效果的评价方法。

三、应用与创新

（一）教学设计与实施

1. 能够正确地描述教学目标、分析教学内容，并能根据学生特点和教学条件设计有效的教学活动。

2. 积极开展信息技术与课程的整合，探索信息技术与课程整合的有效途径。

3. 能为学生提供各种运用技术进行实践的机会，并进行有针对性的指导。

4. 能应用技术开展对学生的评价和对教学过程的评价。

（二）教学支持与管理

1. 能够搜集、甄别、整合、应用与学科相关的教学资源以优化教学环境。

2. 能在教学中对教学资源进行有效管理。

3. 能在教学中对学习活动进行有效管理。

4. 能在教学中对教学过程进行有效管理。

（三）科研与发展

1. 能结合学科教学进行教育技术应用的研究。

2. 能针对学科教学中教育技术应用的效果进行研究。

3. 能充分利用信息技术学习业务知识，发展自身的业务能力。

（四）合作与交流

1. 能利用技术与学生就学习进行交流。

2. 能利用技术与家长就学生情况进行交流。

3. 能利用技术与同事在教学和科研方面广泛开展合作与交流。

4. 能利用技术与教育管理人员就教育管理工作进行沟通。

5. 能利用技术与技术人员在教学资源的设计、选择与开发等方面进行合作与交流。

6. 能利用技术与学科专家、教育技术专家就教育技术的应用进行交流与合作。

四、社会责任

（一）公平利用

努力使不同性别、不同经济状况的学生在学习资源的利用上享有均等的机会。

（二）有效应用

努力使不同背景、不同性格和能力的学生均能利用学习资源得到良好发展。

（三）健康使用

促进学生正确地使用学习资源，以营造良好的学习环境。

（四）规范行为

能向学生示范并传授与技术利用有关的法律法规知识和伦理道德观念。

……

（略）

附录2　面向教师的美国国家教育技术标准(2008年版)

The ISTE National Educational Technology Standards (NETS·T) and Performance Indicators for Teachers(International Society for Technology in Education，简称 ISTE)

1. 促进与激励学生的学习与创造性

无论是在现实的或者虚拟的学习环境中，教师都能运用其擅长的学科内容，教学、学习和技术方面的知识，促进学生的学习、创造与革新。教师应做到：

a. 提倡并支持创新思维与独创能力，并为学生树立榜样。

b. 鼓励学生使用数字化工具和资源，探究并解决现实世界中的真实问题。

c. 促进学生使用协作性的工具进行反思，以揭示和澄清学生对概念的理解，思考、设计以及创造性的过程。

d. 在现实或虚拟的环境中，通过与学生、同事及他人共同学习，为学生树立协作知识建构的榜样。

2. 设计开发数字时代的学习活动与测试手段

教师能够整合现代工具与资源，设计开发出富于真实性的学习体验活动和测试手段，并对二者进行评估，从而使特定情境中的学习效果实现最大化，使国家教育技术标准(学生版)中所规定的知识、技能和态度得到发展。教师应做到：

a. 设计学习活动或改进已有的相关活动，整合数字化工具与资源，以促进学生的学习及其创造性发挥。

b. 利用技术手段丰富学习环境。在此环境中，使所有学生都能实现自己的求知欲，自主设定教育目标，管理自我学习，评估自身进步。

c. 为学生度身定制个性化的学习活动，以适应学生多种多样的学习风格和学习策略，以及使用数字化工具与资源的能力。

d. 按照教学内容与技术标准，为学生提供多样化的形成性评价和总结性评价，并参考结果数据改进教与学。

3. 成为数字时代工作与学习的表率

教师能展现出全球化数字时代具有创新精神的专业工作者所应具备的知识、技能与工作方法。教师应做到：

a. 在技术体系内游刃有余，能不断将已有知识迁移至新技术、新情境之中。

b. 运用数字化工具与资源，与学生、同事、家长以及社区成员协同合作，支持学生有效学习及实现创新。

c. 利用数字化时代的多种媒体种类与文件格式，与学生、家长及同事就相关信息与想法进行有效交流。

d. 协助学生以支持研究与学习为目的，高效利用通用的以及新兴的数字化工具查找、分析、评估并使用信息资源，并在此方面做出表率。

4. 提倡数字化时代的公民意识与责任感，并以身作则

教师能在一个不断演进的数字文化中对区域性和全球化的社会问题与社会义务做出理解，并在其职业实践中展现出对法律与道德的尊重。教师应做到：

a. 倡导、示范以及教授如何安全、合法以及符合道德规范地使用数字信息与技术，其中涉及对版权、知识产权、恰当的文件来源的尊重。

b. 运用以学习者为中心的教学策略，提供使用适当数字化工具与资源的均等机会，从而使学习者们的不同需求得到满足。

c. 倡导数字化时代在使用技术与信息的社会交往中应具备的礼仪规范与责任感，并能够以身作则。

d. 使用数字化时代的交流与协作工具，同拥有其他文化背景的同事与学生进行沟通，以此促进自身的文化理解力与全球意识，为学生作出表率。

5. 注重专业成长与领导力培养

通过倡导与示范对数字化工具与资源的有效利用，教师能够持续地提升专业实践水平，作出终身学习的表率，并在任职学校与专业共同体中发挥领导作用。教师应做到：

a. 参与本土化的或全球性的学习共同体，探索如何创造性地运用技术提高学生学习水平。

b. 秉持教育信息化的远见，参与共同决策与社区构建，帮助他人发展领导力与技术技能，以此种种展现自己的领导作用。

c. 定期对当前研究与专业实践作出评价与反思，以便有效地利用通用的与新兴的数字化工具与资源，支持学生的学习。

d. 为创建成效卓越、生机勃勃并不断自我更新的教育事业和学校、社区贡献力量。

附录3　我国中小学教学软件评审参考标准

一、教学性要求(55分)

使用教学软件的目的在于改善教学活动的环境和过程,调动学生学习的积极性,提高教学质量和教学水平。因此,其目标、内容和过程应符合规定要求。

(一) 教学目标(15分)

1. 教学软件的教学目标应在其文档中明确说明,指出教学软件应用范围及期望学生获得的学习成果。

2. 教学软件的教学目标应符合教学大纲(课程标准)的要求,适应教学的实际需要。对于扩大知识面、发展学生个性、特长方面的附加目标应有说明。

3. 教学软件的教学目标应适合学生的年龄特点、认识规律和认知水平。

(二) 教学内容(20分)

教学内容是根据教学目标和学生特征所选定的教学材料和信息、知识及其图文表达。

1. 思想健康,有利于学生身心发展。符合国家有关法律、法规和政策,结合教学内容进行思想政治教育和品德、意志、情感的培养。

2. 无科学性错误,语言文字规范。教学内容及其表达方法符合学科的基本原理,引用的材料、数据符合事实,符合国家制定的有关规范要求。

3. 教学内容的选取、表达和组织能体现预定的教学目标。

4. 内容表达清楚、准确、难易程度适当。文字、图形、语言能清楚准确地表述教学内容,风格前后一致,有可读性和趣味性,有利于全面促进学生生动活泼、主动地发展,问题提出、回答方式及反馈易为学生接受。

(三) 教学过程(20分)

应用教学软件进行辅助教学是一个教学过程,能反映出教学策略和教法的选择。

1. 教学过程所采用的教学方法应能有效地引导学生达到预定的教学目标,具有启发性。

2. 教学过程应能体现计算机作为教学媒体的特点,如人机对话、用户调控教学过程、及时反馈、个别化学习等,能取得其他教学手段不易取得的文档效果。

3. 符合教学原则,特别要重视直观性、量力性、发展性、巩固性、自觉性与积极性和因材施教等重要原则。

4. 教学软件在应用过程中应有激励学习动机的机制,内容和表现形式要有吸引力。

二、技术性要求(35分)

教学软件是计算机应用软件,除了计算机应用软件的一般要求外,为了有利于教学活动和学生的健康发展,本标准特别规定审查其程序运行、信息呈现及用户界面三个方面的质量。

(一) 程序运行(10分)

教学软件必须在规定的运行条件下能够可靠运行,保证顺利实现教学过程和达到教学目标。

1. 在正常条件下，教学软件能无故障运行，完成预定的整个教学活动。

2. 有容错能力。当用户未按规定要求输入时，应有一定的抗干扰能力，并有良好的处理方法。例如对指定键以外的其他键进行封锁，不理睬错误操作，给予明确帮助，用户可以自己修改未完成的数据输入等。

（二）信息呈现（10分）

教学软件在运行过程中向学生传送各种教育、教学信息，信息呈现应符合如下技术要求。

1. 能合理运用文字、图形、声音、动画等媒体，其组织结构与呈现方式适合教学需要。

2. 屏幕显示简洁美观；声音播放协调、适宜，不妨碍学习，视、听觉配合和谐，有美感。

（三）用户界面（15分）

1. 用户界面友好、通用，具有必要的帮助信息和对输入的及时反馈，输入、输出、提示、命令的设置形式合理、风格一致。

2. 命令种类与数量不过多、过繁。操作方便、简单，易于掌握。

3. 能方便灵活地控制软件的进入、运行、暂停和退出。

三、文档资料要求（10分）

文档资料是教学软件产品的重要组成部分，在教学软件的发行、维护和应用中起着程序所不能起到的作用，必须予以充分重视。

（一）文档资料完整性

（二）文档资料规范性

文档编写应使用规范的文字、语言、图表，表达内容应清楚、无歧义，应采用可沟通的、便于理解的术语进行陈述。

参考文献

[1] 祝智庭. 现代教育技术——走进信息化教育[M]. 北京：高等教育出版社，2001.
[2] 黄荣怀. 信息技术与教育[M]. 北京：北京师范大学出版社，2006.
[3] 南国农. 信息化教育概论[M]. 北京：高等教育出版社，2004.
[4] 南国农，李运林. 电化教育学[M]. 第二版. 北京：高等教育出版社，1998.
[5] 尹俊华，庄榕霞，戴正南. 教育技术导论[M]. 北京：高等教育出版社，2002.
[6] 郭绍青，王卫军. 教师信息技术能力教程[M]. 北京：高等教育出版社，2010.
[7] 张筱兰. 信息化教学[M]. 北京：高等教育出版社，2010.
[8] 张剑平. 现代教育技术——理论与应用[M]. 第二版. 北京：高等教育出版社，2006.
[9] 张剑平. 现代教育技术——理论与应用[M]. 北京：高等教育出版社，2003.
[10] 王以宁. 网络教育应用[M]. 北京：高等教育出版社，2003.
[11] 祝智庭. 网络教育应用[M]. 北京：北京师范大学出版社，2000.
[12] 王志军. 数字媒体非线性编辑技术[M]. 北京：高等教育出版社，2005.
[13] 武法提. 网络教育应用[M]. 北京：高等教育出版社，2003.
[14] 李运林，徐福荫. 电视教材编导与制作[M]. 北京：高等教育出版社，2004.
[15] 缪亮，贾朝蓉. Flash MX 2004 课件制作百例[M]. 北京：清华大学出版社，2004.
[16] 乌美娜. 现代教育技术[M]. 沈阳：辽宁大学出版社，1999.
[17] 李克东. 新编现代教育技术基础[M]. 上海：华东师范大学出版社，2002.
[18] 皮连生. 教学设计：心理学的理论与技术[M]. 北京：高等教育出版社，2000.
[19] [美]加涅. 当代心理科学名著译丛——教学设计[M]. 皮连生，等译. 上海：华东师范大学出版社，2004.
[20] 李龙. 教学过程设计[M]. 呼和浩特：内蒙古人民出版社，2000.
[21] 刘清堂. 数字媒体技术导论[M]. 北京：清华大学出版社，2008.
[22] 乌美娜. 教学设计[M]. 第二版. 北京：高等教育出版社，2004.
[23] 谢幼如. 多媒体组合教学设计[M]. 北京：科学出版社，1992.
[24] 何克抗. 教学系统设计[M]. 北京：高等教育出版社，2006.
[25] 钟启泉.《基础教育课程改革纲要(试行)》解读[M]. 上海：华东师范大学出版社，2001.
[26] 谢幼如，穆肃. 多媒体教学软件设计[M]. 北京：电子工业出版社，1999.
[27] 张军征. 多媒体教学软件设计原理与方法[M]. 北京：科学出版社，2007.
[28] 游泽清. 多媒体画面艺术设计[M]. 北京：清华大学出版社，2009.
[29] 郭绍青. 三种模式应用的教学方法[M]. 北京：高等教育出版社，2008.
[30] 全国中小学农村现代远程教育办公室. 农村中小学现代远程教育工程教师应用指导手册[M]. 北京：人民教育出版社，2005.

[31] 应卫勇,钱自强.现代远程教育学习概论[M].上海：华东理工大学出版社,2008.
[32] 陈丽.远程教育学基础[M].北京：高等教育出版社,2004.
[33] 王继新,张屹.远程教育原理与技术[M].北京：北京大学出版社,2008.
[34] 王移芝.高等学校大学计算机基础[M].北京：高等教育出版社,2007.
[35] [美]哈灵顿.精通 Photoshop——数字图像处理原理与技巧[M].张哲峰,译.北京：清华大学出版社,2010.
[36] 张晓峰.当代电视编辑教程[M].上海：复旦大学出版社,2007.
[37] 荣曼生,杨建良,等.现代教育技术基础[M].长沙：湖南人民出版社,2009.
[38] 李玉斌.现代教育技术实用教程[M].北京：高等教育出版社,2006.
[39] 张弛.电脑音频制作教材——Cool Edit Pro 应用 [M].北京：北京希望电子出版社,2002.
[40] 冯玲玉.农村现代远程教育计算机模式教学案例分析[J].天水师范学院学报,2009(4)：122-124
[41] 陈惠琼. 中职学校在 Blog 支持下的协作学习浅议[J]. 中等职业教育,2010(9)：20-22.
[42] 莫丽敏,梁斌.从"多媒体技术"到"数字媒体技术"：一个概念的发展[J].广播电视大学学报,2008(4)：27-30.
[43] 秦旭.数字压缩技术原理及发展[J].现代电视技术,1999(2)：9-17.
[44] 王芳.开放教育直播课堂浅议[J].福建广播电视大学学报,2004(3)：58-60.
[45] 孙艳.手绘动画 VS 数字动画[J].中国电视,2005(11)：74-77.
[46] 钟志贤,陈春生. 作为学习工具的概念地图[J]. 中国电化教育，2004(1)：22-26.
[47] 裴新宁.概念图及其在理科教学中的应用[J].全球教育展望,2001(8)：48-52.